21世纪高等院校教材·公共管理系列

公共管理心理学

主　编　贾海薇
副主编　蒋立杰　程　甫

科学出版社
北　京

内 容 简 介

本书主要由公共管理心理学的基本理论和公共管理心理学的实践两大部分构成，基本理论包括"公共管理心理学概论"、"公共管理中的社会认知"、"公共管理中的社会态度"、"公共管理中的社会认同"、"公共管理中的人际关系"、"公共管理中的社会行为"、"公共管理中的群体心理"、"公共管理中的文化与民族心理"、"社会变迁与公共管理心理"九章，实践部分包括"公共管理心理学：公共行政领域"、"公共管理心理学：司法实践领域"、"公共管理心理学：公共卫生与医疗领域"、"公共管理心理学：城市管理领域"、"公共管理心理学：应急管理领域"、"公共管理心理学：新闻传播领域"、"公共管理心理学：劳动安全管理领域"、"公共管理心理学：社会工作领域"八章。这两大部分紧紧围绕公共管理领域现实中的理论问题和现实问题，重点联系我国社会主义现代化建设与中国文化传统的实际，讨论改革开放过程中出现的各种公共管理问题与相应的心理现象，深入分析政府、社会与公民在公共管理活动中的行为，彼此呼应，深入浅出。各章的学习导读、课前案例、课后案例和案例简析使本书别具特色，实用性、实践性更强。

本书对公共管理心理学基本理论及其在公共管理领域中的应用进行了系统的研究，内容充实，体系结构新颖，适合作为公共管理各专业及相关专业本科生教材。

图书在版编目 (CIP) 数据

公共管理心理学/贾海薇主编. —北京：科学出版社，2012

21世纪高等院校教材·公共管理系列

ISBN 978-7-03-032489-4

Ⅰ.①公… Ⅱ.①贾… Ⅲ.①公共管理-管理心理学-高等学校-教材 Ⅳ.①C93-05

中国版本图书馆 CIP 数据核字（2012）第 203854 号

责任编辑：王京苏/ 责任校对：宋玲玲
责任印制：徐晓晨/ 封面设计：蓝正设计

科学出版社 出版

北京东黄城根北街 16 号
邮政编码：100717
http://www.sciencep.com

北京虎彩文化传播有限公司 印刷
科学出版社发行 各地新华书店经销

*

2012 年 6 月第 一 版 开本：787×1092 1/16
2018 年 8 月第五次印刷 印张：18
字数：392 000

定价：45.00 元
（如有印装质量问题，我社负责调换）

序

认识贾海薇教授，是在中国人民大学在苏州举办的公共管理学术研讨会上，第一印象并不深刻，后来多次在国内的公共管理学术会议上见面，就问了她学习、工作的情况，发现她的一个突出特点是愿意日积月累地学习，这在一定程度上可以改变她天赋上的平凡。

贾海薇教授告诉我她主编了一本《公共管理心理学》，我很吃惊。我这么长时间从事公共管理的教学和研究活动，读书不少，知道有组织行为学、结构心理学、实验心理学、工业心理学等，还真没有听说过公共管理心理学。接着她说请我写序，我就更吃惊了。这是一个我从未接触过的领域，断然不敢动笔。但她的执著、坚持和耐心使我感到不写几行文字就对不起她和她的同事的辛勤劳动与对知识的追求，对不起青年学者的创新诉求。因此，说几句勉励的话。

从心理学的角度来探讨公共管理，探讨公务员和接受公务员所服务的大众的心理特质、心理倾向、感受、意愿、期望以及行为，确实是一个新生事物。虽不敢说绝无仅有，但确实凤毛麟角。公务员和大众的心理问题，是一个确实存在的问题。过去有关于公务员与私企人员不同的就业环境、职业目标、价值偏好、人生态度、荣誉感、教育和生活背景等问题的研究，但从心理学的角度、用心理学的理论来审视这些问题，却是十分新颖的。在这个知识爆炸、学科交叉、观点碰撞的时代，学无禁区、业无边界，探讨提供公共管理服务的公务员的心理和接受公共服务的大众的心理，未尝不是一件十分有益的事情。

在几次讨论中，得知贾海薇教授带领着一个青年教师团队，"公共管理心理学"的讲义已经在她们的教学过程中使用了近 6 年，逐渐在 2011 年秋季形成一个比较正式的样本。虽然我不涉足心理学的研究，但是通过她的介绍及阅读教材初稿，我感觉她们整合了近年来中西方心理学研究的新成果，并将心理学的理论知识、技术方法与公共管理学科的各种经典问题的研究结合在一起，形成一本颇为新颖的教材，是一种积极的尝试，有助于培养公共管理学科各个专业的学生的实践能力与管理技能。书中的案例多选自国内的经典公共管理问题，在公共管理心理学的基本理论之后，设立了不同主题的篇章，有助于更加细致地掌握心理学在公共管理学科的运用，以及了解心理学研究对公共管理质量的促进作用。

虽然该书略显稚嫩，但是我赞赏这种勇敢的探索与尝试，任何学科的进步都是建立在一个个默默无闻的学者的点滴钻研基础上的，并经由学术大师之手经典化、理论化，期望该书的出版，能够吸引更多的学者关注公共管理领域的管理者与被管理者互动过程中的心理问题，促进更为经典的图书的诞生。

　　我衷心希望，该书会给我们一个重要的启示、一个新的研究的起点，为我们打开一个新的研究公共管理的窗口，给我们一套新的方法来研究公共管理活动中人的行为，以及行为产生的结果和互动的原则。在生命价值崇高、心理感受得到高度重视的现代生活中，心理学的研究应该延伸到所有领域，以帮助我们在许许多多不同的条件下，对自己、对别人甚至对世界有更好的了解。

蓝志勇

中国人民大学公共管理学院教授、副院长

"千人计划"国家特聘专家

2011 年秋

前　言

公共管理进一步发展，已经成为现代国家不断进步的重要动力。在所有的管理活动中，人是最宝贵、最灵活、最具创造力的资源要素，在公共管理活动中，也是如此。而公共管理活动的管理者与被管理者，彼此互动，心理活动是很关键的。尊重、认同、理解与合作都需要建立在深层的心理层面上。

所以，管理者把握了公共管理活动中的心理互动原理与方法，将有效提升公共管理活动的效率与效益，为国家与社会的科学、稳定、和谐发展，为公民健康、快乐、自由地成长，提供强大的推力。

本书编写组在多年教学实践中，发现公共管理领域的心理学有其特殊的规律，心理科学的发展与公共管理学科的发展都会影响这个领域，公共管理心理学的研究既是我国当前公共管理实践所急需的学术研究，又是培养高质量公共管理者所急需的教育研究，所以在多年教学讲义的基础上，编写了本书。

本书理论系统、注重技能、强化实践，具有如下特点：①联系中国社会主义现代化建设的实际，研究改革开放过程中出现的各种公共管理问题与相应的社会心理现象；②联系中国文化传统的实际，探讨具有中华民族特点的政府、社会与公民的行为，讨论中国典型公共管理问题中的社会心理现象；③在传统理论教学部分之后，增加了公共管理心理学的实践内容，适用于国内公共管理学科多个专业的教学要求，并具备较强的案例教学与分类教学价值。

在本书编写组与出版社的共同努力下，本书最终顺利出版。本书可以作为公共管理学科中公共行政管理、公共政策、公共事业管理、城市与社区管理、应急管理、社会学、劳动与社会保障、社会工作、公共政策、人类学、公共卫生与医疗、新闻传播、法律教育、教育管理等相关专业的教材，也可作为全校性选修课教材。

贾海薇

2011 年秋

目　　录

第一章　公共管理心理学概论

【本章学习导读】

【本章学习导读】

1. 掌握公共管理心理学的基本概念与重要理论。
2. 了解公共管理心理学的研究对象与研究方法。
3. 掌握心理学的基本概念。

【课前案例】

2011 年 3 月，日本东岸近海海底地震，引发海啸，导致次生灾难——核辐射与核污染，作为邻国，中国也受到了核辐射与核污染的威胁，就在我国政府与国内各界有关组织积极监控各地空气、水中的辐射粒子浓度，并及时发布信息的时候，一个谣言在国内部分省市迅速传播：食盐可以防辐射。于是多地发生抢盐风潮，一些不法商人趁机囤积居奇，哄抬物价，超市里盐被抢购光了，就有人开始抢购酱油，参与抢购的很多人根本不知道可以防辐射的是碘，只是看到别人在抢购，又听说可以防辐射，就唯恐落后地挤入抢购人群。各地政府迅速采取了一系列的应对措施，如通过应急管理系统发布了科学预防辐射的知识，通过正式媒体发布关于市场管理的信息，并积极组织食盐货源以保证供应等，民众的恐慌心理得到疏导，一场社会风波得以平息，留下的只是"日本人是大核民族，中国人是盐荒子孙"的坊间笑谈。（本章作者撰写）

人类社会的历史就是经济、政治、文化的总发展史，从某种意义上来说，也是公共管理的发展史，从氏族部落到现代国家，寻求民族公共利益、丰富全民生活一直是人类社会管理的目标，即使在奴隶社会、封建社会与资本主义社会中，统治者与被统治者唇齿相依的客观现实，也促使社会管理者要尽可能考虑民众的利益，而不只是统治者的利益。全体的公共利益与个体的私人利益长期博弈，促进了人与人之间经济政治利益的协调及文化心理的变迁。心理学的研究表明，人的心理是脑的功能，是外部世界在头脑中的反映，它决定了人的行为。因而人所处的外部世界时刻影响着人的心理，而人的心理又时刻影响着自身及群体的行为，进而影响着整个外部世界。人类社会的公共管理水平就是在与民众心理的互动下，不断取得进步与发展的。

第一节　公共管理心理学的基本界定

公共管理是对国家与社会公共事务的管理，因其特殊的重要地位，成为当代国家间竞争的核心软实力之一。在国内，公共管理学科的发展还处于幼年阶段，对公共管理心理学的研究更是刚刚起步，我们的研究工作将成为提高国内公共管理水平、提升公共管理质量的一次有益探索，也是将最新心理学研究成果与国内公共管理实践相结合的一次积极尝试。

一、研究公共管理心理学的意义

公共管理作为现代人类社会管理的重要领域，是在其现有的生态环境中发展演进的，对其产生重大影响的生态要素主要有宪政结构、社会资源和文化因素。作为对社会经济状况的全面反映，这三大因素分别从法律与制度体系、管理效率与效益，以及深层次的心理意识层面对公共管理产生着持续而深刻的影响。作为人类的创造物，文化对公共管理的影响处于最基础的地位，也是最活跃的要素，社会资源次之，宪政结构则是范围最狭窄、最正式化的部分。

广义的文化是人类一切物质与精神产物的积累，狭义的文化主要指精神产物的积累，"它包括一国居民中当时盛行的态度、信仰、价值观和技能"（加布里埃尔·A. 阿尔蒙德和小 G. 宾厄姆·鲍威尔，2007），也是民众的时代心理与行为的集合，"文化也是目前人们正在进行的变革国家政府的努力当中之核心环节"（Brudney et al. ，2000）。从公共管理的视角，文化就是同公共管理可能直接或间接地产生联系的个体或群体的心理、行为模式、价值判断与态度倾向等。

在民主化程度日益提升的当代，民众心理可以显著地影响公共组织的政策抉择与行动绩效，从而对公共管理工作提供重要支持或提出重大挑战。在进行公共事务管理与改革时，管理者与改革者就不仅要考虑经济基础，还要考虑文化因素的影响，人们的政治信仰、参政习俗，对政府的认识、对权威的看法，传统文化背景下已经形成的群体心理特征，新时代正在形成的心理变迁动向等，这些因素都会对公共管理活动的开展产生极大影响，而且常常超过经济因素的影响（因为经济因素的影响需要通过公共文化与社会心理来传达与执行），决定着一个国家公共管理的绩效高低与改革成败。

因此，我国公共管理的研究，要从起步阶段就注意引入心理学的最新研究成果，运用心理学的理论、方法分析研究公共管理领域有别于其他管理领域的独特心理问题和各种现实矛盾，发现并总结其中的独特规律，丰富公共管理理论体系，科学指导我国的公共管理实践。

二、当前我国公共管理中重大的心理问题

（一）公共管理实施主体的心理问题

1. 组织层面

目前，我国正处于改革的深水区，经济改革取得显著成效，政治体制改革、行政管理体制改革也将深入推进，社会变革大，民众的心理波动也大，社会管理难度显著增加，公共管理的主体面临着一系列新的问题和压力。以政府机构为例，整个行政管理组织的决策质量、执行能力、工作效率，以及组织活力、组织文化等方面的问题越来越突出，表现为某些部门、某些地区、某些层面的行政组织"服务效能低下、行政决策失误、公共权力滥用、公共财政浪费、职务腐败严重"等；以非营利组织为例，民众对善款使用、人员廉洁、工作效率等方面的问题的高度关注，显示出国民对福利慈善机构管理的不信任与质疑。

2. 个体层面

从个体层面考察，公共管理与服务的工作者是具体心理问题的载荷体与责任体，

如公务员队伍的工作倦怠问题已对国家公共事务管理造成了较严重的负面影响，主要症状有工作积极性和工作效率低下、官僚作风与脱离群众情况严重、人际冲突增加、缺乏合作、身心素质较弱等。

可见，现实的公共管理实践发展已经提出了必须尽快加强公共管理心理学研究的客观要求，通过本学科的研究，我们可以寻找公务员心理问题的预防、诊断与解决的理论与方法，通过工作生活质量改善计划、行政管理文化塑造、职业能力培训辅导、公共组织管理变革、领导艺术学习修炼等战略和方法，有效地预防公共管理者的职业心理问题，优化公务员个体和群体的心理素质，最大限度地开发工作潜能；并通过建立有效的干预机制，对已出现心理问题的人员给予专业性的咨询和治疗，使公共管理者能够以健康的身心状态完成国家赋予的工作任务，促进公共管理良性运作，确保我国完成好深化改革的历史任务，建设和谐社会。

（二）公共管理服务对象的心理问题

1. 群体层面

我国现处于社会转型的关键阶段，前期改革中积累的矛盾日渐凸显，而且由于社会阶层之间的价值观、世界观与人生观有所不同，对传统文化的继承及对外来文化的理解也不同，加之维权意识与民主觉悟日益提高，任何可能引发关于"公平"、"正义"、"价值"讨论的事件都会备受关注。民众普遍缺乏安全感（人作为生物体而具有的典型心理倾向）及转型期特有的不满足感，就会对社会事件的消极方面反应敏感，甚至过激，使得可能导致社会不稳定的因素增加。

2. 个体层面

高速发展的经济，导致快节奏的工作生活方式，中国人成为全球公认的"最努力工作的人"，但超负荷的工作、生活压力导致的亚健康也成为困扰全社会的问题，城市白领的紧张焦虑、情绪压抑，与农民工的缺乏劳动安全保障、恶性职业疾病侵害等问题纠集在一起，无论脑力劳动者还是体力劳动者，面对人生理想蓝图与现实状况之间的差距，都产生了无助感与脆弱感，个体抑郁度与焦虑度较高。

阅读资料：

我国1亿人有心理问题，其中，严重精神病患者有1600万人，在疾病排名中已超过心脑血管、呼吸系统及恶性肿瘤而跃居首位。每年有28.7万人死于自杀，200万人自杀未遂，即每2分钟就有9人自杀，其中8人未遂。10万人中有22.2人自杀，我国已经成为高自杀率国家。1个人自杀，平均会使6个家人和朋友受到很深的伤害（徐景安，2010）。

"富士康跳楼事件"、"药家鑫事件"等引发人们对社会的深层次思考，也反映出当前国家公共事务管理必须高度关注民众心理（群体层面与个体层面）的发展变化，公共管理心理学就是要服务于公共管理事务的实践，用已有的研究成果指导管理，并在社会管理中发展与提炼新的理论与方法，以丰富自身。

三、公共管理心理学的定义与研究范畴

（一）公共管理心理学的定义

公共管理心理学是关于公共管理活动中人的心理、行为的科学，以个体心理为

基础，以群体心理为重点，分析公共管理活动中人的心理行为反应，在具体的历史与社会环境的情境中进行解释，并探索提高公共管理效率、效益的心理机制的建立与完善。

国家与社会是由个体组成的，个体既受国家与社会的影响，又影响国家与社会，公共管理是国家与社会管理中保障全民公共福利、促使公共利益的重要管理活动，任何一个人都是公共管理活动的参与者，只是在某项活动中分配的角色不同，但始终处于｛管理者，被管理者｝这个集合。个体通过自身的参与，影响着公共管理的质量与水平，也影响着公共管理的变革路径与发展趋势，而社会环境对其行为的反馈，也反作用于其心理。以网络反腐为例，网民强大的搜索与信息曝光能力，使得一些腐败分子无处遁形，因互联网的运用普及而新产生的网络监督渠道弥补了先前社会监督中的不足，提升了社会对公共利益执行者的监督质量，积极作用是主要的。但是网络信息良莠不齐，且有部分低素质网民故意制造危言耸听的虚假信息以吸引公众的注意，往往导致消极情感的负面信息过度传播。例如，对个别腐败分子的批评泛化为对整体公务组织的消极评价，不利于行政组织积极高效地推进行政管理工作。因此，公共管理心理学要重点研究在公共管理活动中，人们是怎样相互影响的，要研究促进公共管理活动中管理者与被管理者之间良性的心理影响与行为应答的途径与方法，解答现实问题，剖析民众心理，减少群际摩擦，降低管理成本，提高公共管理的效率和效益。

（二）公共管理心理学的研究范畴

1. 现实社会中公共管理主客体的心理与行为的特征分析

要进行公共管理心理的研究，首先要加强对公共管理主体与客体的个性心理及行为模式的特征分析，可从个体层面入手，并逐层推进到群体、组织层面，但要以整个社会系统为分析单元。研究公共管理主客体的心理行为特征，是要在公共事务管理过程中更好地加以引导和利用，提升公共管理质量与效率效益。

现实社会中人与人相互作用结成组织，因此研究公共管理心理学，要先考察个体，这是着眼点；再分析个体所在的微观结构的社会，如"家庭、学校、社区、工作单位"等，在这个范围内，社会与个体的相互作用是直接的，涉及的公共管理问题往往是与其本人密切相关的；进而考察个体所在的宏观结构的社会，如"国家、民族、阶级"等，在这个范围内，社会与个体的相互作用是间接的，涉及的公共管理问题往往是一群人，这样，个体、小组织、大社会，逐层联结在一起。由于公共利益是个体私利的集合，往往要忽略一些个性化的利益因素，来确保大多数人的公共利益，所以，公共管理心理学的分析就要在能够看到个体的基础上（同一外界刺激，不同个体会有不同的反应），优先分析促进公共利益实现的群体与组织心理，同时也要关注公共管理主客体的心理状态。

2. 公共管理领域特殊的心理行为问题的规律探索

在对公共管理主客体的心理与行为进行全面分析的基础上，公共管理心理学要研究揭示公共管理活动的各种管理行为的心理机制，解决如何指导公共管理主客体科学、理性地采取行为反应与心理应答的问题，如权威与遵从权威的心理问题，成功动机与权力欲的问题，经济利益驱动政治参与的问题，公共权利与私人权利博弈的心理互动问题，行政管理系统的人员选拔、工作效率及廉政建设的心理机制构建等问题，探索公共管理领域特殊的行为心理规律。

对心理的考察必须把握其发生、发展的具体环境，即公共管理情境（public administration situation），确定一种基本的研究立场。公共管理情境是与个体直接相关联的公共管理环境，它包含着个体与环境的相互作用，是与个体心理相关的全部环境状态。公共管理情境与公共管理环境的主要区别是：①公共管理环境是整个的社会存在，而公共管理情境则是环境中的某些特定部分；②公共管理环境对于个体而言是纯客观的，不同公共管理主客体可以处于同样的环境之中，而公共管理情境则是主观与客观的统一，不同的公共事务问题涉及不同的个体，同一公共事务也可能涉及不同的个体，且他们可能处于不同的情境之中；③公共管理情境是被公共管理活动参与者所意识到并直接影响个体心理的，而公共管理情境以外的公共管理环境则是在未被个体所意识到的情况下，间接地对个体心理产生影响。

公共管理活动是在大的公共管理环境、小的公共管理情境中，主客体同时参与的活动，公共管理心理学的研究就要重视情境的作用，因为相同的外界刺激，在不同的情境下人们会有不同的心理反应，进而总结情境与心理的联结关系，探索公共管理领域的特殊的心理行为规律。

3. 促进社会健康发展的公共管理心理学科的理论体系的建立

公共管理心理学关注现实中的公共管理事务的演变与发展，及时发现问题，找寻有效的解决途径，更好地促进公共管理主客体心理健康发展，促进公共组织系统的结构改善和功能优化，以理论联系实际的新产出来丰富先前对个体心理、群体心理、领导心理等领域的研究，以公共管理活动中独特的心理规律的总结与概括，建立能够促进社会健康发展的公共管理心理学的理论体系，促进管理心理学的结构完善。

四、公共管理心理学的学科地位

随着心理学和管理学的发展，这两大学科相互交融组合，管理心理学、公共管理心理学应运而生。

心理学作为人类对自身精神世界不断探索而形成的科学体系，从诞生之日起就在努力总结人的思想、行为及其特点与发展趋势，试图找寻环境刺激与行为应答的联系，预测与控制人的思考方式、思想结果与行为模式。以闵斯特伯格为代表的学者逐步将心理学应用于生产与组织管理领域，与管理学结合，先后产生了管理心理学、组织行为学等学科分支，关注管理实践中如何正确处理个人与群体、个人与组织的关系，从而调节人的心理，控制和预测人的行为，以利于充分发挥人力资源的作用，获得高效率与高效益的劳动产出。

管理学诞生于企业管理实践，迄今恰好百年，其核心是关注如何在生产与经济管理中合理地组织人、财、物等资源，从而实现投入产出的最大化。但是国家管理的历史更久远，自人类社会进入"国家"形态就存在，而以基督教、佛教、伊斯兰教等宗教组织为代表的案例，可以说明组织管理的悠久性。管理学不能仅仅将视野局限在经济管理领域内，它还必须回答政治、文化、社会管理等领域的效率、效益问题，总结其中特殊的管理规律，从而产生了公共管理学、公共行政学等学科分支。

管理学、心理学在公共管理领域的应用，就是要以两个学科的基本理论共同指导公共管理的实际活动，总结公共管理领域中人的特殊的心理活动特点（如公共福利保障对民众的心理影响）与行为方式（如选举中民主参与行为的模式与规则等），形成本学科的理论体系。加强公共管理心理研究与理论联系实践，既能丰富和发展现代管理理论体系，也能丰富和发展心理学理论体系，既是应用现代管理学理论来指导公共事务管理，也是应用心理学成果来指导公共事务管理，因此，公共管理心理学的学科地位如图 1-1 所示。

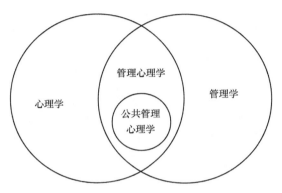

图 1-1　公共管理心理学的学科地位

需要重点说明的是公共管理心理学与管理心理学的关系，有学者认为：公共管理心理学与管理心理学是并列学科，因为管理心理学的产生和研究的重点是经济与生产管理领域的心理问题，公共行政或公共管理领域是一个空白，从而给公共管理心理学留下了发展的空间，也就决定了它们之间是并列的学科关系。而我们认为管理心理学（此为广义的管理心理学，是其"应有集"，而不是"现有集"，即只研究企业管理、生产管理中的心理问题）是管理学与心理学的交叉学科，是心理学理论与管理学理论在实践中的交集，学科目的是通过研究管理过程中人的心理与行为，探索管理效率与效益的关系、管理者与被管理者的关系；公共管理心理学作为管理学与心理学交集的管理心理学中的一个更加具体的分支，是心理学理论在公共管理领域的应用，研究的是公共管理领域的心理学问题。

因此管理心理学与公共管理心理学是总分与包含的关系，即公共管理心理学是管理心理学的一个分支，是其重要的组成部分。管理心理学的研究应该涵盖一切管理领域（尽管现在的体系还不完善），公共管理心理学的研究与发展，恰是管理心理学进一步发展的客观需要，也是一个有待补充研究的新领域。公共管理心理学的研究成果必将丰富管理心理学的内容，促进管理心理学的体系发展。

五、国内公共管理心理学领域的研究与思考

当代的公共管理是公共组织提供公共物品和服务的活动，它"主要关注的不是过程、程序和遵照别人的指示办事以及内部取向，而更多地是关注取得结果和对结果的获得负个人责任"（陈振明，2001）。公共管理活动是政府、第三部门及个人均可参与的管理活动，涉及"公共物品、公共选择、集体行动的逻辑、委托代理、产权、交易

成本、交换范式、制度安排与创新、政府失败、多元组织、认知风格、管理网络、管理工具、管理成本核算"等一系列有别于经济、私利的问题，但又与经济、私利密切相关。公共管理的核心问题是公共事务的管理，就是管理所有涉及许多人的共同利益、影响全民公共利益的重大问题。因此，公共管理的参与者主要是政府、非营利组织与民众，其中，最主要的关系是政府与公众的关系，以及第三部门与公众的关系。

公共事务由于涉及全民公共利益而最受关切，所有参与者的心理都会受到公共事务管理过程的影响，所有的参与者也都希望能够影响公共事务管理的过程，以维护自身利益。例如，当下的城市管理、城乡公共福利改革及社会贫富差距调节等事务，其解决质量的高低将直接影响国家的稳定、社会的发展与人民的幸福。

因而，公共管理的主要参与者（政府、第三部门与民众）的心理，受到了学界的关注，学者们已经取得了一些成果。例如，赵玉芳、毕重增的《我国民众对公共事务的归因结构》，揭示了公众对公共事务的归因判断结构和优先谱系，并指出其对政府行政的意义；张崎、王二平的《政府信任，前因变量及对公众合作行为意向的影响》，指出公众对政府的政治信任影响其对政府解决公共问题的合作行为；张瑶琼、郁建兴、陈丽君的《政策知晓度与政策绩效评价的关系》，强调政策知晓度是政策绩效评价的基本前提，是政府信任的主要过程和影响因子，并证明了这种关系；黎灿辉、陈丽君的《公共危机视野中的政府沟通与政府公信力的关系》，提出了政府在处置突发公共事件中与公众沟通和公信力的评价体系；景怀斌的《从心理的二维特性看公共管理的着眼点》，提出了公共管理应动态兼顾理性和情感的原则。

学者们认为：一方面，心理学应研究社会公共问题，才能继续扩大心理学对社会的影响；另一方面，公共管理应充分使用心理学、管理学的已有成果，以更高效地管理公共事务。

公共管理涉及的公共事务问题不同于经济管理中鲜明的物质利益问题，使得公共管理者常常面临"理性"与"价值"的两难抉择，"理性"（指经济理性）以效益效率为最高标准，"价值"（指精神价值）则以人们的精神追求为最高标准。在公共管理活动中，主旨是实现"公平、公正、公益"的精神价值，同时也要提高管理"效率"，追求管理"效益"，而在"民众-公共事务-社会制度-公共管理者"共同构成的"结构-功能"空间中，公共事务的管理效率及管理效益的实现情况，相当程度上取决于民众的心理状态，因此民众心理的变化与发展成为公共管理的起点、过程和终点，公共管理就是要疏导民众心中郁结，以公共政策科学地调节各种利益关系与文化摩擦，实现民众心理的合理舒放与理性自由，实现"民心顺则天下治"。由于公共利益追求物质性与精神性并存，且公共事务边界与时俱进地开放，公共管理活动进程中经济理性和理想价值应始终互补、互动，这与企业管理、经济管理中重点追求最大物质利益的原则有根本差异，加强对公共管理活动中人的特殊的心理分析，有助于公共管理质量与效率的显著提升。

第二节　心理学的发展与基本理论

一、心理学的产生与发展

心理学作为一门独立的科学，迄今只有130多年的历史，虽比管理学略成熟，但仍然是稚嫩的学科，但心理学与管理学一样，都有一个漫长的"前诞生期"，中西方的古代哲学和宗教很早就讨论了身和心的关系及人的认识是怎样产生的问题，古希腊哲学家柏拉图、亚里士多德等，中国古代思想家荀子、王充等，都有不少关于心灵的论述。

在西方，从文艺复兴到19世纪中叶，人的心理特性一直是哲学家研究的对象，心理学是哲学的一部分。英国的培根、霍布斯、洛克等，以及18世纪末法国的百科全书派思想家都试图纠正中古时代被神学歪曲了的心理学思想，并给予科学的解释。培根的归纳科学方法论对整个近代自然科学的发展起了很大作用，霍布斯提出人的认识来源于外在世界，洛克最早提出联想的概念，推动了心理学的发展。法国百科全书派拉梅特里提出了在当时有进步意义的"人是机器"的观点（带有机械唯物论色彩）。到19世纪中叶，自然科学进步显著，科学的威信逐步确立，生理学的发展接近成熟，心理学开始摆脱哲学的一般讨论而转向具体问题的研究，这一切都为心理学的独立营造了历史环境。

心理学之父　威廉·冯特

1879年，冯特（1832～1920）在莱比锡建立了世界上第一个心理学实验室，心理学从此脱离哲学而成为独立的科学，冯特是一位哲学家兼生理学家，他的心理学实验室主要研究感知觉心理过程，主要使用生理学的实验技术。冯特认为心理学是研究人的直接经验或意识的科学，复杂的心理活动是由简单的单元构成的，心理学的任务就是把心理活动分解为一些心理元素，显然深受当时化学发展的影响（后人又把冯特的心理学体系称做元素心理学或构造心理学），他晚年还开展了民族心理学的研究，被视为现代社会心理学的先导。冯特在莱比锡招收了欧美各国大批进修生，他们学成归国后，分别建立心理学系和心理学实验室，使这门新兴的科学得到迅速推广。

冯特创立的心理学是研究意识的科学（要求承认意识的存在），但1913年美国心理学家华生向其提出了挑战，指出：心理学如果要成为一门科学，与自然科学其他学科处于平等地位，就必须放弃意识作为心理学的研究对象，因为意识是主观的东西。他认为科学的心理学的研究对象应是可以客观观察的人和动物的行为，因此，心理学是研究行为的科学，它要探讨一个刺激使有机体发生了什么反应，在什么环境下产生了什么行为。至于头脑内部发生的过程，由于只能推测，不能肯定，所以不必理会。华生在心理学界掀起了一场影响深远的行为主义运动。

20世纪40年代前后的新行为主义学派，强调在实验操作的基础上研究人和动物的行为，B.F.斯金纳还尝试把行为主义原理用于改造社会，他的小说《沃尔登第二》，以日记形式描写了一个乌托邦式的理想社会——一个集体农庄，有极完善的社会组织，用工分计算劳动报酬，完全用行为主义原理来培养训练儿童，没有竞争和剥削，人与人之间都能和睦相处，互相友爱，这样一个事先设计好的社会体制避免了现代资本主义的各种弊病，斯金纳把这种社会设计称做"行为工程"，并把这样一个社会的实现寄托于中国。行为主义从 20 世纪 20～50 年代一直统治着美国心理学，尽管其理论过于简单化和绝对化。后来，人们逐渐认识到：人的思维等心理活动也可进行客观的研究，内在心理活动与意识的存在是不能被否认与忽视的。

在行为主义兴起的同时，欧洲产生了两大心理学派别：格式塔学派与精神分析学派。格式塔心理学诞生于德国，它反对冯特构造心理学的元素主义，其代表人物是 M. 韦特海默、K. 科夫卡和 W. 克勒。格式塔，即"gestalt"（德语），意思是整体、完形。这个学派主张研究人脑的内部过程，认为人在观察外界事物的时候，所看到的东西并不完全取决于外界，而是在人的头脑中有某种"场"的力量把刺激组织成一定的完形，从而决定人看到的外界东西是什么样的（受当时物理学中流行的"场"理论的影响）。他们通过对猿猴的研究，认为人和动物解决问题（学习）是靠突然发生的"顿悟"。格式塔学派反对冯特学派只强调分析的做法，而认为心理现象是一个整体，整体决定其内在的部分，这种强调整体和综合的观点在学科发展上基于否定冯特的分析法的螺旋式进步。

精神分析学派由奥地利医生 S. 弗洛伊德创立，他利用催眠术和自由联想法对精神病患者进行治疗，发现童年记忆对个人的内在心理影响较大，认为：意识的内容是理智的、自觉的，无意识的内容多是与理智、道德相违背的，当理智与无意识的矛盾激化时，就造成神经症。为了治病就需要对患者的无意识进行心理分析，即精神分析。精神分析学派认为：心理学要探讨人在生活中基本的心理动机，而人的根本心理动机都是无意识的冲动，这些"无意识"冲动在人的生活中起根本作用，有意识的心理过程则只是显露在表面的一些孤立的片断。这个理论产生于西方社会转型期——人的欲望渴望极大释放但却受到社会极大制约，精神失常比例较高、道德普遍堕落是一种主要的社会病症，因此被接受的程度很高。当代的新精神分析学派已不再特别强调生物冲动的作用，而更为重视人与人之间的社会关系。

俄国人 И. М. 谢切诺夫建立以大脑的反射为心理学的基本概念，В. М. 别赫捷列夫写了《反射学》一书，И. П. 巴甫洛夫专门研究了条件反射，且他的条件反射学说促进了美国行为主义的兴起，对苏联、美国的心理学均产生了巨大的影响，成为其理论基础之一，也直接影响了我国及一些东欧国家的心理学研究。

在中国，现代心理学的教学始于清末改革教育制度、创办新式学校的时期，当时的师范学校首先开设了心理学课程，所用的教材多是从日本和西方翻译过来的。1907 年，王国维翻译的丹麦 H. 霍夫丁所著的《心理学概论》，1918 年陈大齐的《心理学大纲》，是中国最早以心理学命名的书籍。1917 年北京大学建立心理学实验室，1920 年南京高等师范学校建立中国第一个心理学系。1921 年，中华心理学会成立；1929 年，中央研究院设立心理研究所，从此，构造心理学、行为主义心理学、格式塔心理学、精神分析等陆续都被介绍到中国来。中国也开始了自己的心理学研究，在 20 世纪 30 年代前后，郭任远的鸟类胚胎行为研究，黄翼的儿童绘画研究，孙国华的新生儿行为研究，艾伟、沈有乾等的汉字研究，陆志韦、萧孝嵘等的心理测验研究，卢于道、汪敬熙等的生理心理学研究，陈立、周先庚等的工业心理学研究等都作出了成绩。1937年，抗日战争爆发后，多数大学迁到西南地区，心理学的教学虽然继续进行，但是研究工作几乎停顿。1945年，抗日战争胜利后，各大学迁回原址复校，研究才得以恢复，此时全国有10余所大学设有心理学系，其教学与研究主要受美国心理学的影响。

新中国成立后，成立了中国科学院心理研究所，多所大学和师范院校设立了心理学专业和教研室，学习苏联心理学和巴甫洛夫学说，开展条件反射和高级神经活动的心理学研究，以及对心理学的对象、任务和方法的讨论与对西方心理派别的评述。我国心理学家认为心理是脑的功能，是对客观现实的反映，实践活动是人的心理发生发展的源泉，深受客观唯物主义的影响，潘菽还提出建立具有中国特色的心理学的理念。20世纪60年代初期，心理学研究的重点转向联系社会主义建设实践，后因"文化大革命"而中断，20世纪70年代中后期恢复，20世纪80年代，北京大学、北京师范大学、杭州大学、华东师范大学、华南师范大学等多所高校设立了心理学系、心理研究所，开设心理学专业，之后我国在生理心理学、认知心理学、发展心理学、管理心理学、教育心理学、医学心理学、工业心理学等领域内逐步取得了丰硕的研究成果。

二、心理学的基本概念与理论

（一）心理学的学科定义

心理学（psychology）是研究人和动物心理现象发生、发展和活动规律的一门科学。心理学既研究动物的心理[①]，也研究人的心理，而以人的心理现象为主要研究对象。

心理学努力以科学的方法，间接地观察、研究或思考人的心理过程（包括感觉、知觉、注意、记忆、思维、想象和言语等过程），把握人与人之间的共性，分析人与人的不同，通过对人格的研究（需要与动机、能力、气质、性格、自我意识等）及人在各种活动中的行为，力求找寻一般性的规律，并运用这些规律，更好地服务于人类的生产和实践。

心理学自诞生之日起就对人类生活起着重要作用，其应用与研究的范围也不断扩大，形成了一系列的分支学科，如普通心理学、生理心理学、教育心理学、发展心理学、临床心理学、工程心理学、管理心理学、商业心理学、犯罪心理学、军事心理学、社会心理学等。心理学与其他学科的关系位置如图1-2所示。

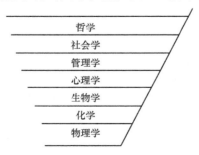

图1-2　心理学与其他学科的关系位置

---

① 研究动物心理主要是为了深层次地了解、预测人的心理的发生、发展规律。

（二）心理学的基本概念

1. 心理现象

心理现象包括感觉、知觉、表象、记忆、思维、想象、情感和意志等，其中，感觉是心理产生的标志，是其他一切心理现象的基础、源头和"胚芽"。

2. 神经系统与脑的机能

心理是由刺激引起的电脉冲在神经系统上传播的结果，即由刺激在细胞膜上引起的生物电流在神经系统中传播所引的，神经系统是心理产生的生理基础，脑是对刺激信息进行加工的中心。

3. 心理活动过程

感觉是刺激物的某种特性进入神经系统的"通道"，引起相应的行为和语言变化。人只能感受一定强度范围的刺激（阈值），过高过低的刺激都不能直接引起我们的感觉。

知觉是把通过感觉而"搜集起来"的几种物质特性的信息综合起来进行的反映，表象则是对物质过去到现在的整体认识的总结，想象是在过去表象的基础上对物质的可能形态进行的预测，思维就是对事物特征进行"加工"。记忆是把事物的特性"录入"大脑的过程，录入内容有的建立了与其他原有内容的紧密联系，表现为"长时记忆"，而不能紧密联系的，根据其能回忆起来的时间长短分为短时记忆和暂时记忆。

意识和潜意识是经过记忆过程的事物特征的"存贮库"，两者之间无明显界限，在自然状态下，意识总是向潜意识过渡；在外界的干预下，人也可以把潜意识转化为意识，潜意识不自觉地改变人的行为，而且其库存与作用远远大于意识，意识只是外显的"冰山一角"。

4. 行为

口头语言是通过声带和口舌等相关肌肉的高度组织化，发出有规则的声波，不同的声波被赋予不同含义；书面语言是把不同含义的声波用特定符号进行记录，说与写，是人特有的行为。所有的行为都是在心理支配下产生的各种动作，是心理活动的外显，具有一定的含义并发挥一定的作用，通过他人的体态与行为的变化可以推测其心理变化。

5. 人格（个性）

人格包含个性心理特征与个性心理倾向。个性心理特征包含能力（智力）[①]、气质与性格。能力（智力）是遗传与教育共同决定的心理能力，是个体心理功能在其行为结果与思维成果上的反映；气质是与遗传特质密切相关的心理过程的速度、稳定性、强度及心理活动的指向性特点；性格是个体对现实比较稳固的态度及与此相适应的习惯化了的行为方式，是神经活动类型与生活环境的"合金"。

个性心理倾向是人进行活动的基本动力，是人格结构中最活跃的成分，包括需要、

---

① 能力，指人顺利完成某项活动所必需的主观条件及直接影响活动效率的个性心理特征，与"智力"基本同意，在心理学中共同使用，两者的细微差别是"能力"是心理功能在行为结果上的反映，而智力是心理功能在思维成果上的反映。

动机、兴趣、理想、信念、价值观等；需要是有机体内部的一种不平衡状态，是动机产生的基础；动机，是由一种目标或对象所导引、激发和维持的个体活动的内在心理过程或内部动力。

6. 情绪情感

情绪与情感是人对客观事物的态度体验及对应的行为反应，由主观体验、外部表现、生理唤醒三种成分组成。主观体验是个体对不同情绪和情感的自我感受；外部表现是由面部表情、姿态表情、语调表情组成的外显表现；生理唤醒是情绪与情感产生的生理反应。

（三）心理学的经典学派

1. 内容心理学派

费希纳（1801~1887）创建心理物理学，认为身心之间或外界刺激和心理现象之间存在函数关系或依存关系，他受赫尔巴特的启发，认为心理是可测量的。经过许多实验和推导，他把感觉强度和刺激强度之间的关系概括为 $S = C \times og\ (R/R_0)$，式中 S 为感觉强度；C 为适用于不同感觉中的每个感官的常数；R 为刺激强度；R_0 为阈限内刺激强度，这表明刺激的效果不是绝对的，而是相对于已有感觉的强度。他创造了三种心理测量的方法：最小可觉差法、正误法和均差法。费希纳把物理学的数量化测量方法带到心理学中，提供了心理学实验研究的工具与路经，为冯特实验心理学的建立起到了奠基作用，之后冯特创建内容心理学，促成了心理学的独立。

2. 意动心理学派

冯特的内容心理学是成布伦塔诺意动心理学形成的直接动力，布伦塔诺认为心理学研究的对象不是感觉、判断等思维内容，而是感觉、判断等思维活动，即"意动"，并将"意动"概念作为中心概念进行阐述，他把意动分为三类：①表象的意动（感觉、想象），如我见、我听、我想象；②判断的意动（知觉、认识、回忆），如我承认、我否认、我知觉、我回忆；③爱憎的意动（感情、希望、决心、意向、欲望），如我感到、我愿望、我决定、我意欲、我请求。三类之中以表象的意动为最根本，其他两类是在其基础上形成的，他主张心理学的重要方法是自我观察而不是实验法。

3. 构造主义心理学派

构造主义心理学由冯特的学生铁钦纳（E. B. Titchener）在美国建立，是对内容心理学的继承和发展，主张心理学应该采用实验内省的方法，分析意识的内容，并找出意识的组成部分，以及它们如何联结成各种复杂心理过程的规律。铁钦纳的构造心理学与冯特的内容心理学在研究对象、方法和研究问题上相似，但具体看法不同：①冯特讲统觉，铁钦纳用注意代替统觉；②冯特把心理现象分析为感觉和简单的感情两种元素，铁钦纳则分析为感觉、意象和简单感情三种元素；③冯特认为每种心理元素都有两种基本属性，即性质和强度，铁钦纳认为心理元素的基本属性除性质和强度外，还有持久性、清晰性、广延性等；④冯特认为情感包括愉快和不愉快、激动和沉静、紧张和松弛，铁钦纳认为情感只有"愉快"和"不愉快"。在构造主义心理学的影响下，西方心理学的实验研究得到了迅速发展。

4. 格式塔心理学派

1912 年，M. 魏特曼发表了论文《似动的实验研究》，标志着格式塔心理学派的兴起。格式塔心理学派深受德国哲学家康德的哲学思想①、物理学家马赫的感觉分析与厄棱费尔的格式塔质概念的影响②，强调整体并不等于部分的总和，整体乃是先于部分而存在，并制约着部分的性质和意义，所以，他们反对对任何心理现象进行元素分析，对于抑制心理学内机械主义和元素主义观点的错误具有一定积极作用。魏特曼等在知觉领域里进行了大量的实验研究工作，揭示了知觉过程中图形和背景的关系的意义；苛勒的"顿悟"和韦特墨的"创造性思维"对学习理论的发展完善贡献卓著。

5. 机能主义心理学派

机能主义心理学派与构造主义心理学派对立，构造主义把人的心理视为一个可以绝缘于外界的独立的经验世界，而机能主义则力求把人的心理视为一种生物适应工具。因此，机能主义主要研究的是作为生物适应工具的心理（意识）的机能或功用，反对构造主义把意识分析为元素，关注心理的效用而不注意内容，重视心理学在实际中的应用，主张把心理学的研究范围扩大到动物、儿童、变态、个性差异及一切可能的心理领域，而不仅仅局限于一般成人的心理研究，主要采用发生学的观点和客观观察法、实验法等。

6. 精神分析学派

精神分析学派由弗洛伊德开创，代表人物还有荣格、阿德勒等，弗洛伊德通过对人的病态心理进行分析，总结发现人的童年心理创伤影响深远，无意识里隐藏着大量的欲望与冲动，本能是心理与行为的主要内在驱动力量，逐渐形成精神分析理论与相应的治疗方法，其原则重点是改进患者对现实的心理适应方式，包括对内如何处理自己的欲望要求，调节超我的控制力量，以较有效的方式来应付外界之现实，关注内在的精神与现实的适应，最终目标是促进自我的成熟。他的理论经弗洛姆、沙利文、卡伦·霍妮等继承、修正与发展，形成新精神分析学派，如埃里克森（E. H. Erikson）的心理社会阶段理论③，在发展心理学领域影响重大。

7. 行为主义学派

行为主义学派认为心理学不应研究意识，只应研究行为，主张采用客观的实验方法，而不使用内省法，可分为旧行为主义和新行为主义两个阶段，旧行为主义以华生为首，新行为主义以斯金纳等为代表。华生认为人类的行为都是后天习得的，环境决定了一个人的行为模式，查明环境刺激与行为反应之间的规律性关系，就能根据刺激预知反应，或根据反应推断刺激，达到预测并控制动物和人的行为的目的。斯金纳认为心理学应关注可观察到的外表行为，而不是行为的内部机制，他认为心理科学应在

---

　　① 康德认为：知觉不是一种被动的印象和感觉因素的结合，而是这些元素主动地组织成完整的经验和结合起来的经验。

　　② 厄棱费尔认为：有些经验的质不能用传统的各种感觉的结合来解释，这些质叫格式塔质或形质。知觉是以个体感觉之外的某些东西为基础的。一支曲调是一个形质，不依赖于组成它的那些特殊感觉。

　　③ 认为人的自我意识发展持续一生，可分为八个阶段，每个阶段面临一个重大的心理任务，这八个阶段的展开顺序是由遗传决定的，但是每一阶段能否顺利度过、心理任务能否完成却是由环境决定的。

自然科学的范围内进行研究，目标是确定刺激与有机体反应之间的函数关系，在考虑一个刺激与一个反应之间的关系时，也要考虑那些改变刺激与反应的关系的条件，提出 $R = f(S \cdot A)$。

8. 人本主义心理学派

A. H. 马斯洛认为人类行为的心理驱力不是性本能，而是人的需要，分为七个层次①，认为人类共有真、善、美、正义、欢乐等内在本性，具有共同的价值观和道德标准，达到人的自我实现关键在于改善人的"自知"或自我意识，使人认识到自我的内在潜能或价值。代表人物还有 C. R. 罗杰斯，他倡导的"来访者中心疗法"就是让人领悟自己的本性，消除外界环境通过内化而强加给他的价值观，由自己的意志来决定自己的行为，掌握自己的命运，修复被破坏的自我实现潜力，促进个性的健康发展。人本主义主张研究对人类进步富有意义的问题，关心人的价值和尊严，反对将人的心理低俗化、动物化的倾向。

9. 日内瓦学派

日内瓦学派以皮亚杰的发生认识论为理论基础，是机能主义的发展，认为人的认识的形成，包括主体和外部世界在连续不断的相互作用中逐渐建立起来的一系列结构；认知结构的发展标志着儿童智力水平的提高和逻辑范畴与科学概念的深化；认为机体具有组织和适应两种功能，智力的本质是适应；认知层次的适应是物质层次的适应的延伸，都是使机体得以存在和发展的手段。适应具有两个功能侧面——同化和顺化：同化是主体把外界刺激整合于主体正在形成或已形成的认知格式或结构；顺化指格式或结构受到不易同化的刺激的影响而发生的改变，此两者之间的调节或平衡，就是认识上的适应，支配认知发展的最重要因素便是这种平衡化的内在趋势。

第三节　公共管理心理学领域的重要理论与研究方法

古希腊的苏格拉底和柏拉图认为，人性虽然不能完全摆脱生物遗传的纠缠，但却可以受到环境和教育的深刻影响。柏拉图在《理想国》中主张设计一种社会，通过适当的教育塑造孩子，社会能得以良性运转。柏拉图的理想主义观点被后来的社会哲学家康德、歌德和卢梭等人的学说继承下来，并得到了进一步的发展。他们认为，人具有潜在的善性，构建善的社会并对人进行善的教育，可以使人享受善的美好。

法国群体心理学代表人物塔尔德（G. Tarde）在《模仿律》中认为模仿是"最基本的社会现象"，连犯罪也是由暗示、模仿和欲望等社会因素导致的。迪尔凯姆（E. Durkheim）则认为社会的事情是无法还原到个人水平的，社会情境下的心理研究只能从群体开始并终止于群体。勒朋（G. LeBon）既接受了塔尔德的观点，以具有催眠性质的暗示感受性来解释人的社会行为，尤其是个人聚集而成的"群众"行为，他认为群众具有神经质的感染因素，"去个性化、感情作用大于理智作用、失去个人责任感"是群众的三大特征；又接受了迪尔凯姆的观点，认为群体意识是不同于个体意识

---

① 由下而上依次是"生理需要、安全需要，归属与爱的需要，尊重的需要，认识需要，审美需要、自我实现需要"，更为大众接受的是其五层需要理论（没有"认识"与"审美"两层）。

的一种独立的存在，因为群体本身就具有"与作为构成群体的各个体完全不同的特征"。

公共管理心理学重点研究公共管理活动中个体与群体的心理，既关注参与公共管理活动的个体的心理特征与行为选择，又关注个体的思想、情感、行为怎样受到他人存在的影响，包括实际的存在、想象中的存在或隐含的存在的影响①。

一、公共管理心理学领域的基本概念

公共管理是对社会公共利益的协调与管理，因此，始终与群体相关，进而与群体中的个体相关，所有管理学、心理学对群体与个体心理的研究成果在公共管理心理学中都有着重要影响力。

（一）群体

社会群体生活是人的基本生活方式，群体是相对于个体而言的，但不是任何几个人都能构成群体的。群体是指两个或两个以上的人，为了达到共同的目标，以一定的方式联系在一起进行活动的人群。群体内有认同感和归属感、一定的结构、共同的价值观等。根据群体结构的正规化、复杂程度的不同，可将群体分为正式群体与非正式群体，公共管理领域的正式群体，最具代表性的是国家机器与政府组织，而不同范围内的民众、基层社会、利益群体等属于非正式群体。

正式群体有清晰的命令链与组织目标，群体的存在就是为了完成群体任务；非正式群体多以利益、情感或某种共同特征为纽带连接，具备多种类型，如以血缘关系结合起来的氏族、家庭类群体；以地缘关系结合起来的邻里类群体；以业缘关系结合起来的各种职业群体。各种正式与非正式的群体汇集形成"社会"②。B. S. 布卢姆把无组织群体分为四种：集群、大众、公众和社会运动团体，R. W. 布朗又把集群分为暴众和听众两种：暴众是指带有攻击性、挑衅性、恐惧性的集群现象，如暴动骚乱、公共场合闹事等；听众是因集会、演讲或娱乐而形成的人众聚集。大众是散布在广大社会范围内、接触大众传播媒介的一些人。集群和大众都是无组织群体，具有自发性、散漫性、被暗示性、情绪性和无责任性等特点。公众则在法律、公共关系等不同学科中具有不同的定义，或是排他的，或是排己的，在公共管理领域则具有与大众近似的含义。社会运动团体是参与某种社会运动③的群体，具有临时性或长期性、一定的分散性与一定的组织性并存等特征。

群体具有生产性功能和维持性功能，其价值和力量在于其成员在思想和行为上的一致性，一致性的强度取决于群体规范的特殊性和标准化的程度。群体规范具有维持群体、评价和导向，以及限制成员思想和行为的功能。群体内，正式规范与非正式规

---

① 隐含的存在，指个人借助在社会组织中的地位和文化团体中的成员身份进行的许多活动。

② 社会，一个在政治学、社会学、心理学、管理学、经济学等领域被广泛应用的概念，可以定义为一种独特的人群共同体，具有四大基本特征：有共同生活的区域；经济上能够自给自足；能够自我繁衍；有自己独特的价值观和行为准则，即文化。

③ 社会运动（social movement）是指有组织的一群人，有意识且有计划地改变或重建社会秩序的集体行为，用意则在促进或抗拒社会变迁。一般而言，社会运动可分成四种形式：回归运动、改革运动、革命运动与乌托邦运动。

范可能同时存在，当两者不一致时，人们往往按照非正式规范行为。群体规范对个体行为的制约表现为服从和从众，群体规范通过内化-外化的机制影响个体思想和行为的变化，是公共管理通过建立和维持良好的群体规范来培养社会期待的好思想、好品德、好行为的心理依据。

按规模大小，群体可分为大型群体与小型群体，民族、国家等是大型群体，企业、村落、社区是小型群体。小型群体的问题可以进行现场实验与观察研究，其成果有助于促进对大型群体的分析。当前的热点有社会促进和社会抑制、权威与顺从、群体凝聚力及其测量、群体领导、群体思维风格、群体决策质量、群体极端化等。小型群体研究的代表人物是梅奥，基于霍桑实验，他提出了"社会人假设"，分析了群体中的两类结构——正式结构和非正式结构，并揭示了这两类群体结构在群体管理中相互关系的意义。

阅读资料：街角社会

一个意大利的贫民区社会结构学者怀特以被研究群体——"街角帮"一员的身份，置身于被研究者的生活环境和日常活动之中，对闲荡于街头巷尾的意裔青年的生活状况、非正式组织的内部结构、活动方式，以及他们与周围社会的关系加以观察，并及时作出记录与分析，最后得出了关于该社区社会结构及互动方式的重要结论。怀特写道："街角帮的结构产生于帮的成员之间长时期的经常交往。多数帮的核心的形成可以追溯到成员们的少年时代……街角青年也可能从这个地区内的某一处搬到另一处居住，但是他几乎总是会继续忠于他最初的街角。"（怀特·W，1994）

（二）群体思维

个体思维由其智力水平、思维风格与人格特质决定，而群体彼此互动影响，使得决策问题与决策结果之间的关系非常复杂。艾尔芬·詹尼斯（Janis，1971）分析了美国群体决策史中四个经典失败案例——珍珠港事件、发动朝鲜战争、入侵古巴、发动越南战争，最终结论是群体思维是决策失误的主要原因，决策群体中成员背景、价值观的相似性，以及来自于外部威胁的压力，是决策过急、过激的重要原因。后续其他研究揭示：凝聚的群体对他们的决策更有信心，更愿意冒险，存在命令式领导风格的群体都容易产生群体思维，决策程序的缺乏和群体思维之间有正相关的关系，以及"群体与外界隔绝、命令式的领导方式和群体同质性"三个条件能够很好地预测群体思维的发生。

群体思维理论的最大贡献，是通过提出一种群体决策行为理论，而引发更多对群体思考的关注，但拘囿了"群体思维"（groupthink）这个词的概念，使其具有贬义，目前多被译为"团体迷思"。而我们公共管理心理学对群体思维的考察是从广义的、中性的角度进行的，关注"群体凝聚力、群体的领导风格与权力动机、成员的个性和性别、决策规则、集体乐观和集体规避、时间选择、风险倾向和选择转移、从众效应和顺从压力"等对群体思维结果的影响，力求解析群体的思维规律，进而分析群体决策的质量与群体行为的选择。

（三）群体心理

研究群体的心理活动过程，把握群体内部各成员之间、群体与外部个体之间、群体与群体之间的心理互动，是公共管理心理学的重要任务。在现代社会中，通过传播媒介的作用，短时期内可将信息广泛地传给大众，往往可能激发管理者意想不到的群体心理效应，有组织与无组织的人群聚合都可能产生强大的、强烈的心理浪潮，只是其行为反应特征及其形成过程不同。

信息的全球化、即时化与广泛化缩小了个体差异、群体差异、地区差异等因素对人的心理的影响，人们更多地受到他人与社会舆论的影响，且更多的人希望自己也能够影响他人，人与人之间由于更加紧密的相互作用而产生了更鲜明、更频繁的大众社会心理现象，如流行与模仿、暗示与流言、热议舆论、人肉搜索、传媒轰炸等，可能使得局部的经济恐慌引发广大地区的经济恐慌、个别的社会治安事件引发广大地区的大众骚乱等，给公共管理带来了很大的困难，公共管理心理学要研究这些现象产生的客观原因、心理机制，以及可以采用的社会控制与引导方法等。

（四）群体决策

目前得到较为深入研究的是具有正式规范约束的群体决策，如企业董事会、各类委员会或政务决策小组的决策，对松散的人群混合的决策及其结果的研究尚很不足。由正式规范而组织起来的群体，其决策与个人决策相比较，决策的正确性程度较高，但速度迟缓，个人决策通常比群体决策具有较大的创造性，群体决策则会受到相互不同意见的约束；个人决策适于工作结构不明确、需要创新的工作，决策责任明确，而群体决策适合于任务结构明确、有一定执行程序的工作，决策责任分散。决策风险方面，群体决策更会发生保守或冒险两个极端的倾向，即群体决策的极化现象①，且因决策由群体共同承担责任，其成员更容易产生不负责任的倾向。

运用积极的群体决策能够促使群体成员充分参与群体活动，因参与者的增加而产生的多元化认知可以加强信息的纵向和横向交流，有助于创建更为完善的方案，凝聚观念，提高成员的自尊心和自信心，使得参与者更愿意承担共同的计划和目标所决定的任务和所需要的变革，形成较高的责任感，提升工作效率。

（五）群体行为

按照组织程度，群体可分为有组织群体和无组织群体，有组织群体指各种集体、各类组织，从较为松散的兴趣团体到组织纪律性极强的政府、军队等，无组织群体泛指群众、大众、受众等。狭义的群体行为就是指无组织群体的行为，广义的群体行为则包含组织群体的行为，即集体行为。

狭义的群体行为是若干个体为某个问题自发地、没有预先计划地形成的行为。与集体行为相比，这种行为只是一些个体积极参加或偶尔参加的活动，共同目标短暂，组织结构松散，角色不分化，没有公认的领导，凝聚力低，没有个体归属感，是低层次的群体行为。其形成具有偶发性，是某个事件在一定范围的群众中产生共鸣而引发的，一般包括五个过程：①若干个体聚集在一起为某一共同注意的目标而互相交往，互相影响；②受到某种特殊的鼓动；③产生情感上的共鸣并出现极化性的倾向；④产

---

① 决策倾向主要取决于占优势的群体气氛，如果群体成员大多数比较保守，群体决策将比个人决策更保守；如果群体成员大多冒险，则群体会作出更具风险的决策。

生为实现共同目标的行动；⑤对环境的重新估计。1891年，S. 西格尔的《犯罪的群众》出版；1895年 G. 勒朋发表了《群众心理学》，指出：群众是冲动的、无理性的、缺乏责任感的、愚蠢的，个体一旦加入群众之中，由于匿名、感染、暗示等因素的作用，就会丧失理性和责任感，表现出冲动的、凶残的反社会行为，他们的研究可以较好地揭示网络舆论轰炸、社会骚乱现象等。

人们结成群体后往往可以得到更高的个人安全感与更低的社会责任感，使得狭义的群体行为成为引发社会不稳定、扩大社会燃点的重要问题，这是当代公共管理的重点。公共管理心理学既要关注狭义的群体行为，又要关注广义的群体行为（包含更规范化、理性化与组织性的集体行为与组织行为，如对政府行为的研究）。

阅读资料：群体极化

群体极化，是指群体成员中原本存在的倾向性得到加强，使一种观点或态度从原来的群体平均水平，加强到具有支配性地位的现象。群体的讨论可以使群体中多数人赞同的意见得到加强，赞同的人更相信自己的正确性，而原先群体反对的意见，讨论后反对的程度也更强，最终使群体的意见出现极端化倾向。而个人在参与群体讨论时，由于受群体气氛的影响，也会出现支持极端化决策的心理倾向。这种群体决策极端化的倾向可以分为两种情况，一种叫冒险偏移，另一种叫谨慎偏移。群体极化具有双重的意义。从积极的一面看，它能促进群体意见一致，增强群体内聚力和群体行为；从消极的一面看，它能使错误的判断和决定更趋极端，群体极化更容易在一个具有强烈群体意识的群体内产生。

二、公共管理心理学领域的重要理论

公共管理心理学涉及公共管理活动各项事务中的心理问题的讨论，研究范围很宽，有"群体思维与群体心理、群体凝聚力与团体动力学、社会心理气氛、小团体意识、聚众行为、群际关系与参照群体、集体管理与集体成员自决、利益博弈的心理策略、社会舆论与心理疏导、选举策略与民意测验、行政领导与领导风格、个性消失与个性张扬"等，形成的很有影响力的理论有以下七种。

（一）社会学习理论

奥尔波特（F. H. Allport）于1916～1919年进行了一系列有关"社会促进"的实验，他观察到：合作群体中存在的社会刺激，会使个人工作在速度和数量方面有所增加，这一增进在涉及外部物理运动的工作中要比在纯智力工作中表现得更为突出。

奥尔波特

班杜拉

班杜拉（A. Bandura）的《攻击行为：社会学习分析》于1973年出版，《社会学习理论》1977 年出版，他对观察学习的研究促成了社会学习理论的诞生。社会学习理论的主要观点如下。

（1）强调人的行为和环境的相互作用。由于人的行为和环境的相互作用，个体建立了为应付环境而习得的行为模式。

（2）强调认知因素。由于人类能够用符号来思考及提出问题，所以能够预见行为的结果，并依此来改变行为或激发某种行为。

（3）强调观察学习。许多行为模式都是通过观察他人的行为及其后果而建立起来的，特别重视模仿对象（榜样）的特征对激发特定行为的重要性。

（4）强调自我调节过程。人的某种特定行为既对外界产生影响，也会产生自我评价的反应。行为的增强或消失来源于外界反应和自我评价的综合，并且个体通过自我强化或自我惩罚来加强对其行为的自我控制。

（二）社会认知理论

社会认知理论来源于格式塔心理学，主张心理现象最基本的特征是个体在经验中所呈现的结构性或整体性，认为整体不等于部分之和，个体经验不等于感觉和情感等元素之总和，对新事物的理解是对已有结构（经验）的突然改组，由阿希（Asch，1951）、费斯廷格（Festinger，1957）等创建，社会认知理论的主要观点如下：

（1）强调认知结构的意义，认为认知是个体以已有的知识结构来接纳新知识，同时，旧知识结构也从中得到改造与发展。个体并不是简单地接受外界刺激，不管外界情况怎样随意和凌乱，个体总是根据已有经验，把特定情境中的外界刺激组织成简单的、有序的形式加以解释。

（2）个体对情境的组织、解释和认知也决定了自己在特定情境下的行为方式。因此，个体遇到他人时，首先确定是在什么场合，对方的职业、地位、性格等个人特征是什么，对方在做什么，其意图、动机及对自己的期望是什么，然后再决定自己做出相应的反应。

社会认知理论学派以社会认知理论为基础，结合其他有关理论，已发展出许多小理论，如归因理论（attribution theory）、社会比较理论（social comparison theory）、认知平衡理论（cognitive consistency theory）等。

所罗门·阿希　　　　　　　　　　利昂·费斯廷格

（三）社会角色理论

林顿（Linton，1936）认为，当个体根据他在社会中所处的地位实现自己的权利和义务时，他就扮演着相应的角色。凯利（Kelly，1992）认为，角色是他人对相互作用中处于一定地位的个体的行为的期望系统，也是占有一定地位的个体对自身行为的期望系统。弗里德曼（Freedman，1985）等指出，社会角色是关于人们在特定类型的关系中应当如何行动的一套规则。布耶娃认为，社会角色是社会职能，是在特定社会中形成的一定类型活动和相应行为方式不可分割的统一体，归根到底取决于个体在社会关系系统中所处的地位。社会给某一社会角色的执行者提出一般的行为方式或标准，每个人具体扮演这个角色时带有一定的个人色彩。社会角色理论的主要观点如下。

（1）人们会基于对自己和他人角色的设想而进行角色采择，小孩子通过角色采择的心理活动来学习适宜行为，成人则依据角色采择提高交往效率。

（2）人们会基于对自己和他人角色的设想而进行角色扮演，W. 库图区分了两种不同类型的角色扮演：角色扮演（role playing）和扮演角色（playing the role）。前者指个人在生活中实际扮演的角色，后者指暂时扮演某个特定的角色。例如，一个演员，既在生活中扮演一个演员的社会角色，又在某剧中扮演某个戏剧角色。

（3）人们是在社会化过程中受到角色规则的训练和教育的，偏离了社会角色规则会受到社会的排斥和制裁。人们真正相信自己的角色，认为完善地扮演，行为就是真实的，自我和角色就是统一的；当人们不相信和认为不应当扮演某个角色，只为了满足他人期望而扮演时，就会出现自我和角色分裂的情况。

（4）一个人可以同时扮演多个角色，并能保持各角色间和谐一致，但有时也会发生角色冲突。角色冲突可分为角色间冲突和角色内冲突。角色间冲突是因社会对个体承担的不同角色提出不同的甚至矛盾的要求，而个体不能同时满足这些角色要求；角色内冲突通常由不同群体对同一角色的体现者提出不同的要求导致。

（5）角色期望是随着时代而变化的，如对男女两性角色的期望，现在与过去相比已发生了很大的变化。顺从于刻板的角色是身心失调的重要原因之一，经常考虑个人扮演不同社会角色的方式，有助于保持身心健康。

（四）场论

库尔特·勒温把心理动力场学说应用于研究团体的气氛，如团体内成员间的关系、团体的领导作风等，主要观点如下。

（1）团体是一个动力整体，整体并不等于各部分之和，整体中任何一个部分的改变都必将导致整体内其他部分发生变化，并最终影响到整体的性质。

（2）团体不是由一些具有共同特质或相似特质的成员构成的，特质相似和目标相同并不是团体存在的先决条件。团体的本质在于其各成员间的相互依赖，这种相互间的依赖关系决定着团体的特性。

（3）个体和他的情境构成了心理场，与此相同，团体和团体的情境就构成了社会场；个体的行为主要由其生活空间内各区域间的相互关系决定，团体的行为也主要由团体的社会场中各区域的相互关系决定。

（4）任何一个团体都面临着内聚和分裂对抗的压力，分裂的压力主要来源于团体内各成员间交往的障碍或团体内每个个体的目标和团体目标间的冲突；内聚力则是团体内抵抗分裂的力量，是团体成员间的正效价或吸引力，它的强度依赖于个体求得成员资格的动力强度。分裂和内聚是团体中时刻进行斗争的一对矛盾，一个良好的有生命力的团体必须要有较强的内聚性才能防止团体的分裂。

勒温认为心理场就是由一个人的过去、现在的生活事件经验和未来的思想愿望所构成的一个总和，即心理场包括一个人已有生活的全部和对将来生活的预期。每一个人心理场的过去、现在和未来这三个组成部分都不是恒定不变的，它们会随着个体年龄的增长和经验的累积在数量上和类型上不断丰富和扩展，一个人的生活阅历越丰富，其心理场的范围就越大，层次也越多。为了更好地说明心理动力场，勒温提出了心理生活空间（life space）概念，简称生活空间。生活空间实际上就是心理动力场和拓扑学、向量学相结合的另一种表现方式，可用 $B = f(P, E)$ 表达。生活空间可以分成若干区域，各区域之间都有边界阻隔，而个体发展的心理过程实质就是生活空间的各个区域沿着多个方面的不断丰富和分化。

勒温

（五）社会认同理论

心理学家亨利·泰吉佛（Henry Tajfel）等学者通过研究发现如下五方面内容。

（1）一个群体和随之形成的偏见有可能形成于很短的时间内，即使在成员之间没有面对面的交流，相互之间互不认识，而且他们的"群体"行为没有实际影响力的情况下，还是有可能形成群体。

（2）人们一旦形成群体（联结或紧或疏），就会做出类似的事情：模仿群体中其他成员的行为，偏袒自己群体中的成员，拥戴一位领袖并抗击其他群体的领袖，歧视不属于这个群体的其他人。

（3）人们的身份是由所属的群体塑造的，是建立在群体成员身份之上的，一个人所属群体的性质决定了他的身份与社会地位，所属群体的地位与自己在该群体中的地位这两个变量共同决定人们的社会身份感与荣誉感。

（4）人们希望成为地位高、形象良好的群体中的一员，有可供比较的、可让俯视的群体的存在，是人的阶层意识的主要根源。群体对人是如此重要，以至于不需要任何激励，人们总会加入持续时间或短或长的群体中，然后自发地有目的地改善自己的群体与其他群体相对的形象和地位。

（5）人们加入群体的心理动因主要来源于群体可以给个体提供安全感、地位感、情感归属、自信与权利以及目标实现，维护所属群体的心理动因主要是维护群体对自己也是有利的，人们希望通过保护与自己一样的其他人来保护自己，维护群体利益就是维护自身的利益。

（六）符号交互作用理论

以 G. 米德为代表学者的符号交互作用理论把社会相互作用解释为符号交换：人们之间的相互作用与相互影响是通过人们创造出来的语言符号进行的，语言能使人认识自己和他人的行为，使这些行为成为有意义的客体；人们不仅生活在一个物质世界中，而且还生活在一个自己用语言符号创造出来的符号世界中，人们对周围世界的反应就是对符号世界的反应，以符号世界为立足点，而不以现实物质世界为立足点；在现实沟通中，人们能通过符号交换获知他人或群体怎样看待自己，即了解他人或群体对自己的角色期待，相应地解释情境，并决定自己如何行动。因此该理论认为，人们的心理就是一切符号行为，研究人的心理活动也就应该研究人的语言符号活动。

符号交互作用理论有三个主要假设：①人对外界事物所采取的行动是以该事物对他的意义为基础的；②某些事物的意义来源于个体与他人的互动，而不存在于这些事物本身之中；③当个体在应付他所遇到的事物时，他是通过自己的解释去运用与修正这些意义的。符号交互理论的主要观点如下。

（1）心智、自我和社会不是分离的结构，而是人际符号互动的过程；三者的形成与发展都以使用符号为前提。

（2）语言是自我形成的主要机制，人与动物的主要区别就是人能使用语言这种符号系统，人际互动是通过自然语言进行的。

（3）心智是社会过程的内化，内化的过程就是人的"自我互动"过程，个体通过人际互动学到了有意义的符号，然后用这种符号来进行内向互动并发展自我。

（4）行为并不是个体对外界刺激的机械反应，而是在行动的过程中自己"设计"的，个体在符号互动中学会在社会允许的限度内行事。

（5）个体行为受其自身对情境的定义的影响和制约。人对情境的定义，表现在个体不断地解释所见所闻，对各种事物赋予意义。

（6）在个体与他人面对面的互动中，协商的中心问题是身份和身份的意义。

（7）自我是社会的产物，是主我和客我互动的结果。主我是主动行动者，客我是通过角色获得形成在他人心目中的我，即社会我。行动由主我引起，受客我控制，前者是行为动力，后者是行为方向。

（七）社会交换理论

社会交换理论由霍曼斯（G. C. Homans）创立，由彼得·布劳（P. M. Blau）等发展。彼得·布劳接受了由斯金纳提出的、由霍曼斯进一步讨论的社会交换的基本心理原则，他认为：虽然大部分人类行为是以对社会交换的考虑为指导的，但社会交换只是人类行为的一部分；交换行为必备的两个条件，一是该行为的最终目标只有通过与他人互动才能达到，二是该行为必须采取有助于实现这些目的的手段。

霍曼斯　　　　　　　　彼得·布劳

彼得·布劳把"社会交换"界定为"当别人做出报答性反应就发生、当别人不再做出报答性反应就停止的行动"，是"个体之间的关系、群体之间的关系、权力分化与伙伴关系、对抗力量之间的冲突与合作"等的基础。社会的微观结构起源于个体期待社会报酬而发生的交换。个体之所以相互交往，是因为他们都通过交换得到了某些需要的东西。

彼得·布劳既吸收了霍曼斯理论的基本原理和基本命题中的合理内核；又汲取了马克思辩证法思想的精髓，运用"集体主义方法论"与整体结构论，进行了对社会交换中宏观结构的研究，并用不对等交换的原则揭示了权力产生、反抗及变迁的基本规律，形成了社会交换理论从微观向宏观的过渡。

彼得·布劳区分了两种社会报酬。①内在性报酬，即从社会交往关系本身中取得的报酬，如乐趣、社会赞同、爱、感激等。②外在性报酬，即在社会交往关系之外取得的报酬，如金钱，商品、邀请、帮助、服从等。还区分了三种社会交换形式：①内在性报酬的社会交换，参与者把交往过程本身作为目的；②外在性报酬的社会交换，参与者把交往过程看做实现更远目标的手段，外在性报酬对一个人合理选择伙伴，提供了客观的独立的标准；③混合性的社会交换，既具有内在报酬性，也具有外在报酬性。还讨论了影响社会交换过程的三种条件：①交换发展时期与交换伙伴间关系的特点和性质；②社会报酬的性质和提供它们时付出的成本；③发生交换的社会背景。

对微观社会结构中的社会交换，彼得·布劳认为人际间的社会交换开始于社会吸引[①]，社会吸引过程导致社会交换过程，互相提供报酬将维持人们之间的相互吸引与继续交往；但是，并不是所有的社会交换都是对等的，人际关系既可以是交互的，也可以是单方面的。假设有甲乙两个人，乙给甲提供某种东西。但是甲却没有相应地回报乙，这时甲就有四种选择：①强迫乙继续提供报酬；②从另一个来源获得乙所能给的报酬；③寻找没有乙给予报酬也能继续过下去的方法；④服从乙，按照乙的意愿行事。如果甲选择了第四种，那么乙对甲就拥有了权力。因此，社会交往中义务不平等就会使一方获得权利，而另一方失去社会独立性。因此彼得·布劳认为，个人或群体要保持社会独立性，就必须具备以下四个条件。①战略资源。一个人（群体）如果拥有使其他人为自己提供必要服务和利益的有效诱因的所有必要资源，就受到了保护，不会变得依赖于任何人（群体）。②替代资源。一个人（群体）如果能获得替代性的服务，或有可替代的服务提供者，就不必依赖于某人（群体）。③强制力量，如果拥有迫使别人（群体）提供必要的利益或服务的强制力量，也就不必依赖某人（群体）。④减少需要，没有某种服务，也能继续生活工作，就不必依赖某种服务的提供者。

彼得·布劳认为"权力是个人或群体将其意志强加给其他人的能力"，获得与维持权力的战略就是要防止其他人选择保持社会独立性的任何一个条件方案，同时强制其他人服从，提出了四种必要条件：①对他人能够提供的、作为交换的利益保持冷淡；②对别人需要的东西加以垄断；③防止他人为满足需要而形成强制力量；④所能提供的利益为他人所急需。

彼得·布劳发现群体之间交往与个人之间交往有一些相同点。①群体之间的交往也受追求报酬的欲望支配。②群体之间的交往也大致经历了"吸引—竞争—分化—整合"的过程，如果群体间的交换是平衡的，就会形成相互依赖的关系；如果是不平衡

---

① 社会吸引是指与别人交往的倾向性，是不管出于任何原因去接近另一个人，如果一个人期望与别人的交往带来报酬，那么不论这些报酬是内在的还是外在的，他们都会受到能提供这些报酬的人的吸引。

的，就会出现地位和权力的分化。当某一群体取得权力地位并与其他群体建立依从关系且能有效地控制从属群体时，一个更大的整体也就形成了。③人际交换中的公平性原则同样适用于群体间的交换。

彼得·布劳认为，宏观结构中的交换与微观结构中的交换又存在差别：在微观结构中人与人的交往是直接的，而在宏观结构中，人与人的交往更多的是间接的，成本与报酬的联系是远距离的，需要某种机制来传递人与人之间的关系结构，而社会的共同价值标准提供了这一机制，使参与各方能以同样的情景定义进行交换，因此在宏观社会结构中，以社会规范为中介的间接交换替代了微观结构中的个体之间的直接交换。

彼得·布劳认为"社会结构"可用参数来描述。①类别参数，包括性别、种族、宗教、语言、职业、婚姻状况等。②等级参数，包括教育、收入、财富、权力等。人们的特征如果按类别参数分类，就被定义为群体；如果按等级参数分类，就被定义为地位。社会结构的分化一般有两种形式：异质性和不平等。异质性是水平分化，指人口在由类别参数所表示的各群体之间的分布；不平等是垂直分化，指由等级参数所表示的地位分布。彼得·布劳认为异质性和不平等都会给社会交往设置障碍，社会分化越大，这些障碍就会越广泛地阻碍社会交往。分化意味着它阻碍了社会结构各个部分之间面对面的交往，而整合则是增强了社会结构各个部分之间的面对面的交往，公共管理的任务就是控制社会结构的过度分化，提高社会结构的整合能力。

三、公共管理心理学的研究方法

公共管理心理学研究采用将管理学与心理学的两大学科的研究方法相结合的方法，主要有观察法、实验研究法、社会调查法、心理测验等。

（一）观察法

观察法（observation）是研究者有目的、有计划地在自然条件下，通过感官或借助于一定的科学仪器，对社会生活中人们行为的各种资料的搜集过程。在自然情景中对人的行为进行有目的的、有计划的系统观察和记录，然后对所作记录进行分析，发现心理活动的发展规律的方法，可分为两种。

1. 参与观察

观察者进入被观察者所处的公共管理的现实环境或社会关系之中进行观察、收集资料的一种研究方法。在这种观察状态下，由于研究者或是作为被观察群体的一员，或是作为被观察群体可以信赖的"外人"出现的，被观察者可以作出比较自然的反应。根据参与的程度，参与观察可分为完全参与观察、半参与观察。

2. 非参与观察

观察者完全处于旁观者的立场，不参与被观察者的任何活动。这种观察法，由于一般不需要被观察者的配合，观察者可以客观旁观，对观察环境和被观察者没有干扰，可以观察到最真实的反应，但是可能由于没有参与而了解不够深入、详细。

（二）实验研究法

实验研究（experimentation）是力求以自然科学研究所采用的各种具体途径和手段，包括仪器和工具的利用，有目的地控制一定的条件或创设一定的情境，以引起被试的某些心理活动进行研究的一种方法。实验研究旨在控制一切可能干扰实验结果的各种因素，有目的、有组织地操纵某个因素，查明对被实验者的心理效果和影响。实验研究重在控制（control），研究的信度（reliability）和效度（validity）是通过运用有控制的实验设计才获得的。

实验研究既有优点，也有缺点，弗里德曼（Freedman，1985）指出，实验研究的最大优点是通过实验可以证明实验组与对照组两者出现的结果是由实验因素操作所引起的，从而揭示实验因素与被实验者反应之间内在的因果关系。但是，它并不适用于研究自然性偶发事件的影响，空袭、水灾、火灾、疾病等不能作为随意安排的实验因素，尤其是，实验法也不能有效地大量收集许多资料，一次实验中只能注意到一两个因素。巴-塔尔（Bar-Tal，Bar-Tal 和 Kruglanski，1988）也指出，实验研究是有缺陷的，由于心理活动受时间、文化的限制，实验研究无法完全控制生活中影响人们行为的全部因素，无法总结社会行为的普遍规律，实验研究可分为四种。

1. 实验室实验

实验室实验（laboratory experiment）是指研究者在严格地控制诸外部变量的情况下，使被试集中注意力于其所感兴趣的变量的一种方法。这一方法最重要的特征就是研究者能够控制自变量和因变量，通过这种控制可以消除许多外来因素的影响，这使得实验室实验具有较高的内部效度。

实验室实验方法的优点是其控制条件严格，可以避免许多其他因素的干扰，其研究结果的说服力较强。迈尔斯（1993）从建构理论的高度，充分肯定了实验室的作用，指出：心理学家把观点和研究成果组织进理论体系中，一个好的理论可以把一连串事实提炼成简短的预见性原理，运用这些原理，我们可以证实或修改理论，引发出新的研究课题或提出实际应用的建议。

实验室研究因增添了人为因素，如实验室环境可能引发被试的迎合心理与对评价的忧虑，故其真实性较差，外部效度较低，对其结果的推广与应用，必须持慎重态度。许多公共管理活动中宏观的心理现象，如民众的情绪感染、群众性的冲突行为等，难以在实验室内进行实验。

2. 现场实验

现场实验（field experiment），亦称自然实验（natural experiment）是指当研究工作必须在自然环境中而不是在实验室中进行，但可以对自变量施行某些控制时，有目的、有计划地创设和控制一定的条件来进行研究，如创建一个对照组，即找到一个不接受实验刺激的另一种情境。通过比较，推断出因果关系。自然实验法控制条件与施加实验措施不如实验室实验法那样方便，但比较接近人的真实生活实际，又兼有实验法和观察法的优点，故其实验结果较易于推广，但运用这种研究方法必须与有关方面建立协作关系。

3. 模拟实验

模拟实验（simulational experiment）是研究者设计的一种人为情境，是对真实社会情境的模拟，以期探求人们在特定的社会情境下心理活动的发生与变化。例如，研究人们在什么样的社会情境下容易发生助人行为，研究者可设计不同的情境，请工作人员扮演醉汉、患者或残疾人，在公共场合中故意摔倒，观察周围的过路人是否进行帮助，对哪些困难者帮助得最多（Latane et al.，1981），还有社会信任度的研究等，均可使用以上实验方案，许多公共管理心理学的研究课题都能采用模拟实验。

这种方法虽然是人为地设计情境以模拟社会，但对于被研究者来说，如果未觉察其中的人为因素，则其反应是真实的，也是可信的。

4. 准实验法

实验室实验等方法要求对实验条件进行严格控制，并确保实验的内部效度，但是公共管理心理学处理的是大量的公共管理问题与社会管理现象，许多时候无法进行被试选择、条件控制或直接给予实验变量的处理，尤其是由果溯因的问题研究，这时可以采用准实验法。准实验法（quasi-experimental method）采用的被试变量常常是自然形成的变量（如性别、种族）、社会生活导致的变量（如阶层、宗教信仰），通过有或无对照组的多次前后测量等方法获取实验结果。

（三）调查研究法

调查研究（investigation）指研究者根据所研究的问题的性质进行实地调查，收集材料，然后作统计分析，最后得出结果。调查研究法按不同的标准可以分为不同的类型，其中最主要的有典型调查、个案调查、抽样调查、普查。调查研究法的特点：①调查研究法适合于大样本的研究；②比之于实验法，调查研究法简单、具体；③避免了实验条件下被试不自然的行为反应和故意迎合实验者而作出的表现，同时也避免了在实验中研究者的主观倾向影响对研究对象行为活动的解释。

问卷与访谈调查是运用最广的两种方法，问卷法的调查对象可以十分广泛，方式也十分简便，通过开放式问卷或封闭式问卷，在很短时间内即可获得丰富的第一手资料，节省人力、财力与时间，但问卷调查也有不足之处，主要是被调查者的填写可能会发生某种偏差，产生虚假性。人们在回答问题时也会有他人取向（other-directed）的倾向，他们为了求得某种安全感，按社会的准则，而不是根据自己的内心标准，因此所获得的结果的可靠性可能要打折扣，设计问卷时就要讲究策略。问卷调查可以拓宽研究涉及的群体面与人数，但分析问题可能不够深入，可以选择结构式或非结构式访谈，加深对研究群体的了解，加强研究的深度。

（四）心理测验法

心理测验法（psychological testing）是采用标准化的心理测验量表或精密的测验仪器，来测量被试有关的心理品质的研究方法，是一种引起行为的工具。如果在测验中所表现出来的行为是很恰当地反映了他所要测量的东西，那么这个测验就能给研究者提供可靠的信息。心理学家尝试创建一个个客观的工具，以获得被研究者的有关心理特征与活动规律，运用一些心理量表与行为测量工具来进行检测。

公共管理心理学研究中根据研究问题的需要，可以使用关于人格（personality）、智力（intelligence）、态度（attitude）等方面的心理测验，可以实施个体测验、团体测验，可以使用自我评定（或自我评鉴）（self-assessment）、他人评定（hetero-assessment）、投射技术（projective technique）、语意分析（或语意区别法）（semantic differential technique）、情境测验（situational testing）等方法，常用的测验工具有明尼苏达多相人格量表、加利福尼亚心理量表、卡特尔16种人格测试、罗夏墨迹测验、主题统觉测验等。

（五）个案研究法

个案研究法（case study）就是对某一个体、某一群体组织或某一事件在较长时间内连续进行观察、调查、了解，收集全面的资料，从而针对该个体、该群体或该事件进行时间序列展开下的详细分析，研究其中主客体的心理发展变化的全过程的方法。

 课后案例

2010年10月16日晚，河北省保定市电视台实习生李启铭在河北大学醉酒驾车肇事后，口出狂言："有本事你告去，我爸是李刚。"事件被报道后，引起广泛关注，一些网友开始用"我爸是李刚"进行造句大赛，不少网友用这句话改编古诗词、歌词，创造各种版本的网络短小说等，其中比较经典的有"我爸叫李刚，撞死人我不用慌。这是为什么呢？因为我爸是局长"等，此语迅速传遍网络，成为社会大众经常引用的暗讽语言。

 案例简析

对"我爸是李刚"的流行，公共管理心理学者认为："造句行动"看似幽默搞笑，其背后却隐藏着深刻的社会问题。"我爸是李刚"这句话中，传达的是"官一代"的特权与"官二代"的跋扈，严重地刺伤了民众心理，人们自发形成了对权力阶层的一种声讨，用看似恶搞的行为表达了对特权的痛恨。

因为那句"我爸是李刚"的傲慢，"李刚门"就不再是个案，而成为一个公共事件，这道"门"能否关闭就不仅取决于事件双方当事人，更取决于公众的态度与心理。

思考题

1. 公共管理心理学的研究对象与研究方法有哪些？
2. 公共管理心理学的学科地位是怎样的？
3. 公共管理心理学中的重要理论有哪些？

第二章　公共管理中的社会认识

【本章学习导读】

　　1. 掌握社会知觉的理论框架。

　　2. 掌握对自我的认知的相关理论。

　　3. 掌握对他人的认知的相关理论。

　　4. 了解社会认知的偏差的相关理论。

【课前案例】

　　提到农民，人们想到的就是"头戴草帽、手拿农具、卷着裤腿、一身乡土"的形象；提到教师，想到的就是"戴着眼镜、书卷气十足、两手粉笔灰"的样子；提到工人，想到的就是"身着工装、拿着扳手、满身机油与灰尘"的样子；提到白领，想到的就是"一身职业装、拿台电脑、行色匆匆"的形象……这些印象对吗？①可能是对的，所以人们才有这样的群体角色形象认知，演员就是按照人们对角色的认知来表演影视剧，观众才会认为"演得很逼真"；②也可能是错的，因为时代变了，群体形象特征变了，你有没有感知到？（本章作者撰写）

　　知觉是个体对外界事物的整体反映，是将人的感觉通道所获得的信息进行选择、综合，从而形成完整映像的过程。作用于人的信息有两大类：一类是自然界中的机械、物理、化学和生物等方面的信息，为非社会信息；一类是社会现象信息，包括社会角色、人际关系、群体结构和社会事件等，为社会信息。对非社会信息的知觉称做对物的知觉或一般知觉，而对社会信息的知觉则称做对人的知觉或社会知觉。普通心理学多关注物知觉或一般知觉，而社会心理学、公共管理心理学更多关注社会知觉。

　　社会知觉（social cognition）一词最早由伍德沃斯（R. S. Woodworth）在 1934 年提出，后由布鲁纳（J. S. Bruner）在 1947 年发展出新观点，从而开启社会知觉研究的大门。布鲁纳认为知觉不仅决定于客体本身，也决定于知觉者的目的、需要、态度与价值观，指明了知觉者的社会决定性。这个概念对社会认知的研究及其发展颇具意义。目前西方文献中将社会知觉、社会认知、人际知觉、对人的知觉等术语并用，虽然对社会认知概念的界定仍众说纷纭，但对其内涵已基本达成共识：社会认知是个人对他人或自己的心理与行为的感知与判断的过程，涉及个体对来自他人、自己及其周围环境的社会信息进行整合的复杂过程。社会认知的研究内容主要涉及对自我的认知和对他人的认知两个方面，以及社会认知偏差的产生原因与克服策略。

第一节　对自我的认知

　　自我是关于自己个人的品质、社会角色、过去经验、未来目标等方面的心理表征。自我知觉是指行为者确定自己行为的原因，以及了解自己的情感、动机、倾向、品质等内部状态的过程，也称自我概念和自我印象。在自我觉知中，个体既是知觉者又是被知觉者，二者同为一体；对他人觉知时，二者则不是同一体。另外，对他人的知觉大多依赖外部线索推断他人行为或动机，而对自我知觉既可依据外部线索，也可直接通过自我内省和观察而实现。

一、关于自我及自我觉知

(一) 自我的界定

美国心理学家威廉·詹姆斯 (William James) 描述了自我觉知的二元性，并区分了已知我 (known) 或宾我 (me) 与知悉我 (knower) 或主格我 (I)。其中，已知我或宾我由对自己的看法与信念组成，指作为经验客体的自我；而知悉我或主格我是活跃的信息处理器，是在情境中活动着的自我。"宾格我"概念包括三个不同的实体：①精神性自我 (mental self)，是自我最核心的部分，包括对自我能力、人格、目标、欲求和信仰的认知；②物质性自我 (object self)，包括对自我的躯体部分及与自我躯体有密切关系的事物、人与环境的认知；③社会性自我 (social self)，是他人所知觉的我们所担任的社会角色、社会任务或社会地位。按照詹姆斯的观点，自我外延扩展超出个体的躯体边界，而包括了个体的一切所有——名誉、声望、家庭、社会关系网，而任一部分的变化都会导致自我知觉的变化。

阅读资料：我们人类是不是唯一有自我意识的物种？

许多有趣的研究 (Keenan et al.，2003) 指出，人类并不是唯一有自我意识的生物。研究者将一面镜子放入动物的笼子里，直到它熟悉这面镜子为止，然后短暂麻醉动物，并在它们的眉心或耳朵上涂上红颜料，研究发现，黑猩猩在看镜子之后，会立刻摸它们头上被涂上红颜料的部位。对海豚的研究也发现，此时它们也会径直游向镜子，卷曲身体观察身体上的圆点。这说明，黑猩猩和海豚都有一种初步的自我意识，它们知道镜中的影像是自己而不是其他动物，并且知道自己和以前有点不一样。

Sedikides 和 Skowronski (1997) 从进化论角度提出自我最先出现的层面是主观自我觉察，植物不具备此项特征，而大多数动物具备该特征，从而提高了存活率；少数动物发展出客观自我觉察，即把自己当做客体来注意的能力；人类则达到更高层面——象征性自我觉察，即通过语言形成对自我的抽象的认知表象的能力。通过对儿童的类似研究发现，人的自我认识在两岁左右就开始发展了，随着年龄增长，自我意识变得越来越复杂。通过对不同年龄的儿童提出"我是谁"的问题，心理学家研究人的自我概念从孩童到成年是如何演变的，结果发现，幼小儿童的自我概念常常是一些具体的、易于观察的特征，如年龄、性别、居住环境及其个人嗜好等，而成熟后，就不再强调自我的生理特征，而强调心理状态及关心他人如何评价自己。

(二) 自我的多重性

威廉·詹姆斯于 1890 年提出了多重自我的概念："一个人具有许多的社会性自我，如同有许多人认识他，并在他们的头脑中形成他的形象。"例如，一个女人既可以是女儿、妻子、母亲，又可以是教师、公民，还可能是社会活动家。在不同的情境中，我们可以管理自己的印象，呈现不同的形象，使不同的人对我们形成不同的印象。特纳（2011）区分了自我形象和自我概念，认为自我形象是短暂的，可在短时间内经常变化，并形成很多自我形象；而自我概念则具有稳定性，并与自我形象中的主流内容互动。一旦自我形象危及自我概念，个体会改变自我形象以保护自我概念的稳定。

（三）自我概念

库利（1902）提出"镜中我"（looking-glass self）的概念，认为自我概念是在我们与他人的交往时产生的，并指出自我概念包含三个因素：①关于被他人看到自己的姿态的自我觉察；②关于他人对自己所作的评价与判断的自我想象；③关于自己对自己怀有的感情倾向——自尊或自卑。米德（2005）提出了类似概念，认为只有当我们意识到自己成为他人的知觉对象时，才会形成自我概念。这种意识表现为我们预期他人将如何对我们的行为作出反应；自我概念的重要性是我们具有从别人的角度来认知自我的能力。

所以自我觉知时应关注如下五个方面的问题。①统一程度：整合多重自我，才能进行自我觉知。②觉察程度：觉察程度不同，觉知不同。③自我的稳定性：不同时间不同情境，自我不同，只有相对稳定的自我，才能形成准确自我觉知。④评价性质：人依据所属群体特征评价自己。⑤社会意见的一致性：自我觉知与他人对自己的觉知要在一定程度上一致，就可参照他人的评价来进行自我觉知。

自我概念会让个体对自己及他人的看法产生影响，并会影响个人情绪与行为选择。例如，个体经历了一次重大的挫折或丧失（情感挫折或重大疾病），会产生强烈的消极情绪与否定的自我认识，导致抑郁，对社会作出进一步的消极反应，这种行为选择又会导致更多的消极情绪与否定的自我概念，形成恶性循环。

二、自我认知的信息获得

（一）来自自我行为的信息

研究发现，自我认知的主要信息源来自于自我行为。费斯廷格（Festinger，1957）提出的认知不协调理论主张人们的态度倾向于和行为保持一致。如果出现不一致，就会通过调整来保持一致。因为二者一致，可通过行为提供知觉自我内在过程的信息。在一项经典研究中，安排男生被试先做一小时枯燥无味的工作，然后让他们骗女同学说，该工作非常有趣，为此得到报酬，但报酬不同，一半得到1美元，另一半得到20美元，最后调查这些男生是否真的喜欢这项工作，结果发现，获得20美元报酬的被试报告说"不喜欢"，而获得1美元报酬的被试却报告说"很有趣"。这是因为人有一种降低认知不协调的倾向，很明显给予被试1美元的报酬不足以支付1小时的工作和欺骗行为的代价，这就使被试产生了认知不协调、自我概念受到威胁的感觉，于是出现一种保护反应——改变自己的态度，既然行为与态度保持一致，行为自然就可以为自我知觉提供信息。

而贝姆提出的自我觉知理论（self-perception theory）认为，当我们的态度和感受处于不确定或模棱两可状态时，我们会通过观察自己的行为和该行为发生时的情境来推论自己的态度和感受。如果自己明确知道自己的态度，就无须观察行为来推断，当个体不能直接了解自己的态度、情绪和其他内部感受时，就会考察自己的外显行为，通过对行为进行归因推知自己的内部状态；并且人们会判断自己的行为是反映了自己的真实感受还是受到情境的影响，排除情境有效的情况下，会认为行为即内心状态的外显。他的一项实验研究很好地说明了有时人们需要通过外部线索来推断自己的内部特征。实验中，实验者教会被试使用色光作为正确性的线索，要求被试看到黄褐色光时，按照真实情况回答涉及自己的问题，看到绿色光时撒谎。这样，被试学会出现黄褐色光时相信自己，出现绿光时不接受自己的回答，然后让他们回答卡通是否有趣。结果发现，人们的回答受到真言光和谎言光出现的影响，会根据色光提供的线索来判断自己关于卡通的真实态度，也就是说，人们的行为就像一个旁观者，在看到绿色光时真的认为自己在撒谎。

尽管认知失调理论和自我知觉理论着眼点不同，但都说明了个体行为是自我觉知的信息来源之一。不过，对行为作自我推论时也常常发生错误。瓦林斯的实验说明了这个问题。实验中，瓦林斯在给被试看 10 张色情图片时，被试同时可以听到一种声音，并被告知那是他们自己的心跳声，但实际上声音是事先准备好的，与被试的心跳没有任何关系。一些被试看其中 5 张图片时，听到自己"心跳加快"，但看另 5 张图片时，则没有出现这种变化；另一些被试看其中 5 张图片时，"心跳频率降低"，而看另外 5 张时没有变化。结果，两组被试都判断那些伴随心跳显著变化的图片比没有变化的图片更有吸引力，这种假反馈导致被试对自己的行为错误归因。斯托姆斯等对失眠患者的药物"安慰剂"实验也说明了对自我行为的错误推论。

（二）来自自我分析的信息

其实人们经常进行内省，就是主动进行内心探索，检视自己的想法、感受、动机，进行自我分析。"最了解自己的就是自己"的格言反映的是：内省获得的推论比通过外显行为而得的可能更可靠，因为内省可以忽视情境压力，更多报告内心真实想法。

但一些心理学家却认为，人们实际上并不能准确描述自己的心理感受，因为涉及人的自我意识问题，有很多高级、复杂的心理过程通常并不能被个体准确觉察。威尔森（Wilson，1975）采用双声听觉实验证明人们的低意识水平。被试通过双声道耳机的一个通道听到一个声音，而另一个通道输入一连串的声调，结果，被试表示没有听到另一个通道的声调。然后安排被试在两个声道中听一些新音调和旧音调，虽然被试没能分辨出新旧音调，但他们表示比较喜欢旧音调；也就是说，虽然个体没有意识到曾经听过这些音调，但是他们的行为却受到了这种无意识影响。

（三）通过他人获得的信息

人们还会通过他人来获取关于自我的信息。一是他人的评价，如标签理论解释了人们给我们贴上某种标签后，我们常会根据这个标签来判断自我。例如，当一个人被贴上"认真"的标签后，他会自觉按照标签行为，并关注他人的不认真行为信息来强化自己的自我特征。二是与他人进行比较，有意无意地和自己相似的人进行比较，并依据行为的相似性或差异性来觉察自我。沙赫特和辛格（Schachter and Singer，1963）的一项经典研究可以说明这个观点。在他们的实验中，被试被告知做维生素实验，其中一半被试服用有生理唤醒的药，另一半则服用安慰剂。服用真药的实验组中，一半被试被告知真实反应，另一半被试则被告知会有副作用（与真实生理反应无关），而服用安慰剂的一组被告知无副作用。在实验过程中，还安排一名合作者混入不同被试组完成事先安排的活动。活动分两类，一类活动是积极和愉快的，如玩呼啦圈、扔纸团等；一类是消极和愤怒的，如抱怨、对他们冒犯等。之后合作者离开，主试询问被试实验的感受如何。结果，被告知错误信息和没有告诉药效的真药组的报告和合作者表现出的情绪一致，或为愉快或为愤怒；而告知真实药效的被试和安慰组的被试没有情绪变化。可见，当没有明显线索可以解释自己的生理唤醒时，被试倾向于根据合作者的行为反应来解释自己的反应。

思考：你将与谁进行社会比较?

上完一门课程并考试后，你最关心的应该是分数了。如果你得了 85 分，你会开心吗？如果你根据自己的考试表现预计得 70 分，那么这个成绩的确会让你高兴，但是当你知道班上 2/3 多同学的成绩均在 85 分以上，这种高兴又会有所降温；不过你还可以与另外 1/3 的同学进行比较，毕竟比他们要好，总之，有利于自尊心维护的思考路线更会被采用，尽管你可能忽视了一个问题：比你差的人永远都会存在。这就是当人们进行社会比较时必然要考虑的参照物选择问题，你将倾向于与上行社会比较还是下行社会比较？

与上行社会比较——将自己与那些在某方面比自己出色的人进行比较，可以提高期望水平、成就动机，但是会让你感觉自己很失败、很差劲，因而引发消极的郁闷情绪。

与下行社会比较——将自己与那些在某方面比自己差的人进行比较，可以让人感觉良好，但是会降低期望水平，消减竞争精神，安于现状。

三、自我的功能

研究者发现自我具有两种功能，能够帮助我们更好地理解自我、觉知自我。

（一）组织功能

自我的组织功能主要通过自我图式实现。自我图式——个体对自我的认识概括，来自于过去的经验，组织并指导对个体社会经验中与自我有关的信息进行加工（Markus，1977）。人们通过不断的自我觉知形成自我图式，自我图式则在个体对外界信息的注意、编码、组织、存储及对已有记忆的提取中发挥作用，在关注他人时，自我图式还充当了放大镜的角色。

用自我图式整合各类信息，可以帮助我们更好地组织信息并将这些信息与其他与自己有关的信息联系起来，以便日后更好地识记和提取。研究发现，人们对与自身相关的信息识记效果更好，这种倾向被称为"自我参照效应"。研究中要求被试用 20 个形容词，如"温暖的"、"精力充沛的"、"安静的"、"柔顺的"等来描述朋友。被试随机分为两组，一组被试思考这些形容词在多大程度上可以描述自己，一组被试思考这些形容词在多大程度上可以描述他人。之后通过考察被试的回忆成绩，发现第一组被试识记效果更好。

（二）管理功能

管理功能是通过自我规范实现的。自我具有规范人们行为、选择及对将来打算管理的功能，因此，人可以想象从未发生过的事情并能进行长期规划，成为地球上唯一的对未来可以打算、规划并对行为加以控制的物种。一项实验提出的"自我规范资源模式"可以解释人的这种能力，这种模式认为：自我控制是一种有限的资源，人们能够投入自我控制中的能量有限，某一任务的能量花费会对另一项任务产生限制。在一项研究中，要求被试在一任务施加自我控制，然后观察这种控制是否会降低他们对后继的无关任务施加控制的能力。例如，要求被试完成压抑一个念头（不要去想一头熊）的任务后，接着完成情绪控制任务（观看一部喜剧但要求不要发笑），相对于没有压抑要求的对照组而言，实验组被试的抑制效果很差。研究者认为，第一项任务占用了用来控制行为和情感的资源，从而导致随后的自我控制行为变得更加困难。这一发现有助于解释人们在压力之下常常会失去自我控制的现象。

四、自我觉知的表现

最重要的自我觉知表现是自尊，即对自我的评价与接受。自尊有高低之分，会产生积极和消极两种效果。自尊高意味着个体喜欢他自己，而自尊低则意味着个体对自我的否定。多数情况下，自尊高会产生积极效果，自尊低则有消极效果。自尊高通常是有益的，有助于防止传染疾病，而自尊低则一贯有负向影响，会削弱身体的免疫系统。

一般而言，大多数人认为自己是好的，并不惜花费大量时间和精力试图提高自己的自尊水平，努力成为自己期望中理想的人。自尊受很多因素的影响，其中有些是个人无法改变的，有些是可以改变的。

（一）民族

各民族的生活条件不同，社会影响力不同，自我知觉就不同。美国心理学家克拉克（K. Clark）曾以美国黑人儿童作为被试，观察他们对洋娃娃的偏好，发现多数黑人儿童偏爱白色洋娃娃，对深肤色娃娃持否定态度。这说明：在种族歧视条件下，黑人儿童从小就认为自己的种族低人一等，影响了他们的自尊。而到 20 世纪 90 年代后，类似的研究结果发现黑人学生的自尊和白人学生没有显著差异，可见人权运动对人的自我觉知影响巨大，更说明人的心理活动会随着生活条件的改变而改变。

（二）性别

自人类社会进入男权社会后，性别角色偏见由来已久，并影响到两性的自尊水平。传统观点认为，男性的能力一般都高于女性，两性的行为和人格特征存在着差异，两性的社会角色理应不同；并且社会对女性的许多权利还通过制度、习俗、道德等层面给予约束，限制了女性的能力发展和职业选择，以及在婚姻家庭中的地位与影响力，也影响了两性的自我觉知和自尊。很多研究发现，和男性相比，女性的自我概念和自尊水平都较低。但随着全球女权运动的推进与各国对女童教育的逐步重视，女性在社会生活各个领域日益活跃，自尊水平也显著提升。

（三）经济地位

一般的，经济地位高，自尊水平也高，反之亦然。研究发现，在西方国家，来自贫穷家庭的孩子长大后形成的自尊水平低于富裕家庭条件下的孩子。另有研究显示，来自经济地位低的家庭的儿童比来自中产阶级家庭的儿童有更高的自尊需求。

第二节　对他人的认知

人是社会性的个体，人的行为是基于个体对他人了解做出的。关注他人、了解他人是个体知觉社会的主要内容。其中，对他人的看法即印象，探究他人行为背后的原因即归因，印象和归因是对他人的主要认知。

一、印象

（一）印象与印象形成的概念

印象（impression）是指我们对他人的看法，即主观上按照自己的已有经验，对他人进行归类后形成的对他人的知觉。这个对他人归类、了解他人对我们的意义，使自己的行为获得明确定向的过程，即印象形成。

从理想状态来说，印象是他人各方面的突出特点的综合，反映的是他人的总体特征。但实际上，个体并不是在获取他人的全部特征之后才形成印象，而是基于部分的、有限的信息，就会形成印象，且印象形成过程是潜意识的。

尽管人们没有知觉到印象形成过程，但印象却影响着对他人的进一步知觉。为对他人印象不同，对他人归类也不同，导致个体对他人态度和行为不同，对自己行为是否适当的理解也不同。

（二）印象形成的特性

1. 各特征间协调一致

个体基于有限信息形成的他人印象总是协调一致的，而非矛盾或不一致，即个体不会认为他人既是好人又是坏人，既善良又邪恶，既真诚又虚伪，而会认为他人或是好人或是坏人，或善良或邪恶，或真诚或虚伪。尽管印象形成时，参考的信息有限，而且各特征间还可能存在矛盾之处，但个体不会受这些不一致信息的影响，而会通过重新审视、协调组织、认知加工等策略对不一致信息进行筛选和重组，最终形成协调一致的整体印象。

2. 核心特征的主导地位

在获得的有限信息中，各信息对形成他人印象的作用不同。更为重要、对整个印象的形成起着主导作用，且一旦变更，整体印象随之而改变的特征信息被称为核心特征。阿希（S. E. Asch）在实验中揭示：当两组材料只有一个形容词不同，如一组材料为"聪明、灵巧、勤奋、热情、果断、注重实际、谨慎"，另一组材料中把"热情"改为"冷淡"，结果两组被试对该人的描述完全不同。阿希认为，之所以如此，是因为"热情"和"冷淡"是核心特征，核心词的变换导致判断结果不同。近些年研究又发现，核心特征在形成他人印象时所起的作用是非常复杂的，某些特征能否成为核心特征，还取决于同时呈现的其他特征。如果将阿希所用材料改为"服从、软弱、肤浅、轻薄"，此时无论加上"热情"还是"冷淡"特征，对他人的印象也不会有很大区别，说明这时词组中的"热情"或"冷淡"不再是核心特征。

3. 评价维度的关键作用

个体对他人印象的描述一般包括评价（好-坏）、强度（强-弱）、效果（积极-消极）

三个维度，其中评价维度起着关键作用，直接影响着其他两个维度，当对他人印象在好-坏维度上作出判断后，印象就基本形成。这是奥斯古德1958年采用语义判断法对印象形成的研究结果。后来，罗森伯格1968年用多维测量程序将好-坏维度细分为社会特性和智能特性两个方面，并进一步发现，较多的社会特性品质影响个体对他人作出喜好程度判断，而较突出的智力特性则影响对他人的尊重程度判断。

（三）影响印象形成及准确性的因素

在印象形成中，第一印象获取的信息比其后获取信息影响更大的现象，被称为首因效应（primary effect）。与此相对应，在总印象形成中，新近获取的信息比原来获取信息影响更大的现象，称为近因效应（recently effect）。

大量研究证实，首因效应和近因效应普遍存在，且首因效应更为经常，近因效应则在对熟人的认知中更为常见，但都会产生误差，导致对他人印象的不准确。巴克豪德（Buckhoud，1974）研究发现，一次人身攻击事件发生近两个月后，142名事件目击证人指认包括袭击者在内的六张照片时，60％的人，包括被袭击者本人指认错误，由此可见印象误差之大。

影响印象形成及其准确性的因素主要是知觉者当时的情绪、内隐的人格理论与投射作用三方面。

1. 情绪状况

早期的心理学家通过系列实验证实，知觉者的情绪状况直接影响印象形成过程的信息选择与解释，进而影响印象形成。一项研究发现，当给刚受到惊吓的女孩看他人表情图片时，她认为其表情也是恐惧的，但没有参与前面实验的对照组女孩则不会这么认为。其实，情绪左右着人的心境，影响人的行为及对他人的印象，心情好的时候，认为他人让人愉快，而心情沮丧时，则会认为他人惹人心烦。

2. 内隐的人格理论

凯利（Kelly，1950）认为，每个人都有关于他人的独特理解，并认为人们的各种个性特征彼此相互联系，因此只要认识其中某个占主要位置的特征，就可推断其他品质。例如，知道某人懦弱，就可推知他多虑、胆小、怕事、安分守己等；知道某人说话粗俗，就可推知他胆大妄为、不守信用等。因此人们以"内隐人格理论"为依据推测他人品质时，会常常出现"光环效应"或"晕轮效应"。

3. 投射作用

投射作用是指一个人由于自己的需要和情绪倾向，将自己的特征投射到他人身上的现象。这种作用导致被知觉者具有了知觉者所具有的特征。投射作用的直接效果是，知觉者自身心理状况对印象形成的影响比被知觉者本身具有的特征更大。因为投射作用使得知觉者对他人的知觉发生偏差，这样形成的有关他人的印象实际上更像我们自己。大量心理学实验证实，无论知觉者的自身心理状态是喜或悲，对别人的判断都会更接近他个人的心理状态，因此对他人的印象成了知觉者个人自身真实心理状态的体现。可见，对他人的评价或印象既是对他人个性的测量，也是一个人自我个性的良好鉴定。

除此之外，知觉者与被知觉者之间相互熟悉的程度、是否有情感卷入等也会影响印象的形成及其准确性。研究发现，人与人之间熟悉程度的增加不能提高印象形成的准确性，反而导致准确性降低，而个人情感卷入是导致偏见的重要因素。一般而言，个人情感卷入的增加，会导致信息选择和解释的客观性下降，从而对他人的印象判断精确性下降。正因为人与人之间越熟悉，情感卷入的成分越大，个人偏见的作用也随之提高，形成他人印象的准确性就越差。

二、归因

在认知过程中，我们不仅想知道他人是如何行动的，还想知道他人为何如此行动，寻求他人行为的原因，进而了解他人稳定特质和性格倾向的过程称为归因（attribution）。

之所以有归因需求，是因为人需要了解外部世界、他人甚至自己行为的真正原因，需要对事物有预见性，以明确引导自己的行为；是因为人需要知道其他人对自己有利还是有害，需要知道自己的某种行为是带来奖励的后果还是惩罚的效应等。归因使得人们对事物有预见性，并对周围世界有相对固定、前后一致的看法，使我们适应世界。即使是错误的归因、错误的预见，也起着同样作用。

（一）归因的两种模式

"归因理论之父"佛里茨·海德（Heider，1958）认为，人们如同业余心理学家，尝试着拼凑各种信息以了解他人的行为，直到找到一个合理的解释或理由为止。他提出很有价值和影响力的"二分法"归因理论：当人们试图解释别人为什么会表现出行为时，一般存在两种归因模式，一种是内部归因（internal attribution），认为个体的行为是其自身的特征（如人格、态度或个性）决定的；一种是外部归因（external attribution），认为个体的行为源于外部情境，并假设大多数个体在同一情境下会有相同的反应。例如，当看到"父母当众大声训斥子女"这一情形时，人们可能认为这种行为与父母对孩子的态度有关，进行内部归因，进而认为他们缺乏修养、教育孩子的方式不当；还可能认为这种行为与当时的情境（比如，孩子沉迷网吧，彻夜未归，父母又焦急地寻找一夜）有关，进行外部归因。

归因类型不同，效果也会不同。例如上例，如果进行内部归因，必然形成对家长的负面印象；但若进行外部归因，就不会轻易产生家长的负面印象——毕竟孩子的行为确实很令父母失望生气，面对这种情境，大多数父母都会这么做。

二分法的归因在日常行为中极为普遍。例如，婚姻美满的夫妻双方对伴侣行为的归因模式与关系紧张的夫妻有很大差异。婚姻美满的夫妻倾向于对伴侣的正向行为作内部归因，认为"他之所以帮助我，是因为他爱我"；对负向行为作外部归因，如认为"他之所以不干家务，是因为他工作太累了"。相反关系紧张的夫妻会倾向于相反的归因模式，对正向行为作外部归因，认为"他之所以帮我，是因为他想给他的朋友留下好印象"；对负向行为作内部归因，认为"他之所以不干家务，是因为他根本就是个自私懒惰的家伙"。无论当下夫妻关系如何，第一种归因模式都会促进双方关系发展，而第二种则会导致二人关系更加糟糕。一般而言，我们倾向于内部归因，而不是外部。例如，当一个人沿街乞讨时，我们一般认为他穷困潦倒的原因是咎由自取，太懒惰或者其他，而不会认为是外部原因，如工厂倒闭、爱人生病等。这是因为在知觉上，我们一般将注意力放在知觉对象身上，而知觉情境，即外部原因则常常被忽略。

（二）归因理论

所有有关个体如何从他人行为中推论原因的研究及其对原因的描述统称为归因理论。心理学家创建了许多着眼于不同的归因过程和归因作用、试图说明归因的各种理论。

1. 对应推断理论

琼斯（Jones）和戴维斯（Davis）提出对应推论理论，试图解释知觉者关于他人行为原因的推论过程，是海德归因理论的扩展，但更着重对人的特性的归因。该理论认为，人具有意图和按照意图行事的能力，行为和引起行为的意图总是有某种倾向性相应。归因过程就是归因者把被归因者的意图与其行动的结果联系起来进行推理的过程，并以一致性推理为推论前提，即把人的行为看做他的意图的直接反映。琼斯和戴维斯（Jones and Davis，1965）认为，行为选择性、社会要求和社会角色是影响对应推论的主要因素。

（1）行为选择性。如果行为是自由选择的，那由行为推断其内部原因是可行的。但如果行为不是自由选择的，而是受到情境的限制或外界压力而被迫实施的，就不能反映其人的真实意图，也就不能作出对应推论。例如，你看到一个人在地铁站急速地扒开人群向前走，行为鲁莽冲撞，是否就说明他是急躁或粗鲁的？不一定。因为这一行为的原因可能是情境因素，如赶一个重要的约会或是上班要迟到，而其人原本是温和、有礼貌的。因此，当他人行为是不可选择时，把他人的行为直接视为其人格特质，肯定得到错误推论。在推断他人行为时，应该关注更有说服力的可选择行为，并依据这些行为信息进行推断，而不能盲目推断。

（2）社会要求。人是社会的人，人的许多行为并非出于本意，而是出于社会规范的要求，而从这样的行为中你无法推断行动者的内在特质。但如果行为是偏离社会规范的，那就能够反映人的真实意图，其是行为者本身特质的反映。心理学，将某种特殊因素而非其他因素产生的效果称为非共同效果，这种因素就是非共同效果因素。为此，在对应推论时要多关注非共同效果因素，而努力忽略社会规范认同的共同效果因素。相似地，也不能从高社会赞许的行为进行推论，低社会赞许的行为往往能增加对他人特质的了解，因为低社会赞许行为更能提供有关被知觉者的特点和看待世界的方式。

（3）社会角色。社会角色即行为者的身份或角色对行为的影响。如果行为本身是行为者的职业范畴或身份要求，那该行为就难以反映行为者的内在特质。例如，帮助盲人过马路这一行为发生在交通警察身上，人们就会认为这是他应该做的而不作内部特质归因。只有当一个人的行为并非属于他的职业角色范畴时，才能用于推断他的人格特质。

2. 因果归因理论

哈罗德·凯利（Kelley，1967）提供了判断人们如何作出内部或外部归因过程的理论思路，即当我们形成对他人的印象时，会注意并思考不止一项信息。假如你向朋友借钱却遭到拒绝，你会根据不同时间、不同情境下的各种行为案例来解释这一行为再判断他的意图。凯利提出了共变原理（the principle of covariance），即要对一个人的行为作出归因，需从行为主体、刺激客体、情境因素三个维度进行解释，并要考查三个标准。

（1）区别性，指行为者对不同刺激对象以相同反应的程度，即是否"非正常反应"。

（2）一致性，指行为者与其他行为者对相同刺激的行为反应一致与否，即是否"众人皆然"。

（3）一贯性，指行为者的行为随时间地点的变化而变化的程度，即是否"始终如一"。

例如，小 A 此次数学考试成绩好，感觉愉快，归因于成绩本身，即实体纬度的作用，就是归因于刺激客体；归因于是努力学习而得的，即个人纬度的作用，就是归因于行为主体；归因于刚考完试，即情境纬度作用，就是归因于行为的时间、方式。还可以根据三个维度的差异作出以下归因。①独特性——各门功课考试成绩均好，数学也好；一致性——其他同学均好；一贯性——小 A 的数学成绩一直好。结论：正常发挥的考试。②独特性——小 A 其他功课成绩都好；一致性——其他同学数学都不好，只有小 A 好；一贯性——小 A 成绩一直好。结论：小 A 个人学习努力。③独特性——其他功课不好，只有数学好；一致性——其他同学各门考试都好；一贯性——小 A 的数学一直好。结论：小 A 偏科。

已有研究显示：在形成归因时，人们更多地依赖区别性与一贯性信息。实际上，个体行为的原因往往非常复杂，既有客观原因，也有主观原因，而且三方面的信息未必能够都得到，就容易导致归因困难或判断失误。

（三）影响归因的因素

人们对他人的知觉通常做得很好，但也存在着很多典型错误。

1. 一致性偏差

对他人行为，大多数人都有一个普遍基本的图式或理论，即人们的所作所为源于他们是什么样的人，而不是他们处于什么样的情境。这种忽视情境因素而推论他人行为与其个性及人格相一致的倾向被称为一致性偏见（correspondence bias）。这种偏见经常存在，以至于心理学家称之为基本归因错误（fundamental attribution error）（Heider，1958，Ross and Nisbett，1991），即解释别人行为的原因时，高估内在的性格因素，低估情境因素的倾向。琼斯和哈里斯（Jones and Harris，1967）让大学生读同学写的一篇文章，并猜测作者态度。实验分为两种情境：其一，告诉被试，作者可以随意选择自己的态度，其二则告诉被试，作者的态度是被设定好的，他本人没有选择权。结果，在两种情况下被试都认为作者认同他文中的观点，即使被试知道作者态度的选择是外因决定的，他们也会认为作者所写的内容反映了他真实的态度，即对作者的行为趋于内部归因。

2. 知觉者与被知觉者差异

一般而言，我们对自己的行为倾向于外部归因，对他人的行为倾向于内部归因。

例如，看到父亲对孩子责骂，我们进行归因时会认为他态度粗鲁，不是个好父亲。但被知觉者则归因于外因，如失业后内心的焦躁和生活的压力。这就是知觉者与被知觉者的差异。导致这种差异的主要因素是所获得的信息差异，即被知觉者比知觉者掌握更多有关个人的信息。被知觉者了解自己多年来的行为，知道行为发生的情境因素，对自己的行为在不同时间、不同情境下的相似性与差异性都更清楚。按照凯利的三维归因理论，可以解释为被知觉者比知觉者掌握更多的有关自己的一贯性及独特性信息。

3. 自利归因

自利归因指人们倾向于将自己的成功归因于内部因素、性格因素，将失败归因于外部因素、情境因素的现象。这主要是在自尊受到威胁时个体处于自我保护而进行的归因。例如，在成绩出来之前，你忐忑不安地等着成绩，结果发现试卷上清楚地写着大大的 100，你会怎么解释呢？心理学家斯奈德（Snyder et al.，1977）的研究证实了人们归因过程中的自我价值保护倾向。实验中被试参加相互竞争的游戏，随机安排一半被试获胜一半被试失败。之后，要求被试对他们及对手的输赢进行归因，研究的结果如表 2-1 所示。

表 2-1　竞争游戏的归因结果

归因	对自己		对他人	
	成功	失败	成功	失败
内在归因（技术、努力）	8.13	0.56	3.54	3.00
外在归因（运气、难度）	4.25	4.74	6.00	3.38
内外之差	+3.88	-4.18	-2.46	-0.38

从表 2-1 可以看出，如果是对自己的行为归因，则成功时，人们倾向于作内在归因，而失败时则倾向于外部归因。将成功归因于自己，显然有利于自我价值的确立，而将失败归因于外在条件，降低自己对失败结果的负责程度，是典型的自我防卫。而对他人的结果进行归因时，更倾向于用外在条件解释成功，对失败的解释则平衡内外两个因素。之所以如此，是因为这一方面能减弱他人成功对自己的压力，同时也是把自己置于有利地位的自我价值保护倾向。

4. 观察位置

研究表明，与某事物相对的空间位置差异，也是导致归因差异的因素之一。心理学家泰勒和费斯克（Taylor and Fiske，1975）作的一项巧妙研究对此予以证实。实验中，安排两名男学生进行一段"相互对考"的对话（实际上二人是实验同谋，他们的对话依循特定的脚本）。每一轮实验都有六名真正的被试参加，他们坐在指定座位上，观看着两人的对话。其中两人分别坐在对话者两侧，可以清楚地看到两名谈话者；另外四名观察者分别坐在两名对话者后方，他们分别看到其中一名谈话者的背面和另一名谈话者的正脸。显然，侧面的观察者与谈话者在空间关系上是相同的，而另外四名观察者与谈话者的空间关系相差明显。空间关系在研究中得到巧妙的操控。

之后，两名谈话者进行五分钟的标准化谈话，内容就像初次见面一样介绍自己的专业、工作计划、家乡、家庭、课外活动等，每次谈话内容相同。被试的任务，就是当谈话人结束谈话后，报告自己对谈话人交流过程的因果关系的知觉，即两人交谈过程中，每个人决定谈话方式、信息交流种类和引导另一人谈话的程度有多大。表 2-2 是他们研究的实验数据。

表 2-2　谈话实验的数据

观察者位置	谈话者	
	甲	乙
面对谈话者甲	20.25	15.54
侧面	17.51	16.75
面对谈话者乙	12.00	20.75

从表 2-2 可以看到，空间位置对解释谈话人行为的影响。坐在侧面的观察者，由于与两名谈话者空间距离相同，所以认为二人沟通情况基本相同，而坐在后方的观察者，无论面对哪个谈话者，坐在对面的观察者都倾向于更为肯定他们在谈话中的支配性角色，感到他们比对方更有能力。

5. 社会视角

大量实验证实，人们在归因事件中的视角不同，对事件原因的解释也会不同。尼斯伯特等（Nisbett et al.，1973）以男大学生为被试，研究了被试个人对选择女朋友和专业的理由，并与他对朋友的选择的判断进行对比。结果表明，解释自己喜欢女朋友的原因时，他们倾向于外部归因，而对朋友的女友选择却倾向于外部归因与内部归因并重。但解释专业选择的原因时，他们对自己的选择倾向于内外归因兼顾，而对朋友的选择则倾向于内在归因，数据如表 2-3 所示。

表 2-3　男大学生的判断结果

解释内容	喜欢女朋友的原因		选择专业的原因	
	女友（外部）	个人（内部）	专业（外部）	个人（内部）
自己的行为	4.61	2.04	1.52	1.83
朋友的行为	2.70	2.57	0.43	1.70

第三节　社会认知中的偏差

人们总希望以完全符合逻辑的方式对他人及周围事物进行归类推理，但在对他人及周围环境进行感知的过程中，不可避免地会出差错，这就是社会认知偏差。偏差涉及范围广泛，既有种族歧视等极端偏见，也有关于年龄、地域、职业甚至体重超重等方面的偏差，无论形式和侧重点如何，偏差始终真实地存在，并影响着对他人的认知，心理学家对偏差在社会认知中的作用一直较为关注。

一、社会认知偏差的涵义

社会认知偏差有积极和消极之分。例如，老师格外欣赏某个学生，认为他能力强、聪明等，其实对该生的认识就存在积极偏差。我们需要主要探讨偏差的消极方面，所谓消极偏差是指根据错误或不完全的信息概括而成的，对特定的社会群体及成员所具有的不公正、不合理、敌对的否定态度。例如，一位高中数学老师认为"女生数学能力很差"，那么他对女学生的数学学习就会持消极和否定态度，即使他的观点并不正确，还遇到过不少女生数学学习优秀的情况，但仍固执地认为高中阶段所有女生的数学学习都很糟糕。其实，每个人或多或少都存在偏差，不管是大的、抽象的偏差，如民族偏差、国家偏差、种族偏差等，还是小的、具体的偏差，如区域偏差、食物偏差和体形偏差等。

但是，认知偏差与偏见不等同于歧视。认知偏差反映的是不公正、否定的态度，而歧视则是基于偏差而作出的不公正、不合理的行为，二者的关系可看做态度与行为的关系。偏见与歧视常常分离，有偏见不一定就有歧视。

认知偏差具有三个主要特征。

（1）以有限信息来源为基础，偏差的信息来源往往不全面，是以偏概全的结果。

（2）认知成分是刻板印象，即忽视个体差异，把某一特征归属于每个团体成员。

（3）有先入为主的判断，即使面对事实，也难以更改最初的错误判断，固守偏见。

二、认知偏差的起因

是什么因素导致了人的偏差，是"先天的"还是"后天的"？进化心理学家认为，所有的动物都强烈地偏好遗传上和自己相似的动物，并对遗传上不相似的动物感到恐惧与厌恶，即使后者与它们无冤无仇（Buss and Kenrick，1998；Trivers，1985），偏差似乎是先天的，是一种基于求生本能的对自己家人、团体及种族等的偏袒，对外人、外团体等则充满敌意。

目前，人们大多认为先天的遗传因素在偏差形成中有一定作用，但一些偏差是后天习得的，是文化有意无意影响的结果，特别是子女受父母对待偏差的行为方式的直接影响较大。Rohan 和 Zanna 研究发现，持有平等态度和价值观的父母，其子女也如此。形成偏见的主要原因有以下几个方面。

（一）社会认知因素：刻板印象

社会认知过程是产生与维持刻板印象与偏差的重要因素。一般来说，我们在获取、存储和整合信息时，倾向于将信息分类组织，形成一些构架并用以解释新的或不同寻常的信息。几乎每个人都能概括出"北方人、南方人、同性恋、美国人、中国人、上海人、北京人、东北人、流浪人、艺人"等群体的特征，尽管也许你根本没和他们真正接触或交往过，这就是刻板印象的作用。所谓刻板印象，就是有关特定社会群体的知识、信念以及个体所认为的属于该群体的那些典型特征所组成的认知结构，或者说，在某种程度上它是该社会群体所有成员共同具有的特征。一旦刻板印象被激活，该群体的所有特征也会立即被激活，这就是提到某群体名称后，你能列出其特征的原因。

刻板印象对我们的社会信息加工的影响很大。一般来说，与此相关的信息总比无关的信息加工迅速且更深入，记忆也更加牢固。而且，刻板印象在个体信息加工过程中起主导作用，即使信息中存在着与刻板印象矛盾的不一致信息，我们也不会轻易改变刻板印象。

　　刻板印象研究一直是社会心理学、公共管理心理学领域的焦点。特别是在 20 世纪 80 年代后，内隐社会认知研究促进人们更好地理解这一现象，人们发现刻板印象也存在对行为的无意识影响，即内隐刻板印象。一旦它被激活，就会影响我们的思想、决策和行为，影响对他人的认知。

　　（二）社会分类原因：社会认同理论

　　人们总是把社会世界分为不同的两种类别，即我们和他们，这就是社会分类。例如，我们借外部特征划分动物和植物来了解自然界；同样，也依照性别、国籍、种族等对人类进行分类以了解我们的社会世界。当我们遇到具有某些特点的人时，过去形成的信息就会帮助我们决定对这类人的反应。可见，社会分类既是实用的也是必需的。简单来说，人们把他人要么看成是自己人（群体内/内团体），要么视为外人（群体外/外团体），导致内团体偏差和外团体偏差。内团体偏差指我们会以积极的态度对待自己的团体成员。外团体偏差导致"外团体同质性"认知，即认为外团体成员之间的相似性比内团体成员之间更多，这就使我们戴着有色眼镜来看待以自己为参照的社会团体。1982 年，Tajfel 等用社会认同理论对此作出解释，认为个体一般通过对特定社会群体的认同来增强他们的自尊，但只有在他们认识到内团体优于外团体时，这一策略才能成功，导致内团体偏差，每一群体都极力认为自己不同于其他群体，而且优于其他竞争群体。一项研究考察了美国周日校际间球赛后学生周一穿有校徽运动衫的比例，结果发现，赢球后学生更愿意穿有校徽的运动衫。

　　（三）社会群体间的竞争冲突：现实冲突理论

　　竞争是冲突偏见最明显的来源之一，人们要竞争稀有资源、政治权力与社会地位。现实冲突理论认为，有限的资源导致团体之间出现竞争并引发冲突，他们在对自己所属团体产生认同时，还逐渐对其他团体产生了否定和贬低，造成偏差和歧视的增加（Jackson，1993）。有些研究证实了团体间偏见的产生。例如，Muzafer Sherif 的一项经典研究采用童子军营区的自然环境，动态地展示并证实团体间持续的竞争造成直接冲突甚至暴力侵犯，并导致偏见产生。被试都是参加夏令营活动的 11 岁适应性良好的男孩，来自白人中产阶级家庭。实验就在活动之中自然进行。所有被试随机分配。实验分两个阶段进行。第一阶段，分组分别进行一系列趣味活动，如吃饭、游泳等，活动结束时，每组都形成自己不成文的规则、非正式领导者，并自发起名，设计了队旗。两个小组都变成有凝聚力的团体，组内成员角色分化，并逐渐稳定。第二阶段，两组相遇，开展竞争性比赛，如橄榄球赛、棒球赛、拔河比赛等，胜方将获得奖杯，成员获得奖品。这些竞争性活动引发两组成员的冲突与紧张情绪。同时研究者还设法增加两组之间的冲突。结果，"我们"和"他们"的意识分化明显，两组关系紧张，并逐步升级，由最初的言语谩骂到后来拳脚相加，最后是全面暴动。每组成员对另一组都持否定态度。夏令营结束后，各组的择友对象基本是同组成员。可见，因资源有限导致群体间的竞争也是偏差产生的原因。

　　（四）从众行为

　　从众行为是社会生活中常见的一种现象，它导致的偏差源于个体对社会规范的遵从。从众就可能获取信息（信息性从众）或融入团体被人接受（规范性从众），而不从众则会给个体带来痛苦。佩蒂格鲁认为：大多数人采取偏差态度与歧视行为是为了从众，或者适应文化中大多数人的观点。这种规范性从众很有影响力和说服力。社会分类和冲突竞争都是社会偏差产生的原因，但最大的决定因素是这种"奴隶式"的顺从社会规范。

从众是一种规范性行为，规范是一个社会所持有的对行为的正确性、可接受性及被许可性的信念。不同文化有不同的规范，同一个国家，也会出现严重的地区性差异，如果刻板信息和歧视行为被一个社会看做是一种规范，那只要生活在这个环境中，大多数人便潜移默化地具有了某种程度的偏见态度和歧视行为。这就是所谓的制度化歧视，即绝大多数人持有歧视态度。制度化种族歧视与制度化性别歧视是其中最常见的两种歧视，例如，当今印度仍然盛行的性别歧视就是其文化与制度的规范。

三、常见的社会认知偏差

（一）负面偏见

与正面的信息相比，个体对负面偏见具有更敏感的偏差。例如，你向朋友打听一位你从未谋面的人，他提到很多关于这个人的正面信息（愉快、漂亮、聪明、大方、友好），只提到一个无关紧要的负面信息（有时有点自夸）。之后，你对这个人的印象是什么？在听到的这些信息中，你更容易记住哪些呢？一般情况下，结果是负面印象和负面信息。也正因为如此，当你必须要见这人时，负面信息会比正面信息的影响更大，有关社会其他方面的信息也是如此。

我们为什么会有这种倾向呢？从进化角度来说，负面信息反映的是威胁我们安全或健康的外部世界特征，对它的敏感可以引起我们注意并尽快作出反应，避免受到伤害。有关研究对此也予以证实。一项有关面部表情辨认的研究发现，与积极面部表情（如友好）相比，我们识别消极表情（如敌意）会更快更准。Ohman 等（2001）的一项研究中，让被试从不同表情的面孔图片中搜索中性、友好的或威胁的面孔，结果无论背景表情如何，被试识别威胁的图片总是更快更准，脑成像的认知神经科学研究也为此提供了佐证。Ito 等（1998）将中性（如盘子）、正性（红色法拉利跑车）、负性（残缺面孔）三类图片与其他中性图片混杂在一起，被试看图片并作出正性、负性和正性的判断，按规定键予以作答，记录该过程中被试的脑电活动。结果表明，与正性图片的识别和判断相比，负性图片的 LPPS（一种后正电位）更加迅速。可见，负面偏见在社会认知的早期阶段就开始起作用。进化论观点的解释是，对负面信息的较早反映有利于维持生命。

总之，人类对负面信息的高敏感性是社会认知的一个基本内容，是人脑的重要功能之一。

（二）乐观偏见、计划谬误和过度悲观

乐观偏见是指期望事情总体变好的倾向。研究表明，大多数人认为并相信，自己比其他人的积极经历更多，消极经历或不幸经历更少（Shepperd et al, 1996）。在日常生活中，大多数人也会认为，自己比别人更有可能找到好工作、婚姻更幸福、身体更

健康、生命更长寿，也更少经历天灾人祸。

　　计划谬误是乐观偏见的极好例证，是指相信自己在某段时间能够比实际完成更多任务。正因为存在着乐观偏见，才表现出计划谬误，导致单位或者个人经常制订一些不切合实际或者不可能全部按期完成的计划。这主要和人的认知加工资源有限有关。因为预期完成某任务所需要的时间时，人的思维会进入计划或陈述模式，将思考的焦点放在如何完成任务上，占用大量甚至全部的认知资源，个体无法回忆过去完成类似任务所需时间的信息，导致重要参考指标被忽略，个体陷入盲目乐观和计划谬误之中。另外，完成任务的强烈动机也会导致乐观偏见和计划谬误。人们多会认为将要发生的事情正是他们所希望发生的（Johnson and Sherman，1990），因此完成新任务的动机一般都会非常强烈，并对完成任务所需时间作出过度乐观的预期。

　　盲目乐观和计划谬误常常是针对乐观和积极事情而言的，而对不得不面对的消极、悲观的事情，人们会表现出和盲目乐观相反的模式，即高估消极结果出现的概率和强度，以便对不可避免的消极结果作好充分的心理准备。这种过高估计悲观结果的偏见是一种悲观偏见，Shepperd新近的研究表明，悲观偏见源于满足"准备好面对最坏的结果"的欲望。研究中，当研究者要求大学生估计他收到超支账单（负性结果）或退回钱款（正性结果）的可能性时，经济困难的学生对负性结果出现的可能性的估计高达 40%～67%，远超过预设的 25%，不过这种悲观偏见仅发生他们对自己负性结果的估计上，对其他人的估计没有这种效应。

　　悲观偏见表明，当人们预料到将要出现消极结果时，确实作好了最坏的打算，但过度悲观只是过度乐观的一个特例，是为了保护我们免于受到意外坏消息的突然袭击。在多数情况下，我们对自己的生活常常持积极乐观的态度。

　　（三）理性思考偏见

　　与直觉、简单的思维方式相比，多数人更偏爱理性、系统的思维方式，认为"经过深思熟虑的理性思考，个体作出错误判断或者出现偏差的可能更小"。这也是一种偏见，人们常常发现，当试图更冷静地思考问题，并为此花费大量时间后，却发现自己越来越糊涂了。过多的理性思考，未必是好事。一项实验要求大学生对几种草莓酱进行等级排列，控制组被试品尝后直接完成等级排列任务，实验组被试则需要进一步分析他们对酱的反应，结果和控制组相比，实验组的判断准确性更低。这说明，过多思考有时会使我们陷入严重的认知困难。因此，面对重要事情时，冷静理智的思考是重要的，但过分细致的思考有时会适得其反，事与愿违。

　　除了这三种常见的认知偏差外，还有反事实思维偏差，所谓反事实思维是指某种情境下个体想象与事实不符的另一种可能，这种"如果那样，可能会如何？"的假设思考也会影响我们的认知，如对失去的机会感到深深的遗憾，这也是一种社会认知偏差。

四、偏差的消除

　　偏差是普遍存在的不公正的社会现象，心理学家提出接触理论，认为减少偏见的最重要方式是接触，即让内团体和外团体的成员相处、增强互动。支持接触理论的理由主要有三个。①增加不同团体之间的接触可以使他们相互了解与熟悉；②虽刻板印象难以改变，但当其不一致的信息积累到一定程度时，也会促使其改变，而通过接触就增加了不一致信息的搜集。③增加接触有助于打破群体的内外界限。虽然一些事例证实了该理论，但该理论同时认为，单纯接触还不足以达到目的。为了真正消除偏差，还需要在接触中满足相互依赖、追求共同目标、地位平等、非正式的人际接触、频繁接触、平等的社会规范等六个条件。如果这些条件不能满足，非但消除不了偏差，还可能使原有的负性态度更加恶化。

除了增加团体之间的接触之外，以下三种措施也有利于偏差的消除。

（一）社会化因素

社会化因素是导致偏差的因素之一，儿童的偏差是从父母、他人和自己的直接经验以及媒体获得的。这就要求父母及其他成年人注意引导，努力让他们从小养成公正客观、宽容谦让的态度和行为方式。同时学校也应当给学生正面的影响，教育他们实事求是，客观公正，从认知上消除偏差，而大众媒体也需要注意宣传内容的选择。

（二）认知干预

刻板印象是偏差形成的认知因素，并对偏差起着重要的影响，如果消除了刻板印象，个体就会对他人和事物的认知发生变化，变得更加客观公正，从而消除了认知偏差。因此，从认知角度进行干预，从消除刻板印象入手，也是消除偏差的常用方法。

（三）社会影响

研究表明，人们的现实态度不是存在于真空之中的。个体所持有的态度不仅受到他们先前经验的影响，而且受到当前信息的影响。既然偏见是一种态度，虽说不容易改变，但不等于不能改变。偏见在个体社会化过程中形成，也会因社会环境影响而发生变化。因此，只要营造一种平等、互助的良好社会氛围，制定有利于消除偏差的社会制度，加入社会强制力，就可以促进偏见的消除

 **课后案例**

你知不知道"自我定义"的文化差异？

美国人对"会叫的轮子才能够得到油的润滑"的谚语很熟悉，因为它体现了欧美文化中自我定义的特征，即个人重视独立与独特性。日本则有句谚语"突出的钉子会被敲扁"，这句话则反映了以社会依存为出发点定义"人的社会价值"的观念。而在中国，你可能同时听到以下俗语或格言："会哭的孩子有奶吃"，"木秀于林，风必摧之"，那么你将采纳哪一种观点？这种相互矛盾的观点会不会让你的行为选择陷入矛盾之中呢？其实不用担心，每一个中国人都能够很好地处理这种行为选择，因为其头脑中具备朴素的辩证法规则，能够根据情境合理地运用上述任一观点作为行为的指导。只是请你思考：在当今社会，对上述两种观点的支持率各有多少呢？

案例简析

对上述两种观点的支持率可能分别是50％，倡导个性独立的欧美文化对中国人，尤其是年轻人的影响越来越大，但中国人在儿时在父辈的教导下对传统文化中的"中庸、含蓄、内敛"的智慧就已经心领神会了，所以，当代的年轻人必然是时代进步与转型社会中的困惑者，总会作是张扬自我还是收敛自我的心理斗争，都会面对自我定义与统合的难题。

思考题

1. 自我认知与自我概念的定义是什么？
2. 自我概念获得的途径有哪些？自我具有怎样的功能？
3. 对他人的认知是怎样实现的？影响归因的线索有哪些？
4. 社会认知偏差主要有哪些情况？怎样消除认知偏差？

第三章　公共管理中的社会态度

【本章学习导读】

    1. 掌握社会态度的概念。

    2. 理解社会态度理论和社会态度的转变。

    3. 了解社会态度的测量。

【课前案例】

    在一项研究中，研究者在学校的洗手间贴一条标语试图让人们不再在洗手间的墙上乱写乱画。一条标语是："无论如何，不能在墙上写字。"另一条相对温和："请勿在墙上写字。"两个星期后，研究员回到学校检查在贴上标语之后究竟还有没有乱写乱画的现象。正如他们所预测的这种乱写乱画现象，在贴有比较强烈禁语的洗手间存在更多。(Pennebaker and Sanders，1976)

    "态度"正如心理学家 G. 奥尔波特（G. W. Allport）所说："这个概念在当代美国心理学中，也许是最有特色的和不可缺少的概念。它已使自己成为美国心理学这座大厦的拱心石。"由于态度在个体及团体的社会生活中无时无刻不对人的行为产生重要的影响，所以在现代公共管理理论及实践中，人们也特别重视态度在改善管理质量和提高领导效率中的作用，以促使人们能够更好地运用态度理论来达到团体的目标。

第一节　社会态度概述

一、社会态度的定义

（一）态度概念的提出

    "态度"（attitude）一词，源于拉丁语 aptus，这一语词具有两种基本的含义：其一，"适合"或"适应"，指对行为的主观的或心理的准备状态；其二，在艺术领域中，这一概念指雕塑或绘画作品中人物外在的和可见的姿态。如果说第一种含义的"态度"是心理学的，那么，第二种含义的"态度"则称得上是解剖学的。

    第一位在现代意义上使用"态度"这一概念的研究者是英国社会学家赫伯特·斯宾塞（Herbert Spencer）。1862 年，斯宾塞在《第一原理》中写道："在有争议的问题上达到正确的判断，主要依赖于我们在倾听和参与辩论时，头脑中具有的态度；并且要保持正确的态度，我们就必须去了解普遍的人类信仰在多大程度上是正确的以及在多大程度上是不正确的。"

    在斯宾塞使用"态度"这一概念之后不久，1888 年，丹麦生理学家 C. 朗格（C. Lange）在有关反应时间的实验中发现，被试如果集中注意于即将作出的反应，其反应时间比其他被试集中注意于即将来临的刺激要短。显然，有没有精神准备影响了人对刺激的反应。这种预先的倾向或准备的状态被称做"态度"，朗格的经典实验后来被认为是涉及态度的最早的实验研究。继朗格之后，H. 闵斯特伯格（H. Münsterberg）提出了有关注意的行为理论；而威廉姆·H. 弗雷（J. H. Frey）则主张，肌肉紧张的稳定条件是意识选择其方向的决定条件。

上述研究为心理学家们界定态度创造了条件。M. 洛开奇（M. Rokeach）把态度看做是一种具有结构性的复杂的认知体系，认为"态度是个人对于同一对象的数个相关联的信念的组织"。D. 卡茨（D. Katz）认为，态度是"评价某个符号或对象的倾向"。这类定义偏重于认知方面，强调的是内在的信念组织。爱德华兹（A. L. Edwards）认为，态度是"与某个心理对象有联系的肯定或否定感情的程度"。这样的定义偏重于情感方面，强调的是赞成或不赞成、喜欢或不喜欢的表达。G. 奥尔波特的定义是具有典范性的："态度是根据经验而组织起来的一种心理和神经中枢的准备状态，它对个人的反应具有指导性的或动力性的影响。"M. 弗里德曼（M. Freedman）等指出："态度对任何给定的客观对象、思想或人，都是具有认识的成分、表达情感的成分和行为倾向的持久体系。"

（二）态度的定义

比较完整的态度（attitude）定义是戴维·迈尔斯（David G. Myers）提出的，他认为"态度是对某事物或某人的一种喜欢与不喜欢的评价性反应，它在人们的信念、情感和倾向性行为中表现出来"。所谓评价性（evaluative）反应是指对某种事物的价值予以评定的历程。与迈尔斯的定义基本相似的还有里帕的定义，他认为"态度是对某一目标的一种评价性反应，是社会心理学研究的一个中介变量"。所谓中介变量（intervening variable）是指它不是可触摸的具体客体，而是一种假设的建构，可以推断出，但无法直接观察。例如，当人们支持自己选出的候选人时，当顾客在商店购买自己喜欢的香皂时，我们可以看到某种态度所起的效果，但却看不到态度本身。

二、社会态度的构成

我们在对态度进行分析时，要涉及三个维度：①认知（cognition），即态度的信念、认知部分；②情感（affect），即态度的情感特色；③行为倾向（behavior intention），即态度的行为倾向性。三个维度构成了态度的三个因素。

（一）认知因素

认知因素规定了态度的对象。态度总有一定的对象，其对象可以是人、物、群体、事件，也可以是代表具体事物本质的一些抽象概念（如勇敢、困难等），还可以是制度（如婚姻制度、高考制度等）。如果笼统地说某人有善意的态度是不确切的，态度必须有明确的对象，如对自己兄长的态度，对学习的态度等。认知因素有好坏的评价与意义叙述的成分。叙述内容包括个人对某一对象的认识与理解以及赞成与反对，如善-恶，友好-不友好等判断。

（二）情感因素

情感因素是个人对某个对象持有的好恶情感，也就是个人对态度对象的一种内心体验，如喜欢-厌恶、尊敬-轻视、热爱-仇恨、同情-冷漠等。根据多数理论家的观点，态度是评价性的，但它涉及喜欢与不喜欢。态度定义的中心论点是假定人们具有某种态度后，即有一种情绪上的反应。

（三）行为倾向因素

行为倾向因素（behavior intention）是个人对某个对象的反应倾向，即行为的准备状态，准备对某对象作出某种反应。但此行为倾向还不是行为本身，而是做出行为之前的思想准备倾向。

以上三个心理因素通常是相互协调一致的，态度中的认知、情感、行为倾向三个因素十分和谐，并无矛盾。但有些时候，态度的三个因素之间也会发生不一致的情况。当发生矛盾时，情感因素起主要作用。

三、社会态度的特征

伊恩·帕克对态度提出了四个基本标准。①它在对象（或价值）世界中具有明确的取向，并在这方面有别于简单的条件反射。②它并不是一种完全机械的无意识的和习惯性的模式，但它表现出某种紧张的状态，即使这种状态还处在潜在的阶段。③它在强度上有所变化，有时是影响个人行为的占优势的因素；有时则对个人行为没有什么影响作用。④它植根于经验之中，因此，并不单单是一种社会本能。

根据帕克提出的标准，可以将社会态度的基本特征总结为如下三点。

（一）社会态度具有对象性特征

理解社会态度的对象性可以从两个层面进行。①从较为浅显的层面入手，个体或社会成员所具有的任何态度都是指向于某一具体对象的，该对象可以是事，可以是物，当然也可以是人，而针对的人可以是自己，可以是他人，还可以是一个群体。这种明确的取向性，使得态度有别于个人对环境刺激作出的简单的条件反射。②从较为深入的层面入手，社会态度所具有的这种具体的对象性特征又使它有别于个体所持有的价值观念。相比较来说，价值观念要比态度更为宽泛和更为抽象，可以体现为理论的价值、权力的价值、社会的价值和宗教的价值等，而并不涉及某个特定的对象。但是，价值观念构成个体决策的抽象准则，可以作为个体持有某种态度的内在基础。因此，人的价值观念不同，对某一具体对象持有的态度也就可能不同。

（二）社会态度具有内在性特征

社会态度不同于社会行为，它是个体内在的一种心理构成，因此，不能从外部直接观察到，而只能间接地从一个人的表情、意向和行为中推知。罗森伯格（M. J. Rosenberg）和霍夫兰德（C. I. Hovland）曾把态度看做人所接受的刺激（态度对象）与可观察到的反应（行为）之间的一种内在中介。在以罗森伯格和霍夫兰德的理论模式建构的图 3-1 中，刺激是一种独立变量，反应（包括情感、认知和行为三方面在内）是一种依从变量，而态度则是一种中介变量。在此之中，人的情感、认知和行为影响态度，反过来，态度也影响着人的情感、认知和行为。这种观点受到新行为主义者的明显影响，它表明作为一种内隐性心理结构的态度会影响到个体对刺激作出的反应。

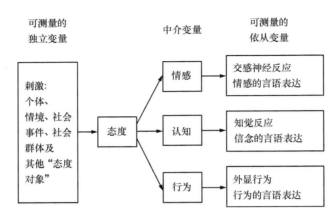

图 3-1 罗森伯格和霍夫兰德的态度中介作用图示

（三）社会态度具有持久性特征

态度是个体在后天的社会生活中形成的，一旦形成，态度便具有相对的持久性。稳定的态度作为个体人格的组成部分，是不会轻易改变的。在态度的三种心理成分当中，情感成分最难以改变，因而也是最为持久的、内在的，它由此成为社会态度的核心部分。

但态度的形成并不是一朝一夕的事，它要经历一个相当长的过程，而在这个过程的不同阶段上，态度的稳定程度是不同的，因此，它也就存在着不同程度上的变化的可能性。凯尔曼（Kelman，1967）认为，态度的形成可经历服从、认同和内化三个过程。服从是个体为得到报酬或避免惩罚而在表面上持有某种态度，认同是个体与其他个体或群体取得一致而自愿接受某种态度，内化则是真正把某种态度纳入自己的价值体系。显然，服从所掌握的态度是最不稳定的，而内化所掌握的态度是最为持久、稳定、难以改变的。

四、社会态度与行为

（一）社会态度与外显行为

学者对态度和行为之间的关系基本上持肯定意见，即一个人的态度决定了他的行为。例如，你支持某一政治家，很可能去投他的票；你觉得不该发展烟草工业，也就不会抽烟。而且既然态度是行为的预先倾向或内在准备状态，当然可以通过态度来预测行为，于是就产生了各种态度量表。但是，早在 20 世纪 30 年代初，美国学者拉皮尔（Lapiere，1934）就在一项著名的研究中对态度与行为相一致的看法提出了异议。

在这项研究中，拉皮尔与一对年轻的中国留学生夫妇作一次环美旅行。由于当时美国人对东方人普遍持有歧视态度，拉皮尔和同伴们出发前预料很难受到旅馆和饭店的接待。但是，在万余英里的行程中，他们光顾的 184 家饭店和 66 家汽车旅馆只有一家拒绝接待。6 个月以后，拉皮尔给他们光顾过的旅馆、饭店和一些他们没有光顾过的旅馆和饭店寄去了调查问卷。问卷共有两种，一种是只就中国人提问，另一种是分别就中国人、德国人、法国人、日本人等提出类似的问题。因为拉皮尔担心只就中国人的提问会引起怀疑，而得不到确切结果。两种问卷都包括这样的问题："你愿意在你那里接待中国人做客吗？"结果是，尽管上面那对中国夫妇在实际旅程中受到了很好的接待，但开饭店或旅馆的美国人对中国人依旧有着极大的偏见和歧视。拉皮尔及其他一些研究者依此得出了态度和行为之间存在着很大的不一致性的结论。

拉皮尔的结论引发了一系列的后继研究，为态度与行为不相关的观点提供了大量的证据，但相关论的证据也不断出现：一项以台湾地区已婚妇女为对象所作的调查要求被调查者对"你还想再要孩子吗？"的问题作出回答。3年以后发现，当时作肯定回答的妇女，64％的人生了孩子，而当时作否定回答的妇女只有19％的人生了孩子。另外一些有关党派态度和选举行为关系的研究也得出了类似的结论。

心理学家开始着力于说明在什么情况下及在什么样的前提下，态度和行为具有相关关系。有人发现，当态度变得特别突出时，与行为的关联性可能就会增大；也有人发现，态度测量越是具体，与行为的关系就可能越大；而费希伯恩和阿泽恩（Fishbein and Ajzen，1975）则发现，要想通过态度来预见行为，所测量的态度应与所考察的行为相符。他们提出一般的态度能够预见一般的行为，但却不见得能够预见特定的行为。就拉皮尔的研究而言，他的问卷测量的是美国人对中国人的一般态度，而被测量者实际的行为则是特别针对穿着入时、举止文雅、又有白人陪同的年轻的中国夫妇的。显然，在这样的研究中出现态度与行为的不一致现象，是因为所测量的态度与所考察的行为并不相符。

（二）态度与行为模式

为了能对特定的行为作出预测，1975年，费希伯恩和阿泽恩在他们提出的合理行动理论的基础上提出了图3-2所示的预测特定意图和行为的"行为意图模式"。在他们看来，人会考虑到自己行动的含义，大部分行动都是受意识控制的。因此，一个人是否采取某一特定行动的最直接的决定因素是意图。意图又取决于两种变量：一是行为者对该行为的态度；二是行为者的主观行为规范，它由个体所知觉到的特定的行为期待构成。"因此，一个人的行为意图就被看做这样两个因素的某种函数：他对于该行为的态度以及他的主观规范。"（Fishbein and Ajzen，1975）

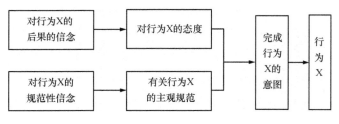

图3-2　行为意图模式

在这一模式中，态度是个人对特定行为的态度，而不是个人对一般对象的态度。因此，我们可以通过这种特定态度和主观规范来预测一个人的特定行为。另外，必须注意的是，一个人的行为和行为的结果是两回事。行为受个体行为意向的控制，而行为的结果则超出了个体的行为意图的控制范围。因此，想做不想做是一回事，做没做到则是另一回事。

第二节　社会态度的理论

在态度研究中，认知理论认为，态度的形成和改变取决于人的认知在整体上是否一致。

一、认知平衡理论

认知平衡理论的创始人是美国心理学家弗里兹·海德（Fritz Heider）。海德从人际关系的协调性出发，认为在一个简单的认知系统里，存在着使这一系统达到一致性的情绪压力，这种趋向平衡的压力促使不平衡状况向平衡过渡，并且这种过渡遵循最小付出原则。

海德（Heider，1958）提出 P-O-X 模型，指出人们的认知系统中的几种评价态度或感情之间有趋向一致的压力。P 是认知者，O 为认知的另一个人，P 和 O 建立了一定的感情，X 则是与 P 和 O 有某种关系的某种情境、事件、观念或第三个人。它体现的是一种简单的交往情境，P、O、X 这三者具有情感或态度上的某种联系，态度可以有肯定和否定之分。反映在 P 的认知结构中的这一个三角关系可以是平衡的，也可以是不平衡的。当三方关系均为肯定，或者两方为否定、一方为肯定时，便存在着平衡状态，否则便存在着不平衡状态（图 3-3）。认知的不平衡状态会产生心理的紧张，造成恢复平衡的心理压力，从而导致改变态度、求得平衡。

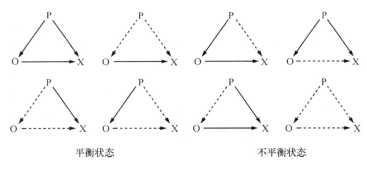

图 3-3　认知的平衡与不平衡状态

这一理论的中心思想是，认知处于平衡状态时，能引起一种满意状态，而一旦失去这种平衡，就会产生紧张和恢复平衡的力量；当认知处于不平衡时，就力求趋向于平衡或改变现存的某种认知因素，以校正不平衡。

海德突破了传统格式塔心理学只从主体与客体关系上考察个人认知的局限，把人际关系引入认知研究领域，以极其简便的模式从主客体及主体与他人的多重关系上来研究认知，但也引起了诸多批评。首先，人们普遍反映海德虽然说明了社会知觉和人际关系，但他却未能对人际关系本身作出令人满意的说明。确实，用 P-O-X 模型来说明整个纷繁复杂的人际关系本身就是十分牵强的。其次，P-O-X 模型是按照"全或无"（all or no）的原则来确定三因素之间的全部关系的，因此未能涉及正或负的关系的程度，"而这种关系程度通常是各种关系的极其重要的指标"（安德列耶娃，1987）。

二、认知失调理论

认知平衡理论促使人们从认知角度再作进一步的思考，提出了各种不同的学说，其中尤以费斯廷格（Festinger，1957）的认知失调理论最为著名。在这一理论中，费斯廷格提出，每一认知结构都是由诸多基本的认知元素构成的，而认知结构的状态也就自然取决于这些基本的认知元素相互间的关系。他以极其简单的方式将这种关系还原成三种可能性。①协调，此时两种元素的含义一致，彼此不相矛盾。②不相干，此时两种元素的含义互不牵连。③不协调，此时两种元素彼此矛盾。不协调或失调是有程度上的区别的，它主要取决于两个方面：其一，不协调的程度同某一认知元素对个人生活的重要性成正比，显然，亏了一元钱和丢掉了一份满意的工作造成的失调程度是不同的；其二，不协调的程度还取决于一个人所具有的不协调认知的数目与协调认知的数目的相对比例。综合这两个方面可以获得以下公式：

$$不协调程度 = \frac{不协调认知数目 \times 认知项目的重要性}{协调认知数目 \times 认知项目的重要性}$$

这一理论同上述认知平衡理论的主要区别有二：其一，它不像后者那样重社会认知，轻社会行为；其二，它不像后者那样将认知不平衡或失调视为认知结构的反常状态，相反，它认为认知失调是人的认知系统的一种正常状态，由于不同的认知元素各有其相对独立性，所以认知矛盾或认知失调是不可避免的。

在这样的思想的指导下，费斯廷格在《认知失调理论》一书中提出了有关认知失调理论的两大基本假设。

第一条假设指出："作为一种心理上的不适，不协调的存在将推动人们去努力减少不协调，并力求达到协调一致的目的。"这意味着，认知失调将会造成特定的心理压力，并使人产生一种求得协调的动机。具体说来，减少不协调的具体途径有三种：①改变行为，使主体对行为的认知符合态度的认知，如知道"吸烟有害"的人把烟戒了；②改变态度，使主体的态度符合其行为，如认为"我比谁都聪明"但又"考试常不及格"的人，改变自我评价，转为"我学习很吃力"故"考试常不及格"，这样就能够协调起来了；③引进新的认知元素，如认为"我比谁都聪明"但又"考试常不及格"的人，可以通过找各种借口，如强调自己运气不好或复习未抓住重点等，消除不协调感。

第二条假设则指出："当不协调出现时，除设法减少它以外，人们还可以能动地避开那些很可能使这种不协调增加的情境因素和信息因素。"

在认知失调理论提出后的10多年里，包括费斯廷格本人在内的许多心理学家围绕该理论进行了一系列的实验研究。一项是费斯廷格和卡尔史密斯（J. M. Carlsmith）1959年进行的"被迫依从"实验。他们让被试从事一系列枯燥无味的工作，接着诱使他们撒谎告诉别人工作很有趣，付给被试的报酬或者为1美元，或者为20美元，最后询问被试是否喜欢这一工作。结果拿1美元报酬的被试比拿20美元报酬的被试更积极地评价了这项工作。对这种用传统的学习论解释不了的现象，费斯廷格的解释是，仅拿1美元报酬的被试失调的程度要高于拿20美元报酬的被试，因此，他们改变态度的可能性就更大。

另一项研究是 J. 布雷姆（J. W. Brehm）1966 年进行的"心理对抗"实验。他通过实验证明，"当一个人相信自己是在自由地从事一项习惯的行为时，如果他的自由被取消或受到取消的威胁，就会产生心理抗拒现象"。抗拒的程度与这样两个因素成正比：①被取消或受威胁的自由的重要性；②该种自由行为的比例。而这种心理上的抗拒可视为是一种旨在重新确立被取消或受威胁的自由的动机状态。

第三节　社会态度的转变

社会态度往往具有预测行为的作用，因为态度改变了，其行为也随之发生改变，所以研究态度转变具有现实意义。

一、影响态度转变的因素

霍弗兰（C. I. Hovland）和韦斯（W. Weiss）曾经提出一项态度转变的模式，这是美国社会心理学界公认有效的模式（图 3-4）。霍弗兰指出，影响态度转变的因素有四个，即宣传说服者变量、信息变量、渠道变量及信息接受者变量。从图 3-4 中可见，不仅每个变量可影响态度转变，而且各个变量之间亦有相互作用。

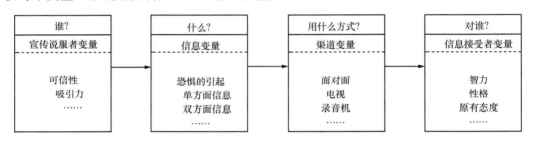

图 3-4　影响态度转变的因素

（一）宣传说服者变量

宣传说服者的可信性（credibility）、吸引力（attractiveness）等影响着人们态度的转变。霍弗兰与韦斯 1951 年作了一个关于宣传说服者的可信性对人们态度转变的影响的经典性研究：设立两组被试，让他们听一篇有关建立核动力潜艇的实用性争论的文章，实验者告诉一组被试，该文章为一位著名的物理学家所写；告诉另一组被试，该文章摘自某家小报（研究者认为前者有高的可信性，后者有低的可信性）。实验者宣读完毕后即刻测量被试态度转变的情况，结果表明，说服宣传者的高可信性能更多地转变被试的态度。研究者认为，这一研究显示出，宣传说服者的可信性往往比信息本身的逻辑性与合理性更重要。

宣传说服者的变量，如可信性、吸引力等经常被用于广告中，商业广告往往利用名人或颇具吸引力的人来宣传，如篮球明星卖运动衣，广告明星的吸引力、可靠性、权威性与公正性等因素有良好的说服效果。

霍弗兰发现，宣传说服者的可信性的影响在其信息刚刚传递后的效果最大，时间一久，就逐渐变小，然而原来低可信性的宣传说服者的效果却随时间的推移而上升。参看图 3-5。这种现象称之为睡眠者效应（或事后效应）（sleeper effect）。最近，学者们研究了影响睡眠者效应的一些因素，发现当宣传说服所提供的信息伴有含糊性的暗示时，或者当有强烈暗示影响人们更快更好地记忆信息内容时，睡眠者效应就容易产生（Greenwald et al.，1998）。

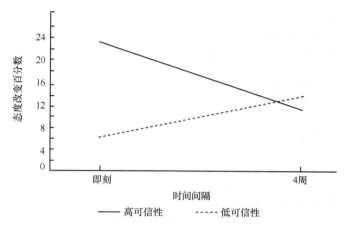

图 3-5 低可信性说服宣传者的睡眠者效应

（二）信息变量

信息本身的内容及组织对宣传说服及态度的转变均有重要影响。

1. 单方面信息与双方面信息

宣传说服的内容需要有针对性。当人们和宣传者所提倡的方向保持一致且他们在这方面的知识经验不足时，宣传单方面信息比较合适。当人们早已具备比较充分的知识经验而且习惯于思考和比较时，宣传双方面信息可以向他们提供更多信息以权衡利弊得失。

霍弗兰在第二次世界大战中对军队士兵进行了实验。当时士兵有厌战情绪，希望早日结束战争，于是，他们进行了关于态度转变的研究。宣传的内容是"美国和日本打仗要延长"。霍弗兰对一部分士兵宣传时，只从单方面分析延长战争的必要性，如"从美国本土到太平洋盟军基地的战线很长，不容易迅速传送各种配给品"，而且"日本控制了不少当地资源，日本军队人数多、士气高，日本人有武士道精神等"，因此战争至少要继续两年。实验者对另一部分士兵除宣传上述内容外，还强调了不利于日方继续作战的因素，如"盟军海军力量强于日本，在过去两次海战中日本海军损失惨重"等，因此战争不能很快结束，和日本打仗至少还要两年。

研究结果表明：对于文化程度低的士兵来说，单方面的宣传容易转变他们的态度，他们都接受了这一观点；对于文化程度较高的士兵来说，进行正反两方面宣传的效果好。此外，士兵最初的态度和宣传者所强调的方向一致时，单方面宣传有效；若最初态度与宣传者的意图相矛盾时，双方面宣传更有效。

目前许多商业广告都是一边倒的单方面宣传，从心理学角度来看，对于一些知识经验丰富或教育程度较高的人来说，并不能发生多大作用。但它确实也会使一些人相信，甚至有些商品广告靠言过其实，而蒙骗了一些人。

2. 信息引起的恐惧程度大小

信息的传播必须使人们的内心感到压力与威胁，只能听从劝告转变态度以消除心理上的负担。也就是说，说服宣传必须晓以利害，但又必须理智地、实事求是地提供信息。

詹尼斯（I. L. Janis）进行了一系列的实验研究：使用三种不同的宣传方式说明龋齿和身体健康的关系，第一组以强硬的讲解方式，说明牙齿腐烂引起的痛苦和感染；第二组用中等程度的方式诉说，其口气不如前者前硬；第三组用轻微的方式诉说。三种不同程度的宣传方式能引起三种不同程度的焦虑；第一组显示出强烈的焦虑；第二组是中等程度的焦虑；第三组是轻微的焦虑。结果最注意口腔卫生的是第三组（38%），第一组最少（8%）。他们还以吸烟成瘾的人为被试，把他们随机分为甲、乙、丙三组，施以不同程度的信息，让甲组观看吸烟致癌的患者，手术时肺部溃烂情况的录像（影），从而形成高焦虑；让乙组观看 X 光照片并听取讲解，从而形成低焦虑。最后调查甲乙两组改变对吸烟态度的人数，甲组占 36.4%，乙组占 68.8%。

有学者指出，高恐惧无助于态度转变的情况是较少的，大量的实验材料都证明恐惧、害怕有助于态度的改变一项关于打破伤风预防针的课题，以中学生为研究对象，把被试分为三组，分别接受不同的宣传，以引起不同程度的恐惧，结果态度转变分别为 39%、31%、15%。日本学者原岗也重复了这一实验，结果相同。这说明，信息所引起的心理压力越大，则其态度越易转变。

上述结果说明，信息发生的情绪作用与理智作用是不同的，因此信息引起恐惧的程度必须依据要求态度转变的轻重缓急而确定。如果需要人们立即采取行动转变态度的话，则宣传应该能引起较强烈的恐惧心理，使这种恐惧心理转化为一种动机力量，以激发人们迅速改变态度。例如，上述打破伤风针的宣传使人们认识到如果不打针，后果危险，从而发生强烈的情绪体验，从而很快转变其态度；如果宣传者要求人们可以延长一段时间改变态度，则不必过分强调危险，因为恐惧心理随时间的推移会逐渐消失，但人们理智上却是清楚的，而且会逐渐占上风，认识到应该重视它，转变原先的态度。例如，抽烟致癌的宣传，过分作恐惧的宣传反而会发生抵触情绪，认为不抽烟的人也会患肺癌；即使患癌只要早期诊断，早期治疗也不会危险。人们在理智上终究会认识到抽烟有致癌的危险性，应该戒烟，但迟几天问题不大。由此可见，情绪性作用和理智性作用对态度的转变随问题的性质而有所不同，值得宣传者重视。

（三）渠道变量

宣传说服有许多渠道，包括个人与个人面对面进行宣传说服及大众传播媒介（如报纸、杂志、无线电、电视、录像（影）等）。其实，没有单纯的最好渠道，它们各有优点，适合于不同的目标和目的。

1. 个人与个人面对面进行宣传说服

个人与个人面对面进行宣传说服更具体、更有针对性、更引人注意，可以激发人们对信息加以更多的思考和关注，所以效果很好。

2. 大众传播媒介

大众传播媒介的主要优点是可以迅速地将信息传达给许多人，印刷品，如报纸、杂志、书面材料等所阐述的内容有助于人们更好地理解，尤其是当信息内容非常复杂时，这一优点更为明显，它允许人们反复阅读，避免遗漏或误解信息。如果说信息简单的话，那么视听方式的效果更好，因为对信息的视与听易于集中人们的注意力，从而迅速地加以接收而产生更大的效果。

有一实验比较了各种大众传播方式的效果（Chaiken，1980）。实验材料是关于大学准备收取高额学费并减少助学金的信息，渠道是书面材料、录音及录像，让各组被试接受一种信息渠道，实验中又增加了一个变量，即宣传说服者一身的吸引力大小。然后测量各组被试态度变化的程度并加以比较。研究结果发现，态度转变的强度既与信息渠道方式有关，又与宣传说服者吸引力大小有关，参看图 3-6。

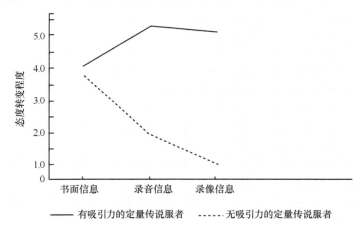

图 3-6　态度转变程度与渠道变量、宣传说服者吸引力的关系

图 3-6 表明，宣传说服者若具有吸引力，则他在录音、录像（影）中更具说服力；若无吸引力，则他在书面信息中较具说服力。

（四）信息接受者变量

霍弗兰等还探讨过信息接受者的许多变量，其中包括智力、认知需要、人格特质（如自信）、性别等。一些学者认为这一研究结果相当复杂和不稳定，可能因为这些变量在态度转变的不同阶段而发生不同的作用（McGuire，1964；Petty，et al，1981）。

1. 智力

智力水平高可能增进人们对信息的理解，但却会降低他们接受信息的程度。研究表明，对复杂而合理的信息，高智商者较低智商者更易被说服，而对简单的信息则不然（Eagly and Chaiken，1993）。

2. 认知需要

人们的认知需要有个体差异，这对宣传说服的效果发生作用，卡西欧勃等（Cacioppo et al.，1996）制定了一份"认知需要测验"表，如表 3-1 所示。

表 3-1　认知需要测验

——1. 我更喜欢复杂的问题。
——2. 我喜欢应付需要深入思考的情境。
——3. 思考不是我所喜欢的。
——4. 我愿做少思考的事，而不愿做对我的思考能力具有挑战性的事。
——5. 我尽量避免会使我深思的境地。
——6. 我在艰难而仔细的考虑中获得满足。
——7. 我只想到我不得不想到的程度。
——8. 我更喜欢思考那些琐碎的而非终极性的日常问题。
——9. 我喜欢做那些简单而用不着思考的事情。
——10. "靠思考得以进取"这观点我挺感兴趣。
——11. 我确实喜欢一项包含有新的解决方法的任务。
——12. 学习新的思考方式并不令我兴奋。
——13. 我喜欢设法解决生活中的难题。
——14. 抽象思维对我有吸引力。
——15. 我喜欢做一项需要智慧的、困难而重要的事情。
——16. 完成一项需要大量智力的任务后，我感到很轻松。
——17. 我只要知道怎样完成这项工作就够了。
——18. 即使这问题对我个人没什么影响，我往往也愿意去思考

　　认知需要测验得高分者喜欢思考，并力求理解外来信息；得低分者喜欢使用捷径，较少思考。研究表明，认知需要得分的不同与其态度转变的强度呈正相关。一项以大学女生为对象的研究，首先测定她们的认知需要分数，然后阅读一份有关提高学费的争论意见书，一组女生阅读强烈争论的意见书，而另一组女生则阅读微弱争论的意见书。研究结果表明，认知需要高分的女生更易为强烈争论的意见书所说服，而低分者则相反（Petty and Cacioppo，1986）。由于前者喜欢思考，更可能看到强烈争论中所包含的正确的内容，参见图 3-7。

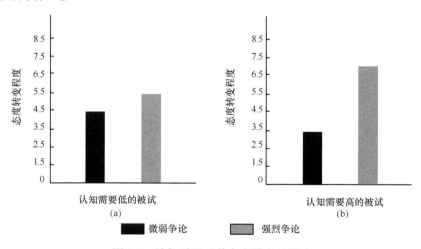

图 3-7　认知需要对其态度转变的影响

3. 人们原有的态度

宣传说服者的信息能否被对方接受，与信息接受者原有的态度的距离有关。在一定范围内，距离越大可能态度改变也越大，但超过一定的理性判断范围，则可能效果甚微。

波什纳（S. Bochner）和英斯科（C. A. Insko）1966 年的一项实验很能说明问题。他们研究被试已有的态度与要求转变的态度之间距离的大小对态度转变的关系。实验者先询问被试最恰当的睡眠时数应该是多少（即原先对睡眠时数的态度，平均为 7.89 小时，然后把被试平均分为 9 组，发给每组被试一篇 3 页长的文章，文章提倡由于健康与工作效应的关系，每人每天的睡眠时数应该为几个小时），九个组所发的文章中时数各不相同，分别是 0~8 小时。实验者还让被试知道文章的作者是一位获得诺贝尔奖的著名生理学家。被试看完文章后，实验者给予有两项问题的问卷：①你是否相信作者所讲的道理？有无说服力？②现在你认为最适当的睡眠时数是多少？研究结果表明了态度立场的差距和态度转变的关系。在一定范围内，文章提倡少量睡眠时数时，被试态度上能稍作些转变。例如，文章提倡每天只需要睡 5 小时，被试从原来的 7.89 小时下降为 6.6 小时。但超过了一定的限度，则被试坚持原来的立场。例如，文章认为每天只需要睡 2 小时、1 小时甚至可以不睡，则被试仍坚持要睡 7 小时以上。

二、两种宣传说服路线

宣传说服有两种路线，即中心路线和外围路线。帕蒂等（Petty and Cacioppo，1986；Eagly and Chaiken，1993）作了专门的研究。

（一）中心路线与外围路线的含义

中心路线（central route）是突出信息中所包含的优点、性质、合理性等方面，通过系统的讨论以激发人们进行思考的方法。例如，关于计算机广告很少由好莱坞影星或杰出的运动员去宣传，而主要是向顾客提供有竞争力的特征和一定的价格。研究者指出，有些人更具有分析能力，他们喜欢思考问题，并细致地解决问题。这类人不仅依赖于争论中证据的说服力，而且还依赖于自己对这些论据的认知与加工，通过深入思考后，改变的态度可以持续较久。

外围路线（peripheral route）是宣传说服者向人们提供线索，使之未经过深入思考就接受。例如，香烟广告，只要使产品和美丽、舒乐的形象相联系，而并非提供产品本身的信息，即使是喜欢分析问题的人们，也常常接受这种简单的启发式宣传说服方法。如果宣传说服者表达清晰、吸引力强，有良好动机的话，人们就采用外围路线，并不作思考就接受信息。

（二）态度转变中两种路线的比较

中心路线和外围路线在态度转变过程中所起的作用是不同的。

首先，研究表明，中心路线的说服效果比外围路线更持久（Chaiken，1980，1981；Petty and Cocioppo，1986）。因为通过中心路线转变态度是比较困难的，必须通过大量的思考，出自内心的信服；而外围路线基于暂时的、表面的和不太本质信息的提示，基于宣传说服者的可信性与吸引力，这些信息提示所发生的影响可能很快减少。

其次，研究结果表明，通过中心路线来改变态度比通过外围路线对行为有更好的预测性。因为通过中心路线转变态度来自有目的的思考和精细加工，可能有助于自我觉察，所以人们有意去思考或留心自己的态度，使得他人能更好地预测其行为。而且，有更多的认知伴随，更容易记住自己的态度，从而影响自己的行为。另外，通过中心路线转变态度，基于接受自己逻辑思维的加工，而更少地随情境而变化，因此，能根据这样的态度较好地预测其行为。两种路线的比较见表 3-2。

表 3-2　态度转变的两种路线比较

路线	路线特点	态度转变过程中所受的影响	态度转变的效果
外围路线	被试依据外部线索而不是通过积极的思考信息本身内容	宣传说服者变量，如可信性和吸引力信息表面特征宣传说服的次数	态度转变微弱而短暂，根据态度较难测其行为
中心路线	被试对信息内容反应积极并作认知加工	信息接受者的认知反映信息接受者的逻辑判断宣传说服的质量	态度转变相对强烈、较持久，可由态度预测其行为

资料来源：Petty and Cacioppo, 1986。

从表 3-2 可知，如果人们依靠外围路线，那么必须加强宣传说服者的外部形象，强调信息的表面特征，并增加宣传说服的次数，以加深人们的印象，促使其态度转变；如果人们依靠中心路线，那么必须引导人们思考信息的内容，而不是着重于说服的次数。因此，要使人们走中心路线，一个办法是使宣传说服信息与人们的利害有高相关，从而促使人们注意信息内容，以转变其态度。

中心路线与外围路线在人们的日常生活中都很重要，商业广告和销售中大量使用外围路线进行宣传说服，即使是法庭这样一个隆重而深思的场合，陪审员可能也为外部线索所影响，如辩护者的形象或证据的数量。这说明外围路线的宣传说服也是十分必要的一种手段。

三、影响态度转变的方法

（一）角色扮演法

一些个案研究发现，一个人的某些特殊经历能大大改变其态度，例如，一个人在酒后车祸中幸免于难，从此他不再饮酒。为了能够主动地获得这样的态度转变，心理学家通过角色扮演来"制造"类似的经历。例如，要求抽烟的妇女扮演癌症患者的角色。剧情是：医生告诉患者一个坏消息，她患了癌症要立即进行手术，那些扮演肺癌患者的妇女的台词是问一些有关手术的问题，如手术失败后会怎样，等等。实验之后，参加过角色扮演的那些人吸烟量大大地减少了，而那些只从录音中听到同样故事的人吸烟量变化较小。无论如何，情绪冲突和易患肺癌的事实对吸烟者态度的转变会有一定影响。

（二）团体方法

团体影响力是不可否定的。如果你不信，可以做一个小实验：你现在去公共汽车站，挤上一辆拥挤的车，抢一个座，然后开始用你的最大声音歌唱。你愿意去试试吗？真会这样做的人恐怕不会超过 1%。

　　一个有趣的扔废弃物的实验显示了团体的影响。这项研究的问题是：一个地方现有废弃物的多少是否会影响人们在此扔废弃物的行为？如图 3-8 所示，当被试走进一个公共车库时，有人递上一张传单。车库地上已有的丢弃传单越多，人们越可能把手中的传单扔在地上。显然，别人在此扔废弃物意味着这里不严格禁止扔废弃物。因此，一个公共场所保持得越清洁，就越不需要经常打扫。

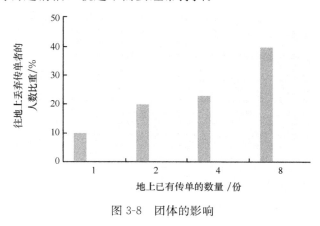

图 3-8　团体的影响

（三）承诺

　　在一些研究中，那些同意接受较小请求的人，接下来更有可能同意接受较大的请求，即登门槛技巧：一旦人们有一只脚跨入了门槛，他们就能利用你的承诺感增加你随后的依从性。

　　"登门槛"原理：那些挨家挨户推销商品的推销员们早就知道，只要他们能进了你家的门，你答应先看看或尝尝他们的货，买卖就算做成一半了。这就是"登门槛"原理（foot-in-the-door priciple），指一个人如果开始答应了别人一个较小的要求，随后便可能依从于一个较大的要求。比如，有关部门问你能不能在你家门前安放一个又大又难看的交通安全标牌，你可能会拒绝；如果你同意先竖一个小的标志牌在那里，随后有一天你就可能允许在你家门前放置那个大的标志牌。显然，"登门槛"原理基于人们对自己行为的评价。这也叫"先尝后买"效应，如果你答应了卖主"先尝尝"的小要求，就很容易相信自己并不介意按别人的要求做，以后便可能依从他让你"买一个"的大要求。

（四）示范

　　伯斯特思与森特斯（Burnstein and Sentis，1981）想知道：在刚刚目睹他人相互帮助的情景后，人们是否更倾向于帮助其他有困难的人？为了回答这个问题，他们在繁华的街道上停放了一辆瘪了一个车胎的福特牌汽车，一名年轻妇女站在旁边，一个充满气的车胎靠在小汽车上，这是控制条件。经过的 2000 辆汽车，只有 35 辆汽车停下来帮助这名妇女换车胎。在实验条件下，在离测验地（停放瘪了车胎的汽车处 400 米外停着另外一辆汽车，一名妇女站在一旁看一名男士为她的汽车换轮胎。结果发现，目睹过这种帮助情景的 2000 辆汽车中有 58 辆停下来帮助妇女修理汽车。这就是示范相应使人的态度发生了转变。

第四节　社会态度的测量

态度是一种内在的心理倾向，它无法被直接观察到，但可以通过某些方法和技术间接地推测出来。心理学家在一开始研究态度之时，特别是在态度能够预示行为的观点支配下，十分注重对态度的测量，热心于发现和确定态度，提出了许多态度测量的理论和技术。在这方面，社会学家和心理学家的合作与汇合体现得十分鲜明：先到者是社会学家鲍格达斯（Emory S. Bogardus），接着是心理学家瑟斯顿（Louis Leon Thurstone）。前者于1925年公布了著名的"社会距离量表"，后者不但在1926年提出了"态度能够被测量"的结论，而且于1929年在与E. 蔡夫（E. Chave）合作的《态度测量》一书中首次公布了一种测量宗教态度的量表。从那以后，各种态度测量的方法和技术纷纷出现，到目前为止已多达数百种。这些测量方法主要包括量表测量和非量表测量两大类。

一、量表测量

态度量表是测量态度的主要工具，是心理学家根据特定的态度对象，采取科学的设计程序加以编制的，然后通过被测量者的自陈或自我报告来评定其对特定态度对象的态度。常用的有如下几种量表。

（一）瑟斯顿量表（等距法）

瑟斯顿量表的测量程序是十分复杂的。假设我们测量被试对宗教的态度。先要围绕宗教问题制定一系列的项目，包括多达100条的有关宗教问题的陈述。这些陈述在意义上不能模棱两可，并且要能概括问题的全部范围，即在一连续统一体上从强烈赞同到中立再到强烈反对。把这100条以上的陈述交给300名判定者，让他们将这些陈述按序分配到代表态度变量的一个虚构量表中，该量表可为7、9或11等级。在这由7、9或11等级构成的连续统一体中，一端代表强烈赞同，一端代表强烈反对（图3-9）。等300名判定者都完成分配任务后，就能计算出每一陈述的量表值。如果使用的是7分等级，任何落入第一等级的陈述都具有量表值1，而落入其他等级的陈述也具有相应的量表值。

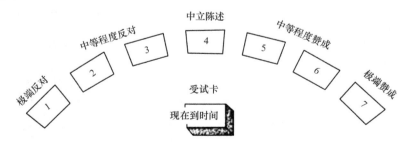

图 3-9　瑟斯顿测量态度的方法

被试对陈述进行分类，依据其认为某一陈述相当或接近图中所示有代表性的7大类情况而定。这一过程的最终结果是形成一套 20 条左右的陈述，它按等距间隔分布在从赞同到反对的连续统一体上，其量表值是逐渐增加的。然后，要求被试在这 20 项条目中选择他所赞同的那些条目，中选条目的平均值或中值就是被试在这一问题上的态度分数。

瑟斯顿量表曾被有效地运用于测量对战争、死刑、宗教、少数民族群体的态度，但他的方法也受到了人们的批评。批评集中在这样两个方面：其一，瑟斯顿的基本立足点有问题，因为他假设在一量表的单个连续统一体上能够准确有效地标明个体的态度差异；其二，瑟斯顿的方法过于复杂，特别是编制起来很麻烦，用霍兰德的话说，"它太浪费时间并且不实用"。

（二）李凯尔特量表

李凯尔特（R. A Likert）量表，又称为累加量表法，其简便之处在于他基本没有使用判定者。李凯尔特的态度问卷一般分为四类：①同意或不确定或否定；②多重选择问题；③依序排列的五类别连续统一体；④登载社会冲突的报纸剪辑。

李凯尔特量表的计分方法是累加计数，具体的做法是，先从被试那里收集有关的态度反应，然后给每一反应标上量表值，接着，通过计算每位被试所选立场的平均值来确定他的得分。事实上，由于每位被试所选陈述的数量是一致的，所以经常计算的是被试的总得分而不是平均分。这种总得分代表被测量者对特定态度对象的态度，得分越高，态度就越趋于肯定。

（三）语义差异量表

语义差异量表着重分析态度对象个体所具有的隐含意义，是奥斯古德（C. E. Osgood）、苏西（G. Suci）和坦南鲍姆（P. Tannenbaum）1957 年制定的。该测量方法的基本前提是，态度是由人们赋予关键词或关键概念的意义（语义）所构成的，而这些意义可以通过语词联想的反应加以确定。具体就实施而言，实验者根据所要测得的问题涉及一套双极形容词来制定问卷的量表，将每对双极形容词分别写在一个连续统一体的两端。每一连续统一体可以有 5 级也可以有 7 级，分别代表人们对某一对象的各种态度水平。将被试的选择累加起来，即可得到被试肯定或否定的态度（图 3-10）。

问题：你认为某甲的态度是………？

	1	2	3	4	5	
好的						坏的
幼稚的	1	2	3	4	5	成熟的
积极的	1	2	3	4	5	消极的

图 3-10　语义分析量表：个人分析

同瑟斯顿量表和李凯尔特量表两种相比，语义差异量表编制起来免去了确定陈述的麻烦，因此，能够十分简便地测量人们对各种事物和人物的态度。

二、非量表测量

量表测量方法有许多优点，但也有局限，因为量表测量的基础是被测量者的自我报告，但是如果被测量者对自己的真实态度进行掩饰，或者对量表测量不认真，测量就有问题。为了避免这类问题，心理学家采取各种办法，比如规定不记名、说明测量的科学意义等，但有时仍难以克服。另一些研究者便在态度测量中发展出了一些不使用量表的测量方法。

（一）自由反应测量

自由反应测量的特点是给出开放式的问题或刺激物，但不提供任何可能的答案让被测量者加以选择，而是让被测量者依据自己的情况去确定答案。可采用问答法，测量者提问，被测量者谈出自己的看法，其缺点是不够精确。也可采用投射法，如主题统觉测量，测量者给出意义不明确的刺激物，如图案，再通过被测量者的反应来推测其态度，其缺点是解释的难度较大。

（二）行为反应测量

行为反应测量的特点是以被测量者的行为举止为态度的客观指标来加以观察，其基本假定为行为是态度的外在表现。例如，通过身体距离、目光接触等非言语的沟通来测定人与人之间的态度。这种测量不直接涉及被测量者的态度，不易被本人觉察，可获得较可靠的资料，但问题在于行为与态度并非简单的一一对应的关系。

（三）生理反应测量

生理反应测量的特点是通过检查被测量者的生理变化来测定其态度。因为态度可以引起机体的一系列生理反应，如瞳孔、心跳、呼吸、血压、皮肤电的改变，有的研究者便利用皮肤电反应作为指标去探测种族偏见的态度，也有的机构用此种方法去测量人们语言的真实程度。生理反应不易受意识控制，故相对来说较为可靠，但这种测量的局限在它只能测量极端的态度，并且难以识别态度的方向。

 课后案例

某同学想进法学院读书，因为他相信自己能帮助贫穷的人，从而改善社会状况。但当他大学毕业实际执业时，他却发现自己做着不断重复的、枯燥的工作，而且多数是在与商业契约、税收获益打交道，和帮助他人并没有多大的联系。他最终为自己的行为找到恰当的解释，甚至开始喜欢自己的工作。他进而相信，穷人没有什么可以帮助的，甚至认为他们不应该得到太多帮助。是什么使他的态度发生了如此大的变化呢？

案例简析

认知失调理论认为，该同学开始工作后，就会陷入态度与行为不一致的状态中，因为实际的工作就是这样的。为了获得报酬，他不得不长时间做着相对无趣的工作。但是，这样会导致失调：他的态

度与行为是不一致的。因此，他逐渐调整自己的态度，以使自己的态度更符合行为，而丧失了原本正确的态度。

 思考题

　　1. 简述态度的构成与态度转变的影响因素。

　　2. 简述认知失调理论。

　　3. 举例说明中心路线与外围路线的含义。

第四章　公共管理中的社会认同

【本章学习导读】

1. 掌握社会认同理论的主要理论内容。
2. 理解性别认同的相关理论分析。
3. 理解社会偏见与社会歧视的异同及其产生的原因。
4. 掌握消除社会歧视的对策。

【课前案例】

新中国成立后长期的城乡二元结构，我国人口被分为了城市居民和农民，从 20 世纪 80 年代出现第一波"民工潮"到现在，数以亿计的农民离开世代依存的土地进入城市务工。然而，城市居民将农民工视做"外来人"，歧视农民工的行为经常发生。民工们在城市里从事着苦、累、脏、险、重等工作，从事着城市人所不愿从事的工作，收入低下，社会地位低下，却为城市的建设作出了重大的贡献，成为现代城市须臾不可离的群体。然而，城市人依旧以高傲、轻蔑和不信任的态度面对为他们生活带来便利的"外来者"；同样，"外来者"对于他们所处的陌生大城市，欣喜、好奇之余，却并被不认同，也找不到归属感，不仅是第一代农民工，就是第二代（成长在城市的农民工子女）也依然游离于城市的边缘地带。（本章作者撰写）

第一节　社会认同理论

谢瑞夫（Sherif et al，1961）提出现实冲突理论（realistic conflict theory），之后泰吉弗采用最小群体实验范式研究后，认为个体在知觉上的分类，会让人在主观上知觉到与他人共属，而产生一种认同感，这种认同感就是社会认同，是产生群体行为的最低条件，也是群体行为和态度的原动力。20 世纪 80 年代，泰吉弗和特纳（Turner J C）在此基础上，又进行了许多相关研究，进而提出了社会认同理论。

一、社会认同理论的主要内容

泰吉弗和特纳把人的认同分为两种类型，即个体认同与社会认同。个体认同是指个体对生理特征、以往经验、未来希望等能够说明自己具体特点的各个层面的自我描述；它是个人依据自我经历所形成的、作为反思性理解的自我感受，是个人特有的自我参照。而社会认同是在劳动中形成的，在特定的社会类别中对该社会类别的特定价值、文化和信念的共同性或者本质性的一种态度，即由一个社会类别全体成员得出的自我描述。泰吉弗将社会认同定义为："个体对自己属于特定社会群体的一种认识，同时也认识到这种群体成员的资格对他有某种情感的和价值的意义。"即社会认同就是作为一个群体成员的自我概念。个体认同和社会认同处于一种持续不断的相互塑造的关系之中。个体认同促成了社会认同，没有个人的身份感，社会的身份感也就失去了存在的可能和基础；同样，社会认同提升了个体认同，引导着个体认同的最终发展方向。二者共同形成了个体完整的自我概念。

（一）社会认同的过程

社会认同关注的是我与他者（others）的关系问题，亦即探讨人的归属感问题。因此，社会认同的过程首先是个人通过范畴化将自己归属到一个特定的群体中，在获得群体成员身份的基础上形成的一种认同。其间，人们会使用各种策略对所归属群体进行区分，泰吉弗和特纳认为有三组变量会影响群体间区分：①人们必须主观上认同他们的内群体；②情景允许群体间进行评价性比较；③外群体必须是可以充分比较的。由此他们认为，社会认同是通过社会比较（social comparison）、社会分类（social-categorization）和社会区分（social distinctiveness）三个过程建立的。

1. 社会比较

个体的社会认同是由个体对自身社会属性特征的分类建构而成的。但并非所有的社会属性特征在任何时刻都是重要的或是突显的，在特定的社会情境中，只有少数的社会属性特征被挑选出来，以便形成个体的社会认同。其实，对社会属性特征的认识本身并不足以形成对这些特征的评价。一个人知道自己是一个中国人、一个大学生、一个儿子，这并不足以令这个人来评价这些类别的优劣，对类别的评价只有在社会比较的过程中才能进行。

任何维度的自我评价和群体评价都需要一种与他人或其他群体的社会比较。对自我的社会认同进行评价时，更需要与其他群体的比较。任何特定的社会群体资格，只有在通过和群体内成员与群体外成员的社会比较，才能显现出其积极的社会认同。社会比较使社会分类过程的意义更明显，在进行群体比较时，人们倾向于在特定的维度上夸大群体间的差异，而对群体内成员给予更积极的评价。这样就产生了不同群体的成员其评价和行为偏向于自己所属的群体，即从认知、情感和行为上认同所属的群体。

社会比较理论的原始版本是由费斯廷格（Festinger，1954）提出的，认为：人们进行社会比较是为了获得准确的自我评价。另一些研究认为：人们进行社会比较的目的，大部分是自我增进（self-enhancement）。在自尊的研究中指出，人们有选择性地接受那些可以支持自我观点的信息，而且在比较过程中，人们通常会遵循自我增进的策略，这是社会认同理论中社会比较的基石。

2. 社会分类

社会被分成许多的社会类别，这是一个不争的事实，有些社会类别较大，如阶级、民族、种族、宗教以及性别等；有些较小，如兴趣群体、职业群体等。社会比较之后个体形成一个特殊的类别意识，开始有"我们是……"的归类动机，并将自己与类别联系起来。这时，"我是……"的意识降低到次要位置上，"我们"与"我"统一起来，"我"与"我们"的差异不是个体追求的目标，归属给个体带来更大的满足。对于个体来说，他是某些群体的内成员，同时也是其他群体的外成员，大部分群体（不是全部）的划分代表着群体间彼此真实的状态或权利关系。

分类这个简单的事实却有着重要的认知结果，强化效应（accentuation effect）揭示：当刺激物一旦被分类以后，对类别成员间的相似性的知觉，会比其真正的相似性来得大，而对不同群体成员之间的差异的知觉，也会比其真正的差异来得大；也即，类别之间的差异和类别之内的相似性都会被强化。

社会认同理论最基本的观点是：人们是以社会建构类别来知觉社会世界的，个体属于某些类别，而不属于其他类别。在泰吉弗的最小群体实验中，被试所能引用的类别是最小的，且是空泛而无意义的类别，但是被试自己赋予这些类别以意义，以帮助自己作出判断。并不是所有的分类都会产生强化效应，只有在这种分类是明显的，而且又有助于个体对当前情境作出判断时，强化效应才会出现；而某些基本社会类别，如"我们"和"他们"，会自动地产生内群体偏向效应。

3. 社会区分

在现实生活中，在社会比较、社会分类之后，首先，人们会通过社会区分来评价和比较各群体的优劣、社会地位和声誉，争取把自己编入较优越的群体，并觉得自己拥有该群体一般成员具有的良好特征，从而抬高自己的身价和自尊。

其次，个体会偏爱自己的群体，认为它比其他群体好，并且寻求积极的社会认同和从自尊中体会到群体间差异，这样容易产生群体间偏见、群体间冲突和敌意。当人们认同的社会身份受到攻击或威胁时，人们会在思维或行动上捍卫该群体的声誉；他们或在思想上肯定该群体成员共有的特征和价值或以具体行动还击。

（二）不同情境下的社会认同行为

1. 社会认同受到威胁

当个体发现无法通过与其他群体的比较对自己所属的群体获得积极评价时，个体将采取什么策略或行为来消除这种威胁呢？社会认同理论认为这时个体在行为策略上有三大类反应：社会流动（social mobility）、社会创造（social creativity）和社会变革（social change）。

当个体相信社会群体的界限是开放的，不是封闭的，可以脱离某一群体而进入另一群体，无论出于什么原因，只要对所属社会群体的成员身份所带来的生活状况不满意，他就可能尝试离开这个群体进入另一个更适合的群体，这种行为策略就称为社会流动。比如，人们以升学、努力工作、再教育等方式努力争取加入另一个地位较高的群体，从而获得更满意的社会认同。一般而言，社会地位高的群体会极力提倡这种行为策略，因为它并不试图改变群体之间的地位，而且可以降低弱势群体的凝聚力，避免其成员的集体对抗行为。但是，地位高的群体也会对社会流动的数量进行一定的限制，以免对自己的优势地位产生威胁，如美国对移民数量的控制。

而当个体认为群体间的界限是固定的、封闭的，或者自己没有脱离当前群体而进入另一群体的可能性时，就会采取社会创造和社会变革两种行为策略。当群体间的优劣关系被认知为合理、公平、稳定时，个体就会选择其他的比较维度、降低原来比较维度的价值及改变与之比较的群体等策略，来维持自己的社会认同和自我价值，这种行为策略被称为社会创造。当群体间的优劣关系被认知为不合理、不公平时，弱势群体的成员就可能与优势群体进行直接的对抗，如游行示威、政治游说，甚至革命和战争，这种行为策略被称为社会变革。当弱势群体采用社会变革的行为策略时，优势群体也会采用政治、军事或其他手段对弱势群体进行压制，以维护其优势地位，从而容易引发激烈的群体冲突。2005 年发生在法国巴黎的骚乱印证了这一点。

阅读资料：

2005 年 10 月 27 日晚，法国巴黎以北克利希苏布瓦市的三名男孩为逃避警察追捕，跑入变电站遭到电击丧命。非洲移民上街焚烧汽车、公共设施来发泄愤懑，骚乱迅速传遍全国。人们对政府的不满慢慢牵涉出人们对机会不平等、社会不公正等一系列社会问题的不满。巴黎郊区的这次暴乱长达两个多星期，是法国近 60 年来最严重的社会动乱。最后，法国政府采取宵禁政策，以强硬态度将这场社会群体性的骚乱平息下去。

这场暴乱的主角是进入法国的移民，骚乱并非纯属偶然，是法国移民政策的失败，是欧洲政治哲学危机与社会认同危机的真实写照。欧洲移民长期处于"二等公民"的地位，成为社会的弱势群体，得不到社会认同，这样的忽视无疑造成了移民社会的反抗。[①]

2. 消极社会认同的接受

个体或群体也有可能接受消极的社会认同。20 世纪 40 年代克拉克兄弟（Clark and Clark，1947）的洋娃娃实验，揭示 3～7 岁白人小孩几乎全部都选择了白人洋娃娃，大部分黑人小孩也选择了白人洋娃娃，并认为黑人洋娃娃较差。克拉克的洋娃娃偏好实验曾数度在美国被重做，也在新西兰的毛利人、法国的加拿大人等人中重做过。在克拉克研究中值得注意的是，黑人小孩都知道自己是黑人，他们表现出来的是社会认同的组内否定（derogation）。这种社会认同的组内否定跟社会情境的变化有直接的关系，当社会群体的地位发生变化或弱势群体的地位有所改观时，这种组内否定的趋势可能会发生变化。一些证据指出，黑人从 20 世纪 60 年代起开始转变为社会认同的组内肯定，北美黑人的社会地位有所改善是这种变化的主要原因。社会认同组内否定的社会和心理的代价，常被心理学忽略，但社会认同的组内否定可能导致一种宿命论，使得那些可以导致任何社会地位改变的社会行动受到抑制。

3. 积极社会认同的结果

积极社会认同所产生的后果也值得关注，可是积极的社会认同一定是好的吗？获得积极的社会认同是否同时也会产生消极的效应呢？

可以先考察个体的层次——积极的自尊是否有任何消极的结果？许多研究指出，高的、积极的自尊对心理健康有益，且许多心理学工作者也致力于提升人们积极的自尊，但归因理论中提示，拥有积极自尊的人们较易于发生归因的谬误，常常将不属于自己的成功归功于自己，但却拒绝承担失败的责任。因此，拥有积极的自尊并不意味着凡事均为积极的。在群体的层次，人们总想获得与维护群体的积极认同，常常通过积极的组间分化来实现，但代价是什么呢？

代价可以分为两类，一类是个体的代价，一类是社会的代价。积极社会认同的个体代价可能是对群体成员的要求增多以维持群体的团结性和同质性，即强型的群体认

---

① 参见两少年为躲避警察触电身死 引发巴黎郊区骚乱，网易新闻网，http：//news.163.com/05/1030/16/21AVDDQD0001121S.html，2005 年 10 月 30 日。

同可能使个体得到积极的社会认同，但其代价是个体自主性的丧失。而个体自主性是好是坏，则取决于是从个体还是群体的观点来考察的。从个体的角度，个体自主性的丧失是一种代价。

在社会代价方面，主要是群体间关系的紧张和敌意，评价是好是坏也因价值和道德的架构而定。另一个社会成本是对群体外成员的歧视，因积极的社会认同动机需由积极的社会比较才能达成，对群体外成员的歧视是不可避免的结果。一些实证研究说明，在现实世界中，真实的群体之间，要获得积极的社会比较，不但通过产生对群体成员的积极印象，还以对群体外成员产生强烈的偏见甚至歧视来达成。

泰吉弗和特纳的社会认同理论强调"社会的"理解是在群体关系背景之下的，认同是在群体关系中产生的，把个体对群体的认同放在核心的位置，从而更深刻地提示了社会心理的实质。社会认同理论首次把人际和群际行为进行了区分，并把认同在个体和群体上区分为个人认同和社会认同两种自我知觉水平，还对人际比较与群际比较、个体自尊和群体自尊进行了区分，对公共管理与社会心理的研究都产生了深远的影响。

也有很多学者对其理论提出了批评和质疑：有人认为泰吉弗等所采用的最小群体研究范式是一种"纯粹"的社会群体类型，内部成员缺乏互动，这与现实中的群体是有很大区别的。在重复类似实验中改变一些影响决策的关键因素，则出现较偏袒组外的情况。相关领域研究仍在继续，产生了多重群体资格理论、自我归类理论等新成果。

第二节　性别认同

一、性别认同的内涵

男性和女性差异的形成，既有特定的生物基础，又受到社会的文化塑造。性学和内分泌学专家哈瑞·本杰明（Harry Benjamin）说："我想提醒大家注意一个重要的基本事实——性和性别之间的差别。性是你所看到的，性别则是你所感觉到的。这两者之间的协调对人类的幸福是至关重要的。"

本杰明说的"性"（sex），是指解剖学上的性别。人由于生理差异，如染色体、内分泌、生理结构的不同而区分为不同的性别，这种差别是与生俱来的，不会因为外界的影响而发生改变，成为识别男女的基础。而"性别"（gender）则是指心理上的性别或性别认同（gender identity），是个体对男性特质和女性特质认识的程度，它包括对自己性别的意识和接受程度，是因社会分工、角色、能力、性格、身份、地位等后天约定俗成的一整套男女规范方面的不同而形成的社会性别。与生物学意义上的性别不同，在社会的建构下后天习得的性别认同具有很强的可塑性。

性别认同包括以下三个方面的内容。

（1）完成个人生物性别的认同，即能够确切地区分出自己到底是男性还是女性。性别是儿童自我概念的一个基本方面，一般从出生后第 18 个月开始发育，到 2~3 周岁时可以朦胧地认识，儿童随着年龄的增长，逐步从包括生物学在内的多维视角全方位地审视男女之间的性别差异。

（2）获得男性或女性群体认同。个体在确定了自己的性别归属时，便产生了性别归属的群体认同，建立与同性群体的心理联系及与异性群体的外比较。德奥克丝

（Deaux and La France，1998）等的研究发现，由于男权思想，一般的社会认同所导致的内群体偏好和外群体偏见仅存在于男性的性别认同中；而女性与唯一的参照群体——男性，进行的是别无选择地"向上比较"，女性组内的性别认同，会因女性社会地位低下而产生消极的内心感受，产生"向往、高估而不是歧视男性性别特征"，以及讨厌自身性别、歧视其他同性的情况。而男性的性别认同则借助于与女性进行社会比较之后产生诸多的积极心理感受。只有社会不断进步，为女性在政治、经济、科技等各个领域潜能的发挥提供可能，女性逐渐取得可与男性媲美的成绩，两性的性别认同形成对称和平等的状态，才能真正实现男女平等。

（3）性别角色认同。性别角色（gender roles）是指在一个特定社会中，人们对男性和女性应该具有的理想行为、人格特征等方面的要求和期望，即从文化上形成的二元划分的男性特质（masculinity）和女性特质（femininity）。例如，东西方传统文化都认为阳刚阴柔、内外有别，男性是"积极、独立、有行动力和创造力的，以及强权、控制和专断的"；女性是"充满爱心、关怀并支持、鼓励他人，以及脆弱和感性的"。

当然，不同社会背景所提供的性别角色模式可能相似，也可能相差甚远。例如，美国著名的人类学家玛格丽特·米德（Margaret Mead）发现新几内亚岛上的三个土著民族在相似的居住环境下，却产生了三种各不相同的男女性别角色模式。在阿拉佩什族（Arapesh），男孩从小就被鼓励不要过分好强，也不要欺负别人。成人后，不论男女，在家庭中做同样的事，男人也很会照顾孩子，男女两性都比较温和。相反，在蒙杜古马族（Mundugumor），男女两性都凶悍无比，是著名的食人族。在查姆布利族（Tchambuli），男女两性的角色不同，但与中国、美国模式的男强女弱的特征恰恰相反，一切社会与家庭的控制都由女人担负，她们头脑精明、忙于事务，而男性却非常爱美，平日喜欢梳妆打扮、唠唠叨叨或忙于其他无聊琐事。米德的研究表明，组成所谓男性特质和女性特质的行为、情感和兴趣的总和是由文化决定的。每个孩子在成长的过程中直接或间接地接受着社会对他们的希望，慢慢地实践着社会期许的性别角色。[①]

研究发现，每一个人都是男性特质与女性特质以不同比例调和而成的统一体。因此，儿童识别自己的生理性别之后，对性别角色这一层面的认知构成性别认同的主要内容。

二、性别角色认同的理论

性别角色认同形成是一个复杂的过程，不同理论流派对其形成机制进行了不同的诠释。

（一）精神分析理论

弗洛伊德的性心理学发展模式把性心理的发展分为六个阶段：口唇期、肛门期、生殖器期、潜伏期、青春期、生殖期。他认为，男孩和女孩的性别认同在前两个阶段是相同的，都认同其父母，到了生殖器期（四岁左右），开始出现性别分化，男孩形成"恋母情结"，但在社会压力下逐渐放弃了"恋母"，转向学习男性规范；女孩则形成

---

① 必须牢记的是：性别角色的图式定义是随着社会的发展变化而发展变化的，没有固定的"男性"与"女性"行为标准，是男人与女人一起在建构"男人"与"女人"。

"恋父情结"，随着青春生理特征的显现逐渐对母亲认同；认同是孩子健康适应同性父母特质的开始，通过认同过程孩子表现出性别定型。

（二）社会学习理论

社会学习理论认为，性别认同是一种特殊的模仿。强化、模仿和观察学习是性别认同的重要途径。儿童通过对同性的父母、同伴、社会上的重要人物的模仿而获得许多信息，当表现出社会认可的性别行为时，会受到成人语言和行为上的正强化而不断再现，最终成为自我的一部分；相反，表现出社会不赞同的性别行为时，会受到惩罚而减弱、消除。这样，儿童通过观察学习有选择地存储与自身性别相关的知识，逐步实践应用，并得到社会的反馈，不断加深了对性别的理解和认同。

（三）认知发展理论

科尔伯格（Lawrence Kohlberg）认为，性别认同是孩子性别学习的基本的组织者和管理者。孩子从他们的所见所闻中形成了性别刻板概念。性别刻板概念（gender concept）可分为三层次：①2～3岁获得性别认知（gender identity），指知道自身生理性别；②3～5岁获得性别稳定性（gender stability），即知道自身性别不会改变；③6～7岁获得性别恒常性（gender constancy）。一旦获得性别恒常性，儿童的性别信念就固定下来，就会对同性榜样进行模仿。他们积极地评价自己的性别认同，并且表现出行为与性别概念相一致。

（四）性别图式理论

性别图式理论不要求获得性别恒常性，仅要求掌握性别认同，即孩子具有认识男女性别的能力被看做是性别图式开始发展的必要条件。性别图式作为一种预期结构，是信息的重要组织者，直接影响人们去注意、译码、表征和提取与图式一致的信息，而与图式不一致的信息则被忽视或转化。性别图式形成后，儿童就按照被期望的、与传统性别角色相一致的行为方式行事。

上述理论虽然存在很大差异，但关于性别是以生理性别为基础的社会建构这一点却达成共识。可见，性别认同形成过程中的两大影响因素就是生物因素和社会因素。正如法国著名女作家西蒙娜·德·波伏娃在《第二性》中提到的"女人并非生来就是女人，而是社会使她成为了女人"一样，每个人的成长都是基因和环境共同作用的结果，在成长过程中逐步获得性别认同，经过社会建构后才成长为男人和女人。

三、性别认同障碍

性别认同障碍（gender identity disorders）指一个生物学上的男性或女性个体，在心理上认为自己应作为异性来生活和被人们接受，通常伴有对自己解剖性别的不适感和不恰当感，并渴望改变自己的生物学性别，使自己的身体尽可能和所偏爱的性别一致。1949年考德威尔（D. Cauldwell）首先把这种现象称为易性症（transsexualism），国外有统计发病率：男性为七万分之一，女性为十万分之一，男女比例约为3∶1[①]。

---

① 参见不要易性症也不要性别错乱，中国育婴网，http：//www.babyschool.com.cn/info/detail 71240.html，2010年9月17日。

最初医学上把易性症归为精神病，20 世纪 60 年代，约翰·霍普金斯大学（Johns Hopkins University）首先设立了"性别认同诊所"；70 年代，"本杰明国际性别焦虑协会"（Harry Benjamin International Gender Dysphoria Association）成立，人们逐步加深了对此的理解。

（一）性别认同障碍的表现和诊断

性别认同障碍患者认为自己是异性的想法，一般在幼儿期便萌生，到了青春期，这种想法越来越强烈。他们往往在衣着、爱好、言行举止等方方面面都认同异性。女性患者，行为举止男性化，男性患者，行为举止女性化，深信自己生错了性别，常常想改变自己的生理性别。临床上对性别认同障碍是在对照诊断标准进行仔细分析之后才作出诊断。

阅读资料：

《中国精神障碍分类与诊断标准》第三版（CCMD-3）的诊断标准规定：对自身性别的认定与解剖生理上的性别特征呈逆反心理，持续存在厌恶和改变自身性别的解剖生理特征以达到转换性别的强烈愿望，并要求变换为异性的解剖生理特征（如使用手术或异性激素），其性爱倾向为纯粹同性恋。已排除其他精神病所致的类似表现，无生殖器解剖生理畸变与内分泌异常。

诊断标准：①期望成为异性并被别人接受，常希望通过外科手术或激素治疗而使自己的躯体尽可能与自己所偏爱的性别一致；②转换性别的认同至少已持续 2 年；③不是其他精神障碍（如精神分裂症）的症状或与染色体异常有关的症状。

在临床表现上，性别认同障碍与同性恋、异装癖在行为表现上有许多共同之处，它们同属性心理障碍，但又不同，必须把它们区分开来。

易性症者对自我性别认同有障碍，认定自身为异性，因此，有的人成年后把自身作为异性来爱恋另一同性别的人，人们称之为同性异性恋，很多人成功变性后可以结婚组成幸福的家庭。从形式而言，同性异性恋与同性恋都是两个同性别的人在情感上互相爱恋，但是同性恋者对自我性别认同，没有变性的要求。

易性症者会穿着异性服饰，使其外表符合其自觉性别，这样做仅仅是为了取得心理平衡，并非为了追求性兴奋。而异装癖作为恋物症的一种特殊形式，对异性衣着也会特别喜爱，但穿着目的主要是获得性兴奋，患者对自己的生物学性别持肯定态度，也没有变性要求，属性行为异常。

因此，是否要求变性，是易性症与同性恋和异装癖的根本区别。

（二）性别认同障碍的成因

性别认同障碍形成的病因尚未完全揭示，生物因素和社会因素两个方面或许都是重要成因。

1. 生物因素

（1）遗传因素。性染色体决定人的生物学性别是男性（XY）还是女性（XX）。根据胚胎学的研究，胎儿的性腺结构在发生的初期是倾向于形成女性性器官卵巢的，心理学家曼内称之为"夏娃原理"。只是由于 Y 染色体的因素，产生男性性腺和胎儿雄激素。在胎儿雄激素的作用下，女性生殖管道的前身——苗勒氏管退化，并促进男性化内生殖器得以形成，以及大脑的男性化。在缺乏胎儿雄激素的情况下，胎儿的女性化倾向就保留下来，形成女性化表型。如果脑中通过激素而接受男性信息的部位发生障碍，不能接受这种信息，则在男性的躯体内保留女性的成分。

（2）性激素。研究发现：雄激素和雌激素以不同比例同时存在于雌雄体内，未成年时，动物体内存在的雌雄激素处在一种动态的平衡状态，而性成熟时，雄性体内的雄性激素所占比例高，雌性体内的雌性激素所占比例高。如果怀孕的雌性鼠被注射了睾酮，生出来的雌性后代受其影响，在青春期以后则表现出雄性行为。可见，在胎儿期，激素构建了男性化和女性化的心理和生物倾向，到了青春期，激素分泌的增多激活了这种预先决定的倾向。男女体内的性激素水平也许是个重要的影响因素。

（3）脑。决定性别的中枢在下丘脑。到了青春期，下丘脑会发出指令，使人的第二性征发育成熟。女性的下丘脑控制着垂体周期性地释放激素，产生月经周期；男性的下丘脑则控制着相对稳定的垂体激素的分泌。而整个下丘脑的功能受制于染色体上的性基因，性基因的启动，才是表现性别的真正原因，而性基因的选择，在卵子受精的瞬间已经决定。胎儿在发育过程中，男女脑组织出现分化，易性症患者可能是在分化过程中出现了问题。

2. 社会因素

精神分析学家斯托勒（R. J. Stoller）对性别认同障碍患者的研究表明：一个男儿或女儿身的孩子，出生后即被当成与其生理性别相反的性别养育，久而久之形成的性别认同是很难改变的。性学家约翰·莫尼（John Money）在对阴阳人（俗称"半男女"或"两性人"，系生殖器发育不完全引起）和因事故而失去生殖器的患者进行治疗和研究中，也发现性别认同主要受社会因素的影响，是社会性别角色学习的结果。如果外界没有给予正确的导向，如父母把幼小儿女按异性打扮或抚养，或者在异性人群中成长，缺乏可供学习的同性榜样，孩子就有可能产生性别认同障碍。很多学者都认为，模仿混乱和童年异性角色行为的长期强化，是多数易性症患者发病的主要因素。但是并非所有的异性症患者都有这样的经历，也并非所有存在这样经历的人都会改变对自身的性别认同。

阅读资料：约翰·莫尼教授的治疗故事

一位美国妇女生下一对男双胞胎，孩子 7 个月时，其中的弟弟因医疗事故失去了阴茎，经约翰·莫尼等专家与家属反复、审慎地考虑后，决定把这个男孩改造为女孩，手术和治疗是成功的。之后在专家指导下对这个"女孩"进行了全面、细致的女性化的家庭教育，她逐渐成长为一个端庄秀丽的女孩子。约翰·莫尼提出"性角色是学习的结果"，依据便是这位改造成功的女性化的男童。

但是，几年后进入青春期的这位千金小姐又逐渐出现男孩子的本性，行为粗野、追求女性，声称"我愿做个男子汉"。约翰·莫尼等最后承认本性确实难移，问题的关键在于大脑，进入青春期后，大脑中铭刻的性别"密码"便被激活，他再次手术恢复了原有性别，后来结婚并收养三个孩子。①

此案例说明，先天生物因素和后天的社会影响对性别认同形成都起到一定的作用，决定性别的先天因素可能起着主导作用，但社会因素影响力复杂。性别认同在人的一生中作用重要，如果出现不同程度的性别认同障碍，不仅影响身心健康，还可能限制个体成功发展。

第三节　社会歧视

一、社会歧视

歧视（discrimination）是指相同的人（事）被不平等地对待或者不同的人（事）受到了同等的对待。歧视不以个体的实际能力、贡献等为依据，而以身份、性别、年龄、种族或社会经济资源拥有状况等为依据，对社会成员进行"有所区别的对待"，以实现"不合理"的目的，其结果是对某些社会群体、某些社会成员形成一种社会权利或社会资源剥夺，造成的一种不公正社会现象。

社会歧视（social discrimination）是社会生活领域内不同的群体或个体之间表示"区别对待"的一种不友好态度或行为方式，以及由此而产生的不公平、否定性和排斥性的社会行为或制度安排。R. H. 比利格梅尔认为，"社会歧视"包含两层意思：①以年龄、性别和其他主观的社会、文化、生理特征等为基础，在社会人群中制造各种令人反感的差别行为；②以这些差别行为为基础，有意或无意地用不平等的或蔑视的方式待人。

社会歧视有两个特征。其一，排斥性，是指一些社会群体依据不合理的理由、借助于不公正的手段或方式对其他社会群体在社会资源的分配和使用方面进行排斥或是限制。歧视反映的是不公平的资源分配格局和基本特征，反映出"特权"和"剥夺"相互对立同时又相互依存的关系。其二，广泛性（社会性），是指一个或多个人群对另一个人群或多个人群的排斥，而不是仅仅限于少数人范围内或个人之间。正因为广泛性，所以社会歧视往往是通过正式制度和非正式制度来实现的，即以制度安排和政策制定层面上的法律法规、条例政策的形式将歧视制度化，或者以社会风气习惯、价值观念的方式对歧视予以约定，如印度的嫁妆习俗。

社会歧视损害了社会应有的平等、自由与公正，损害被歧视者的基本的尊严，使得一部分社会成员通过不恰当的方式或手段获得了更多的获得社会资源的机会，同时却剥夺了另一部分社会成员尤其是弱势群体成员的同等机会，限制甚至阻碍了这些社会成员的发展；社会歧视损害了按贡献进行分配的规则，实际上是同工不同酬，即一部分人多劳少得而另一部分人却少劳多得；社会歧视忽视了社会合作、社会整合的极端重要性，使社会成员不能共享社会发展成果，产生了严重的社会负面效应：

1. 妨碍着正常的社会分化

随着现代化进程和市场经济进程的推进，社会分化程度也在加深：社会结构越来

---

① 参见男女性别是如何形成的，平安健康网，转载于中华育儿网，http：//baby. panjk. com/200709/2007091856171. shtml，2007 年 9 月 18 日。

越趋向于复杂，社会的专业化分工越来越细致，社会的差异成分越来越多，社会群体（包括职业群体）越来越趋向于多样化；同时，社会各个环节、各个群体之间呈现出一种有机联系的状态。但是，由于社会歧视的存在，社会群体之间人为地多了一种刚性化的隔离，亦即"不准进入"或"限制进入"的障碍，就不同程度地阻塞了社会流动，进而妨碍正常的社会分化进程。

2. 削弱了社会的整合性

社会歧视剥夺了一部分社会成员甚至其后代的发展机会，而且直接伤害了他们的尊严，所以，被歧视者容易对社会形成隔膜感和不信任的社会态度，严重的甚至会形成一种对立的、反社会的情绪，降低了整个社会的整合程度。传统社会中，由于文化积聚与制度惯性的约束，社会歧视在一定范围内、一定程度上能够被大多数人容忍和接受，但在个性意识、平等意识普遍增强的现代社会里，人们对社会歧视则是越来越难以容忍，越来越具有一种强烈抵触的行为取向。对某些社会群体的排斥与限制，必定会促成这些社会群体的反排斥与反限制动能的形成，社会动荡因素增加。例如，在种族隔离时期的美国、南非等国家，黑人和白人的环境分隔，不能越雷池一步，彼此间的了解，只是通过各种传播媒介制造的刻板信息，而且一些受益者试图维持这些屏障，社会就变得更加分崩离析。又如，在伊斯兰教控制的国家，男性与女性被分隔开，女性作为男性的附属品被紧紧地限制在家庭里，受教育程度低、受尊重程度低，导致了整个国家现代化进程缓慢，思想封闭，尽管部分国家依靠石油资源非常富裕，但在精神与民主方面未能与世界发展同步。

3. 降低人力资源的开发度

为了促进社会发展，积极地、最大限度地开发人力资源是至关重要的。而对一部分人的社会歧视，意味着将一些适合于承担某些职位的人予以排斥，而让一些不合适的人去承担这些职位，便会出现工作低效的状况，是人力资源的一种浪费。社会歧视也必然会使被歧视者的劳动积极性严重受挫，相应地，其潜力必然会受到压抑。例如，在传统社会中，职场对女性的歧视，使得大量女性的智慧与能力未被充分运用，从人力资源的角度来看，这些社会歧视就是一种资源浪费。

4. 降低整个社会的发展质量

随着社会现代化的推进，社会发展的质量问题越来越被社会成员普遍重视。当社会财富大幅度增长，社会成员所共有的公共资源也越来越多时，这些公共资源应当用来改善全体社会成员的生活与发展水准，使全体社会成员能够共享社会发展的成果，从而提升整个社会的发展质量。但是，社会歧视使得社会财富的分配趋于不合理，贫富差距不断扩大，阶层摩擦加剧，不稳定因素增加，使得穷人因感到不公而仇富、富人因独享富裕而不安，降低了全社会的发展质量与幸福感。

二、社会歧视的成因

社会歧视的形成原因涉及社会认同、社会经济、历史文化等方方面面，而且这些原因往往又是相互联系的。

（一）社会偏见

偏见是人们固有的否定性的和排斥性的看法和倾向，在人际距离上是排斥性的，是一种先入之见，缺乏现实根据，又执意坚持自己的看法，不易被说服。

偏见更多地侧重于认知方面，往往由认知偏差，如首因效应、近因效应、晕轮效应和社会刻板印象直接造成。在社会生活中，个体为了提升自己的自尊、社会认知安全感、满足归属感等方面的需要，总要将自己认同为某一群体的成员，一旦这个过程完成以后，个体就不可避免地要对所属群体的成员产生群体内偏好，而对群体外的成员产生群体外偏见，这就是偏见的认知根源。

一旦偏见成为一种社会态度，据此所形成的社会行为，便会成为一种对某个或某些社会群体成员不合理的、有区别的对待行为，形成歧视。例如，对属于某一地域的人产生厌恶，甚至以敌视的态度给予不公正待遇，即"地域歧视"，就是基于地域偏见心理而产生的一种社会歧视。

阅读资料：

2005 年 3 月 8 日，深圳市公安局龙新派出所在辖区怡丰路上悬挂出了"坚决打击河南籍敲诈勒索团伙"和"凡举报河南籍团伙敲诈勒索犯罪、破获案件的，奖励 500元"的大横幅，被市民热议。4 月 15 日龙新派出所被郑州市民李东照、任诚宇告上法庭，要求其在国家级媒体上公开赔礼道歉，这是我国首例法院正式受理的地域歧视案件。

河南人被歧视，原因复杂，其中主要是自 20 世纪 90 年代末以来，在河南发生了一系列震惊全国的丑闻，比如棉花掺假、毒大米、洛阳大火、输血感染艾滋病、克扣民工工资、拐卖妇女等，河南丑陋的一面在媒体上曝光的频率大大超出了其他省市。少数河南人的所作所为，使得人们逐渐在头脑中形成了关于河南人的负面的刻板印象，抛开个体差异始终大于整体差异的事实，对所有的河南人产生偏见，进而发展出或隐或显的歧视行为。[①]

偏见可分为个人偏见和社会偏见，前者是个人所具有的，后者则是某一群体或社会成员所普遍共有的，二者相互强化。社会歧视和社会偏见是有区别的：①社会偏见只是一种主观的否定性社会态度，只存在于人的头脑中，而社会歧视则是一种实际存在的社会行为，甚至被固化为一种不公平的制度安排，如种族隔离制度；②社会偏见和社会歧视所针对的对象不一样，社会偏见可发生在任何地位的社会成员之间，可以是强势群体对弱势群体存有偏见，也可以是弱势群体对强势群体存有偏见，而歧视主要针对的是相对弱势的群体，如对少数民族、对女性、对特殊疾病患者、对边缘群体（如欧美的外来移民）等。

偏见是歧视现象的一个重要的成因，但是有偏见，未必能形成歧视。比如，如果从认知方面着眼，不少农民、农民工、贫困者对城市居民、官员或是富人也有偏见，但是这种偏见很难形成歧视，就说明，歧视往往是发生在居于某种强势位置、具有某种优越感的社会成员基于偏见而对于弱者的一种态度和行为，甚至是社会强势群体为了维护自身利益而刻意制造的社会不平等与群体间封闭。

---

① 参见派出所挂"打击河南籍犯罪团伙"横幅引争议，腾讯新闻网，http://book.qq.com/a/20080129/000062.htm，2008 年 1 月 29 日。

（二）社会经济资源的稀缺及分配不均

经济利益是社会成员大部分动机及行为的基本出发点，歧视是"既得利益群体"对自身利益进行维护的一种方式，有时"既得利益群体"从认知上，可能也会觉得某种歧视行为有失公平，但出于利益仍会坚持。经济利益的驱动，是社会正常运行和发展的基本动力，经济利益结构的复杂性决定了社会态度和社会行为的复杂性。在生产力比较落后、社会经济资源稀缺的情况下，社会公共资源比重很小，不能满足社会成员基本需求，再加上私有制的存在，必然会促成经济等级制的形成，以便使不同的资源占有结构，即社会等级制"常态化"，并具有"合法性"，特权与歧视也就成为必然产物。在社会等级体系中，越往上特权就越多，越往下所受歧视就越多。

另外，在资源稀缺条件之下，有时短暂出现平均主义现象，以消除等级制，但平均主义会产生另一种歧视现象：平均主义的本质是"削高平低"，不考虑劳动过程而追求社会成员最终结果上的相似、一致，所以平均主义是多数人对于少数能力强、贡献大的社会成员的一种歧视。同工不同酬是不公平的，但是不同工却同酬也不公平，当"少干多赚、多干少赚"的现象发生时，优秀的人的贡献得不到应有的承认和回报，其合理的利益和权益得不到应有的保护，他们就会主动降低工作付出，导致整体效益效率的丧失，违背了"相同的人和事情应当得到相同的对待，不同的人和事情应当得到不相同的对待"的公正原则，也是一种歧视。

（三）不平等意识

在传统社会中，歧视行为对社会影响很大，如在封建专制制度下，大多数社会成员的尊严都受到了摧残，而少数人在制度的保护下拥有特权。优势群体对下俯视的歧视思想与弱势群体自我的消极认同，形成普遍的不平等意识，强化了不平等的制度安排，使不平等的歧视行为合法化、合理化，并得到巩固。例如，在男权社会中，女性因必须附属于男性而自卑，被动地接受男性的歧视，甚至通过歧视其他更弱势的女性来满足暗淡的自尊心，如婆婆虐待儿媳、母亲歧视女儿、正妻歧视小妾等，而且在不平等意识的控制下，不敢反抗男权的欺压。

随着社会现代化与文明程度的不断提高，人的尊严与平等意识也得到提升，既体现在每个社会成员之间的更加平等互待上，也体现在形成新的制度、新的习俗来保护平等。受文化惯性的影响，强势群体对弱势群体的歧视，如男人对女人的歧视，虽然不可能完全或马上消失，但已经难以成为一种普遍化的、具有合法性的社会行为，并必将逐渐消失。

（四）社会的封闭

社会封闭有两层含义：一层含义是指该社会系统同其他的社会系统的交流程度比较低，另一层含义是指在同一社会系统内分属不同社会群体的社会成员相互之间的流动程度过低。封闭的社会必定会产生歧视现象。这是因为：

1. 本社会系统或本社会群体利益的维护

在社会流动程度比较低的情况下，在同一社会系统内部或者是同一社会群体内部，其同质性很高，拥有同样的利益；为了维护现有利益，就会对其他社会系统或社会群体进行排斥，以达到拒绝他人"侵入"的目的。在传统社会中，群体对其他群体进行排斥的基本路径是依据血缘亲族圈子及衍生物来进行。例如，按照血缘亲情分出远近亲疏的序列，如果是相近血缘，再按辈分或是"资历"进行排列，再据此确定有所差别的态度和行为。印度的种姓制、中国的宗族制及英国传统的等级制就是典型例子。

2. 各个社会群体生活方式之间的不适应

每一个社会群体都有自己特定的生活方式。这种生活方式因与外界的相对隔绝而更加固定化，更难以同其他社会群体沟通，难以认同或宽容其他社会群体同自己相异的生活方式，因此，一个封闭的社会群体对其他社会群体所具有的生活方式容易采取一种排斥的态度并形成一种歧视行为。

3. 低度的社会流动

社会封闭意味着社会流动程度较低。当一个社会缺乏必要的流动渠道时，处在不满状态的社会成员就缺乏改善自身状况的可能性，其不满会不断积累，形成对优势群体的敌视；而强势群体则为了利益和安全，往往会采取明确的歧视行为以严格划分群体边界，可见，越是封闭，就越容易产生并加重歧视现象。

4. 民族中心主义和种族主义

民族总体意识由认知因素和一些非认知因素共同构成，两者相互制约、基本平衡，共同成为民族意识确立的心理基础。但在某种特定的条件下，民族意识中的非认知因素会摆脱认知因素的制约而膨胀，从而演化成一种盲目自大的民族中心主义，就会形成对其他民族的偏见和排斥，进而形成歧视的态度和行为。

种族主义的基础是种族，同民族中心主义有些类似，也会导致歧视甚至是严重的歧视。种族主义与民族中心主义，常常形成对特定种族/民族成员的偏见态度和歧视行为，甚至拥有权力的种族/民族还会建立歧视性的法律与规章；民族歧视和种族歧视不仅同特定的经济利益相联系，还同特定的文化价值观念扭结在一起，因此更难消除。

三、解决社会歧视问题的对策分析

（一）有效地宣传、劝说从而消除社会偏见

宣传、劝说是心理学态度改变的一个主要策略。社会偏见本质上说是一种根据片面甚至错误的信息而形成的认知偏差。而通过宣传、劝说，动之以情、晓之以理，可使偏见持有者增加对偏见对象的认识，有助于打破刻板印象，修正原有的态度。但是由谁去说，通过什么方式说，通过什么渠道说，对劝说效果都有很大影响。

墨迹战略是对劝说方式的一种有益探索。该战略先在一些偏见持有者群体内部选一些代表人物作为前期劝说对象，在这些人改变偏见态度之后再让他们去劝说影响他们周围的人，这些受影响后改变自己态度的人又去影响自己身边的人，逐渐扩散开来，最终达到偏见的整体消除。这一战略可以用海德（Heider，1958）的认知平衡理论来解释。该理论在揭示态度改变规律时，比较注重人与人之间在态度上的相互影响，在影响中改变态度。海德假设 P 代表个人，O 代表与其有关系的某人，X 代表认知对象。常态下，三者处于平衡，若 O 对 X 的认识发生了改变，这种平衡就被打破，P 的态度也会随之改变。墨迹战略的优点正是在于，利用了人与人之间的信任这一重要资源达到了观念的内化效果。

　　缺乏科学认知是造成社会歧视的重要因素,大众传媒要在消除歧视方面发挥积极作用。一个关于国内广告的研究发现,家居、厨房、洗衣等广告普遍使用女性作为家务工作的承担者,豪车、办公设备、高科技产品多使用男性做主角,如有女性参与,担当的也是"花瓶"装饰性角色,广告的巨大影响力,加剧了社会公众对男女社会、家庭劳动分工的刻板印象,不利于女性进行职业领域拓展,以及男性主动参与家务的意识培养。因此,现代媒体不能停留在迎合受众的低水平上,而应让公众关注歧视问题、了解相关知识、体会被歧视者的苦恼,帮助人们转变偏见,形成多为他人着想的精神品质,逐步消除社会歧视现象。

　　(二)加强群体之间的沟通,以减少群体间的偏见

　　社会歧视往往是由社会认知偏差造成消极社会刻板印象进而导致的不公平待遇或歧视性行为,而产生认知偏差的根源在于认知者群体与认知对象之间的明显的差异性及人的排他本能。"物以类聚,人以群分",人总是倾向于和自己同质性高的人们交往,对自己所属的那个群体具有较高的认同感,对差异性较大的群体缺乏了解,往往出于本能而倾向于回避,因此,异质性较大的群体相互隔离和疏远,得不到彼此真实的信息,形成无知前提下的偏见。而偏见一旦产生了,人们又会更加回避与被偏见的一方的交往。这样,对从差异的无知到排他心理与疏远,再到偏见,形成了一个恶性循环的怪圈,使得偏见得以延续甚至加剧。

　　研究表明,使先前相互隔离的群体成员进行平等的交往和接触,或者使先前沟通较少的两个群体沟通增加,是减少偏见、增加融合的好办法。例如,第二次世界大战后,有几项研究测量了美军中白人战士对黑人战士的态度,发现与黑人战士共同战斗过的白人战士对黑人的偏见要少得多。

　　(三)被歧视者的自立自强与努力提升

　　偏见态度的形成及得到肯定性强化,自我实现预言的形成及从社会偏见到社会歧视行为的转变过程,都涉及被歧视群体自身的一些弱点,他们或是客观上存在某种缺点,或是群体力量太小、声音太弱。因此,被歧视者要改变命运,必须得从自身做起。

　　一方面要客观承认所属群体或自己某些方面的缺陷,并努力改善消极的形象,以打破社会对其形成的刻板影响。费斯廷格的认知失调理论指出:每一种态度的认知结构由诸多基本的认知元素构成,态度处于稳定时,其各大认知元素是平衡的、协调的;要改变这种态度只有打破这种均衡,当认知对象表现出与刻板印象相迥异的行为能够很好产生态度转变效果。例如,当越来越多的女性通过自己的努力逐渐在经济、政治、文化等各个领域取得了骄人的成就,就逐渐打破了男性群体原有的、认为女性"能力低下"的认知均衡,为消除性别偏见、转变男权态度打开了一扇窗户。

　　另一方面,社会歧视的最终解决依靠的是反歧视群体,特别是被歧视群体自身力量的壮大,"谈判"能力的增强。社会偏见作为一种社会态度容易改变,而社会歧视作为一种不公正的社会行为和制度安排较难改变,主要原因是既得利益者的竭力维护与被歧视群体的力量弱小。社会歧视一旦产生就起着维护一部分人利益的作用,形成两

个对立的利益集团——歧视者利益集团和被歧视者利益集团。即使社会偏见这种社会态度减少了甚至消除了，既已形成的利益格局也会使歧视状态继续得以维持。只有被歧视者团结起来，并不断壮大群体力量，增加整个群体的"谈判"能力，通过不断的斗争才能获取到平等权利，才能真正改变这种状况。南非和美国的反种族歧视运动过程及其结果就是很好的例证。

（四）废除歧视性制度，建立健全反歧视法规制度

机会平等和社会正义是人们的主要价值追求，但传统社会遗留的各种歧视并未绝迹。消除歧视，一方面应从深刻检视当前的法规制度，发现并逐步废除一些带有歧视性的法规条款和制度性规定入手，从制度层面消除歧视，南非废除种族隔离制度就是典型的例子；另一方面社会要主动维护被歧视群体的合法权益，进一步建立健全和有效实施促进平等的法律法规，如我国打破城乡户籍壁垒后，还需要进一步平等城乡居民在医疗、生活、教育、文化等方面的待遇，建立公平有效的社会救助保障机制与公共服务提供制度，通过政府政策的保护和国家财力的扶持，促进我国的每个公民与各个阶层的协调发展，构建全面和谐的社会。

 课后案例

性别歧视：职场女性永远的痛？

许多用人单位在招聘时规定"男性优先"、"仅限男性"，在男女同等条件甚至女性优于男性时，往往会选择招收男性。有的组织录用女职员时追加一定时期内"不得结婚"、"不得怀孕"等附带条件，有的只招"已婚已育"女性。"幸运地"闯过了就业这一关的女性，也并不意味着她战胜了"性别歧视"，只能说她赢得了第一回合，因为工作中，女性需要付出更多才能得到认可，而女性遇到的阻力也与职位等级成正比。就业阶段的性别歧视算是"显性歧视"，工作中的歧视多是"隐性歧视"了。一项网络调查显示：女性职场的成功，往往被归因于长相好、有后台，而不认为是其能力与努力程度高；同等工作中，不少男性认为女性干得更少、干得更差，而女性普遍认为自己比男性干得更多、干得更累。

案例简析

职场女性遭遇性别歧视的主要原因有以下四个方面。

第一，目前全球大多数社会中女性的地位较低、社会权力较小，迫使很多女性在潜意识中把自己定位为"性别弱势群体"。一方面，她们渴望能够自强自立，得到社会的认可；另一方面，她们又在潜意识中压制自己，主动降低自己的成就期待值，降低自己的发展目标，只求谋个稳定、轻松舒适的职位即可，从而抑制了自身潜能的发掘。

第二，社会偏见使女性就业空间狭小。社会中对女性存在普遍的偏见和性别角色刻板印象，如"女生智力不如男生"，"女性没有男性能干，意志不坚强，承受能力差"等，把女性可以从事的职业限制在幼儿教师、护士、办公室秘书等服务型、低技术型的工作范围内，而竞争强、待遇优的领域，女性很难进入。

第三，男性背负的"社会期望"较高。社会给男性施加的压力大，导致男性把此标准内化，自我要求就较高，分配在工作上的时间和精力也就更多，客观上造成了很多领域男性的发展优于女性。而且社会对女性的家庭角色期待依旧大于社会角色期待，评价一个女人是否成功，首先考察她是否是

一个称职的母亲、贤惠的妻子，再考虑她是否拥有优秀的先生，而较少考虑她本人的职业成绩与社会贡献。

第四，对已经进入职场的女性，社会一方面要求她们不断提高业务水平，与男性一样出色，甚至晋升时还要比男性对手更加优异才行；另一方面又要求她们优先履行家庭义务，做能干的家庭主妇，工作和家庭的双重压力就成为女性事业发展的重要羁绊。

思考题

    1. 试述社会认同理论的主要内容。

    2. 性别认同的内涵是什么？简要说明性别认同形成的影响因素。

    3. 社会偏见与社会歧视的关系是什么？

    4. 如何消除社会歧视以构建一个和谐的社会环境？

    5. 试析章前小案例所反映现象的成因，并给出合理化建议。

第五章 公共管理中的人际关系

【本章学习导读】

1. 掌握改善人际关系的技巧。
2. 理解人际吸引、人际影响和人际沟通的方式和影响因素。
3. 了解人际吸引理论和亲密关系的形成。

【课前案例】

每天清晨醒来，我们就开始与其他人互动，在校学生，要与同学一起上课，见到老师；职场员工，要与同事一起工作，见到领导；主妇，似乎接触的人最少，也要与卖蔬菜水果的商贩打交道，还有上门抄煤气水电表的人。如果请你拿出一张纸，在纸上一一写出自己在某一天中从早晨起床到晚上上床睡觉之间所做的事情。写完后，你可以自己审查一下哪些事情是在团体中完成的，哪些事情是在高度私密的空间里完成的，各自用了多少时间，也许你就会说"人类真的是社会性动物"。（本章作者撰写）

第一节 人际关系概述

人具有社会属性，处在各种各样的关系之中，没有谁能够独立于他人和社会而存在。人的心理活动、外在行为通过人与人之间的关系互相影响，个体在影响他人的同时也会受到他人的影响。人的价值实现、情感体验都与人际关系密切相关。

一、人际关系的概念

人际关系是指人与人在相互交往过程中所形成的心理关系。人际关系是在人与人的交往过程中建立和发展起来的，人际关系的优劣则主要取决于交往双方在心理关系上的亲密性、融洽性和协调性程度，它包括认知成分、情感成分、意志成分和行为成分。

二、人际关系的类型

（一）舒茨的人际关系分类

人际行为三维理论的主要代表舒茨（W. Schutz）认为，人际关系的形成是由一定的需要引起的，每个人都有三种基本的人际需要：一是包容需要（inclusive need），即与人接触、交往、隶属于群体的需要；二是支配需要（dominant need），即控制别人或被人控制的需要；三是感情需要（need for affection），即爱与被爱的需要。根据以上三种基本人际需要，以及人在交往过程中的主动性和被动性取向，可以得出六种基本的人际交往倾向，如表5-1所示。

表 5-1　六种基本的人际交往倾向

需要种类	主动性	被动性
包容需要	主动与他人交往	期待他人接纳自己
支配需要	支配他人	期待他人支配自己
感情需要	对他人表示亲近	期待他人对自己表示亲近

不同交往倾向的不同组合，导致不同的人际交往过程和不同的人际关系。舒茨认为，一个包容需要动机很强的人，如果同时又是行为的主动者，那他一定是一个性格外向的人，喜欢与人交往，并积极参加各种社会活动。如果他又是一个感情要求动机很强的人，那么他不仅喜欢与人交往，而且还关心和同情别人，这样的人在人际交往中一定能够得到大家的欢迎和喜爱。如果一个人只有支配需要，没有包容需要和感情需要，那他必定是一个目中无人、争权夺利、令人厌恶的人。

（二）雷维奇的人际关系分类

雷维奇（P. Lewicki）利用"雷维奇人际关系测量游戏"，对 1000 对夫妇进行了研究，根据研究结果把人际关系归纳为以下八种类型。

1. 主从型

在主从型人际关系中，一方处于支配地位，另一方处于被支配或服从的地位。这是最牢固的一种关系。以此种关系共同生活的夫妇，虽然一方会感到一定的压力，但他们不会轻易离婚。

2. 合作型

在合作型人际关系中，双方有共同的目标，为达到既定目的，能互相配合、协作。当双方发生分歧时，一般能够互相谦让。研究表明，合作型关系的双方更适宜做好朋友，而不十分适宜做夫妻。因为夫妻双方虽能够和睦相处，但可能会因为生活过于平静而感到乏味，容易厌倦。

3. 竞争型

在竞争型人际关系中，双方常会竭尽全力超越对方，在竞争中取得胜利。这种关系有很强的生气和活力，但是如果竞争过久，易使人感到疲倦。因此这是一种既使人兴奋又使人精疲力竭的不安宁的关系。

4. 主从-竞争型

双方相互作用时，有时呈现为主从型的人际关系，有时呈现为竞争型的人际关系。不断的角色变化常常令双方处于自相矛盾之中，因此在人际关系中更多地包含了主从型和竞争型中的负面特点。这种关系中的双方可能会在忍无可忍时不得不中断关系。

5. 主从-合作型

双方能够和谐共处，即使偶有摩擦也不会对双方关系有大的伤害。如果合作因素大于主从因素，关系会变得更加融洽。这种互补对称的人际关系不失为一种理想的人际关系。

6. 竞争-合作型

双方时而呈现竞争关系，时而呈现合作关系，反复循环，也是一种自相矛盾的人际关系。关系双方更适合做朋友，而不太适合做夫妻。因为维持这种混合型人际关系需要一定的距离，以避免双方过于频繁的互动。

7. 主从-合作-竞争型

由于关系的复杂和多变，关系双方常常面临矛盾和冲突，处理不当易陷入困境。

8. 无规则型

关系双方毫无组织能力，连自己也弄不清自己在干什么，人际关系显得毫无规则。只要对他们施加一种外力，其关系就会转变成其他类型的人际关系。这种类型在八种人际关系中占的比例最小。

以上人际关系类型虽然来自于对夫妻关系的测评，但是具有一定的代表性和普遍性，对如何选择和处理好人际关系有一定指导作用。

第二节　人 际 影 响

人与人之间的心理和行为总是相互影响、相互制约的。由于人际影响的存在，个体在不同的情境中会有不同的心理活动和外在行为方式。人际影响有直接和间接、个别和群体、积极和消极、有意识和无意识之分，人们在这些潜移默化的人际影响中，产生心理和行为的互动（郑全全和俞国良，2005）。建立良好的人际关系就是要有效地增进积极的人际影响，控制与避免消极的人际影响。

一、遵从

遵从指个体感受到群体的压力而改变自身信念或行为，使之符合群体要求的现象。小到每个团体大到整个社会都有它的行为规范，有些是明文规定的，有些是约定俗成的。这些有形的或无形的规范约束着人们的行为，要求人们去遵从。遵纪守法是一种遵从，承担义务是一种遵从，按照所在团体的要求去做事也是遵从。遵从分为简单的服从和内心接受。简单的服从即个体保留其个人观念而仅仅改变其公开行为。内心接受既在公开行为又在私下态度上与群体相一致。

（一）遵从产生的时机与原因

我们真的是从来不从众的人吗，我们所作的决定都是基于我们自己的想法吗，我们是不是有时候会利用其他人的行为帮助自己作决定？群体常常通过信息性社会影响和规范性社会影响对个体施予压力使其遵从。

1. 信息性社会影响

第一次和朋友去吃西餐，怎样用刀和叉呢？第一次参加卡拉 OK 大赛，怎么走台呢？驾车来到一个交通标志不明的路口，能不能转弯呢？在上述情况及其他许多情景中，我们常常无法确定该怎样行动。幸运的是，我们拥有一个强大且有用的知识资源——其他人的行为。询问其他人的想法或者观察他们的行为能帮助我们对情境有更清楚的认识。当我们依赖于其他人获得社会信息时，他人就获得了影响我们态度或行为的权力，从而对我们产生信息性压力。因为我们需要他们提供信息，所以我们遵从他们。那么，何时人们会遵从信息性社会影响呢？

（1）当情境模糊不清时。这是最关键的变量，决定着人们在多大程度上把别人作为信息的来源。当你不确定什么是正确的反应、适当的行为、正确的观点时，最容易受到他人的影响。越是不确定就越是依赖别人。

（2）当处于危机之中时。在危机时刻，我们通常没有时间去思考应该采取什么行动。当我们感到害怕、恐慌而不知所措时，自然会观察别人的反应，然后照着做。

（3）当任务的重要程度较高时。如果正确地完成任务对于个体非常重要时，个体会由于追求成功、避免出错而选择遵从别人。

（4）当别人是专家时。对专家的信服甚至是崇拜，在模糊的情境中专家提供的信息会对我们产生更大的影响，导致更多的遵从行为。

2. 规范性社会影响

为了获得他人的喜爱和接纳而遵从，这时他人的影响就被称为规范性社会影响。任何一个团体中的个体，都希望得到他人的喜爱和接纳。每个团体都有它的行为规范，对成员应该如何行为有一定的期望。顺从规则的人会受到团体的欢迎，而不顺从的成员则会受到嘲笑、冷落、惩罚、排斥等。因此个体会迫于团体的压力而遵从。例如，大多数人并不喜欢穿正装，但是仍然会在一些重要场合穿，目的就是希望给别人留下一个好印象，得到别人的喜欢和接纳。尽管从众是很普遍的，但是人们并不总是屈从于同伴压力。那么在什么情况下人们最可能顺从规范性压力呢？

（1）当团体很重要时。如果规范性压力来自我们所珍爱的朋友、家人、尊敬我们的人，这种压力会更强大。因为失去这些爱和尊重将是一大损失。因此，与那些对我们而言无足轻重的团体相比，那些深深吸引我们并且被强烈认同的团体会对我们施加更大的规范性压力。由高度凝聚的团体进行决策可能会是相当危险的，因为他们将更多地关注于彼此取悦并避免冲突，而不是作出最优、最具逻辑性的决策。

（2）当团体人数是三人或者更多时。阿希（Asch，1955）和其他研究者都发现，当团体的人数增加时从众行为也会增加，但是一旦团体人数超过四人，从众行为就不再随着人数的增加发生太大的变化（周晓虹，1997）。也就是说，并不是一个极大规模的团体才能制造出规范性社会影响。

（3）当个体在团体中没有同盟时。当团体中的每一个人都在说同一件事、持相同的意见时，规范性社会影响是最具威力的。

（4）当个体与团体在时空上很接近时。在时空上与团体很接近时，个体会更多地感受到来自团体的规范性压力，从而出现更多的遵从行为。

（二）影响遵从的因素

1. 个体的特点

研究表明，具有以下特征的个体，表现出较强的遵从：①认为自己不具备较高能力；②被群体高度吸引，但在群体中地位较低；③感到自己没有被群体完全接受；④期望将来还能与群体打交道。

2. 群体的特点

群体的特点有三个：①群体的强度；②群体的规模；③群体的一致性。

3. 任务的特点

模糊的、困难的任务与较容易的、较清楚的任务相比，人们在完成前者时表现了较大的遵从。当任务是困难的或模糊的时候，个体倾向于把群体作为信息的来源，接受信息性社会影响。而当任务容易或较清楚时，规范性社会影响的作用就比较突出。因为此时，个体不再需要答案是否正确的信息，更为关心的是自己能否被团体喜欢和接纳。

4. 文化背景

通过分析在 14 个国家和地区进行的 133 份阿希线段判断研究，邦德与史密斯（Bond and Smith，1996）发现，文化价值观影响着规范性社会影响。这些国家和地区包括美国、荷兰、比利时、德国、葡萄牙、日本、中国香港、斐济、津巴布韦、刚果、加纳、巴西、科威特、黎巴嫩等。集体主义文化的参加者表现出了更高的从众性。因为集体主义文化更强调团体利益而非个人利益。在集体主义文化中，从众是一种受到尊重的特质，人们认为从众的人随和，从众行为是一种老练、明智的表现。而在个人主义文化中，从众是一种负面特征（Aronson et al.，2008）。

二、对权威的服从

服从是任何一个文化都崇尚的社会规范。我们从孩提时代起就开始接受社会化，开始服从一些我们认可的权威。渐渐地将服从这一社会规范内化，即使在权威根本不存在的情境中我们通常也会遵守规则与法律。譬如，即使警察不在，人们也会在红灯的时候停下来。服从权威使社会变得规范有序，但是服从权威也可能导致极端的悲剧性后果。哲学家阿伦特通过对种族屠杀的研究发现，绝大多数种族屠杀的参与者并不是喜欢滥杀无辜的虐待狂或精神病患者，而是受到复杂而强大的社会压力的普通平民。心理学家米尔格兰姆设计了一系列著名电击的实验，研究揭示了人们服从权威而"施暴"的现象及其原因。

1. 规范性社会影响的作用

规范性压力使得人们很难拒绝，只好继续实验。被试或许认为，假如他们拒绝继续实验，实验者将会很失望、受挫或者很生气，这种压力迫使他们继续。

从米氏另一个稍有变化的实验中，我们可以清晰地看到规范性压力的存在。共有三位教师，两位是同谋，一位是真正的被试。一位同谋念测试题，另一位负责告诉学生答案是否正确。真正的被试负责实施电击。每做错一个题就增加一个级别的电击强度。当到 150 伏时，也就是学生发出第一次强烈的反对声音时，第一位同谋拒绝继续实验，尽管实验者命令他继续。到 210 伏时，第二位同谋也拒绝实验。结果是只有10％的被试一直实施到最高水平的电击。

2. 信息性社会影响

尽管规范性社会影响在实验中发挥了重大作用，但这并不是人们顺从的唯一原因。实验者的确是具有权威性且坚定不移，但他并没有用枪逼着实验者进行实验。参加者完全有放弃实验的自由，任何时候都可以选择离开，那为什么他们没有走，而要服从一个素未谋面、可能以后再也不会见面的陌生人？

当环境模糊不清时，信息性社会影响的威力比较强大。当实验者向被试解释实验时，一切似乎是很明确的，但后来发生的事情令人困惑。学生已经痛得大喊大叫了，实验者却告诉参加者虽然电击很痛，但不会造成永久的伤害。参加者并不想伤害任何人，但是已答应研究者参加研究并服从指示。面对这些矛盾冲突，被试不知怎么办好，只好听从实验者的指挥。

3. 其他原因

以上两个原因解释了人们最初的顺从行为，但不足以解释人们的行为为什么如此缺乏人性。尽管他们听到了"学生"痛苦的叫声却一次次实施电击。服从还有以下两方面的原因。

（1）遵守了错误的规范。在实验开始的时候，服从权威的规范是合理的，但是渐渐地情况发生了变化，那个合乎情理的实验者让人们对"学生"施加极大的痛苦，这时原来的规范不适合了。应该执行"不对其他人施加不必要的痛苦"。但是，实验情境使人们很难放弃错误的规范。实验进行的速度相当快，实验者没有时间自省自己的行为。

（2）自我证明。当人们需要作出一个重要或困难的决定的时候，都会产生认知失调，并产生减少失调的动机。证明自己行为的正确是减轻失调的常用方法。当被试对学生实施了轻微电击之后，他会产生认知失调。这种失调迫使他继续先前的行为，通过证明自己行为的正确性来减轻失调。每次成功的电击都为下一次电击奠定了基础。这就使得人们为自己作过的决定一步步地错下去。实验者要求人们以一个较小的增量来提高电击的强度，这一点是很重要的。

三、感染、模仿和时尚

个体生活在人群中，总是自觉不自觉地影响他人，并受到他人的影响，再理智的人也会多多少少存在从众心理，自觉不自觉地表现出从众行为。感染、模仿和时尚是人际间相互影响的有效方式。

（一）感染

感染是通过语言、表情、动作等引起他人相同的情绪和行动的过程。在个体想以某种方式行动，却由于感到内心有些束缚而阻止自己行动的情况下，当看到群体中有人以他想要做的方式行动时，便有可能也以同样的方式行动，榜样解除了阻止个体以某种方式行动的内心限制。感染发生的过程分为四个环节。

（1）观察者想以一定的方式行动。

（2）观察者知道如何完成这种行为，但是没有完成它。

（3）观察者看到一个榜样完成了这种行为。

（4）观察者按照榜样的方式完成了这种行为。

我们常常发现，一个想采摘花卉的人看到其他人在公园中摘花之后，就会认为也可以摘而行动；又如，一个对交通规则不太坚定的人，看到其他车辆闯红灯或违章而也闯红灯或违章。

（二）模仿

模仿是在没有外界控制的条件下，个体仿效他人行为举止而引起与之相类似的行为活动。模仿是一种普遍的社会现象，从个体对他人无意识的动作到衣、食、住、行，到对他人风度、性格、行为方式、工作方法，乃至于整个社会生活的风俗、习惯、礼仪等，都存在着模仿。

模仿是人的一种心理倾向，是学习和习惯形成的方式之一，也是人际影响的重要方式之一。模仿者模仿他人的行为，总是他自己所倾向的、所希望达到的行为，最低限度是对自己无害。模仿的动机一般有三种：一是满足自己的好奇心；二是消除焦虑，更好地适应环境；三是获得进步，取得成就。不同的动机驱使个体产生各种不同的模仿。儿童模仿获得行为发展与进步，成人模仿获得归属与认同。

（三）时尚

"时尚是在大众内部产生的一种非常正规的行为方式的流行现象。具体地说，时尚是指一个时期内相当多的人对特定的趣味、语言、思想和行为等各种模型或标本的随从和追求。"（郑全全和俞国良，2005）时尚现象表现为文化态度、装饰、风度礼仪、娱乐方式、生活习惯、流行生活语言等。时尚现象的特点有如下五个。

（1）内容广泛。从较高层次的理论、文学、艺术到日常生活的衣食住行、社交与娱乐方式等，人们都在追求时尚。

（2）表现方式独特。人们往往认为与众不同、标新立异就是时尚。

（3）变化速度快。时尚总是随着时间的推移不断地变化。

（4）起象征作用。时尚常常代表着身份、地位、财富，能与时尚为伍，对某些人来说是一件值得炫耀的事情。

（5）时尚的层次高低错落。人们对时尚项目的选择是在文化所允许的范围内进行的，不同层次的人有着不同的时尚认同和追求。

四、社会对个人的影响

（一）社会舆论

社会舆论是众人对普遍关注的社会事件或社会问题公开表达的一致意见，是以赞同、指责、忠告、批评等方式表达的评价与态度。

从过程看，社会舆论的形成包括三个阶段。①问题的发生。舆论的发生总是起因于社会上所发生的特殊事件或超越社会规范的特殊行为，从而成为人们普遍关注的社会问题。②引起议论。人们众说纷纭，伴随着各种情绪表现。③意见的归纳与综合。在形形色色的议论中，符合大多数人的意见逐渐形成主流，经过宣传推广，最终成为社会舆论。整个过程主要是通过人际互动途径完成的，必然要对人际关系产生影响。

舆论是社会上大多数人所赞同，并从心理上产生共鸣的意见。一经形成，就会成为一种固定化的心理制约力量。因此，社会舆论是社会对个体行为和社会组织活动施加精神影响的手段，是道德关系和人际关系的一种表现，对群体和个人起着调节、教育与管理的职能。没有它社会规范就不能维持，社会秩序就会发生混乱，人际关系就会全面崩溃。然而，某些不健康的社会舆论会产生负面的控制、指导和协调作用，公共管理者应予以足够的认识。

（二）牢骚现象

牢骚是舆论的一种情绪表现形式。当个人意见得不到采纳，状况得不到改善时，舆论就会转化成牢骚。

与舆论相比，牢骚带有更强的情绪色彩，是一种不满情绪的发泄。牢骚常常是在与人比较时产生的，具有较强的主观性，有可能歪曲和夸大事实。具有如下三个特点。

（1）现实针对性。有一定的事实根据，总是针对某个人或事发生，从某种意义上说是一种民意的反映。

（2）认识片面性。牢骚虽有一定的事实依据，但是缺乏深入的调查研究，对事情没有全面分析，有时甚至是道听途说，并在组织中制造矛盾与消极影响。

（3）宣泄性和煽动性。牢骚是人们宣泄不满情绪的方式，容易产生从众效应。

牢骚是一种消极作用大于积极作用的宣泄方式，不但不能解决问题，还会使人意志消沉，影响进取和创造。

（三）社会风气

社会风气指社会在一定时间和一定范围内相仿效和传播流行的观念、爱好、习惯、传统和行为。它是社会经济、政治、文化和道德等状况的综合反映，同时也表现出一个民族的价值观念、风俗习惯和精神面貌。从宏观角度看，它是推动或阻碍社会前进的巨大力量，直接关系到人民群众的身心健康、社会安危、国家存亡与民族兴衰。从微观角度看，它是群体中人际关系的一种氛围，是影响群体意识、群体凝聚力和群体工作效率的一个重要因素。

心理学家认为，促进和维持良好的社会风气必须满足以下六个心理条件。

（1）敞开思想去接受别人的影响。

（2）对自己在群体中的作用有充分的信心。

（3）对任务和人际情境的客观性质抱现实主义态度。

（4）从地位观念中解脱出来。

（5）享有合理的权力和平等的机会。

（6）对别人的态度和行为抱有友善和良好的愿望。

（四）社会助长与社会惰化

1. 社会助长作用

社会助长作用指他人在场或与他人一起活动可以提高行为效率的作用。相反的结果称为社会干扰作用（或社会致弱作用）。

心理学家利普里特最早用科学的方法对社会助长现象进行了研究。他在现场实验中发现，单骑的自行车选手平均时速为 38.4 千米，结伴的选手的平均时速为 52.16 千米。结果表明，他人在场或群体活动会明显提高个体的行为效率。其他心理学家进一步研究发现，并不是在任何情况下都会发生社会助长作用。在工作任务简单的情况下，他人在场会产生促进作用，而在工作任务较为复杂的情形下，则造成社会干扰。

群体对个人活动产生社会助长作用还是社会干扰作用，一般取决于活动内容的难易、动机水平的激发和外界刺激的干扰。

2. 社会惰化

社会惰化作用和社会助长作用一样，是一种普遍的社会现象。从理论上讲，参加群体活动人数的多少与活动效率应该成正比。但在实际中存在着个体在群体活动中作出的努力比单独行动时作出的努力少的现象，这便是社会惰化现象。

著名的拔河实验结果表明，一个人单独拔河时努力最大，出力最多。随着拔河人数的增加，个人的努力程度逐渐下降。这说明，人数过多会降低个体参加活动的主动性，从而影响活动效率。

第三节　人　际　吸　引

人际吸引指人与人之间的相互接纳与喜欢。个体在社会生活中与不同的交往对象形成各种不同程度的亲疏关系，与有的人一见如故，相见恨晚；与有的人相识多年，却只是泛泛之交；与有的人感觉话不投机，心存芥蒂。这是为什么呢？是哪些因素影响了人与人之间的相互吸引？

一、人际吸引的影响因素

（一）时空接近效应

时间和空间上的接近，使得人们有更多机会相互接触，相互了解和熟悉，进而发展人际关系，因此个体大多把喜欢的情感投向自己熟悉的或与自己有直接交往的对象，并在其中选择进一步交往或合作的伙伴。现实生活中不乏这样的例子。例如，在学校里，比较亲密的伙伴往往是同桌或前后桌，或者同住在一个宿舍。许多有关研究证实了这一效应。

有研究者（Moreland and Beach，1992）通过在大学的教室里安插女性同谋者来验证时空接近效应。他们要求这些女性只是走进教室安静地坐在第一排，让教室里的每个学生都能看到她们，但不要和教授及学生们交流。每个女性同谋者出现在课堂上的次数有所不同，为 0～15 次。到学期结束的时候，研究者播放这些女性的幻灯片请实验班级的学生观看，要求学生们对这些女性的吸引力进行评分。结果表明，尽管在课堂上女性同谋者和学生们从未发生过互动，但是学生们更喜欢他们在课堂上看到次数最多的女性。

费斯廷格等曾作过一个经典研究，调查了麻省理工学院在 Westgate West 公寓住宿的不同学生夫妇间的交往和友谊形成情况。Westgate West 共有 17 栋两层楼的建筑，每栋有 10 间公寓。这里的住户都是随机安排的，开始搬进来的时候彼此并不熟悉。一段时间后，研究者要求每个住户列出其在整个公寓中最好的三位朋友。结果发现，65％的朋友是住在同一栋楼里的，尽管其他的楼也并不是很远。41％的人和隔壁邻居成为亲密朋友，22％的人和相隔两三家的人成为朋友。

（二）相似性

虽然时空接近效应影响人际关系的发展，但是个体并不能与所有与其在物理距离上接近的人成为好朋友。时空接近性为友谊的建立与发展提供了可能性，若要进一步发展，还要看双方在态度、兴趣、人格、价值观、生活文化背景等方面的匹配性。已有的研究证据表明，是相似性而非互补性把人们结合到了一起（Berscheid and Reis，1998）。

著名心理学家纽科曼在新学年开始的时候，以密歇根大学的男性大学新生为对象进行过一项实验。以免费提供普通学生公寓住房为交换条件，要求作为被试的大学新生接受调查和参加研究工作必需的面谈。纽科曼把被试随机地分配到各个寝室，根据测验和问卷获取了被试在性格、兴趣、态度、价值观等方面的特征，此后，便不再干扰他们的正常生活。一段时间后，发现被试中那些有相似地域背景的人（如同样来自农村），以及有相似态度和价值观的人（如同样是工科学生，或都具有自由的政治态度）成为朋友。而那些特征相异的学生虽然同样朝夕相处，却倾向于难以相互喜欢并建立友谊。

伯恩的研究"吸引的范例"发现，在人们不了解他人的情况下，观点是否一致从很大程度上决定着人们对他人的喜欢程度。伯恩先了解被试对于一些事物的看法，几周后给被试看一些反映其他人观点的材料。在材料中有意将有些人的态度和观点描述得与被试非常相近，而将另一些描述得相差很远。结果发现，态度和观点的相似性决定了被试对他人的喜欢程度和选择他人作为工作伙伴的倾向性。

为什么相似性在人际吸引中有如此重要的作用呢？至少有四种可能的原因。第一，我们趋向于认为，那些和我们相类似的人将会喜欢我们，所以我们有可能主动与其建立人际关系（Aronson and Worchel，1966）；第二，那些相似的人们确证着我们的特点和信念，也就是说，他们带给我们一种我们是正确的感觉（Byrne and Clore，1970）；第三，对在重要问题上和我们意见相左的人，我们会作出一些负性推论。我们可能猜测这个人的意见表明了他是那种我们认为不讨人喜欢的、不道德的、软弱的或轻率的类型。简而言之，在重要态度上的分歧导致关系的破裂（Rosenbaum，1986）；第四，和与自己相似的人交往，会有更多的共同语言和活动内容，这些共同的活动能促进人际关系的发展。因此，被人喜爱的渴望、被人确证的需要，对人的性格所下的结论，以及共同的活动，都在提升一对相似心灵之间的吸引力或降低一对相异头脑间的吸引力上起着非常重要的作用。

（三）互惠式好感

每个人都有被别人认同和重视的需要。当个体得到被他人喜欢的信息时，就会在心理上产生愉悦感和满足感，使得他愿意向对方报以好感，与对方交往，因此这是一个互惠互利的过程。在大多数情况下，对方是否喜欢我们，对我们是否喜欢他们是一个重要的决定因素。对某人产生好感的关键在于我们自认为的他或她喜欢我们自己的程度。

事实证明，人际间的好感对人际交往有很强的促进作用，甚至可以弥补由相似性缺乏而引起的人际交往障碍。有研究者以大学生为被试进行了如下实验：把互不相识的被试随机分成两人一组，从每个小组中随机选出一人接受研究者的特定信息。在被选出的被试中，让一部分人认为其同组被试对他们有好感，而让另一部分人认为其同组的学生并不喜欢他们。然后安排同组的学生见面并进行交谈。与那些认为对方不喜欢自己的学生相比，那些相信对方喜欢自己的学生和伙伴在一起时表现得更讨人喜欢。他们愿意更多地自我暴露，对讨论的问题持有更少异议，并且总体上表现出更热情、更令人愉悦的交际方式。同时，他们也容易被对方喜欢。

（四）外表吸引力

亚里士多德曾说过："美丽是比任何介绍信更为巨大的推荐书。"在人际交往过程中，外表是个体暴露给对方的第一信息。人们往往会自觉或不自觉地"以貌取人"。那些外表具有吸引力的人具有得天独厚的优势。有一个经典实验证明了这一点（Hatfield and Walster，1978）。实验者将明尼苏达大学的 752 名新生随机配对成为舞伴。在当天晚上的舞会上让舞伴们在一起跳舞和交谈，之后，请学生们对他们的约会进行评价，并报告他们对再次约会的渴望程度。在各种影响舞伴们是否会互相倾慕的可能因素中，如外表吸引力、智力水平、独立性、敏感性、诚恳性等，外表吸引力是一个有着压倒性优势的因素。

在许多文艺作品如电影、电视、小说中，那些具有美好品质和特性的人大多被描写为外表具有吸引力的人，因此，在人们的心目中形成了对外表有吸引力的人的刻板印象，即看到一个人漂亮的外表，就会下意识地赋予他一系列的优秀品质，同时比较容易忽视或宽容他的缺点或不足。他人对个体的评价和态度，影响个体的自我评价，以及对他人的态度和回应方式。有研究表明，外表具有吸引力的人在社会能力方面尤有天赋。与外表吸引力一般的人相比，高吸引力的人的确发展出了更好的社会交往技能，并报告有更好的社交经验（Feingold，1992；Langlois et al.，2000）。这是因为外表有吸引力的人从小就受到了更多的关注和正性评价，导致他们的自我概念更为积极，他人的高评价和高期待使他们在人际交往中更为主动和自信。在良性的人际互动中，他们的社会交往技能得到了更好的发展。

（五）个性特征

人际交往对象的个性特征是引起人际吸引的一个重要因素，主要表现在能力和性格上。

人们往往比较喜欢和能力强的人交往。这是因为人有趋利避害的本能，和能力强的人在一起，可以使自己少犯错误，少走弯路。同时，与能力强的人为伍可以间接地表明自己也有较强的能力，从而得到他人的尊重，满足自己的自尊需要。那么是不是一个人能力越强就越受欢迎呢？事实不是这样的。能力太强、完美无缺的人会令人敬而远之。因为他的才华让人觉得相形见绌，给人造成了心理上的压力。有研究者以大学生为被试进行了一个实验：让被试分别听四个不同的人在大学生才艺竞赛上的录音，然后为这四个人打分。有关这四个人的录音是这样的，第一个人能力很强，表现很出色，答对了 92％的题。主持人介绍他当过学校年刊的编辑。第二个人在竞赛中成绩平平，只答对了 70％的题。担任过学校年刊的校对。第三个人的竞赛成绩与第一个人一样出色，也担任过年刊的编辑。被试听到他撞倒椅子的声音，还听到他说："不好意思，我把咖啡泼到身上了。"第四个人的竞赛成绩与第二个人的成绩一样，也撞倒了椅子，把咖啡泼到了身上。被试们的打分结果为，第三个人的得分最高，比第一人高出10 分。第四个人的得分最低，比第三人还要低 10 分。

从这一结果可以看出，能力强的人受人喜欢，表现突出而又犯一点儿小错误的人最受人喜欢。能力差还犯小错误的人最不受欢迎。

个体的性格影响着他与人交往的方式，同时也影响着别人对待他的方式。人们常说"性格决定命运"，这与性格在人际吸引中的作用不无关系。什么样的性格特征受人喜爱呢？

在对待现实与处理社会关系的态度方面，热情友善，富有同情心，乐于助人，主动地与人交往，自信而不自大，自谦而不自卑，有进取精神，勤奋认真等性格特征是受人喜爱的。在理智特征方面，观察力强、善于记住所接触的人和事、有丰富的想象力、有较强的逻辑性、有创新意识和创造性等性格特征令人乐于接纳。在情绪特征方面，善于控制和支配自己的情绪、乐观开朗、豁达大度、情绪稳定平衡、有幽默感等性格特征给人轻松和愉快的感觉。在意志特征方面，自制力强、沉着稳重、坚忍不拔、积极主动、耐心细致等性格特征受人欢迎。

二、人际吸引理论

人际吸引是为了满足人的某些需要而发生的，可能是物质需要，也可能是精神需要，或是二者兼而有之。人际吸引还是一个交互的过程，它就像经济活动一样，需要付出，也要通过一定方式的回报得到补偿。以下几个理论分别从人际交往动机和人际交往过程中的心理平衡角度揭示了人际交往的特点，有助于更加深入地理解人际交往的实质，学会分析人际交往的心理过程，掌握人际交往的技巧和原则。

（一）自我呈现论

自我呈现论（theory of self-presentation）是美国社会学家戈夫曼（Goffman，1959）在自己和他人的研究成果的基础上提出的。他认为，人际交往是一种社会互动的过程。任何社会互动的关键在于参加者借助于自己的言行向他人呈现自我。在自我呈现过程中，个体趋向于表现自身众多属性中的某些有利于树立自我形象的属性，而隐瞒其他属性。交往者根据自己的需要、动机和目的采取行动，加深别人对自己的印象，进而影响别人，控制别人的行为，特别是控制别人对待他的方式。

这个理论强调交往者的主动性、目的性和计划性，要求交往者有明确的目的，制订周密的计划，把握自我呈现的深度和方式，达到影响、控制甚至操纵交往对象的目的。

（二）社会交换论

人们对人际关系的感受取决于他们对这段关系的收益与成本的知觉，对应得到何种关系的知觉，以及从其他人那里得到一段更好的关系的可能性的知觉。

社会交换论（social exchange theory）认为，人们所知觉到的一段关系的正性或负性程度取决于以下三个方面，一是自己在关系中所得到的收益，二是自己在关系中所花费的成本，三是对自己应得到什么样的关系和能够与他人建立一个更好的关系的可能程度的预期。人们在与他人进行交往时，常常会将自己在发展某一段人际关系过程中付出的代价（包括物质上的和精神上的）与其所得到的利益相比较。一般地说，如果一个人在交往中给予别人的多，他就要从别人那里多取得一些作为报酬。收益和成本的差就是个体在交往中得到的报酬。如果个体自我感觉同他人的交往给自己带来奖赏，那么当类似的情景出现时，便会再现这种交往活动。得到的奖赏越多，这种交往活动对他的价值越大，被重复的可能性也越大。反之，交往关系会受到影响直至中止。

对人际关系的预期，即人际交往的心向和目标。目标的实现使得交往双方体验到交往的乐趣和益处。这些快乐的体验进一步强化双方的交往行为，使交往更顺畅、更深入。个体在日常生活中积累的人际交往经验，影响他对人际关系的期望水平。有的人对人际关系结果的期望值很高，希望以较小的成本赢得较大的收益。而有的人对人际关系结果的期望值相对较低，得到一些收益他们就觉得很快乐。

（三）公平理论

社会交换理论强调，人们在进行人际交往时总在自觉或不自觉地比较个人投入和所得，当自我感知到的收益大于投入时，个体就会感觉比较满意。一些研究者批评社会交换理论忽视了人际关系中的公正因素，即没有考虑交往双方在人际关系中的利益平衡问题。公平理论（equity theory）认为，人际间双方体验到的贡献成本和得到的收益基本相同时，人际关系是很愉快的。

公平理论的支持者强调，人们并非简单地以最小代价换取最大利益，他们还要考虑关系中的公平性，即与人际关系中的同伴相比，两者贡献的成本和得到的收益基本是相同的。（Homans，1961；Walster et al.，1978）。他们认为，公平的关系是最快乐、最稳定的关系。而不公平的关系导致一方感到过度受益，或过度受损。过度受益者以极小的成本得到相当大的收益，过度受损者得到极少的收益，而不得不付出较大的成本。在人际关系中，无论是过度受损者还是过度受益者都会感到不满或不安，从而产生调整人际关系，在关系中重建公平的动机。产生这种动机，对于过度受损一方是合理的，也是易于理解的，那么为什么过度受益者，以极小的成本换取了较大收益的人也会感到不舒服呢？一些研究者认为，公平是一个固化在人脑中的强有力的社会标准，如果个体在人际关系中的所得大大超过他们认为自己应该得到的东西时，他们就会感到不安，甚至是内疚。

三、亲密关系

每个人都是社会人，每个人都处在纷繁复杂的人际关系中，充当着不同的角色。我们上有父母，下有子女，在学校有同学，在单位有同事，打球有球友，上网有网友。我们有一般的朋友，有亲密的朋友，也有至亲的爱人。我们无论做什么事情都需要和他人打交道，形成形形色色的关系。在一个人的所有社会关系中，总可以从关系的亲密程度上分出亲疏远近来。本节着重探讨亲密关系。

（一）亲密关系的含义及特点

亲密关系指人与人在交往中形成的互相关心、互相信赖、互相支持的关系。它既包括朋友关系，也包括爱情关系。亲密关系至少在四个方面与其他一般的人际关系有所不同，即了解、关心、信赖、互动，具有以下几个特点：一是相互信任，愿意和对方交流更多的个人信息；二是相互信赖，在思想、情感、行为上相互影响；三是来往频繁，喜欢待在一起，喜欢共同活动；四是形成了心理上的亲密感，能够相互理解、相互接纳、相互关心。

（二）亲密关系的形成

亲密关系是在一般的人际关系上发展起来的，让我们来看一看人际关系的发展过程。

奥尔特曼和泰勒（Altman and Taylor，1973）认为，人际关系的建立和发展一般要经过以下四个阶段。

一是定向阶段。我们在一生中接触的人很多，但并不能同所有的人成为朋友。我们总是选择一定的对象成为自己的朋友。只有那些我们感兴趣的、在我们的价值观念上具有一定意义的人，才能成为建立和发展人际关系的对象。

二是情感探索阶段。在这一阶段，交往双方试图寻找进一步交往的切入点，以建立真实的情感联系。随着沟通的逐渐深入，自我暴露的广度与深度逐渐增加。由于是探索阶段，所以交往双方仅仅是试探着将交往加深，人际关系并未发生质的飞跃。

三是感情交流阶段。在这一阶段，人际关系发生了质的变化。双方取得了对彼此的信任，交往中自我暴露程度增加，并投入较多的情感。如果关系在此时破裂，交往双方均会面临较大的心理压力。人际关系发展到这种程度，双方不再囿于正式的交往模式，而是彼此提供真实的评价性反馈信息，并可相互提供建议。

四是稳定交往阶段。在这一阶段，双方心理上的相容性进一步增强，自我暴露更为广泛深刻，共享的内容和空间逐渐加大。个体允许对方进入自己的高度私密领域，分享生活空间和财产。在实际当中，很少有人达到这一阶段，而是大多停留在第三阶段不再发展。

纵观人际关系发展的四个阶段，可以看出，人际关系发展到第三阶段就基本具备了亲密关系的特点，再继续发展到第四阶段就会成为"刎颈之交"或爱侣。

（三）爱情

1. 爱情及爱情的特征

爱情是一种人与人之间强烈的吸引状态，包括亲密、激情和承诺三种基本的成分，是一种特别的亲密关系，是亲密关系的最深层次。亲密指的是与伴侣亲近和相联系的感觉。激情指的是双方关系中令人"热血沸腾"的部分——指向伴侣的生理唤醒，包括性吸引力。承诺包含两个决策过程，一个是爱你的伴侣，一个是保持这份爱并和伴侣持久相守。爱情一般具有如下七个特征。

（1）爱情是一种强烈的依恋状态，相爱双方一日不见如隔三秋。有的人因与恋人分离而食寝不安、坐卧不宁，甚至抑郁成疾。

（2）在爱情关系中，人们表达着更多的关怀，恋人的一举一动、一颦一笑都会让对方千回百转。

（3）爱恋的双方不计较得失，不考虑公平，把满足对方的需要当成自己的义务，且不求回报。

（4）对爱恋对象极其信任，交往中几乎不设防，很少考虑后果。

（5）爱情让人更加宽容，即使对方有缺点或令自己反感的行为，也能宽厚地接纳。

（6）爱情具有强烈的排他性，不能容忍他人介入，也不能容忍对方移情别恋。

（7）随着爱情的加深，爱恋的双方会更多地袒露自己的思想、情感、学识、能力等。感情越深，自我暴露的深度和广度越大。

以上七项特征，提供了许多有关爱情的线索和启示，有助于个体更为准确地区分爱情和友情，从而更好地处理人际关系。

2. 爱情的种类

人本主义心理学家马斯洛认为，爱在本质上是一种健康的情感交流，是双方的互相深刻理解和完全接纳。这是一种趋于完美的状态。在现实中，并不是所有的爱情都能够达到臻于完满的状态。斯腾伯格（Sternberg，1988）的爱情三元论认为，爱情的三种基本成分亲密、激情、承诺的不同组合形成不同形式的爱情。爱情可以由任何一个单一的成分组成，也可以是不同程度的三种成分的任何组合。根据爱情三元论，可以把爱情分为七大类：喜欢式爱情、迷恋式爱情、空洞式爱情、浪漫式爱情、友谊式爱情、愚昧式爱情和完美式爱情，如图 5-1 所示。

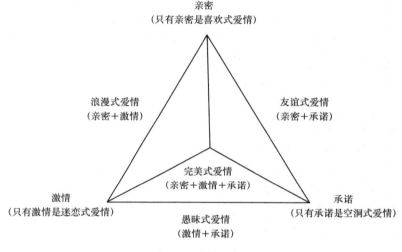

图 5-1 爱情三角形

（1）喜欢式爱情。当亲密程度高而激情和承诺非常低的时候，会产生喜爱。对他人的喜爱让个体产生与之亲近的意愿和行为，但不会引发激情，不会让人产生与对方共度余生的预期，自然也就不会产生对对方的承诺。

（2）迷恋式爱情。当激情程度高而亲密和承诺非常低的时候，会产生迷恋。迷恋的对象往往是不太熟悉的人，如单相思。斯腾伯格承认他自己曾经痛苦地专心一意地想着 10 年级生物课堂上的一名女生。他为她消瘦却从来没有勇气去认识她。他承认他对她的爱仅仅是激情，他是在迷恋着她。生活中有些年轻人狂热地追捧某个明星，也常常达到迷恋的程度。

（3）空洞式爱情。仅有承诺而没有亲密和激情的爱情为空洞式爱情。中国传统的包办婚姻就是典型的空洞式爱情。这种爱情也见于濒临"死亡"的婚姻关系中，夫妻双方既没有柔情也没有激情，只有对婚姻的承诺和责任感。夫妻双方体验到更多的负重感，一旦走出便觉得如释重负。

（4）浪漫式爱情。高度的亲密和激情成就浪漫式爱情。它是喜爱和迷恋的结合。处在浪漫爱情中的双方常常会向对方作出承诺，但是亲密和激情是主旋律，承诺是主旋律的衍生物。如果承诺不能占据更多的"份额"，它就会随着亲密和激情的消失而被当事人抛于脑后。

（5）友谊式爱情。高度的亲密和承诺达成友谊式爱情。亲近、交流和分享，以及为实现承诺所付出的感情和投资，使双方建立了深切而长期的友谊。这种爱集中体现在长久而幸福的婚姻之中。尽管激情已随着岁月的流逝而逐渐退去，但是彼此间深厚的友谊使爱情温馨持久。

（6）愚昧式爱情。缺失亲密的激情和承诺会产生一种愚蠢的情感体验——愚昧式爱情。这种爱发生在旋风般的求爱中，在势不可挡的激情中迅速升级，当事人在感情上表现激进、草率，头脑不够清醒和理智。由于双方并不了解，没有形成亲密关系，感情基础薄弱，所以感情不稳定，难以持久。

（7）完美式爱情。当亲密、激情和承诺同时以相当的程度存在时，人们体验到完美式的爱情。这是人人想得到的一种理想的爱情模式。在爱情的三种成分中，激情是最容易发生变化，也是最不好控制的。当激情逐渐淡化和退去的时候，爱情的味道也就变了。斯腾伯格认为，完美式爱情在短时期内是可以存在的，但是很难长久坚持。

第四节　人际沟通

一、人际沟通的含义

人际沟通简称沟通，指人与人之间传递信息、交流思想和情感的行为和过程，是人际交往的有机组成部分。人际交往从沟通开始，没有沟通就不会产生人际交往。沟通是人与人之间发生相互联系的最主要形式。人们面对面交谈、读书、看报、看电视、打电话、上网、书信来往等，都是在进行沟通。沟通的深度、广度和有效性，从很大程度上影响着人们的工作、学习效率和生活质量。沟通无处不在，个体几乎每做一件事都离不开沟通。例如，工作中需要和领导、同事沟通，家庭生活中需要和家人沟通，学习中需要和老师、同学沟通等。

二、人际沟通的结构

人际沟通由信息源、信息、通道、信息接受者、反馈、障碍和背景七个要素组成，如图 5-2 所示。

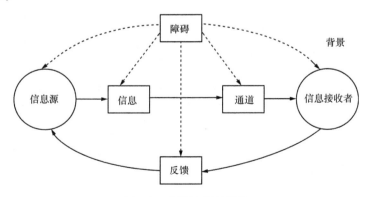

图 5-2　人际沟通的结构

（一）信息源

信息源即信息发出者，是将所占有的信息，依据一定的沟通目的传递给沟通对象的个体。在实施沟通之前，作为信息源的个体需要根据沟通目的，有选择性地归纳和整理相关信息，把欲沟通的内容变为能够被沟通对象感知和理解的东西。

（二）信息

信息指由信息源发出的，能够被沟通对象所察觉和接收的信号。从沟通意向的角度来看，信息是沟通者试图传达给他人的观念和情感。信息的形式可以是多种多样的，如口头表达、书面表达、身体语言等。在实际生活中，完全对应的沟通是很少见的，更多的沟通发生在大致对应的水平上。因为不同的知识和经验背景影响着个体对信息的理解和接受能力。

（三）通道

通道指沟通信息所经由的途径。人的五种感觉器官都可以作为通道来接受信息。在个体所接受的信息中，大多数信息是通过视听途径获得的。随着信息时代的到来，人们获取信息的渠道越来越广泛，网络、电视、电话、广播、报纸、杂志、书籍等，为人们提供了大量的信息。心理学家认为，面对面的沟通是最为有效的沟通方式。因为在这种沟通中，沟通双方可以更好地利用各种通道捕捉和交换信息。

（四）信息接收者

信息接收者即接收来自信息源的信息的人。信息接受者在接收携带信息的各种符号后，将根据自身已有的经验，将其转译为相应的知觉、观念或情感。这是一个复杂的过程，包括注意、知觉、转译和储存等一系列心理活动。

（五）反馈

反馈指信息源和信息接受者在信息传递的基础上，针对沟通信息进行进一步交流的过程。反馈在沟通中是非常必要的，它可以使信息源和信息接受者及时了解信息传递和接收的状态，从而调节自身的沟通行为，使沟通更为准确、有效。反馈不仅来自于对方，也常常来自沟通者自己。比如，当信息源认为自己传递的信息不能被对方很好地理解时，或信息接受者认为自己对对方传递的信息理解不够准确时，都会适时地进行调整，这种反馈称为自我反馈。

（六）障碍

障碍指影响沟通顺畅进行的因素。障碍有的来自主观，有的来自客观。沟通中的任何一个环节出现问题都会造成沟通障碍。例如，信息源的信息不充分或不明确，所传达的信息没有被很好地转换成信息接受者能够接收的信号，信息源和信息接受者之间的反馈渠道不畅通等。沟通中的障碍大多可以通过沟通双方的努力得以克服。事实上，整个沟通过程就是一个沟通双方不断克服障碍、交流信息的过程。

（七）背景

背景指沟通发生的情境。所有的沟通都是在一定的背景中发生的，因此背景是影响沟通过程和结果的关键因素。同样的沟通信息在不同的背景中所蕴涵的意义不同，同样的沟通方式在不同的背景中所起的作用也是不同的。例如，"你真行"这句话，如果用在沟通一方对另一方表达赞美的情境中，信息则是积极的，令对方愉悦的；如果用在一方对另一方不满的情境中，这句话便具有讽刺意味。

学习体验

每人拿出一张正方形的纸，按照以下口令（口令由老师发出）撕纸：将纸对折，再对折。在左上角撕下一个边长为 1 厘米的正方形，再在右下角撕下一个半径为 1 厘米的扇形。再次对折后，在下部中间撕去一个半径为 1 厘米的半圆。注意：操作时只管按照口令做，不可向老师提问。请思考，为什么一样的指令却导致了不同的结果？在沟通中应怎样提高沟通效果？你在人际交往中有什么体会和技巧？请与大家分享。

三、人际沟通的主要类型

（一）言语沟通与非言语沟通

根据人际沟通所凭借的媒介可将其划分为言语沟通和非言语沟通。言语沟通是以语言、文字为媒介而进行的沟通。非言语沟通是借助于语言、文字之外的媒介，如动作、姿势、表情、接触、非语词的声音和空间距离等进行的沟通。言语沟通可以穿越时空，是人类主要的也是最有效的沟通方式。通过言语，人们不但可以和同时代的人沟通，还可以了解过去的知识信息，甚至把信息流传给后世；现在不仅可以面对面沟通，而且可以借助电讯手段异地沟通，哪怕是相隔千山万水。非言语沟通在人际沟通中作用巨大，人的肢体语言、面部表情、说话的语气，身体的接触和距离以及符号、指示牌、图形等都可有效传递着沟通的信息。

（二）主动沟通和被动沟通

按照个体在沟通中的主从地位可将人际沟通分为主动沟通和被动沟通。例如，法官审问不愿交代罪行的犯人，法官的沟通是主动沟通，犯人的沟通是被动沟通。主动沟通和被动沟通不是绝对的，也不是一成不变的，可以随着情境的发展和变化而互相转换。

（三）正式沟通与非正式沟通

按照社交情境的形式不同，将沟通分为正式沟通与非正式沟通。在正式社交情境中发生的沟通称为正式沟通，如参加学术会议、节日宴会等。在非正式社交情境中发生的沟通称为非正式沟通，如同学聚会、朋友聊天等。人们在正式沟通中，更加注重个人形象，言谈举止也更为规范，期望在公众面前保持良好形象。而在非正式沟通中，个体更为放松，表现更为本色。

（四）有意沟通与无意沟通

有意沟通指具有明确目的和意向的沟通。无意沟通指沟通者没有意识到的沟通。有意沟通易于理解，而无意沟通不容易被人们所认识。不管你是否意识到了，出现在我们感觉范围中的任何一个人，都会与我们存在某种信息交流。例如，当一个人在大街上行走时，即使来往行人的密度比较大，他也很少与他人相撞。这是因为行人之间一直在进行着无意识交流，并根据交流的信息调整彼此的位置。又如，在火车站出站口，经常出现某个出口非常拥挤，而某个出口比较冷清的现象。这是因为拥挤的人流向旅客传递了"此口可通行"的信息，而冷清的出口传递的是"此口可能不通"的信息。无意沟通无处不在，它的广泛性和深刻性大大超出我们的想象范围。

（五）链形沟通、Y 形沟通、轮形沟通和圆形沟通

按照信息传递和相互作用走向，将正式团体内的沟通分为链形沟通、Y 形沟通、轮形沟通和圆形沟通。在链形沟通中，信息一个接着一个地传递（图 5-3）。在 Y 形沟通中，先进行链形沟通，再在某个节点分成两个链形分支（图 5-4）。在轮形沟通中，以一个成员为核心，向其四面八方传递信息（图 5-5）。在圆形沟通中没有核心，每个人都可以与相邻的两个人交往，信息传递过程中团体成员处于平等距离（图 5-6）。每种沟通方式各有利弊，具体如表 5-2 所示。

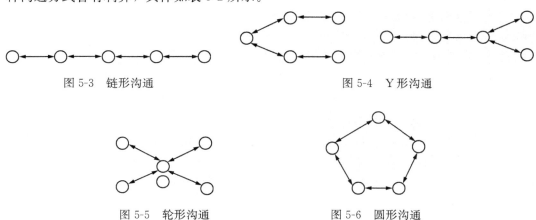

图 5-3 链形沟通 图 5-4 Y 形沟通

图 5-5 轮形沟通 图 5-6 圆形沟通

表 5-2 各种沟通方式活动效率一览表

沟通方式	圆形	链形	Y 形	轮形
领导的明确性	低	中	高	高
成员的满意度	中	中	低	低
复杂任务工作质量	中	中	低	低
简单任务工作质量	中	中	高	高

四、人际关系的改善

人际关系是个体社会生活的有机组成部分。人际关系就像一个地磁场，不管人主观上愿不愿意，它始终在潜移默化地影响着每一个人。和谐的人际关系对个体的成长与发展，就像水之于鱼，空气之于人。个体的生活质量、学习和工作效率都在很大程度上得益于或受制于人际关系。心理学家丁瓒曾说过："人类的心理适应，最主要是对人际关系的适应。所以人类的心理病态，主要是由于人际关系的失调而来。"为了更好地发挥个人的潜能，充分利用一切可资利用的资源，获得个人的最优成长与发展，我们必须重视人际关系，谋求建立和发展良好的人际关系，为自己和他人创造良好的发展环境和空间。

（一）提高沟通能力

沟通是个体获得信息，与人交流、建立感情的有效渠道。提高沟通能力对丰富个人生活、适应社会、取得事业的成功具有重要意义。

在沟通过程中，个体既是信息传播者，又是信息接收者。因此改善沟通要从传播者和接收者两个层面去考虑，减少沟通障碍，提高沟通效率。作为传播者，要注意选择适当的沟通方式，保证信息编码的准确性、信息传递渠道的畅通性，要有一定的反馈，使得信息能够比较完整地被传递，达到预期的目的。另外选择沟通的时机也很重要，有的信息具有很强的时效性，如果传递不及时就会失去意义，如新闻报道。有的信息传递过早，就会发散，减弱其应有的效力，如学生会要在元旦召开一个具有轰动效应的晚会，邀请神秘嘉宾出席。如果嘉宾的名字及早地被传播出去，就会减弱其轰动效应。作为接收者，普遍存在着忽视信息、拒绝接受信息和信息译码不准确等问题。现代人每天面临着铺天盖地的信息，出于对自我的保护，人的注意过滤机制总是选择自身认为有用的信息，"删除"无用的信息。由于信息超载，一些有用的信息常常被忽视，所以信息接收会延时或失败。要经常思考自己在一定时期内需要重点关注的事情，提高对相关信息的敏感性，积极地接收和理解，并及时给对方以反馈，对信息进行"调校"，使其更准确。有的信息不是自己喜欢的、却是非常必要的，比如善意的批评，这时就要摆脱情感的束缚，更多地获取对信息意义的理解。总之，沟通能力是在不断的沟通中逐渐提高的，只要做一个有心人，有意识地去改善它，就一定能够收到良好效果。

（二）养成良好的个性品质

心理学家阿伦森（Aronson and Carlsmith，1968）调查发现，在人际交往中受人喜爱的人往往具有以下特征：信仰与利益与自己相同的人；有技术、有能力、有成就的人；具有令人愉快或崇拜的品质，如忠诚、理解、诚实、善良的人；喜欢自己的人。由此看来，良好的个性品质是建立积极人际关系的重要主观因素，在人际交往中，个体对待别人的态度和方式决定着自己怎样被别人对待。

个性具有较强的可控性和可塑性。大学生已经是成年人，完全具备个性自塑的条件。养成良好个性：一要认识自我，了解自己个性中的优势和劣势，愉快地接纳自己，让自己充满自信；二要加强自身修养，用知识武装头脑，增加内涵，使自己的言谈举止散发独特的、令人愉悦的个人魅力；三要养成良好的行为习惯，在日常生活和学习中塑造自己的个性；四要内省，经常自我反思，有意识地强化优良个性，弱化和纠正不良个性。

（三）学习人际交往技巧

人际交往技巧可以帮助个体建立良好的人际关系，以下是几种行之有效的方法。

（1）尽快记住交往对象的名字。让对方觉得你认为他是重要的，你真正对他感兴趣。

（2）真诚地赞美别人。用宽容、欣赏的眼光看待他人，善于发现他人的长处和优点，不失时机地由衷赞美别人。

（3）主动开放自我。适时向他人敞开心扉，暴露自己的内心世界，主动地给予对方信息，同时传达你的交往意愿。

（4）主动向人求助，热情地帮助别人。主动求助传达你对他人的信任，而热情地助人表达你对他人的尊重和支持。

（5）学会换位思考。站在对方的角度思考问题，以同理心理解他人。减少对他人的期待，不强求别人，尊重别人的选择。

如果你能努力做到以上几点，你就会发现，你的人际环境正在悄然改变：朋友之间的不快荡然无存，亲人间的感情日渐深挚，能够畅言的知己越来越多，人际交往悄然成为一件自然与轻松的事，生活变得更加充实愉快。这一切让你对人生抱以乐观的态度，对明天充满美好的希望，你的生命价值将得到进一步提升。

 **课后案例**

宣雄从 1998 年 7 月起担任遂溪县海洋与渔业局局长。2006 年 12 月，宣雄听到有人议论副局长陈振华将要接替他当局长，认为是陈振华抢占其职位，遂心怀不满，并产生杀害陈振华的念头。

2007 年 1 月 3 日上午 9 时许，宣雄看见陈振华在办公室内值班，便将扳手藏在身上进入陈振华的办公室，乘陈振华不备用扳手猛击陈振华的头部，陈振华倒地后，他又用扳手打击陈振华的头面部数下致其不能动弹，接着用裁纸刀将陈振华双手手腕的血管割断。随后，宣雄用报纸将裁纸刀和扳手包裹起来，离开现场。当天上午 10 时 51 分，宣雄在亲属陪同下来到遂城派出所投案自首。（审判结果：一、二审，宣雄均被判死刑；三审改判死缓。）①

案例简析

政府公务员被认为是最理性的群体，他们肩负着国家与社会管理的重任，无论是工作决策质量，还是人际交往行为，其合法性、公正性、科争陛、认真性等，都被民众期待着！许多高级管理者都自诩为理性的人和理性的决策者，但此案例揭示出我国政府公务员的人际关系可能会糟糕到这种程度。

研究表明：高级行政管理者的决策行为中也常常有着情绪化、非理性的一面，因利益冲突、观点冲突而积累形成的人际冲突往往阻碍了行政管理者的有效决策、科学行动与和谐交往。

心理学家认为：组织中没有任何冲突，管理团队就会丧失活力，而具有良性冲突的团队，不仅决策质量更高，行动也更为迅速。但是，管理观点的冲突应该保持在建设性冲突的范围内，形成良性冲突氛围，而要避免陷入消极的人际冲突。

在工作中，正确使用"关注任务事实、建立共同目标、平衡权力结构、巧用沟通手段"等行为管理方法，可以有效减少消极的人际冲突，促进行政管理者的人际和谐与工作效能。

思考题

1. 人际影响有什么意义？
2. 哪些因素影响人际吸引？请结合实例谈一谈你的个人体会。
3. 你认为人际关系与个人的发展有什么关系？

---

① 局长办公室杀死副局长，终审死刑改判死缓．网易新闻．http：//news.163.com/11/0427/03/72KA3RGN00014AED.html.2011 年 4 月 27 日。

第六章 公共管理中的社会行为

【本章学习导读】

1. 了解从众概念，了解影响从众的因素。

2. 理解服从概念，了解米尔格拉姆的服从实验的过程及结果，掌握影响服从的因素。

3. 理解亲社会行为的概念，掌握西方社会心理学界关于亲社会行为的主要理论，懂得亲社会行为的培养方法。

4. 理解侵犯的概念，掌握西方社会心理学界关于侵犯的主要理论，懂得如何才能减少侵犯行为。

【课前案例】

据《武汉晚报》报道：2010 年 10 月 24 日，长江大学文理学院广电 5091 班、5092 班的 40 多名同学，在长江干堤沙市段的宝塔河沙滩上秋游野炊。吃过中餐，同学们大多离开了活动地，仅有 10 多名同学还在那里游玩。

下午 2 点 15 分，在离大学生活动的地方约 10 米远的沙滩上玩耍的两名七八岁少年，不慎落入江中，正巧被一名女大学生看见，她大声呼救。听到呼救声，在场的十几名同学立刻向少年落水处冲去。

第一个跳下水的是李佳隆同学，紧跟其后跳下水的徐彬程、方招，还有姜梦淋等，因为都是和衣入水，鞋子也来不及脱，他们在水中游动十分艰难。宝塔河段看上去比较平静，其实危机四伏，水下漩涡汹涌，沙滩边缘全是陡坎。与此同时，其他不会游泳的同学毫不犹豫地手拉着手，形成一根长长的生命链条，迅速向江中延伸，用这种无可奈何的方法拯救落水者。

湍急的暗流，无情的漩涡，将这些本来水性不好的同学推到了风口浪尖。徐彬程救起了离沙滩较远的小孩，另外两名大学生也托起了另一个小孩，正沿着生命链条向沙滩靠近……

突然，链条中间的一名同学因体力不支，手从相邻同学的手中滑落，前端的九名同学顷刻落入江中，水中顿时乱成一团，呼喊声一片。顿时，第二场大营救迅速展开。

这时，正在宝塔河 100 米以外的冬泳队队员闻声赶来施救，他们和大学生们一道，陆续从水中救起六名大学生，但最终还有三位大学生英勇献身。他们分别是 19 岁的陈及时，湖北通山县人，长江大学城建学院土木工程专业大一学生；19 岁的何东旭，湖北枝江市人，长江大学文理学院广播电视学专业大一学生；19 岁的方招，湖北罗田县人，长江大学文理学院广播电视学专业大一学生。①

---

① 王建兵．2009．大学生结人梯救人 3 人溺亡续：集体申报见义勇为．新华网．http：//www.xinhuanet.com/edu/2009-10/26/Content _ 12326106，htm。

在社会生活中，个体与个体、群体与个体间发生相互作用，从而使个体表现出各种各样的社会行为：如个体在群体压力下，在知觉、判断、信仰及行为上与群体中多数人保持一致的现象；也有大多数人受到少数人意见的影响而改变原有的态度、立场和信念，转而采取与少数人一致的行为的现象；以及个人按照社会要求、群体规范或别人的愿望而被迫作出某种行为的现象。我们在社会生活中还常常看到助人与利他的现象，如指路、义务献血、见义勇为等，同时也看到吵架、斗殴、凶杀等，这些我们都将之称为社会行为。本章主要介绍从众、服从、亲社会行为和反社会行为这几方面的基本内容。

第一节　社会影响与社会行为：从众与服从

在班干换届选举中，会出现这样两种情况：一是自己虽然不怎么同意某同学当班干部，但看到班里大多数同学都同意了，也举手表示同意；二是班里多数同学不同意某同学出任班干部，但该名同学是班主任指定的人选，结果该同学当选了。前者是从众现象，后者是服从现象。

一、从众

（一）从众的定义

从众（conformity）指个人的观念与行为由于群体的引导或压力，而向与多数人相一致的方向变化的现象。平常人们所讲的"随波逐流"、"人云亦云"指的是从众现象。从众现象广泛地存在于我们的生活中，日常生活中的从众有不同的表现形式，可以表现为在临时的特定情景中对占优势的行为方式的采纳，如助人情景中跟随大家旁观，暴乱中跟随大家一起破坏等；也可以表现为长期性的对占优势的观念与行为方式的接受，如顺应风俗、习惯、传统等。

（二）从众的实验研究

由于从众是一种常见的社会生活现象，所以心理学家对此进行了大量的实验研究，其中有两个经典的研究是谢里夫和阿希的研究。

1. 谢里夫的实验

谢里夫（Sherif，1936）利用"游动错觉"研究个人反应如何受其他多数人反应的影响。实验过程十分简单：单个的男大学生坐在一个黑暗的屋子里，观察一个一个的光点。每个学生都被告知这个光点会移动，而被试的任务就是推测光点移动的距离。大部分被试发现推测光点移动的距离是十分困难的。这是因为光点看起来会以不同速度，向不同的方向移动。实际上，这个研究应用了"似动效应"这一感觉幻觉：黑暗中的一个单个光点看起来好像会移动，尽管实际上它是固定不动的。

在单独估计时，被试的个体差异很大，从几英寸[①]到数十英尺[②]。但是，如果将个人组成为一个两人或三人小组，在同一房间里一起观察，但每个人还是报告自己的估

---

① 　1英寸＝2.54厘米。
② 　1英尺＝0.3048米。

计，他们会很快发生相互影响，并最终会聚集至一个共同的平均距离。这表明个体的判断会受到群体的影响。

图 6-1 是一个三人小组四天中单独估计与三人一起估计时的距离变化情况。从第二天开始，原有的个人差异逐渐缩小，并最终于第四天会聚于同一距离。

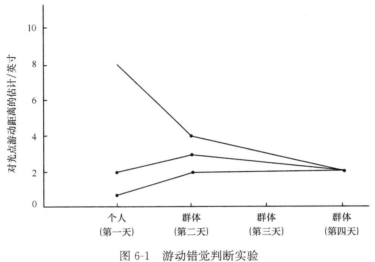

图 6-1　游动错觉判断实验

2. 阿希的实验

在谢里夫的实验中，被试对正确答案是十分不确信的。那么从众现象是否只是在这种模糊的环境下才发生呢？阿希对此产生了兴趣。如果刺激情境是清晰的，人们还会从众吗？阿希做了这样的预期：当人们面临一个非模糊的环境时，人们会理性客观地解决问题。当团体所言所行与一些显而易见的事实相违背时，人们当然会顶住社会压力而由自己决定该怎样做。为了验证自己的假设，阿希进行了以下实验。

阿希将被试组成七人小组，请他们参加所谓的知觉判断实验。实验的真正目的，是考察群体压力对从众行为的影响。七名被试中，只有编号为第七的被试为真被试，其他均为实验助手。

被试与其他群体成员都围桌子坐下后，实验者依次呈现 50 套两张一组的卡片。两张卡片中，一张画有一条标准直线，另一张画有三条直线，其中一条同标准线一样长（图 6-2）。

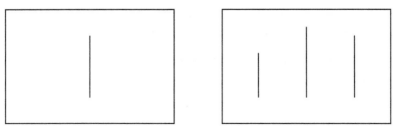

图 6-2　阿希从众实验使用的卡片

被试的任务，是在每呈现一套卡片时，判断三条编号依次为 A、B、C 的比较线中，哪一条与标准线一样长。

实验开始后，头两次比较平静无事，群体的每一个成员都选用同一条比较线。作为第六号（第六个进行判断）的真被试开始觉得自觉判断很容易、很快。在第三组比较时，实验助手们开始按实验安排故意作错误的判断。被试听着这些判断，困惑越来越大。因为他要等到第六个才说自己的看法，先必须听前五个人的判断。结果，他面临一个是相信自己的判断，还是跟随大家一起做错误判断的两难问题。实验结果表明，数十名自己独自判断时正确率超过 99％ 的被试，跟随大家一起作出错误判断的总比率占全部反应的 37％。75％ 的被试至少有一次屈从了群体压力，作了从众的判断。

实验结束后，实验者询问被试发生错误选择的原因，从被试的回答中，可以将错误归纳为三种类型。

（1）知觉歪曲：被试确实把多数人的错误判断看成是正确的，以他人的反应作为自己判断的参照点。

（2）判断歪曲：被试虽然意识到自己看到的与别人判断的不一样，但却认为多数人总比个人要正确些，因而采取从众。

（3）行为歪曲：被试虽然确认自己是对的，错的是他人，但不愿被群体视为越轨者，所以在行为上顺从。

后来，许多学者在不同的国家和地区重复了阿希的实验，大都获得了类似的结果。国内学者张仁骏也做过类似的实验，其结果与阿希的研究基本一致。说明从众现象具有普遍性。

（三）影响从众的因素

在社会生活中，一个人并不是在什么情况下都会从众，在同一情境下，也不是任何人都会从众的，从众是受情境、群体和个人等因素制约的。

1. 情境因素

（1）刺激物的内容。如果刺激物的内容无关紧要，不涉及原则问题，人们较容易从众；而如果涉及伦理、道德、政治等原则问题，人们不太容易丧失立场。

（2）刺激物的清晰性。刺激物越模糊不清，人们越可能表现出从众行为。在谢里夫的移动错觉实验中，由于刺激物是高度模糊的，被试只好以他人的判断作为自己判断的参照系。在阿希的实验中，如果 A、B、C 三条线段长短相差无几，则被试的从众性增大。后来有人在重复阿希的实验时，先把线段给被试看几秒钟，然后拿开，再让被试判断，结果发现，单凭记忆，被试更容易表现出从众行为，因为此时刺激物在他的头脑中已经比较模糊了。

（3）当情况处于危机时刻。在危机时刻，我们通常没有时间可以停下来思考应该采取什么行动。如果我们感到害怕、恐慌而不知所措，很自然就会去观察别人的反应，然后照着做。

2. 群体因素

（1）群体的一致性。如果群体中只有一个人持不同意见，则他要承受巨大的压力。而如果群体中另外还有人持反对意见，则使前者的从众压力有所缓解，从众率明显降低。阿希在进一步的实验中，让一位被试作出不同于其他多数人的反应，结果被试的从众行为减少了 3/4，因为被试有了一个"合作者"，从中得到巨大的支持力量。即使这个假被试并没有发表与被试相同的意见，但只要他与群体的意见相异，就会增强被试的信心，削弱从众行为。

（2）群体规模。当群体规模为多大时，人数对从众行为没有影响？阿希（Asch，1955）和其后的一些研究者发现当群体的数量增加时从众行为也会增加，但一旦群体人数达到四人或五人，从众行为并不会再增加太多，如图 6-3 所示。

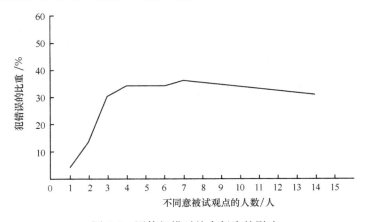

图 6-3　团体规模对从众行为的影响

（3）群体的凝聚力。群体的凝聚力越强，群体成员之间的依恋性及对群体规范的从众倾向也越强，个体会为了群体的利益与群体意见保持一致。有研究发现，个体在有共同目标的群体中更容易从众。

（4）个体在群体中的地位。一般来说，地位高的成员经验丰富、能力较强、信息较多，他们的看法和意见能对群体产生较大的影响，并使地位低的成员屈从，而他们很难被地位低的成员所影响。个体在群体中的地位越高，越具有权威性，就越不容易屈服于群体的压力。如军官在士兵面前、领导在下属面前、长辈在晚辈面前都会较少从众，甚至特意通过不从众以显示自己的与众不同。

3. 个体因素

（1）知识经验。人们对刺激对象越了解，掌握的信息越多，就越不容易从众，反之则越容易从众。

（2）个性特征。个人的能力、自信心、自尊心、社会赞誉需要等都与从众行为密切相关。能力强、自信心强的人，不容易发生从众。有较高社会赞誉需要的人，特别重视他人的评价，往往以他人的要求与期望作为自己的行为标准，所以从众的可能性更大。顺从型性格的人，也容易表现出从众行为。

（3）性别和年龄。人们通常认为，女性比男性更易从众。这种观点多年来或多或少地被人们作为一种生活中的事实而普遍接受。然而，20 世纪 70 年代的研究对这一结论提出了质疑。研究者指出，过去的研究之所以得出女性比男性更容易从众的结论，是因为实验的材料大多是为男性所熟识而为女性所生疏的，后来选择了一些对男女均适用的材料进行实验，结果表明，女性和男性在各自不熟识的材料上，都表现出较高的从众倾向，而在那些熟识程度相仿的实验材料上，从众比例差别很小。从年龄来说，儿童比成人更容易从众。

4. 文化差异

从众与文化背景有关。米尔格拉姆（Milgram，1961）对法国和挪威的大学生进行对比研究发现挪威人比法国人更趋于从众。他认为部分原因可能是法国文化鼓励独立与个性，而挪威文化则鼓励忠诚于集体，重视社会责任。在最近的研究中，邦德和史密斯（Bond and Smith，1996）用阿希的方法在 17 个国家做了 133 次实验，结果发现在集体主义社会里（如中国、挪威、日本）比在个人主义社会里（如美国和法国），人们更容易从众。可见，文化差异对从众行为确实存在影响。

（四）从众与众从

1. 众从的定义

众从是群体中由于多数人受到少数人意见的影响而改变原来的态度、立场和信念，进而采取与少数人一致的行为。人们体会到，有时候大多数人的意见未必正确。在少数人意见保持一致并坚持自己观点的情况下，多数人可能会怀疑自己的立场是否正确，在思想上动摇不定，甚至一部分人会首先转变态度，倾向于少数人所持有的意见，从而使多数派群体内部思想瓦解，有越来越多的人转变立场，开始听从少数派的意见。这样少数派在整个群体中就起到了举足轻重的作用，因此，少数人的立场和态度也不可低估。

2. 众从行为产生的条件

众从行为产生既与少数派成员内部的因素有关，也与多数派成员内部的关系有关。

（1）少数派成员内部的因素。①少数派成员团结一致。有关实验表明，少数派群体成员的态度和行为只有保持团结一致才具有影响力，如果左右摇摆不定的话，就不会对多数派产生任何影响。群体的一致性能够体现出成员内部的坚定性和自信心，能产生足够的力量促使多数派转变态度采取与少数派相同的行为。②少数派成员行为的独立性。少数派对多数成员产生影响力，还必须具备行为上的独立性，表现出与众不同，使多数派成员感到压力，促使多数派依从少数派。③少数派成员中有权威人物的参与。当少数派由权威人物组成，或少数派成员中有权威人物参与时，其影响力大大增强。因为权威人物地位高、威望大，是整个群体中的核心人物，"权威效应"的作用，增加了少数派意见的可信度。

（2）多数派成员内部的关系。①多数派内部缺乏群体凝聚力。多数派内部缺乏群体凝聚力，容易产生众从行为。因为缺乏凝聚力或凝聚力不强的群体，其人际关系不佳，群体成员各行其是。这意味着群体本来处于一种动荡的危机状态，一旦有外界压力的存在，其成员受压力的影响，就会立即转向少数派一边。②多数派成员内部的意见分歧。多数派成员内部矛盾重重、意见分歧很大，缺乏统一的指挥，则极易受少数派的影响，导致众从行为的产生。③多数派成员对真实情况不明确。在多数派成员对遭遇问题的真实情况缺乏了解，把握不大的场合下，他们的态度常处于模棱两可的状态，众从行为时有发生。

二、服从

(一) 服从的定义

服从 (obedience) 是指由于外界压力而使个体发生符合外界要求的行为。外界压力主要来自两个方面，一是他人，二是规范。人们除了对权威他人 (父母、老师和领导等) 的服从之外，还要服从规范 (政策法规、组织纪律和约定俗成的惯例等)。

服从、从众和众从都是社会影响下的产物，都是因为压力而导致的行为，但它们之间既有共同点，又相互区别。它们都属于个人在群体中表现出的行为，在群体行为中有时可能交织在一起，难以截然分开。它们之间的区别在于服从是被动的，即对行政命令、群体规范或权威意志的服从，是无条件的，不管是理解还是不理解，都得服从。从众或众从不是对群体规章的服从，而是对社会舆论或群体众人执行规范所形成的压力的随从。从众或众从也可能是一种违心的，但它不是执行群体明文规定或权威人物的命令，而是为了消除群体压力，求得心理上的平衡而作出的行为。

(二) 服从的类型

(1) 根据服从行为发生时服从者内心是否发生冲突，可以把服从分为"口服心不服"和"心服口不服"两种。这里所说的"口服"，不是单指口头是表示服从，而重要的是指行为上的服从。口服心服是一种表达内心层次的服从，它一方面可能是出于对发指令者的崇拜佩服；另一方面也可能是认识到指令的高明正确，因而心悦诚服。口服心不服是一种仅达到外显行为层次的服从。由于发指令者有相当的权威，能够在某些方面控制和威慑服从者，服从者无可奈何而暂时服从。

(2) 从服从对象上看，服从可分为对人的服从和对规范的服从两种。小孩服从家长，学生服从老师，都是对人的服从。一般来说，对人的服从都是下服从上，小服从大，弱服从强。上课要依时，上食堂买饭排队，都是对规范的服从。这种规范，不仅有上级明文规定的，也有约定俗成的。

(三) 服从行为的实验研究

运用科学方法对服从现象进行研究的最有影响的社会心理学家是斯坦利·米尔格莱姆 (Milgram, 1963) 在美国耶鲁大学进行的权威-服从实验。

米尔格莱姆以登广告的方式，公开招聘实验的被试，结果有 40 名市民应聘为被试，这些被试年龄均在 25～50 岁，他们从事不同的职业，每次实验的报酬是 4.5 美元。

通常情况下，美国心理学实验的研究对象都是大学生，但米尔格莱姆的权威-服从实验，却是通过广告形式来选择社会普通人作为被试。这就使研究结果具有更广泛的意义。

实验是这样进行的：先将被试两两配对，每对被试中只有一名为真被试，另一名为实验助手。两名被试被领进实验室后，实验时主试告诉被试，他们将参加一项研究惩罚对学生学习影响的实验。他们两个人中选择一人当教师，一人做学生，抽签决定。实际上真被试所抽取的两个签中都写有"教师"，从而最终当教师的都是真被试，而"学生"则总由实验助手担任，被试不知道这种特意的安排。

研究者告诉被试，教师的任务，是教学生学习词语配对，并检查其学习效果。方式是教师读出刺激词，学生从四个词中选择一个与其匹配。如果错了，教师就给予电击惩罚，而且电压不断加大。

实验开始时，实验者将两名被试带进实验室旁边的另一个房间，让真被试看到"学生"被用带子固定到椅子上，并在其手腕上绑上电极。然后实验者告诉被试，如果他学习上出现错误，就会受到你这个老师的电击。学生的手旁有一个键盘，上有四个点键。实验时，学生通过按电键进行回答，教师操作电击的机器，有相应的指示灯，可以知道学生的反应是否正确。

安排好学生后，实验者带被试回到另一间屋子，坐在一台有30个电键的电击控制器前面。每个电键上都注明了电压的伏特数，并有各自显示相应电压正在工作的指示灯。此外，每个电键都有编号，并按15伏的幅度递增，直至450伏。同时，设备上按每四个编号一组，标明了电击的严重程度，从"轻微电击"（编号1～4，电压15～60伏）一直到"危险：严重电击"（编号25～28，电压375～240），最后的两个电键标明了"×××"。

实验开始后，每当学生给予错误回答反应，实验者就让被试打开电键，给予电击，并逐渐增加电击强度。如果被试犹豫，实验者就告诉被试，由于实验需要，你必须继续。

米尔格莱姆原先预测，在上述学习—电击实验情境中，极少被试会服从实验者对学生施加240伏以上的"强电击"。他请精神病专家、大学生和一般的白领阶层成人共110人来预测结果，3个群体预测的平均电压为1.35伏，没有1个人的预测会超过300伏。110人中的40名精神病专家预计，在米尔格莱姆的实验情境中，被试对学习者施以最强的450伏电击的可能性，只有0.1%。

研究的实际结果，与人们的预测大相径庭。虽然，实验在电压加强到300伏时，特别设定了受电击挣扎，蹬踢墙壁的声音，但在40名被试中，只有5人到300伏拒绝再行提高电压。有4名到315伏时开始不服从实验者的指示，在330伏停下的有两人，345，360，375伏停下的各一人。总共14名被试，最终都拒绝实验者命令，继续增加电压，占总数的35%。但是，更多的被试，一直服从实验者的指示，将实验一直进行到最后电压加至最高的450伏。这类被试的人数达26人，占总数的65%。实验结果详见图6-4。

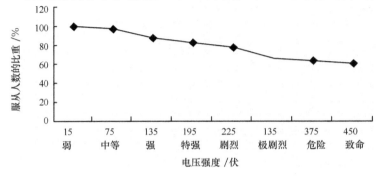

图 6-4 米尔格拉姆的服从实验

（四）影响服从的因素

人究竟会在什么情况下服从，什么情况下拒绝服从呢？哪些因素会对服从行为产生影响呢？心理学家们经过进一步的研究，发现下列因素与服从有关：

1. 命令者的权威性

命令者的权威性越大，越容易导致服从。职位越高、权力越大、知识丰富、年龄较大、能力突出等，都是构成权威影响的因素。另外，命令者手中如果掌握着奖惩的权力，也会使服从行为大大增加。

2. 情境压力

在米尔格莱姆的预测实验中，没有一个人预测被试会将电压升至 450 伏，但实际上有 65％的被试这样做了。除了其他的影响因素外，情境压力也是一个重要方面。旁观者无法体会当事者的那种心理感受，因为他没有身临其境。我们可以从两个方面来探讨情境压力对服从的作用。

（1）权威的靠近程度。米尔格莱姆在进一步的实验中，把主试和被试的关系分为 3 种：第一种，主试与被试面对面地在一起；第二种，主试向被试交代任务后离开现场，通过电话与被试联系；第三种，主试不在场，实验要求的指导语全部由录音机播放。结果表明，权威越靠近，完全服的比例越高；反之，服从率越低。权威的压力由于距离的扩大而减小。在第二、第三种情况下，有的被试还会弄虚作假，欺骗主试，例如他们发出的电击强度低于实验者的要求，而且事后不告诉实验者。

（2）受害者的靠近程度。在实验中，"学生"被绑在隔壁房间里，被试的服从率为 65％；如果被试与学生同处一室，则服从率低至 40％；如果被试必须把学生的手按在电极上才能实施电击，则服从率降至 30％。可见，一个人对他人造成的伤害越直接，他感受到的内心压力越大，服从率就越低；被害者越远，越容易服从。所以，有的学者担心，如果战争发展到只需要在室内按电钮的阶段，那么人们就会更容易听从权威的命令，后果将是可怕的。

3. 服从者的道德水平和人格特征

服从还与人的世界观、价值观密切相关。米尔格莱姆采用科尔伯格（L. Kohlberg）的道德判断问卷测验了被试，发现处于道德发展水平的第五、第六阶段上的被试，有 75％的人拒绝服从；处于道德发展第三和第四阶段的被试，只有 12.5％的人拒绝服从；可见，道德发展水平直接与人们的服从行为有关。

米尔格莱姆对参加实验的被试进行人格测验，发现服从的被试具有明显的权威社会主义人格特征。有这种权威人格特征或倾向的人，往往十分重视社会规范和社会价值，主张对于违反社会规范的行为进行严厉惩罚；他们往往追求权力和使用强硬手段，毫不怀疑地接受权威人物的命令，表现出个人迷信和盲目崇拜；同时他们会压抑个人内在的情绪体验，不敢流露出真实的情绪感受。

第二节　亲社会行为：助人与利他

一、什么是亲社会行为

首先要弄清楚两个概念：利他和亲社会行为。利他（altruism）指的是自愿采取的帮助他人的行为，且预期不会得到任何形式的回报，除非觉得自己也许做了一件好事（Schneider et al.，1996）。依据此定义，一种行为是否是利他的，依赖于助人者的意图。一个陌生人将一位意外事故的伤者送到附近的医院并帮其办好有关手续，然后不图伤者任何回报就离开了，既没有留下自己的姓名，事后也没有告诉任何其他人，这种行为就是利他行为。平常我们所讲的"毫不利己，专门利人"就属于这种行为。

亲社会行为（prosocial behavior）是一个更加广泛的概念，指一切有益于他人和社会的行为，如助人、分享、谦让、合作、自我牺牲等。它包括任何类型的帮助或想要帮助他人的行为，而不管助人者的动机是什么。一些亲社会行为是非利他的，若一个大学生参加青年志愿者活动，其目的是给他的朋友们留下良好的印象或增加自己将来找工作的资历砝码，那他的行为就不是利他的行为。亲社会行为是一个连续体，从最无私的利他行为，到完全被自己的利益驱动的助人行为。

二、关于亲社会行为的理论

自 20 世纪 60 年代起，亲社会行为就成为社会心理学的一个较吸引人的研究课题，许多社会心理学家所关注的焦点是：人们为什么助人、什么时候人们会助人以及为什么一些人比其他人更多助人。通过大量的研究，他们提出许多理论。在这里介绍影响较大的几种理论。

（一）进化心理学：本能与基因

进化心理学试图用根据自然选择法则长时间进化来的基因因素来解释亲社会行为。持这种观点的心理学家认为，人们帮助他人，是因为三个植根于我们基因的因素：①亲属选择，自然选择偏好那些帮助亲属的行为；②互利规范，遵循互利规范有生存优势，期望帮助他人后，能够增加他们将来帮助我们的可能性；③学习社会规范，学习和遵守各种社会规范的能力有生存优势，包括利他行为。

国外的研究指出，人们在类似房子失火这种危急关头，会更可能帮助血亲而非无血缘关系的人。但是，如果在非生死攸关时，帮助血亲的可能性并不比非血亲更多，这支持了人们更可能采取确保他们自己的基因生存的方式，无论性别与国籍。（Burnstein et al.，1994）。

进化心理学从本能与基因角度出发来解释人们的亲社会行为，有助于我们加深对亲社会行为的基本动机的理解。但它很难解释没有共同基因的陌生人为什么有时候互相帮助，这种帮助也不期望将来是否有回报。因而遭到有些人的批评。

（二）摩根和帕克的"助人的代价——报偿模式"

虽然一些心理学家反对亲社会行为的进化，但同意利他行为可能基于利己的观点。社会交换理论认为，我们所做的许多事源于最大化报酬和最小化成本的期望。基于这个理论，摩根和帕克提出"助人的代价——报偿模式"（cost—reward model of helping）（章志光，1996）。他们认为，帮助别人时要付出的代价和可能得到的报偿之间的关系，是人们决定是否作出助人行为时所主要考虑的。这一模式指出，当助人得到的报偿超过付出的代价时，助人行为最容易发生。这里所说的代价不限于钱财上的支出，而是包括所有助人行为带来的负面结果，如钱财、时间和精力的损失和可能带来的麻烦或危险。同样，报偿也不仅指得到的物质的报偿，还包括社会强化，特别是来自个人钦佩的人、自己喜欢的人或与自己相似的人的赞誉。同情也是一种报偿。助人使自己感到做了一件有意义的事，提高个人有效性的感觉，提高自尊，提高自我价值感，也是一种重要的报偿。虽然代价与报偿之间的关系决定了助人行为发生的可能性，但由于个人的价值观不同，因此，在一个特定情境下每个人权衡的结果不同，是否作出助人行为的决策也就有所不同。

这一模式指出，随着助人代价的提高，助人行为的发生率降低；随着助人报偿的提高，助人行为的发生率提高。

（三）拉塔涅和达利的干预模式

1964 年，在纽约发生的吉蒂被杀事件，在持续 35 分钟的搏斗中，有 38 名目击者，却无一人作出有效的反应，包括报警，这一事件之所以特别使人激愤的一个原因是，一般的想法是，在场的人越多，个人采取行动的可能性越大。但是实际情况并非如此，往往是观望的人越多，行动的人越少，甚至无人相助。拉塔涅和达利的研究发现，其他人在场减少了人们干预的可能性。他人在场情境的一个重要效应是责任分散。

所谓责任扩散，是指在某种需要给予帮助的场合，帮助他人的责任扩散到每个人的身上，从而对利他行为产生干扰作用。当某个人遇到紧急情况时，如果只有他一个人在场能提供帮助，他会明显意识到这是自己的责任，如果见死不救，就会产生强烈的内疚感，需要付出很大的心理代价。如果有他人在场，那么每个在场的人都有责任，而每个人承担的责任就小了，所付出的心理代价也相应减少。在场的人数越多，每个人的责任越小，利他行为也就越受控制。拉塔涅和达利（Latane and Darley，1970）的研究支持了这一观点。

拉塔涅和达利关于在一系列紧急情况下他人在场对个人助人行为的影响的研究基础上提出干预模式（the intervention model），并提出旁观者决定是否助人的决策过程。

他们认为，个人决定在紧急情况下是否干预，需要经历五个认知阶段。① "注意"（notice）：旁观者个人必须 "注意" 到发生的事件；②解释（interpret）：个人将事件 "解释" 为紧急事件，意识到他人需要帮助；③决定（decide）：个人考虑要不要帮助困难中的他人，决定这是不是自己的责任，自己是否要采取行动；④选择（choose）：选择助人的形式，具体做法；⑤履行（implement）：将这种帮助付诸行动。如图 6-5 所示。

拉塔内和达利指出，人们在一个紧急情况下帮助他人之前，要经过五个决策步骤，如果旁观者没有达成这五步之中的任何一步，他们不会助人。

在这一模式中的的每一个决策点上都有许多社会因素影响旁观者的决策点上都有许多社会因素影响旁观者的决策。如果在某一决策点上旁观者作出否定的回答，那么，这个过程便会中断，个人也就不会作出帮助的行为。这一决策过程通常是当事人自己不自觉的。

（四）施托布的社会行为论

施托布（Staub，1974）提出社会行为理论（theory of social behavior）来解释亲

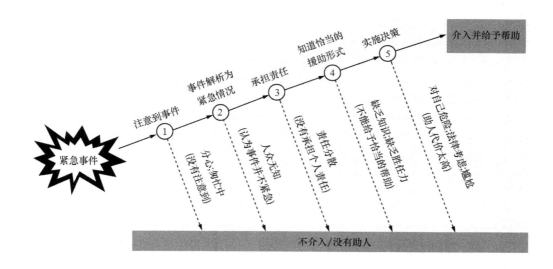

图 6-5　旁观者干预决策树：紧急情况下助人决策五步骤

资料来源：Aronson et al.，2002。

社会行为是怎样产生的。该理论把价值取向和其他因素结合起来，试图形成道德行为的综合理论。社会行为理论认为，人在发展中形成了各种动机，而人的行为多数是以目的性为特征的，所以应侧重于探讨追求期望目的的动机。目的是个人追求的最终状态，是由相互联系的认知网络组成的，其中包括与对结果的评价相关的信念、思想和意义。目的是潜在的，在一定条件下可以被激活。目的处于潜在状态时，依据其对个人的价值或重要性，按层次排列。环境（包括内在的环境）条件可以同时激活一个、两个或更多个目的，并且激活的程度是不同的。如果被激活的目的不止一个，就会产生目的的冲突并伴随着解决冲突的动机。

我们可以把价值取向看做是道德领域中的个人的目的，亲社会价值取向则是利他和不伤害他人的个人目的。研究发现，人的亲社会行为价值取向越强，在特定情境中被激活的可能性就越大。

亲社会价值取向体现为两种动机源：一是作为利他的无私行为的动机源，其目的在于帮助他人，是以他人为中心的；二是以规则为中心（rule-centered）的道德取向为特征的动机源，目的在于坚持行为规则。因此，两种道德取向的目的不同，并且对行为产生不同影响。

社会行为理论认为，除了两个价值取向的动机源，移情（empathy）是第三个主要的动机因素。移情取决于三个条件：①初级移情（primitive empathy）；②对他人的积极评价；③自我概念。人们对他人作出移情反应，或者说，由初级移情发展到移情时，除了需要把别人都看成是独立的，可区分的个体外，还必须把对别人的积极评价作为先决条件。对他人的积极评价是亲社会价值取向的一个成分，但两者不是统一的。亲社会行为价值取向是移情的动机因素。最后，自我概念影响移情。移情在某种程度上是从自我到他人的延伸，所以人们更有可能对自己相似的人作出反应。缺乏精确的自我概念就很难以助人的方式扩展自我的界限。

动机转化为行动，除存在动机间的斗争外，还受其他因素影响，比如，能力是其中的最主要决定因素。如果没有达到期望目的的可能性，目的就不可能处于激活状态。有三种能力是非常重要的：①对于有关事件和成功达到目的的能力的一般态度；②在特定条件下，制订行动计划和产生行动指导能力；③以某种方式行动的特殊能力（如游泳是抢救落水者的必要条件）。此外，如果机会可能错过或者别人的需要不明显时，迅速决策的能力和知觉他人需要帮助的能力也是重要的。但是，这些都是服务于动机的。没有动机源，只有它们是不能产生利他行为的。

总之，社会行为理论提供了一个分析和预测亲社会行为的方法和思路。在特定情境下，通过综合考虑各种各种动机因素，有可能预测亲社会行为或对其做出较全面的理解或解释。

三、助人和利他行为的培养

助人和利他行为主要是一种后天习得的行为，因此，需要通过一定的方法进行促进和培养。可以通过如下方法促进助人和利他行为。

（一）培养移情能力

移情是指个体能设身处地地考虑别人的感情，并作出相应的情感反应，移情中的主要认知成分被称为"角色采择"，即理解并推知他人情绪情感反应、思想、观点、动机和意图的能力。移情能力可以通过训练加以提高，认知提示、情感换位、情绪追忆、情境表演、角色扮演等方法，都是行之有效的移情训练方法。

（二）提供榜样示范

大量研究表明，接触利他榜样可以增加利他行为。榜样示范对儿童和成人同样有效，社会要重视对榜样人物的宣传，加大对榜样行为的奖励，同时注意呈现榜样的具体情境和具体事迹，让人们感到榜样值得效仿、能够效仿。

（三）强化利他行为

心理学理论告诉我们，利他行为和其他行为一样，可以通过强化而得以保持和增加。例如，小孩做了好事后，家长给予及时的表扬和鼓励，小孩这一行为就会保持下去。当人们受到外在的表扬和奖励后，他们就会逐渐产生一种相应的内在自我奖励倾向，表现为内在的自我满足。这种由外在强化转化为内在强化，更有利于利他行为的培养。

（四）学习助人技能

在现实生活中，许多人本来有助人的愿望，但由于缺乏有效的助人技能，而没有表现出实际的助人行为。因此，我们需要加强助人技能的教育，特别是在紧急情况下的助人技能。例如，在现实生活中经常遇到的溺水、交通事故、拦路抢劫等，如果人们掌握了必要的助人技能，就会增加人们实际的助人行为。

（五）构建利他行为的社会氛围

利他行为不仅仅是社会心理学家要关注的问题，它也是整个社会应关注的问题。

因此，要通过舆论和宣传营造出助人为乐的良好社会风气，形成和谐、相互信任的社会人际氛围，树立正确的价值导向，大力弘扬见义勇为为荣见利忘义为耻的道德风尚，从根本上促进利他行为的产生。

第三节　反社会行为：攻击与侵犯

一、侵犯的定义

侵犯行为（aggressive action）也称为攻击行为，是以引起他人身体或心理痛苦为目的的故意行为。要理解这一定义，需要注意以下几点。

首先，侵犯是一种外显行为，而不是态度、情感、动机、意图的内在状态，尽管这种行为伴随着有意图和动机。

其次，侵犯行为的有意性。判断一种行为是否侵犯，必须考虑到行为者的动机，即行为的意图。意欲伤害别人的行为，尽管没有造成伤害，也是侵犯行为；而有些对别人造成了伤害的行为，但行为者没有伤害的动机和意图，则不属于侵犯。

最后，侵犯行为具有伤害性。一方面，侵犯中的伤害可以是身体方面的，也可以是心理方面的。例如，造谣诽谤，谩骂诋毁，尽管对方身体无损，但也属伤害。另一方面，侵犯中的伤害包括实际造成的伤害和可能造成的伤害。例如，开枪杀人，将人射中，无疑是伤害；但若没射中目标，仍然是侵犯，因为这种行为具有造成伤害的可能性。

二、侵犯行为的种类

按照侵犯行为的方式的不同，可以分为言语侵犯与动作侵犯。言语侵犯就是使用语言、表情对他人进行侵犯，如讽刺、诽谤、谩骂等。动作侵犯是使用身体的一些部位如手、脚，以及利用武器对他人的侵犯。

按照侵犯时动机的不同，可以分为报复性侵犯和工具性侵犯。报复性侵犯的目的在于复仇、教训对方，故意伤害他人，给他人造成痛苦和不快。侵犯的目的在于使对方遭到不幸。工具性侵犯的目的不是为了使对方身心健康受损害，而是把侵犯行为作为达到其他目的的手段。例如，强盗拦路抢劫，为了抢钱而动刀，最终使对方身心健康受到损害。

根据侵犯行为的不同性质、行为结果和社会意义，可以把侵犯行为分为反社会侵犯行为、亲社会侵犯行为和被认可的侵犯行为。违反社会准则的侵犯行为属于反社会侵犯行为，如人身攻击、凶杀、打群架等行为是反社会的。亲社会侵犯行为是为了达到群体的道德标准所能接受的目的，以一种社会认可的方式所采取的侵犯行为。例如，为了治安而执行法律的行动、抓强盗、惩贪污及扫除社会上的一些丑恶现象等，这些行为都是符合社会准则的一种亲社会行为。被认可的侵犯行为是一种介于亲社会与反社会侵犯行为之间的一类侵犯行为。这类侵犯行为虽然不是社会所必需的，但同时也并非为社会所不容。例如，在足球赛中，防守队员为了瓦解对方的进攻，有目的地把球踢到场外，但误伤了观众。

三、关于侵犯行为的理论

（一）关于侵犯行为的生物学观点

1. 侵犯行为的生理基础

人们研究了激素、遗传基因、神经系统等因素对侵犯的作用，认为侵犯行为的产生有其生理基础。

（1）遗传与侵犯。遗传基因也影响着侵犯行为。有研究者把侵犯性最强的异性动物相互配种，让攻击性最弱的异性动物相互配种，再由第一子代中攻击性最强的与最强的、最弱的与最弱的交配，如此连续几代选择交配，结果后代的攻击性强弱出现极端的趋势。这证明了动物侵犯行为有遗传的特征。后来，人们通过染色体变化的观察和研究，发现侵犯行为与染色体异常之间的相关性。1989 年罗施通（Rushton）等对 296 对同卵双生子和 277 对异卵双生子进行了攻击行为的追踪研究发现，同卵双生子攻击行为的相关性（$r=0.40$）明显高于异卵双生子（$r=0.04$），说明人类的攻击行为在某种程度上受遗传因素的影响。

（2）激素与侵犯。人们发现，侵犯与雄性激素的分泌有关，雄性动物比雌性动物具有更强的攻击性，与人类种系最近的动物如狒狒、猩猩等，都是如此。实验也证实，攻击性强的动物体内含有较多的雄性激素，雄性激素会刺激动物的侵犯行为。但是，从动物的行为推断人的行为应该慎重。人类的侵犯行为只是部分地受到激素水平的影响，这种影响究竟有多大，我们还难以断言。

（3）神经系统与侵犯。最近，有研究发现（张倩和郭念锋，1999），具攻击性的儿童大脑半球均衡性发展与协调功能较正常儿童低，左半球抗干扰能力较差，右半球完形认识能力较弱。这为攻击性行为的产生提供了一定的神经心理学的依据。

2. 侵犯行为的心理本能

早期的心理动力学理论强调本能是决定攻击的主要因素。例如，弗洛伊德认为，人类的攻击是其死亡本能的产物。他之所以得出这一假设，与第一次世界大战导致的大屠杀有关，尤其是 1916 年的发生的索姆河战役和凡尔登战役对他的影响极大。在这两场战役中共有 100 多万名士兵战死。面对这场灾难，弗洛伊德断言，攻击是人类天生野性的产物，其中死亡本能可以指向外部，以此作为转移自我毁灭目标的一种方式。无论对这种攻击予以怎样的制约，都难避免毁灭他人与自我毁灭。

在弗洛伊德看来，攻击本能可以因生活本能（爱的倾向）的介入而被中性化，或者在安全的条件下被置换（如在工作、运动、游戏或幽默中被置换）。生态学家康拉德·劳伦兹（Konrad Lorenz）和精神分析学家卡尔·门尼格（Karl Menniger）也主张这种观点，认为人类的攻击是由本能力量引起的。

（二）关于侵犯行为的挫折理论观点

尽管侵犯有其生物学的基础，也具有本能的成分，但侵犯并不完全是本能所致。特别是在人类身上，侵犯行为更多地受到后天环境因素的影响，如挫折就直接地与侵犯有关。对此，心理学家提出了挫折—侵犯理论。

1. 早期观点

1939 年，美国耶鲁大学的多拉德（J. Dollard）、杜波（L. Doob）、米勒

(N. Miller)、西尔斯（R. Sears）、莫厄尔（O. Mowrer）等共同出版了《挫折与侵犯》一书，首次提出了"挫折-侵犯假说"。所谓挫折在这里被理解为"阻碍目的行为的一切事物"。早期的挫折-侵犯理论认为，挫折和侵犯是互为因果的，侵犯永远是挫折的一种后果；侵犯行为的发生，总是以挫折的存在为条件的。

挫折—侵犯理论的早期观点主要包括以下三点。

（1）侵犯的强度与目的受阻的强度成正比。

（2）抑制侵犯的力量与该侵犯可能受到的预期惩罚的强度成正比。

（3）挫折强度一定的情况下，预期惩罚越大，侵犯发生的可能性越小；如果预期惩罚一定，则挫折越大，侵犯越可能发生。

挫折-侵犯理论一经提出，人们就进行了相关的实验研究，证实了挫折与侵犯行为的高度相关。

2. 理论的修正

米勒于 1941 年对挫折-侵犯理论进行了修正，认为挫折也可以产生侵犯之外的其他后果，如退缩、固执等，挫折并不必然带来侵犯。个体在受挫后是否表现侵犯与许多因素有关，包括受挫的强度、受挫者对情境的认知和理解、受挫者的个性特征等。

对早期理论做出更进一步修正的是著名心理学家伯克威茨（L. Berkowitz）。他认为，挫折导致的不是侵犯行为本身，而仅仅引起一种唤起状态，即侵犯的情绪准备状态，如愤怒。侵犯行为的强度，取决于挫折引发的唤起程度。另外，侵犯行为的发生还受情境线索的影响，与侵犯有关的情境刺激倾向于使侵犯行为得到增强。可以说，侵犯与挫折具有非常密切的关系，挫折是引起人类侵犯行为的一个重要条件，但并不是唯一条件。

（三）关于侵犯行为的学习理论观点

持这种观点的学者把侵犯看成是一种习得性的行为，他们认为个体的侵犯行为既是后天习得的，也是可以通过新的学习过程予以改变或消除的。个体受到挫折后具体如何反应也取决于他以往的学习经历。主要有两条途径：一是强化，一是观察与模仿。

1. 强化

当一个人的侵犯行为得到奖赏，这一行为可以得到保持并在今后重复出现；当受到处罚，这一行为就会受到抑制，这就是强化。通过强化，可以使侵犯行为增加或减少。班杜拉（Bandura, 1973）的实验证实了这一点。实验者要求参加实验的儿童打一个玩具娃娃，娃娃肚子上写着"打我"，当用拳头打它的时候，它的眼睛和插在纽扣上的一朵花会发光。被试儿童分为四组，第一组每次拳击娃娃都会得到奖励，第二组间断获得同样的奖励，第三组除了让娃娃发光外，没有外加奖励，第四组为无任何强化的控制组。两天后，用巧妙的方式引起被试儿童的挫折，然后安排他们与一个未参加实验的儿童玩游戏。结果发现，各个奖励组实施的侵犯明显多于控制组，而其中又以间断强化为最高，显著高于其他各组。可见，侵犯不仅与挫折有关，而且也与受到强化及强化方式有关。

2. 观察与模仿

侵犯行为的获得是否都要以亲身获得奖励或惩罚为前提呢？社会学习理论的奠基

者班杜拉（Bandura，1977）提出了不同的看法。他认为，人类很多行为是通过观察模仿而习得的，侵犯行为主要也是通过这种观察和模仿而形成，这种学习他称为观察学习，又叫社会学习。班杜拉设计了很多实验，来验证自己的观点。这些实验大都证明，无论是成人还是儿童，都从观察和模仿中习得侵犯行为的倾向，其中儿童的模仿倾向更为强烈。

（四）关于侵犯行为的认知理论观点

随着认知科学的发展，以认知过程为基础解释人类行为成为心理学研究的重要方向。20 世纪 80 年代以来，有研究者从认知和信息加工能力方面探讨侵犯行为发生的原因，提出了侵犯行为的社会信息加工模式。其基本观点是，攻击性强的人之所以攻击他人或采用攻击的方式处理人际关系，是因为他们对环境信息的认知加工存在偏差，或由于社会认知能力低下和社会技能低下所致。社会信息加工理论主要以儿童和青少年为研究对象，其中最有代表性的理论模式是多吉（Dodge and Schwartz，1997）提出的。多吉将单一行为产生的认知加工过程分为六个阶段。

第一阶段，线索译码。译码是感知觉操作过程，个体选择性地输入情境中对他重要的特定信息，并储存在短时记忆中。多吉等人对译码阶段的研究发现攻击性儿童大多输入很少的情境线索，他们较容易注意并回忆具有威胁性或敌意的信息。

第二阶段，线索解释和表征。个体将线索译码加以解释，经由心理表征储存在长时记忆里。如果个体曲解环境线索，如个体对中性或模糊的信息做出敌意归因，就可能发生攻击行为。

第三阶段，澄清目标或选择目标。个体澄清欲实现的可能目标，选出可能目标。

第四阶段，搜寻或建构新反应。个体在长时记忆中搜寻过去曾经使用过、学习过的行为或建构新行为。倘若个体记忆库中充满轻易就可取得的攻击性行为，他就可能以攻击行为对环境刺激作出反应。

第五阶段，评估与决定行为反应。个体权衡各种可选择反应的有利因素与不利因素后，会选择一种最适合当前情境的反应。攻击性儿童在考虑攻击行为可能导致的结果时，大多倾向于作出正向的评估。他们认为攻击行为会伴随很多积极结果，如获得同伴认同、提高自尊等。

第六阶段，启动行为，实施反应。我国杨治良和刘素珍（1996）对成年人攻击行为的社会认知特点进行了研究，发现攻击性行为在社会认知上存在着内隐和外显记忆间的任务分离的加工演变过程。教育使人们在意识形态中更多地同情被攻击者，而本能和后天习得等使人们无意识地保存攻击性。在适当的条件下，这种攻击性会被启动并产生相应的行为，即人们在面对攻击性行为时，由于攻击行为的内隐社会认识特征的存在，人们更有可能选择保持中立或奋起攻击。

四、影响侵犯的因素

影响侵犯行为发生的因素很多，本能、挫折这两个因素以外，个人的情绪状态、人格特征、道德发展水平与自我控制，大众传媒的作用等都可以影响到侵犯行为的发生。

（一）个人的情绪状态

个人的消极情绪状态会增加其侵犯性。例如，愤怒的唤起为个体纠正不平的事件提供了心理资源，使个体在克服实现个人幸福和志向的障碍中获得行为的能量，并在个体面临挫折或挑衅时促进坚毅和维护自尊。然而，由于愤怒可能干扰信息加工，对能否慎重思考产生负面影响，从而激发攻击，忽视了后果。

（二）人格特征

具有反社会人格特征的人更容易表现出极端的反社会行为。心理学家在研究反社会人格的基本特征时，得出如下共识：①冒险意象大于恐惧意象；②对社会上不予准许的事情抱有尝试企图；③用玩世不恭的态度对待充满情感的劝诫；④热衷于营造一些为社会所否定的行为，即便当他们理智上意识到行为的恶性结果时，也如此；⑤具有"皮质不成熟"迹象，但是大脑机能失调的现象并不明显；⑥倾向于选择那些寻找感官刺激和激情的行为。这些人格上的缺陷会造成行为上的偏激，与攻击性。

（三）道德发展水平与自我控制

道德水平越高，个人也就越容易从他人利益的立场感受和思考问题，行为也就越趋近与侵犯相反的亲社会方向。同样，自我控制也是直接与侵犯行为相联系的个人品质因素，一个人遇到挫折产生愤怒时，如果具有较强的自我控制力就会抑制侵犯行为的发生。

（四）媒体中的暴力：电视、电影和电子游戏

电视等大众传媒给人们提供了观察学习侵犯行为的重要来源。电视播放暴力节目具有很大的潜在的危险，它会被人们当做行为的一个榜样，特别是儿童。一项研究发现，暴力电子游戏与攻击行为和犯罪有正相关，并且对那些本来就具有攻击性的人来说，这个相关性更强（Anderson and Dill，2000）。

五、如何减少侵犯行为

（一）惩罚攻击行为

惩罚是抑制攻击行为的重要手段。任何国家都是通过制定法律，依法惩治侵犯行为。一般地说，对侵犯行为进行及时、有针对性的惩罚，能够减少它发生的频率。但从另一方面来讲，既然严格来说惩罚本身往往采用攻击的形式，那么惩罚者实际上是对他们想要压制攻击行为的人示范攻击行为，甚至可能引导他们模仿他们的行为。一些对子女经常打骂的家长会"并不意外"地发现子女具有较强的侵犯行为倾向。

（二）培养解决问题的技巧

面对挫折、困扰、愤怒或者冲突等问题，缺乏适当社会技巧的人最容易诉诸暴力来解决人际问题。因此减少暴力的方法之一，是教导人们如何以建设性的方式来表达愤怒与批评，如何在冲突时加以协调与妥协，从而采用非暴力的策略来解决冲突。

（三）控制媒体暴力

从社会方面来看，应加强对文化市场的管理，坚决取缔非法电子游戏室，尽量控

制暴力电视和电影，给人们营造一个健康的生活环境。从家庭方面来看，可以通过两种方法来避免暴力电视对人们特别是儿童可能产生的不良影响。一种方法是限制观看电视的时间和节目。什么时间看什么节目，看多长时间，都要作出明确的规定，目的在于减少观看暴力节目的机会；另一种方法是父母与儿童一起观看节目，目的是帮助儿童理解所看的内容，减少或避免电视中的不良内容可能产生的影响。

（四）学会宣泄

当一个人产生侵犯冲动时，假如能够通过以社会允许的方式加以宣泄，那么就能减少侵犯性冲动，达到减少侵犯行为的目的。宣泄的方式有多种多样，如把对攻击自己的人进行攻击，转向观看或参加体育活动等。当然，作为控制侵犯行为方法的宣泄，其作用是十分有限的，只在特定的条件和情境中才有效。

 课后案例

在我们日常生活中，见死不救的事情时有发生。

2003 年 11 月 5 日凌晨 5 时，一名弱女子在四川都江堰中兴镇商业街遭遇歹徒追杀，整条大街居民都听到呼救声，但没有一个人出手施救，也没人报警。结果这名弱女子活活被歹徒殴打致死。此事一传开，舆论一片哗然，人们纷纷指责这种见死不救的行为，将这条街商业街称为"冷漠一条街"，惊叹"一条街的良知都冻死了"。

 案例简析

为什么一条街的居民却没有人救人于危难？按照拉塔涅和达利的干预模式其主要原因是责任扩散。所谓责任扩散，是指在某种需要给予帮助的场合，帮助他人的责任扩散到每个人的身上，从而对利他行为产生干扰作用。当某个人遇到紧急情况时，如果只有他一个人在场能提供帮助，他会明显意识到这是自己的责任，如果见死不救，就会产生强烈的内疚感，需要付出很大的心理代价。如果有他人在场，那么每个在场的人都有责任，而每个人承担的责任就小了，所付出的心理代价也相应减少。在场的人数越多，每个人的责任越小，利他行为也就越受控制。

思考题

1. 举例说明从众的原因，哪些因素影响日常生活的从众行为？

2. 什么是服从？结合米尔格拉姆的服从实验分析影响服从的因素？

3. 什么是亲社会行为？掌握西方社会心理学界关于亲社会行为的主要理论，如何培养亲社会行为？

4. 有人认为没有一种侵犯理论能够解释所有侵犯行为。你怎样看待这个问题？试比较各种侵犯理论的异同？

第七章　公共管理中的群体心理

【本章学习导读】

1. 掌握群体及群体的本质特征。
2. 理解群体对个体心理、个体行为的影响。
3. 了解群体凝聚力及其对群体及其成员的影响。
4. 理解群体凝聚力的影响因素。
5. 区分群体决策与个体决策。
6. 了解群体决策过程中的两种现象：群体极化与群体思维。
7. 了解群体的竞争与合作行为。

【课前案例】

李元非常富有体育天赋，尤其是篮球打得非常棒，他希望在学院组织的篮球比赛上有突出的表现。在平时的训练中，他投篮准确，跑位及时、准确，还能拿到很多篮板球，同学们都对他寄予厚望，希望他能够代表本系取得好的成绩。但令人失望的是在真正的比赛场上，李元就像换了另外一个人，完全表现不出训练课上的技术。这是为什么呢？（本章作者撰写）

第一节　群体心理概述

社会是人的社会，人是社会的人。一个现实的人，总是要生活在一定的社会环境中，依从于经济和政治地位、种族或民族、社区、年龄、性别、职业、血缘、兴趣、信仰等诸多方面因素的影响，总要与别的人形成一定的社会关系，参加一定的群体生活，通过群体与社会发生关系。并且，一个人通常不只属于一个群体，在不同的时间和场合身属不同的群体，如家庭的成员、学校某个班级的学生、单位的员工等。社会群体生活是人们的基本生活方式，这样，人们在社会生活中的群体心理，就成为公共管理心理学研究的主要组成部分。

一、群体及群体的基本特征

（一）群体的含义

群体，简单地说是人群集合体。从人数上来说，一个人不可能成为群体，只有两个或两个以上人的集合才有可能成为群体。我们在日常生活中会接触很多两人或两人以上的人群。但是，这些人群也不能简单认定为是群体。群体作为一个社会概念，是指通过人们彼此间的相互作用、相互影响而形成的一种组织形态。群体的核心特征是成员之间互相依赖，这也就意味着成员之间会相互影响（Taylor et al.，2004）。由此可见，个人的简单的集合不等于群体，如在车站等车的乘客、球场上的球迷、商店里的顾客等。这些在共同时间与空间里，甚至有着共同目标偶然汇集起来的人群，看似有共同的特征，但他们在心理上没有什么相互影响、相互作用，因此不是群体。群体的核心特征是成员之间相互依赖，并产生相互影响。基于群体的定义，我们可以得出群体成员之间要么有面对面的交流，要么有彼此的心理影响。华南农业大学的所有的学生不构成一个群体，因为在这个人群中并不是所有的人都认识对方，并不是所有人都能面对面的接触，也没有相互之间的直接影响。而某大学某学院的某一个班级就是一个群体，因为他们有日常的交流和彼此的影响。

（二）群体的基本特征

1. 群体有共同的目标和规范

群体目标是群体进行活动的方向和目的。任何群体都有一定的目标，为了实现群体目标，群体有群体成员共同认同的规范和制度，要求每个成员必须遵守，否则，群体成员将会受到群体舆论的谴责，甚至被群体其他成员孤立或受到一定的惩罚。

2. 群体有一定的组织结构

群体不是个体无序的集合，而是按照一定的规范建立起来的有机的组织系统。群体中的每个成员都具有一定的地位，担任不同的角色，承担一定的任务，享受一定的权利和义务。

3. 群体成员之间的心理相容程度比较高

群体内部成员之间在心理上互相意识到对方，能够相互帮助，密切协作；群体成员对群体有明确的归属感、认同感和责任感，有"我们同属一群"的感受；群体成员之间有信息、情感方面的交流。

二、群体的基本类型

群体是多种多样的。根据不同的标准，我们可以将群体分为以下四种类型。

（一）正式群体和非正式群体

根据群体构成原则和方式的不同，可以将群体分为正式群体和非正式群体。这种划分最早是由美国心理学家梅奥在霍桑试验中提出来的。

正式群体是指那些具有正式的组织结构，其成员有固定编制，有明确的地位和社会角色，规定有相应的权利和义务规范的群体。例如，学校中的班级，政府机关、企业、事业单位中的各部门。

非正式群体是指那些自发产生的，没有正式规定的，其成员没有固定编制，成员的地位和社会角色、权利和义务都不明确的群体。群体成员之间往往以情感为纽带联结而成，带有明显的情绪色彩。非正式群体的形成通常有以下几方面的原因：第一，某种利益或观点的一致性；第二，有共同的价值观或共同的兴趣爱好；第三，有相似的经历或背景。比如，学校中几个喜欢摄影的同学由于共同的兴趣爱好而形成的群体；单位中的同乡组成的群体等。

梅奥的霍桑试验表明，在正式群体中总会存在着非正式群体，非正式群体在一定程度上会影响正式群体。应正确看待非正式群体，积极引导，使其与正式群体的目标相一致，这样才会促进正式群体的发展。否则，二者会发生冲突，影响正式群体的存在和发展。

（二）假设群体和实在群体

根据群体是否真实存在，可将群体分为假设群体和实在群体。假设群体是指现实中并不存在的，只是为了研究和分析的需要，把具有某种特征的人组织在一起的群体，如农民工群体、教师群体等。

实在群体是指在一定空间和时间内实际存在的群体，成员之间有着实际的交往和联系，如书法协会、工会等。

（三）成员群体和参照群体

根据个体是否为群体成员，将群体分为成员群体和参照群体。成员群体是指个体为其正式成员的群体，如个人所在的学校、单位等。

参照群体是指个体实际没有参加群体，却将群体的目标、规范、准则作为自己的行动指南的群体。参照群体一旦在个体内心得到确认，就会对个体的心理和行为产生明显的导向作用。以先进人物为参照群体的青少年，容易表现出积极向上的行为；而以犯罪团伙为参照群体的青少年，则容易表现出越轨或触犯法律的行为。现实生活中，个体所属的群体往往不一定是心目中的参照群体。因此，注重参照群体的研究，有助于把握成员的行为动向。

（四）松散群体和联合群体、集体

前苏联心理学家彼得罗夫斯基根据群体发展的水平和群体成员之间联系的密切程度，将群体分为松散群体、联合群体和集体。松散群体是指人们仅在空间与时间上结成的群体，成员之间并没有共同活动的内容、目的和意义，如机场的乘客，商场中的消费者等。

松散群体进一步发展，很可能成为联合群体。与松散群体相比，联合群体的成员之间有共同活动的目的，但这种共同活动只有个人意义，如参加比赛的合唱团等。集体是群体发展的高级阶段，其成员之间的共同活动不仅具有个人意义，而且具有社会价值。

三、群体心理

（一）群体的心理功能

群体心理，是相对于个体心理而言，是人们在一定的群体中相互作用、相互影响而产生的共有的、有别于其他群体的心理现象和行为方式的总和。如群体需要、群体规范、群体价值、群体情感等（屠文淑，2002）。个体心理构成群体心理的基础，但群体心理不等于个体心理之和，而是群体成员之间相互作用的结果。个体作为群体的成员，其心理特征必然会受到群体心理的影响。例如，一个学生心情不愉快时，欢乐的群体心理气氛会使他受到感染，忘记烦恼；相反，如果群体中存在猜疑、嫉妒等不良的心理气氛，也会投射到个人身上，从而影响个体的心理。群体对个体心理方面的作用主要体现在以下四个方面。

1. 群体归属感

群体归属感指个体自觉地归属于所参加群体的一种情感。求得安全和归属是人的基本需要之一，个体参加并属于某一群体时，就会获得心理上的安全感和归属感。作为群体的一员，具有"我们"和"我们的"这种情感。有了这种情感，他们就会自觉地认同所参加的群体，以这个群体的规范为准则，进行自己的行动、认知和评价，并与群体内的其他成员在情感上发生共鸣，表现出相同的情感、一致的行为及所属群体的特点和准则，自觉地维护这个群体的利益。

2. 群体认同感

群体认同感指群体中的成员在认知和评价上保持一致的情感。群体中各个成员有着共同的目的、兴趣和共同的利益，他们会在一些重大事件和原则上，自觉地保持一致的看法和情感，从而使群体成员的意见统一起来。

3. 群体力量感

群体可作为个人的后盾、一种可依靠的力量，个体在群体中遇到困难时能得到帮助，失败时能得到鼓励，从而不会感到孤单，增加力量感。

4. 群体的支持作用

群体的支持作用是指群体为实现其自身与成员发展的需要，按照群体目标的要求，对群体成员的个性心理进行积极而有效的影响。当个体表现出符合群体准则和群体期待的行为时，就会得到群体的赞许和支持，从而进一步强化他的行为。

（二）群体对个体行为的影响

1. 社会助长作用与致弱作用

所谓社会助长作用，是指他人在场或与他人一起活动时，可以提高个体的活动效率。也就是说，在群体中，个人的工作有增质增量，干得又快又好的倾向。相反，如果他人在场或与他人一起活动时，导致个体活动效率的下降，就是社会致弱作用或社会干扰作用。

科特雷尔等（Cottrell et al., 1967）做过一个实验，让被试在两种不同情况下进行活动，一种是单独的一个人，另一种是和群体其他成员们一起，内容是学习单字配对表。配对的单字有两类，一类是由同义的单字组成，学习起来很容易；一类是由无任何联系的单字组成，学习起来非常困难。让被试在上述两种情况下都学习这两类配对的单字。研究结果表明，被试在学习简单的单字配对时，有其他人在场比没有人在场的效果更好；当学习困难的单字配对时，效果则相反，独自一个人学习的成绩更好。

群体对个体活动究竟是产生社会助长作用还是社会致弱作用？心理学的研究表明，这主要取决于活动或工作的性质是否复杂。如果个体从事的是简单的机械操作或手工活动，有他人在场时，会使活动者的工作效率提高，产生社会助长作用。其原因主要有以下三方面：①多数人一起活动，个人有被他人评价的意识，从而增强动机，提高了兴奋水平；②和他人一起工作可以互相模仿，改进方法；③以和他人一起工作可以减少单调、枯燥、孤独而造成的心理疲劳。这三方面因素的影响，会提高活动者的动机强度，从而对个体产生很大的推动力量。但是，当个体从事的活动难度很大或需要一系列复杂的判断推理等思维活动时，其他成员在场则会干扰个体思考，从而产生社会致弱作用。其原因有两方面：①他人在场的外在刺激分散了个人的注意力，起到干扰的作用；②被他人评价的意识过强，会产生焦虑，从而涣散了精神。

2. 社会惰化作用

社会惰化作用，是指个体与群体其他成员一起完成某种事情时，往往个人所付出的努力比单独时偏少，个体不出全力的现象，也称社会逍遥、社会懈怠。俗语"一个和尚挑水吃，二个和尚抬水吃，三个和尚没水吃"正是这种心理现象的具体形象化。

法国人瑞琼曼（Ringelman et al.，1913）做了一个拔河比赛的实验，他要求被试在分别单独的与群体的情境下拔河，同时用仪器来测量他们的拉力。结果发现随着被试人数的增加，每个被试平均使出的力减少了。这种共同完成一项任务时，群体人数越多个人出力越少的现象，后来在其他人的实验中也得到证实。在现实社会生活中，社会惰化现象十分普遍。

关于社会惰化作用的产生原因，一个普遍认同的观点就是：个体与群体一起从事某件事情时，个人的被评价焦虑减弱，使个人在群体中的行为责任意识下降，行为动力也相应降低。研究表明，当人们知道自己的工作质量和数量是可能被明确测量时，这种现象就消失了。此外，在群体活动中，以整体成功为目标的奖励引导，群体提倡发扬团队精神，群体激发个体的责任感和成就感等，都会有助于减少社会惰化作用。

3. 去个性化

去个性化指个体在群体中可能失去自我认同感和责任感，失去自我控制，行为放肆，表现出个人独处时不会做出的行为。现实生活中，这一现象并不少见，聚众斗殴、起哄、球迷闹事，都存在这种去个性化现象。

心理学家津巴尔多（Zimbardo，1970）做了一个有趣的电击实验，召集一些女大学生作为被试，要求她们对隔壁一个女大学生（实验助手扮演）进行电击（假电击），不需要负任何道义上的责任，通过镜子被试们可以看到那个被自己电击的女大学生。被试分为两组，第一组被试都穿上带头套的白色大褂，每个人只露出两只眼睛。主持人请她们实施电击时也不叫她们的名字，整个实验在昏暗中进行。第二组被试穿着普通衣服，并且佩带写有姓名的身份牌。在实验时，主持人很有礼貌地叫着每个人的名字，房间里的照明很好。结果发现，第一组被试比第二组被试按电钮的次数多达将近两倍，并且每一次按下电钮的持续时间也较长。这说明群体成员在不易被识别的情况下，易导致无克制的攻击行为。

产生去个性化的原因主要有三方面。①群体成员的匿名性。在群体行动时，个体淹没在群体之中，个体间辨认性低，遵从社会规范的压力会减少，从而导致群体成员做出违反社会准则的行为。②责任的分散性。一个人单独行动时，往往能从伦理道德、法律规范等多方面去考虑行为的后果和意义，意识到自己的责任。但是，在群体中，其成员就会感到一些不良行为是以整体出现的，责任只能落实到群体身上，责任人人有份，后果个个承担，甚至错误地认为，"法不责众"，致使个体责任感在某种程度上减弱或丧失。③自觉性降低。个体自觉性水平的高低，是影响去个性化发生的另一个关键因素。当一个人自觉性很强，能清楚自觉地意识到自己的角色、责任时，即使外界去个性化诱因多么强烈，他也不会加入带有破坏性的去个性化行为的群体中。

4. 从众行为

见本书第六章。

第二节　群体凝聚力

一、群体凝聚力的内涵

从一般意义上讲，群体凝聚力（group cohesiveness），也叫群体内聚力、向心力，是指使群体成员固守在群体之内的吸引力，包括群体对其成员的吸引力和群体成员之间的相互吸引力。

国外不同学者从不同角度对凝聚力进行了定义。Festinger（1950）把凝聚力定义为"作用于群体成员使其留在群体内部的各种因素的合力"。这些"因素"被后来的研究者们不断拓展为群体所提供的，能够满足成员生理、心理和社会需要的各种因素，如使群体成员获得安全感、归属感、接纳、友谊、成就感等的因素（刘敬孝等，2006）。

Dorwin Cartwright，A. J. Lott 和 B. E. Lott 则是从凝聚力强弱的角度来定义凝聚力的。Cartwright 认为凝聚力是指"群体成员渴望留在群体中的程度"；Lott 和 Lott（1961）认为"凝聚力可被描述为群体成员之间互持积极态度在量和程度上的群体特点"。

Zaccaro 和他的同事（Zaccaro and Lowe，1988；Zaccaro and McCoy，1988）从另外一个重要维度认识凝聚力，把凝聚力分为任务凝聚力和人际凝聚力。所谓任务凝聚力（task cohesion）是指由于成员对群体任务的喜好或责任感，或由于群体能够帮助其成员实现其重要目标和满足其重要期望而产生的凝聚力（Tziner and Vardi，1982）。任务凝聚力主要来源于群体的工作目标和群体所提供的工作激励。所谓人际凝聚力（interpersonal cohesion）是指群体因人际关系良好而产生的对成员的吸引力（Lott and Lott，1965），人际凝聚力产生于群体成员的归属感和成员间的相互喜欢（Zaccaro and McCoy，1988；刘敬孝等，2006）。

二、群体凝聚力的影响因素

影响群体凝聚力的因素是多方面的，这里我们主要从结构因素、人际因素和情境因素三个层面进行分析。

（一）结构因素

群体的结构特征，如领导、激励、群体规模、群体目标等因素对群体凝聚力的形成有重要的促进作用。

1. 群体目标

群体目标与个体目标的一致性，是形成群体凝聚力的前提条件。如果群体目标与个体目标相一致，那么个体就会被群体所吸引。对于群体而言，群体目标应该包括和满足个体的需要和愿望，使个体目标在群体内得以实现；对于群体成员而言，个体目标应该与群体目标协调一致。当群体目标与个体目标发生矛盾时，个体应以群体利益为重，调整个体目标，使其与群体目标相适应，努力完成群体目标。

2. 群体规模

群体规模与群体凝聚力大小成反比，群体规模越大，群体成员间互动的机会和可能性就越少，从而难以形成凝聚力；反之，群体规模越小，群体成员间互动的机会和可能性就越多，群体成员就越容易融为一体，从而形成更强的凝聚力。

3. 群体领导者

领导者是群体目标的主要决策者和群体执行任务的主要动力。领导者的领导风格、领导方式及领导班子成员的整体素质等，对群体凝聚力的形成有重要影响。根据勒温1939年所做的经典实验，"专制"、"民主"与"放任"三种领导方式中，以"民主"方式的领导产生的凝聚力最强。在民主领导方式下，成员之间关系友好，参加群体活动程度高，活动的组织性强，群体活动效率也高；在专制或放任的领导方式下，以群体为中心的活动较少，有组织的行为也较少，成员的不满行为较多。此外，一支团结协作、以身作则的领导者队伍容易使群体成员对群体产生向心力。

4. 激励

群体是否能够持续为群体成员提供其所期望的激励，会对群体凝聚力产生重要影响。能够促进群体凝聚力的激励因素，主要指能够强化归属感的各种情感因素。那么，满足群体成员的不同心理需求，就成为激励的关键。根据麦克利兰的成就需要理论，有些人的成就需要比较强烈，有些人的归属需要较强，而有些人对权力的要求很高。因此，应该认真分析群体成员的不同心理需求并给予满足，以增强群体的向心力。

（二）人际因素

1. 群体成员间的相似性

成员间的相似性是指群体成员在价值观、态度、兴趣、爱好、个性、年龄、职业等方面的相似。它对人们的交往、相互吸引有重要影响。群体成员在某方面的相似，容易使人感到彼此接近，从而产生好感，增强彼此间的吸引力，从而也就容易增强群体的凝聚力。伯恩的实验说明了这一点。伯恩给被试看一份有关另一个人的描述性材料，内容包括态度、观点和其他一些特点。有的描述和被试者十分接近，有的则相差很远。等被试看完材料后，试验者问他们对这个人的喜欢程度。结果表明，材料描述的人越像被试，被试就越喜欢（孙时进，2003）。

2. 群体成员间的相互协作

群体成员之间相互尊重，相互交流，为完成群体目标而共同合作。通过合作活动，使每个成员都意识到要实现自己的目标，必须得到别人的帮助，同时自己也要帮助别人，这有利于增强群体成员的团队意识，从而增强群体凝聚力。美国心理学家道奇做过一个实验，他让一个班级的同学讨论问题，对其中的一半说，若每个学生与成员合作得越好，成绩就会越高；然后对另一半说，按每个学生竞争的能力分等级打分，越突出则分越高。结果表明，合作的一半学生要比竞争的一半更好地解决问题，群体更加协调一致，成员关系也更加融洽，群体凝聚力更高。相反，竞争的小组内很少有沟通，彼此间关系紧张，群体凝聚力遭到破坏（孙时进，2003）。

（三）情境因素

当群体处于外界的压力下或遇到外来的威胁时，如群体间开展竞争等，各自的群体内部就会产生压力，促使群体成员自觉地减少内部分歧，一致对外，以提高自己所属群体的竞争力。群体的凝聚力会因此而得到提高。心理学家迈厄斯的研究证实了这一点。迈厄斯组织了几个三人一组的步枪射击组，设置了不同情境，即让有些组进行彼此竞争，有些组不搞竞争。结果表明，开展组间竞争的小组比不搞竞争的小组团结得更紧密。

三、群体凝聚力的影响

（一）群体凝聚力对个体的影响

群体凝聚力的形成，会对群体成员的态度和行为产生直接或间接的影响。首先，一般来讲，凝聚力强的群体，其成员有较强的归属感、认同感，在对问题的认识和评价上自觉保持一致，相互协助，维护群体的利益。其次，凝聚力强的群体，其成员的责任心普遍较强，愿意更多地承担群体的责任和义务，关注群体的存在和发展。再者，凝聚力强的群体，其成员间的人际关系较好，成员之间的沟通和交流比较密切，彼此信赖，心理相容。

（二）群体凝聚力对群体绩效的影响

对群体凝聚力与群体绩效的关系，一般而言，人们认为群体凝聚力越强，其成员越愿意为群体努力工作，群体的绩效水平也越高。但是，群体凝聚力与群体绩效的关系并非那么简单。群体绩效水平的高低受群体凝聚力类型及群体规范等中间变量的影响。

Zaccaro 和 Lowe（1986）通过研究发现任务凝聚力会促进群体绩效的提高，但是，人际凝聚力反而对群体绩效的提高起抑制作用。Zaccaro 和 McCoy（1988）发现任务和人际这两种凝聚力都很高的群体绩效水平最高，只有一种凝聚力高而另一种凝聚力很低的群体其绩效水平还不如两种凝聚力都低的群体绩效水平高。

此外，群体凝聚力与群体绩效的关系在很大程度上取决于群体规范。社会心理学家沙赫特做了一个实验，他将实验组置于四种不同的情境下，即强凝聚力＋积极诱导；强凝聚力＋消极诱导；弱凝聚力＋积极诱导；弱凝聚力＋消极诱导。积极诱导要求增加生产，消极诱导要求减少生产。结果发现，两种诱导产生了明显不同的效应。无论凝聚力高低，积极诱导都提高了生产效率，而且高凝聚力组生产效率更高；消极诱导则明显降低了生产效率，而高凝聚力组的生产效率更低。这说明高凝聚力组比低凝聚力组更容易受诱导因素的影响，因为群体凝聚力越高，其成员就越遵循群体规范。因此，高凝聚力并不一定带来高效率，它要受到群体规范的影响。

第三节　群体决策

一、群体决策概述

依据决策主体人数的多少，可将决策分为群体决策与个体决策。群体决策指由多个人一起作出的决策，而个体决策是指由单个人作出的决策。

与个体决策相比，群体决策主要有以下四方面优点。

（1）提供更完整的信息。俗语说："三个臭皮匠，顶个诸葛亮。"群体可带来个体单独活动时所不具备的多种经验和不同观点。

（2）产生更多的备选方案多个参考者的不同知识背景，有助于产生多个视角与路径的备选方案。

（3）增强对决策方案的可接受性。让受到决策影响或执行决策的人们参与决策制定，可增强对决策方案的认同感，有利于决策的执行。

（4）提高决策的合法性。群体决策制定过程与民主思想相一致，因此制定出来的决策更容易被人们接受，而避免被当做独裁的产物。

群体决策也有四个方面的缺点。

（1）消耗时间。组成决策群体需要花费时间；群体成员之间的信息交流及相互影响都将消耗大量时间。

（2）产生"从众现象"。群体中存在的社会压力迫使一些人放弃自己的观点而寻求与多数人的一致，削弱了群体中的批判精神，影响到决策的质量。

（3）少数人统治。群体成员地位的不完全平等性，使得某些成员在群体中居于主导地位，操纵着决策的方向。

（4）责任不清。决策方案由群体成员共同作出，很容易导致集体负责等于无人负责的结果。

二、群体决策的方法

（一）头脑风暴法

头脑风暴法（brain storming）是心理学家奥斯本提出的一种群体决策方法。该方法主要用于收集新设想、新观点。群体领导者首先以明确的方式向所有参与者阐明问题，然后成员在一定时间内提出尽可能多的方案，当场记录下所有的方案，供以后讨论和分析。

这一方法的实施应遵循以下四项原则：①对别人的建议不允许任何批评；②建议越多越好，参与者无须考虑建议的质量；③广开思路，自由思考；④可以补充和完善已有建议，使其更具说服力。

不过，头脑风暴法仅是一个产生思想的过程，要形成最后决策还需要有其他方法辅助。

（二）名义小组技术

名义小组技术（nominal group technique），顾名思义，小组讨论是名义上的，即小组成员只是出席，独立思考问题，并不相互讨论、协商。具体步骤如下：①成员集合成一个小组，管理者说明问题，成员独立写下自己对问题的看法；②成员将自己的想法提交给小组，然后一个一个地向大家陈述自己的方案和意见，并进行现场记录；③小组开始讨论，以便把每个想法都搞清楚，并作出评价；④每个成员独立地把各种想法进行排序，最后的决策方案是综合排序最高的想法。

名义小组技术的主要优点在于，使小组成员正式开会但不限制每个人的独立思考，而传统会议方式往往做不到这一点。

（三）德尔菲法

德尔菲法（Delphi technique）是美国兰德公司在 20 世纪 50 年代初与道格拉斯公司协作，用于技术预测的一种预测方法。该方法的主要特点在于不需要群体成员列席会议，面对面开会，可降低组织会议的成本，减少"权威人士"的影响。但是其程序上较复杂，较消耗时间，具体步骤如下。

（1）通过问卷等方式将所要解决的问题向有关领域专家传达。

（2）各个专家匿名地、独立地提出自己的意见和想法。

（3）管理者将各位专家的意见收集起来进行综合整理，并将综合后的意见反馈给各位专家。

（4）每个专家根据综合后的反馈意见，再次修正自己的想法。

（5）重复（3）、（4）步骤，直到取得大体上一致的意见。

（四）阶梯技术

阶梯技术（stepladder technique）是由心理学家（Rogeberg et al.，1992）提出的群体决策技术。该方法的主要特点在于群体成员是一个一个参与到决策中，并非所有成员一起讨论，具体步骤如下。

（1）由群体中的两个成员对所要解决的问题进行讨论，并达成一致意见。

（2）第三个成员加入其中，首先阐明自己的观点，然后听取前两个人已经达成的意见。

（3）三人一起讨论，直到达成共识。

（4）群体其他成员以同样方式依次加入，直到整个团体达成一致方案。

Rogeberg 认为，与名义小组技术、德尔菲法等决策方法相比，阶梯技术不仅在实际方案选择，而且在心理感受上均优于前者。但是，该方法比较费时，适合于重大问题的决策（侯玉波，2002）。

三、群体决策现象

在群体决策过程中，有两种比较复杂而有趣的现象，即群体极化和群体思维。

（一）群体极化

群体极化（group polarization）是指通过群体讨论使得成员的决策倾向更趋极端的现象（侯玉波，2002）。它包括冒险性转移和谨慎性转移。冒险性转移即当群体成员最初的意见倾向于冒险时，群体讨论将使结果更加冒险；谨慎性转移即当个体最初的意见保守时，群体讨论将使结果更加保守，如图 7-1 所示。

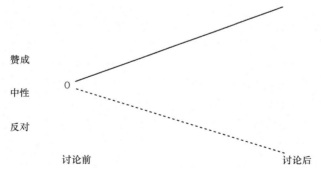

图 7-1 "群体极化"现象的作用方式

资料来源：侯玉波，2002。

美国社会心理学家斯托纳 (Stoner，1961) 通过设计 "选择困境问卷"，比较被试在群体条件下和在单独条件下所提的建议。具体情境如下：

某位工程师，已婚，有一个孩子。五年前大学毕业后一直在一个大型公司任职，工作稳定，收入中等，退休有保障。现在有一家小型公司需要人，收入很高，但工作不稳定。这一小公司赚钱的可能性有如下几种：1/10、3/10、5/10、7/10、9/10，请问被试，工程师在小公司赚钱的概率为多少时才去任职。

首先，研究者让被试在单独情况下提出建议，然后让其所属群体共同讨论如何选择。最后研究者将被试在两种情况下提出的建议进行比较，发现被试在群体讨论的情境下所提的建议更具有冒险性，也就是所谓的冒险性转移。

对于在群体决策条件下产生群体极化的原因，学者们通常认为有以下两点。

（1）责任分散。在群体决策条件下，对所作出的决定大家都有责任，这样每个成员的责任就相应减少，恐惧感降低，从而导致成员提出更冒险或更保守的建议。

（2）群体偏向。群体成员趋向于冒险还是趋向于保守，会受到群体偏向的影响。群体偏向可能是由于大多数人的意见而导致他人从众，也可能来自群体中领导人的影响。在讨论中，如果大多数人或主要领导人偏向于冒险的决定，那么整个群体就会向冒险转移；反之，向保守转移。

（二）群体思维

1. 群体思维的内涵

群体思维 (group think) 也称小集团意识，是指在一个高凝聚力的群体内部，人们在决策及思考问题时过分追求群体的一致，导致群体对问题的解决方案不能作出客观及实际的评价的一种思维模式，这种思维模式经常导致灾难性事件的发生 (侯玉波，2002)。

美国社会心理学家 Janis 最早对这一现象进行研究。他运用群体思维概念解释了一些美国历史上失败的高层政治和军事决策事件，如 20 世纪 60 年代的越南战争，尼克松的 "水门事件" 及侵略古巴的 "猪湾事件" (毕鹏程等，2002)。另外，一些研究者们还利用群体思维理论对很多失败的群体决策事件进行了解释。其中有 1986 年美国 "挑战者" 号航天飞机失事和卡特总统解救德黑兰人质行动的失败 (毕鹏程等，2002)。

2. 群体思维产生的条件

Janis 认为，群体思维产生的前提条件主要有以下五方面内容。

（1）群体凝聚力。在凝聚力强的群体中，为了维护群体的统一，在决策讨论时成员往往不会提出异议，而是自觉地与大家保持一致。群体凝聚力越强，产生群体思维的可能性越大。

（2）群体与外界的影响隔离。若群体处于封闭孤立状态，缺少与外界的沟通交流，获取外界各方面的信息较少，在进行决策时容易盲目自信，群体思维。

（3）领导者的领导方式。若群体的领导者是专制型、命令式的领导风格，不允许下属发表不同意见，群体思维就容易产生。相反，民主式的领导方式则可以减少这一现象的发生。

（4）群体的决策方法和程序。在进行群体决策时，若没有一个有效的程序来保证群体对所有选择方案从正反两方面考虑，则容易导致群体思维。

（5）群体的外部压力。若外界压力很大，要找出一个比领导者所偏好的选择更好的解决方案的机会很小，则可能导致群体思维。

3. 群体思维的表现及影响

根据 Janis 的研究，导致群体决策失误的群体思维主要有以下八种表现。

（1）无懈可击的错觉，群体对自身过于自信和盲目乐观，不认为自己的决策存在潜在危险。

（2）行为的合理化，即群体通过集体将已经做出的决策合理化，忽视外来的挑战。

（3）对群体的道德深信不疑。

（4）对群体外成员（对手）看法的刻板化，认为任何反对他们的人或者群体都是不屑与之争论的。

（5）从众压力。群体不欣赏不同的意见和看法，多数成员选择与群体保持一致。

（6）自我压抑。为了保持与群体的统一，成员会避免提出与群体不同的看法和意见。

（7）全体一致的错觉。从众压力和自我压抑的结果，使群体的意见看起来是一致的，并由此造成群体统一的错觉。

（8）思想警卫，即群体某些成员会有意地扣留或者隐藏那些不利于群体决策的信息和资料，或者是限制成员提出不同的意见，以此来保护决策的合法性和影响力。

Janis 将群体思维对群体决策的不良影响归纳为以下几个方面：①不全面研究变通的方法；②不全面研究决策目标；③不考察既定选择的冒险性；④信息资料研究不充分；⑤对既有资料处理时的选择性偏见；⑥不重新评价其他的选择；⑦不制定其他的备用方案（毕鹏程等，2002）。

4. 群体思维的防范

群体思维常常导致决策失误，给人们的生活带来重大影响，因此，在群体决策时，应尽量避免群体思维，以保证决策的合理化、客观化。Janis 认为，应该从以下六方面着手。

（1）领导者在讨论中应当保持公正，不要偏向任何立场。

（2）领导者鼓励每个成员踊跃发言，并对提出的意见进行质疑。

（3）指定一位或多位成员充当反对者的角色，专门提出反对意见。

（4）将群体分成小组，独立讨论，然后再全体聚会交流分歧。

（5）决议达成前，请群体之外的专家与会，并请他们对群体意见提出挑战。

（6）如果问题涉及与对手群体的关系，则应花时间充分研究一切警告性信息，并确认对方会采取的各种可能行动。

第四节 群体协调：合作与竞争

一、合作与竞争概述

合作（cooperation）与竞争（competition）是群体中主要的两种互动方式。合作是指两个以上的人为了实现共同的目标而相互帮助、协同活动的行为或意向。例如，几个人一起划船，几个同学一起植树等等。多依奇（Dentsch）在 1968 年指出，合作有三种心理上的意义。①相互帮助：参与合作的所有成员的行为是可以互相替代的。②相互鼓励：成员们为实现共同目标而产生积极奋发的情绪。③相互支持：成员彼此之间抱着积极支持的态度。

竞争是指个体或群体对于一个共同目标的争夺，促使某种只有利于自己的结果获得实现的行为或意向。比如，体育比赛、升学考试等都是竞争的表现。竞争作为一种外部刺激，会对个体产生一系列的心理效应，既有积极的影响，也有消极的影响。竞争既可以激发个体的动机，充分发挥人的潜力，又可以增强个体的自我意识。但是，不当的竞争会有碍于个体身心健康，并影响人际关系的发展。

合作与竞争就其性质而言是相互对立的，但是二者又是密切相关的。只有竞争，没有合作，竞争就缺乏潜力；只有合作，没有竞争，合作就缺乏活力。通常，合作行为中有竞争的成分，竞争行为中也有合作的成分。例如，体育比赛中，运动员为了本队取得胜利而相互合作。但是，在战胜对手的过程中，每个成员的贡献大小是不同的，成员之间会相互比较，这就包含了竞争成分。同样，在数学竞赛中，个体之间的竞争十分激烈，但是，这是建立在每个成员遵守竞赛规则的基础上的，竞争中也包含了合作成分。

二、关于合作与竞争的实验研究

从 20 世纪 40 年代起，社会心理学家就对合作与竞争问题进行了大量研究，并得出了结论：与合作相比较，在没有特别引导的情况下，人们更倾向于选择竞争的行为方式。20 世纪五六十年代，多依奇（Dentsch）和鲁斯（Luce）等人进行了一系列的经典的实验研究，证明了竞争心理优势的存在。

（一）多依奇的实验

多依奇等在 1960 年进行了著名的卡车竞赛实验。在实验中，要求被试两人一组，分别充当甲、乙卡车运输公司的经理。两人的任务都是使自己的车辆以最快的速度从起点到达终点，速度越快，赚钱越多，要求他们尽可能多地赚钱。每人都有两条路线可走：一条是个人专用的远道，另一条是两人都可行驶的近道，但近道路窄，一次只能通过一辆车（图 7-2）。显然，为了多赚钱，双方应该合作，轮流走近道。然而，实验结果表明，双方都力图抢先通过，两车常常僵持不下，谁也不肯让步。

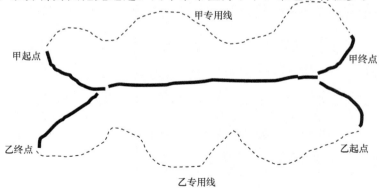

图 7-2　卡车竞赛实验

多依奇根据实验指出，合作的特点不仅在于有关各方对于为实现共同目标而相互依赖、相互帮助有所认识，而且还在于每个人都对他人采取积极态度，具有喜欢对方的感情。而竞争的特点在于：一方面，各方都清楚知道自己要实现目标；另一方面，每个人都对自己的竞争对手采取消极冷淡的态度，具有不喜欢对方的感情。

此外，鲁斯的"囚犯困境"实验同样表明，在既有竞争因素又有合作因素的互动关系中，人们还是倾向于选择竞争方式。

（二）明南斯的实验

心理学家明南斯设计了一个为被试提供有利合作条件的实验，如表7-1所示。

表7-1 有利于合作的矩阵表

		被试A	
		合作 X	竞争 Y
被试 B	合作 X +4	+4 +1	+3
	竞争 Y +3	+1　0	0

在这一实验中，被试选择 X（合作策略）得分的可能性为 4 或 1，而选择 Y（竞争策略）得分的可能性是 3 或 0。如果双方都选择 X，则大家都能得最高分 4 分。显然，选择合作策略最为有利，利己又利他。然而，即使在这一情境下，大多数被试仍然选择竞争策略。其原因在于，这种选择虽然十分冒险，但可能比别人得分更高，有可能战胜对方。

三、影响合作与竞争的因素

影响群体成员合作与竞争的因素有很多，一般认为有以下三点。

（一）信息沟通与信任程度

一般来说，交往双方彼此之间的沟通交流越多，越倾向于合作。因为双方的信息交流提供了相互了解对方行为意图的可能性，所以减少了对方判断的错误。另外，相互沟通还有助于增进彼此间的感情，增进相互信任，从而促进双方合作。

在多依奇等人的卡车竞赛实验中，曾设计了三种不同的沟通情况。要求第一组被试彼此沟通信息，第二组被试只是提供一些谈话的机会，第三组被试不允许彼此沟通。结果发现，彼此沟通组产生了一些合作行为，而不允许沟通组极少合作。

（二）动机

动机对合作或竞争倾向的影响很大。成就需要强、成就动机高的人，倾向于选择竞争。在有关合作与竞争的实验研究中，被试的动机一般分为两种：一是赢得金钱；二是战胜别人。当报酬减少，从而赢得金钱的动机退居次要地位时，人们的行为主要受战胜别人的动机引导，竞争倾向增强。

（三）个性特征

个体的个性特征在很大程度上影响一个人采取合作行为还是竞争行为。在个性特征中，性格和能力的影响作用更为明显。争强好胜的人在各种活动中往往倾向于竞争，而性格温和的人较易于同别人合作。另外，人与人之间能力的差异，是导致人们相互竞争的原因之一。研究表明，能力相仿者倾向于彼此竞争，而能力强弱有差异者倾向于彼此合作。

 **课后案例**

哄抢行为何时止？

2005 年 8 月 8 日，一辆满载 25 吨食用油的油罐车行驶至武汉市沌口东风大道时突然侧翻，10 余吨油外泄。路边居民见状，拎着桶、盆等容器前来抢油。交警、城管队员、消防队员出面制止却不起作用。其实根据专家介绍，这些油已经被污染，不能食用了。

2005 年 8 月 11 日上午，湖南岳阳一市民欲转存 10 万元银行存款，不料当街被抢。当劫匪携款一路狂奔时，一名治安巡逻队员将其拦住，两位市民也挺身而出，共同制服了犯罪嫌疑人。但令人想不到的是，在三人与歹徒搏斗的过程中，现场竟有部分围观市民一哄而上，将散落在地的 10 万元现金抢了个精光。

2005 年 9 月 10 日晨 7 时许，京珠高速路湖南段 259 公里处因大雾引发一起八车追尾事故，造成 10 多人受伤。事故中，一辆运载羊肉的货柜车冲到了路基下，司机被卡在驾驶室里；一辆运载鸡蛋的货车侧翻在高速公路上。当交警赶到现场时，发现附近不少村民已经赶到了现场，但是他们没有抢救伤员，而是在哄抢散落在路上和路基下的羊肉、鸡蛋等货物。面对失控的场面，交警对参与哄抢的四名村民采取了强制措施，但也没能制止住其他村民的哄抢行为。

哄抢事件连续不断地发生，哄抢行为明显属于暴力行为，是违法的，人们为何明知故犯呢？

 **案例简析**

哄抢，既受贪图意外之财的"利益心理"驱动，更受法不责众的"免责心理"驱动，对于一些对公共利益认知淡薄、专注与私利的人而言，哄抢只不过是一个"见利取利"的正常行为，其实已经触犯法律，要付出比所获利益更大的损失。

思考题

1. 请运用群体心理的有关理论分析案例中一系列的哄抢行为？
2. 结合案例，请谈谈如何避免群体心理对人们行为的负面影响？
3. 结合章前引入的小案例，运用群体心理相关理论分析李元为什么会在篮球比赛场表现不佳？

第八章　公共管理中的文化与民族心理

【本章学习导读】

1. 理解民族心理的含义以及在公共管理中民族文化与民族心理的内涵。
2. 了解在公共管理中民族文化与民族性格的关系。
3. 掌握在公共管理中民族文化与民族性格的特点。

【课前案例】

有这样一则幽默故事：德国人、法国人、日本人、俄国人和中国人，他们分别以大象为论题做文章：德国人写的是《大象的思维》，法国人写的是《大象的情爱》，日本人写的是《大象的经济价值》，俄国人写的是《俄罗斯的大象是世界上最伟大的大象》，中国人的题目则是《大象的伦常》。尽管这是个故事，但也多少体现出一些民族的特色，如德国人的哲理思辨，法国人对情爱的重视，日本人的经济头脑，俄国人的大俄罗斯自豪感，中国人的伦理意识。

从这个故事中，我们也不难看出，在长期的发展与演变历程中，每个民族都形成了带有自己民族特色的心理模式，它们通过各种方式，如遗传、环境、文化、教育等因素被固化于民族群体中，使每个民族都以自己所特有的心理方式或心理模式作用于外部世界。

第一节　民族心理概述

民族是人类社会最重要的人群共同体之一，在日常生活的实践中，我们常常发现同一民族的成员往往会有相似的行为模式，也即，同一民族的人们处在同一环境中，接受相同的刺激时，就会做出相似的反应，而不同民族的成员则会做出不同的反应。这些现象促使心理学家、人类学家着手研究同一民族背景下，该社会成员的人格和人格的表现形式即社会行为，考察那些具有相同文化模式的社会个体的心理与行为表现。

所以对民族心理的研究成为心理学家给予最多关注的社会群体心理的研究。在公共管理心理学中，民族心理研究的是一个民族的社会文化因素对该民族成员的人格和行为的影响，研究各民族之间怎样和睦相处并尊重其他民族的文化与心理。

一、民族的定义

民族是由氏族发展而来的，在历史的发展过程中，氏族部落经过反复的繁衍、变迁、融合、分裂，最后形成了现代意义上的民族。任何一个民族都具有多方面的特性，如集中居住在某一地域范围之内，具有共同或相近的语言，有共同的祖先或血缘关系以及在心理素质方面具有某些共同特性等。斯大林认为"民族是人们在历史上形成的一个具有共同语言、共同地域、共同经济生活以及表现在共同文化上的共同心理素质的稳定的共同体"。从这个定义中我们看出，共同地域和共同的经济生活是形成共同文化及表现出的共同心理素质的前提条件，但共同文化与共同心理素质一旦形成则会具有相对独立性。也就是说，有些民族前几个条件全部消失了，但共同的文化和共同的心理素质，甚至仅仅是共同的心理素质仍然可维持某一民族共同体的存在。

二、民族心理的含义

民族具有共同语言、共同地域、共同经济生活及表现在共同文化上的共同心理素质四个基本特征，因此，民族本身就包含着民族心理。从对民族概念的分析中我们也不难发现表现在共同文化上的共同心理素质是划分民族的重要标准，而且有时还是唯一的标准。中国古书《左传》中云："非我族类，其心必异。"这表明了同一个民族对自己民族的认可与对外族的防御，经过民族文化的长期积淀，在民族成员心理上形成投射，产生共同的精神结构和行为方式，这就构成了民族心理。

"民族心理"一词，冯特在《民族心理学》中最早是用"民族心"表示，冯特注重"心"（mind，灵魂、心灵）对民族生活的精神作用，他认为，民族心这种精神体并不存在于个人心之外，而都在个人心之内，二者的区别在于：个人心是和每个人的身躯共存亡的；民族心则和个体的存亡无关而保持连续性，并随着时代的变化而变化，民族心从个人的相互交涉中产生出新的精神作用。冯特提出的民族心概念注重心理活动与社会生活以及民族传统之间的联系，体现了民族心理在心理领域的重要性。

民族心理就是指在长期的自然环境与社会环境的制约下，在历史文化的积淀过程中形成的，并通过一定的生产和生活方式及各种文化产品得以表现，决定着该民族人们性格和行为模式的共同的心理倾向和精神结构。

可以说民族心理既包括一个民族作为一个大群体所具有的典型心理特点，也包括该民族成员个体身上所体现的这些心理特点。这二者的关系是共性和个性的关系。同时民族心理也是一般心理的特殊表现形式，所不同的只是在强度上、维持时间上以及表现形式上有差异。例如，直爽豁达、对人热诚等性格特点，在所有民族中都能看到，但在有些民族中却表现得异常突出。如居住在中国呼伦贝尔草原上的鄂温克牧民，几乎人人都具有大度、私有观念淡薄、能歌善舞、热情好客、粗犷勇猛、顽强等性格特点，如此普遍强烈的性格表现，并不是每个民族团体都能具有的。民族心理深受民族文化的影响。

三、民族文化与民族心理

民族与文化虽然是两个概念，但谈到某一民族心理时，就自然而然要涉及其文化特点和类型；而讲起某一文化时就又不得不论及它的民族依托和属性。民族文化与民族心理，正是在这种交相辉映中展示其斑斓色彩和勃勃生机的。因此，不论哪一类的民族心理研究，都必须以民族文化为背景来进行，这是国内外民族心理研究的共同准则。

首先，文化作为一种社会现象有其自己的特性，而其中一个重要的方面，是文化有着鲜明的民族特性。民族心理是受到文化的熏陶而形成的，文化以其特有的"认知结构"或"认知图式"，影响着该民族所独有的心理特质。所谓民族特质就是描述一组内部相关或有内在联系的行为时所使用的术语，是在遗传和环境的影响下，该民族成员对刺激作出反应的一种内在行为倾向。

精神分析心理学家荣格（C. G. Jung）在人格结构中提出集体无意识概念，而这个概念在民族心理中则属于该民族独有的心理特质。按照荣格集体无意识的理论，所谓集体无意识就是一个民族的成员通过遗传从祖先那里继承下来的文化经验，这种经验世代相传，经久不变，它作为一种独特的心理特质扎根于每一个具有共同祖先的民族成员的心理结构之中，影响和支配他们的思想和行为。由于一个民族的每个成员都从自己的祖先那里继承了相同的祖先经验，亦即具有共同的集体无意识，他们便有了共同的民族心理特质。一个民族文化的历史越悠久，其文化心理的格式就越复杂，其民族文化心理的独有特质就越稳定。

民族文化依托于民族心理。民族心理特点不仅是民族文化的表现形式，还是民族文化历史积淀的显示器。例如，傣族个性以温文尔雅、重和睦、轻纷争、安于现状而著称。傣族的这种个性心理特征，是在其悠久的传统文化，独特的社会经济、生活方式、风俗习惯以及优越的地理环境的背景中形成的，尤以小乘佛教渗透于傣族生活深处，特别是对其个性的形成起着重要作用。小乘佛教认为人生皆空，相信生死轮回之说，主张积善行以修来世，力求通过"自我解脱"达到"涅槃"，遇到人间不平事，往往是采取消极遁世的态度而不是积极抗争。小乘佛教这种出世的人生观、价值观就成为傣族人人性特征得以形成的深刻社会文化原因，而傣族的个性也因此成为傣族文化积淀的显示（熊锡元，1990）。

可以说，民族文化是民族心理的积淀。文化与人格学派的两位代表人物本尼迪克特（R. Benedict）和米德（G. H. Mead）通过研究证实了不同文化背景下，各民族的民族心理是不同的。

本尼迪克特对北美印第安人诸部落的文化进行了广泛的调查研究，在1934年出版的《文化模式》一书中，本尼迪克特以4种不同的文化为例，证明文化与人格的相互关系。她认为，祖尼印第安人具有严谨自制、善于合作、沉稳祥和、不酗酒、不夸张的人格特征，即"太阳神型"的人格；平原印第安人具有行为夸张、富于幻想、追求刺激的人格特征，即"酒神型"人格；夸库特尔印第安人具有粗暴狂野、骄傲自大、酗酒无度、崇尚暴力、藐视他人、自我折磨的人格特征，即"夸大狂型"的人格；多布人在与人相处过程中具有相互猜疑、互不信任、内心压抑、怀有敌意的人格特征，即"妄想狂型"的人格。

米德在《三个原始部落的性别与气质》一书中，发现在新几内亚3个原始部落中其性别和气质是不同的。在阿拉佩斯人中，男女角色同美国人差不多，讲礼貌、很文雅、不轻易向人挑衅，男人希望妇女行为温和、对家庭负责任；在孟都古莫人中，不论男女都非常粗暴，社会鼓励男人凶狠鲁莽、富于攻击性、多占有女性、不管小孩；女人也表现出粗鲁、嫉妒、自私、攻击性、缺乏母性；在查姆布里人中，男女的气质刚好与一般社会相反。妇女性格开朗，做事精明，管理生产，操持家务；而男人则多愁善感，喜欢打扮，爱好艺术，不管生产。因此，米德认为人的性格与气质不是天生的，也不是由性别决定的，而是文化影响的结果。

文化又从不同程度上影响着民族的认知结构、民族的性格及民族的价值观念等。梁漱溟在讲中国文化问题时，曾指出中国文化不只是地理上某空间、历史上某时期的那一堆东西，而是包含在文化中的那种精神或意义，文化和价值等是维系民族成为统一而不可破灭的群体所必需的内在纽带，是体现民族特点的东西。

从这些的研究和论述中，我们可以看出，民族心理的研究和其民族文化是紧紧地联系在一起的，研究民族心理离不开对该民族文化的研究。

四、民族心理的研究历史

人们对民族心理的研究最早可以追溯到古希腊的亚里士多德，他从气质和能力方面研究过民族差异。但对民族心理的大量研究还是在资本主义兴起之后的近代进行的。1978 年，康德在《实用人类学》中，以法兰西民族、英吉利民族、西班牙人、意大利人为例，比较研究了他们之间在认识、情感和欲望方面的民族心理差异。冯特是民族心理学的创始人之一，他写的《民族心理学》、《民族心理学纲要》和《民族心理学诸问题》标志着民族心理学的诞生。其后，民族心理的研究逐渐地受到心理学各个流派的重视，其中，精神分析学派的奠基人弗洛伊德（S. Freud）于 1913 年发表《图腾与禁忌》、1939 年发表《摩西与一神教》，这两本有关民族心理研究的巨著，在当时的学术界引起了轰动。在《图腾与禁忌》一书中，弗洛伊德第一次集中地阐述了自己关于宗教和道德起源的思想。他认为，在澳大利亚和非洲的一些原始部落族中所发现的图腾崇拜是所有文化发展中的一种必经阶段，它构成了当时社会的基础，是人类宗教和道德的起源。他根据研究断定，图腾崇拜中的图腾动物乃是父亲的一种替代物；在宗教后来的发展中，所有的神都是依据父亲的形象创造的；在解释宗教的发展时，提出了"群体心灵"的存在，人们把这种心理过程以潜意识的沉淀物一代代地传递下去。弗洛伊德的这些思想为民族心理的产生找到了历史渊源。《摩西与一神教》是弗洛伊德生前完成发表的最后一本著作。在这本书中，弗洛伊德运用他利用精神分析方法研究人类个体心理时所获得的结论，对古代的犹太民族领袖摩西和当时流行的一神教进行了研究，揭示了一神教的实质和起源，说明了导致犹太民族后来同信奉基督教的其他民族分离的原因，从而论证了宗教思想与民族心理的密切关系，丰富了民族心理研究的内容。新精神分析的代表人物弗罗姆从政治、经济、文化、社会等方面来考察人格的形成和发展，在他的著作《逃避自由》中，他认为人的性格特点，决定于人们所处的历史时代。譬如，中世纪时代的人的性格和今天资本主义时代人的性格就不同，弗罗姆的观点深化了人们对民族性格的认识。

我国对民族心理的研究始于 20 世纪初，陈大齐在 1919 年写文章论述了民族心理学的意义。童润之在 1928 年发表了《论民族意识》，梁乙真于 1942 年刊文《从心理学的观点论民族气节》，吴江霖在 1947 年发表了《社会心理学上的文化观点》。20 世纪80 年代中期以来，中国的心理学及民族学、人类学工作者也曾多次以各自的方法对中国各民族的心理特点进行了多种调查和研究，中国的民族心理研究出现了蓬勃的发展生机。

第二节　民　族　性　格

阅读资料：

　　研究发现，锡伯族和傣族分别居住在我国的北疆和南方，前者居住在新疆伊犁河南岸的察布查尔自治县，后者生活在我国南部的西双版纳。有趣的是，虽然相隔万里，但是两个民族的个性却遥遥相对，具有显而易见的相似性，即二者突出的性格特点都是温文尔雅、重和睦、轻纷争，他们解决矛盾的主要方式是"调解"和"责己"。为什么会出现这种现象呢？要解释这种现象就需要了解民族性格方面的知识。

　　民族性格是构成民族心理面貌的最稳定的因素，它是在特殊的历史条件下形成的各种心理特点的总和，并赋予民族心理以质的规定性，由这种规定把一个民族与另一个民族区别开来。正如爱尔兰人与英格兰人在民族性格上有不同的特点，其表现是爱尔兰人轻浮、容易激动、热情奔放、宽宏大量、有自我牺牲精神；英格兰人沉静自制、头脑冷静、冷淡、自决。[①]这种不同的民族性格既反映本民族历史发展的特点，同时也影响到一个民族的生活方式和活动。当我们分析某个民族情感外露，某个民族有幽默感，某个民族有求实精神时，这并不是说其他民族就不具有这些心理特点，而是指他们的表现不那么显著，或者是以另外的形式表现出来。我们现在就具体看一下民族性格方面的有关内容。

一、民族性格的含义

　　民族性格是相对于人格概念而言的。对于个性和人格在英语中都用 personality 来表示，人格是就个体而言的概念，是个体心理特质和性格特点的总和，是由各种心理特质和性格特点配置而成的。民族性格则是就民族全体而言，是一个民族多数成员共有的反复出现的心理特质和性格特点的总和，是人格的综合体。

　　对民族性格的定义，不同学者的论述各不相同，比如有的使用民族个性，有的使用众趋人格，有的使用社会性格，有的还用国民性。按照英克尔斯（Alex Inkeles）的定义，民族性格就是某一社会中成年成员中的典型性格与模式，而《心理学大词典》对民族性格的定义是：表征一个民族同其他民族相区别的典型性格特征。可见，民族性格这一概念要揭示的内容，是一个民族通常行为中所具有的某种相对稳定的、一致的东西。

　　我们认为：所谓的民族性格是指各个民族在其历史发展过程中逐渐形成的、由各民族所处的生活条件和历史环境所决定的一种带有民族特点的群体心理特征；它表现出共同民族文化特点的一种精神状态；是一个民族大多数成员共有的、稳定的心理倾向、心理特征以及与之相适应的行为方式。

　　这个概念包含了这样一层含义，即民族性格包含了"一个民族多数人行为方式的倾向性选择"。它代表的是一种行为方式的倾向，其表现是：在遇到同样的问题时，一种文化背景下成长起来的人与另一种文化背景下成长起来的人相比，可能更趋于采取

---

　　① 马克思，恩格斯．1972. 马克思恩格斯全集（第 2 卷）．北京：人民出版社：409-420.

这种行为而不是那种行为，其中并不排除个体差异和阶层差异。

二、文化积淀与民族性格

民族性格表现为民族内成员行为的趋向性。为什么会这样呢？不同民族受到不同的历史、风俗、社会条件和文化传统的影响，形成各自不同的民族性格。其中文化是影响民族性格形成的一个主要因素，一种文化通过生活在这一文化辐射范围内的人们的处事原则、行为规范、思维方式、生活态度等具体行为表现出来，构成了创造和拥有这一文化的民族特有的民族性格，而文化对民族性格的影响又是通过文化积淀实现的。

文化积淀又被称为文化积累，指文化在历史上积累和传播出去的总量。文化积淀同时是一个文化继承和同化的过程，它体现的是人类或者具体点说是一个民族的生活方式、传统、价值观等的传承。文化正是因为有了这种积淀、传承，才会在每个人的个性中和每个民族的性格中打下烙印。一个民族是一个社会文化的共同体，因而在这个共同体中，民族成员共享其民族文化，共处于同一生态文化环境中。

文化积淀对民族性格起到社会环境的作用。就其内容而言，可以分为心理环境和文化环境。文化渗透在人们的日常生活中，就会成为社会环境背后一种深层的力量，深刻地影响着该文化模式中的个人和群体。

文化积淀对民族性格还起到社会尺度的作用。对于一个社会中的个人或群体来说，其人格的表现形式——社会行为是有一定的规范来约束的，随心所欲地行事往往会成为越轨行为而受到人们的非难、谴责和抵制。那些约定俗成的规范往往通过社会过程内化为人们内在的心理准则，成为人们对自我、他人的一种衡量尺度，支配着人们日常生活的各种行为。

三、民族的刻板印象

由于同一民族成员生活于共同的地域，承接着大体一致的文化积淀，有着共同的语言、共同的政治经济生活环境和共同的历史渊源，所以他们遇事总是要表现出某些共同的特点，这是民族性格。我们说起法国人，马上联想到"浪漫的艺术气质"；说起日本人，马上会使人想到一丝不苟的工作狂，因此，当我们初次遇见外国人时，对他们的行为和性格都会有某种预想，这就是民族的刻板印象。

刻板印象是指对一类人的特征概括成一套或强或弱的固定看法。这种刻板印象有时与籍贯有关，有时与行业有关，有时与民族有关，有时与国家有关。而民族的刻板印象则是把某种特征归之于某个民族群体的每一个人，而忽视了民族成员中的个别差异。

刻板印象的形成，从积极方面看，往往包含了一些真实的成分，它或多或少地反映了认知对象的若干情况，有助于简化人们的认识过程，为人们迅速适应环境提供了一定的便利。从消极方面看，刻板印象一经形成，便具有较高的稳定性，往往使人们的认识僵化和停滞，这势必阻碍人们对新事物的认识和接受。这是因为刻板印象作为认识外界事物的一条途径，往往以经验为基础，但若是根据片面的感想或道听途说而杜撰某种形象，不仅不能使人获得正确的理解，而且还会形成偏见。

民族的偏见可能因成见而加强，抱有成见的人思想僵化而带有感情色彩。偏见则是一种特殊的预先判断，就是用老框框或一般化的方法判断人、物或形，它是基于错误的信念或先入为主的看法对某个群体产生的执著态度，其特征是对于一个群体根据成见过于简单的和夸大的、错误的看法所进行的错误判断，形成一种不公正、不合理的情感执著的心态。因而，成见导致偏见，偏见又逐渐促成了各种明显的行为表现，使我们对问题的判断失去了一定的正确性。

第三节　中国本土民族心理

阅读资料：

　　林语堂在《中国人的性格》中说，如果说在遇事忍耐上中国人是举世无双的，那么在消极避世上中国人的名声就更大了。这一点我认为也是社会环境的产物。在一本英文经典小说《汤姆·布朗的学生时代》中，布郎的母亲在他临行时嘱咐他要"抬头挺胸，坦率回答别人的问题"，然而中国的母亲与儿子分别时通常的嘱咐却是"不要管人家的闲事"。为什么对同样的事情有如此的不同反应呢，这要归结到我们不同的心理文化特点上。

　　研究民族心理，离不开特有的文化背景形成的民族性格特点。对于中国而言，在传统文化的影响下，中国人有一套长期适应的心理与行为倾向，这就是中国本土民族心理研究的内容。

一、关于中国民族心理的几种研究

对中国人心理的研究，始于19世纪末20世纪初，其中包括外国人对中国人心理的研究和中国人对自己心理特点的研究。

（一）外国人对中国民族心理的研究

对中国民族心理的研究，最先是由一些西方传教士、商人、旅行者、学者实地观察和研究中国人开始的。虽然他们写出的书中有不少歪曲中国人的地方，但他们在一定程度上还是尽其努力描述了中国人的民族性格特征，代表人物是史密斯。

史密斯（Arthnr Henderson Smith，中文名为明恩薄），于1872年来中国，为天津宣教师。他根据自己的长期观察和体验，发表了许多以中国为对象的文章和著作，如《中国的格言与谚语》（1885年），《中国人的特性》（1892年），《中国的农村生活》（1899年）。其中《中国人的特性》一书，影响极大，成为后来各国学者研究中国及中国人的样本。书中描述中国人的特性如下。

1. 在生理与心理方面的品性有5种

"随遇而安"、"麻木"、"忍耐"、"不求准确"、"不重光阴"。李景汉在为潘光旦《民族特性与民族卫生》一书所作的序言中就指出，史密斯所提中国人的随遇而安，到处可以适应，确是极显著的品性；史密斯说中国人不讲卫生、寿命高，老人多，是错误的；说中国人镇静、不忙、有睡觉的本领、忍痛的本领，从某种意义看，是中国民族的长处，至于耐性，比起西洋人来是惊人的，当然是我们民族的一大优点，但从另外一方面看，也是我们的一大弱点；李景汉又说，史密斯多提中国度量衡和各种单位的漫无边际，以及生活中模模糊糊的习惯，不能不使受过科学训练的西洋人惊异；中国人的时间不经济，也是与西洋人不同的。

　　2. 在经济方面的品性有 3 种

　　"勤劳"、"撙节"、"知足常乐"。史密斯着重描写和赞扬了中国人夜以继日、孜孜不倦的精神、永远不慌不忙的工作态度及知足常乐的精神。

　　3. 在社会方面的品性有 7 种

　　"有私无公"、"缺乏同情"、"缺乏诚意"、"尔虞我诈"、"爱面子"、"婉转"、"客气"。李景汉在为潘光旦《民族特性与民族卫生》一书所作的序言中对此评价说，这一部分是史密斯描写得有声有色的一部分，也是容易使中国读者产生反感的部分。李景汉说"私"是我们民族的致命伤，到处可见"各人自扫门前雪，休管他人瓦上霜"的现象。史密斯提到中国人对残疾人、心理上有缺陷的人、遇难的人、陌路人、妇孺以至于牲畜都缺乏同情心。李景汉说，这是由于我国当时的社会团体和慈善事业大多只有几十年的历史，所以史密斯容易看到我们的同情心之缺乏。李景汉认为，史密斯提到中国人轻诺而不践约，认错的本领和揩油的本领都很大；彼此猜疑和倾轧，甚至"一人不进庙，二人不窥井"，"李下不正冠，瓜田不纳履"，都是乡间常见的现象；史密斯在"爱面子"部分提到，"中国人的问题不是一个事实问题，而是一个格式问题，不是事实的对不对，而是格式的合不合。中国的和事老最大的任务便在研究出一个面子上均势的特殊局面"；在"婉转"部分提到，"有天才的中国人有一种本领，使你挨了骂还不晓得，吃了亏还认为他正在恭维你。这是一种艺术，客气也是一种艺术，东方人大都擅长一种艺术，可以使人与人之间，冲突日见减少，和气日见其增多"。

　　史密斯的书在中国读者中引起了很大反响。除史密斯外，美国汉学家亚瑟·莱特（Arthur Wright）也列举了中国人传统性格特征：服从权威——父母或长上；服从礼法；尊重过去和历史；好学，尤其好学正统的经典；循例重俗；君子不器；主张逐渐的改革；中庸之道；与人无争；任重道远；自重与自尊；当仁不让，不妄自菲薄；待人接物中规中矩。

　　日本人渡边秀方在《中国人国民性》一书中，将中国人的主要特征归结为天命、孝道、实利、自利、保守、形式、文弱的和平主义、差别而又平等、排外而又同化、文弱而又强韧等。

　　（二）中国人对自己民族心理的研究

　　20 世纪初，随着当时中国政治、经济、军事、教育、思想文化等各方面的缺陷和问题的进一步明显和凸现，一大批中国学者，特别是游历过西方国家的学者和接受了西方各种思潮熏陶的学者认识到，改造中国的根本在于改造中国人的国民性。梁启超、孙中山、陈独秀、鲁迅、林语堂、梁漱溟等有识之士都非常热衷于探讨这一问题。这些学者在 20 世纪最初几十年所提出的有关中国人民族性格的精辟见解和论述给人们留下了深刻的印象。

　　鲁迅对国民性格的消极面有着极为独到和深刻的认识与体验。他从中国近代的失败、黑暗、腐败的现象中追索民族精神、文化、心理等方面的原因。他的小说和杂文体现了他对中国国民性的睿哲，如阿 Q、孔乙己、闰土、祥林嫂等人物形象都深刻地反映了当时社会条件下的一种民族心理特点；杂文《论"他妈的"》、《论睁了眼看》、

《"个人的自大"和"群体的自大"》、《略论中国人的脸》、《由中国女人的脚推定中国人之非中庸又由此推定孔夫子有胃病》、《关于中国的两三件事情》、《说面子》、《命运》等也深刻地勾勒出中国人的当时的性格特点。

林语堂在《中国人的性格》中指出中国人具有的性格特点是老成温厚、遇事忍耐、消极避世、超脱老滑、和平主义、知足常乐、幽默滑稽、因循守旧等。

辜鸿铭从中、美、英、德四国民族性格的比较出发,认为中国人性格有三大特征:深沉、博大、淳朴;美国人博大淳朴,但不深沉;英国人深沉淳朴,但不博大;德国人深沉博大,但不淳朴。

张岱年在《中国文化概论》一书中也概括中华民族有十大传统美德,这些传统的美德,实际上代表了中国人的某些民族性格特征,即仁爱孝悌、谦和好礼、诚信知报、精忠爱国、克己奉公、修己慎独、见利思义、勤俭廉正、笃实宽厚、勇毅力行。

二、中国人的民族性格特质

概括起来,中国人的民族性格特质有如下几个方面。

(一)理智

理智是中国人民族性格中最主要的特质。所谓理智,是指人辨别是非、利害关系以及控制自己行为的能力。理智是中国人的民族性格特质主要是因为以下几方面。

(1)在思维方面,中国人的辩证思维善于从整体上把握事物,考虑事物的发展变化及利害得失。

(2)在认识论方面,中国传统的"天人合一"观念,指导人们积极地处理人与人、人与社会和人与自然的和谐关系。

(3)在社会关系方面,中国人处理个人与他人、与社会的关系时,更擅长克制、含蓄、忍耐。"己所不欲,勿施于人"成为一条基本的准则。

(4)在行为控制方面,中国人的言行受本能或情绪影响的成分较小,中国人较少做出一些情绪化的或过激的行为来。

可以说理智作为一个民族性格的特质,与中国人性格中其他特质相互作用,形成了中国人其他一些更具体、更明显、更表面化的性格特征,如老成、勤俭、进取等。

(二)中庸

中西文化的一个重要差异,就是中国文化注重和谐与统一,而西方文化重分别与对抗。在传统文化中,中庸是一种行为规范和基本精神,在长期的实践中成为中国人的一种民族性格,在潜移默化中影响着当代中国人的心理与行为。

"中庸"是行为的最高准则,它要求人们立定"中"道,做到不偏不倚,既不过分也不要不及、恰当、合适、合理。作为一个民族性格的特质,中庸与其他民族性格特质相互作用,形成了宽厚、有礼、诚意、正心、修己等性格特征,在待人接物上,忠恕之道,推己及人,在互动中达到人伦的和谐与人格的实现。

(三)孝悌

孝悌作为中国人的民族性格特质是最具特色的。孝悌的基本内容是父慈子孝、兄友弟恭,它在中国传统社会生活中具有崇高的地位,得到普遍的奉行,以至于不少人认为孝是中国文化的核心。在孝悌的基础上，"老吾老以及人之老，幼吾幼以及人之幼"形成中华民族大家庭社会生活中浓烈的人伦精神和生活情趣，对中国人的生活方式、民俗、艺术等发生着巨大的影响，在长期的历史演化中成为中国人的性格特征。

（四）自私

自私是社会发展中中国人负面的民族性特质，中国人的自私主要是指一种以个人利害得失来衡量周围世界的人生准则，是一种对超出自己圈子以外的一切事情全都既麻木又冷漠、在处世原则上实践己身主义、在价值系统上奉行个人本位的人生观。这种特质不是与生俱来的，而是后天形成的，是需要改进的一种特质。

（五）痞俗

中国人的民族性格中还有一个似乎从未有人注意到的负面特质——痞俗。痞俗包括痞和俗两个方面。这两个方面有区别，但它们的联系却是内在的。

"痞"，《现代汉语词典》解释为恶棍、流氓；"俗"的意思有世俗、粗俗、庸俗。

厚黑心理在当前社会中被一些人追求，这就是反映痞俗特质的一个典型现象。李宗吾先生撰写的揭露封建政坛黑暗与虚伪的《厚黑学》一书，成为现代许多人的经典人生哲学，"脸厚心黑"之术，多少可以折射出当代中国人这种民族性格特质。

中国人的这些民族特质，离不开中国传统文化的熏陶，它反映在中国人的社会取向上。

三、中国人心理与行为的主要倾向性——中国人的社会取向

研究中国人的心理，不但要研究中国人的人格特质，还要研究中国人的心理与行为特点，这些特点主要表现在人与环境的基本互动方式上即中国人的社会取向上，也就是中国人在其生活圈中的运作或适应方式上。杨国枢先生认为中国人的社会取向有四种主要类型和特征：家族取向、关系取向、权威取向和他人取向（杨国枢，2004）。

（一）家族取向

家族取向表现的是个体如何与团体融合。在传统中国社会里，社会的基本结构与功能单位是家族，而不是个人。家族是传统农业社会之经济生活与社会生活的核心，其保护、延续、和谐及团结极其重要，因而形成中国人几乎凡事以家为重的家族主义。据叶明华的分析，作为一套心理行为的内涵及倾向，中国人的家族主义在对家族的认知、感情及意愿方面皆有特点。①在对家族的认知方面，中国人的家族主义主要是强调五种互相关联的事项，即家族延续、和谐、团结、富足及家族荣誉；②在对家族的感情方面，中国人的家族主义主要会有六种相互关联的感觉，即一体感、归属感、荣辱感、责任感（忠诚感）及安全感；③在对家族的意愿方面，中国人的家族主义包括八种行为倾向，即繁衍子孙、崇拜祖先、相互依赖、忍耐抑制、谦让顺同、为家奋斗、长幼有序及内外有别。这三方面的特点所组成的是一种个人长期适应传统中国家族及其相关事物所形成的一套心理与行为倾向。

（二）关系取向

关系取向表现的是个体如何与其个体融合，是中国人在人际网络中的一种主要运

作方式，其主要特征如下。

1. 关系形式化（角色化）

传统中国人强调在人与人的社会关系中来界定自己的身份，例如，"我是某某的儿子"，"我是某某的学生"，"我是某某的朋友"。由于形式化或角色化的种种关系，编织成一套坚实的社会网络或社会迷津，限定了个人之社会生活的主要范畴与内涵。个人置身于这一由形式化的各种关系所构成的迷津中，只能努力包藏自我，依社会角色的规范行事。

2. 关系互依性（回报性）

在传统中国社会内，社会关系的界定特别强调两个角色的对偶性。每一角色的界定，都是与其对应角色密切关联的。例如，亲子以慈孝互惠，夫妻以和柔互惠，兄弟以友恭互惠，朋友以相信互惠，君臣以仁忠互惠。

3. 关系和谐性

孙隆基与钱穆指出中国人重视"和合性"，强调人与天、人与人之间应维持自然而和谐的状态。杨国枢认为传统中国人追求人际和谐，已经到了为和谐而和谐的地步，谁先破坏和谐，不管有理无理，都是错误的，民间社会中，传统中国人恢复和谐的主要理由是"为了和谐"，主要的策略是"和稀泥"，和事老并不必真正弄清楚谁是谁非，只是强调"识大体"、"为和谐"、"为大家"、"家丑不可外扬"，必要时还会拿出最后的杀手锏——"你们双方都没有错，我这个中人错了，我向你们磕头"。这种和稀泥的策略相当有效，因为双方都怕担负破坏和谐的罪名，也不愿得罪和事老，何况还可借此向和事佬卖个人情。

4. 关系宿命观

杨国枢认为传统中国人是用缘的信念来强调各种现实人际关系的必然性或不可避免性。缘是指一种宿命的因素，强调远在关系发生之前，缘即已经前定了某种特定人际关系的必然出现，而且还决定了关系的形态、久暂及结局等。既然缘是命中注定的，那便只有逆来顺受，以认命的态度，勉强守在现有关系之中，而缺乏"关系是可拓展的"认识。

5. 关系决定论

杨国枢认为中国人的人际或社会关系，依其亲疏程度可以分为三大类，即家人关系、熟人关系及生人关系。家人关系是指个人与其家人（父母、子女、兄弟、姊妹及其他家人）之间的关系，熟人关系是指个人与其熟人（亲戚、朋友、邻居、师生、同事、同学及同乡等）之间的关系，生人关系是指个人与生人（与自己无任何直接或间接的持久性社会关系之人）之间的关系。中国人特别强调自己人与外人之别。与熟人及生人相比，家人是自己人，熟人及生人是外人；与生人相比，家人及熟人是自己人，生人是外人。在中国人的日常生活里，与自己人的关系不同于与外人的关系。家人关系中可依对象的不同进而分为亲疏不等的关系，熟人关系亦然。这种以自我为参考点，向外圈圈扩散（越向外关系越疏）的类似同心波纹的人际或社会关系网，称为"差序格局"（费孝通，1948）。上述各种不同关系类别的区隔化，有其重要的社会的与心理的意义——在不同类别的关系中，个人是依不同的人际互动原则而运作的。

（三）权威取向

权威取向表现的是个体如何与权威（与团体有关的重要个体）的融合，主要表现在以下三个方面。

1. 权威敏感

杨国枢认为传统中国人对权威的存在非常敏感与警觉。他们到了任何一个场合，总会细心观察或留意，看看有无现成的权威在场，并要弄清楚谁是超过自己的权威。中国人自小学会两种对待别人的主要方式，其一是如何对上（对待权威），其二是如何对下。他们最擅长对上与对下，也最习惯以上下关系与人相处；与别人平起平坐（俗语说的"没大没小"），反而觉得不自在。

2. 权威崇拜

首先是权威的崇拜是无条件的，他们对权威怀有一种浑然的信任，遇到权威便习惯性地不加怀疑与批评。其次，中国人对权威的崇拜在范围上常是漫无限制的，仿佛一个人在某些方面（如辈分和地位）是权威，便在其他方面（如道德和学问）也变成权威。最后，中国人对权威的崇拜，在时间上也有绝对化的现象，家长永远是"家长"，老师永远是"老师"，司令永远是"司令"，仿佛是"一日权威，一世权威"。

3. 权威依赖

中国人既然认为权威是可信的、全能的、永远的，当然在心理与行为上会对权威彻底依赖。这种依赖所常呈现的第一种现象是面对权威时，人们会产生一种暂时性的心理无能的症候，经验到不同程度之突发性的心理迟滞与行为笨拙，如在家里即使最能干的儿子在权威的父亲面前也会自觉无能。第二种现象是面对权威时，人们会无条件地服从。权威既然是全能的，自己又是无法与之匹敌的，无我的（甚至是投降式的）顺从是自然的结果，而且用恭顺的服从作为一种自我呈现的方式，未尝不是使权威对自己增加好感与赞赏的好办法。

（四）他人取向

他人取向表现的是个体如何与非特定他人的融合。而这里所说的"他人"泛指非特定对象的他人，如"无颜见江东父老"中的"父老"，"邻居都和我相处得很好"中的"邻居"，"朋友都喜欢我"中的"朋友"，"家人都不了解我"中的"家人"，这些人对当事人而言，都是他人。他人取向是指中国人在心理与行为上甚易受到他人影响，有一种强烈趋向，即对他人的意见、标准、褒贬、批评特别敏感而重视，在心理上希望在他人心目中留下良好印象，在行为上则努力与别人相一致，故此在心理与行为特点上表现出以下特征。

（1）顾虑人意，即对他人的意见非常敏感，往往要花很多时间来留心与打听别人的看法，特别是他们对自己的看法。

（2）顺从他人，即有很强的避异求同的心理，也就是有很强的社会顺同的倾向。

（3）关注规范，即在传统中国社会内，社会规范与标准极为重要，这些就代表他人的共同意见，是大众言论及行为的主要依据。

（4）重视名誉，对于传统中国人而言，"他人"或"别人"是无所不在的"听众"，也是无所不在的"观众"。中国人不但是敏锐的社会信息搜集家，而且是灵巧的自我呈现家。根据从他人那里搜集而来的有关自己及其他事物的资讯，经由高度的自我检视（self-monitoring）的认知活动，不断调节个人之自我呈现的内容与方式，借以修饰自己给予别人的印象，以便在他人心目中创造良好的名誉，可以说在传统中国社会里，中国人不但在各种特定的角色关系中努力"做人"，而且也在超越角色关系的他人面前努力"做人"。日常生活中，中国人的大部分时光都是用来做人，不是用来做事，而且中国人之做事也是为了做人。

 课后案例

中国人的面子

"好面子"是中国文化中的一种突出的现象。由于建立和维持良好的人际关系对个体生存和发展非常重要，所以我们在交往中会重视他人的看法和感受，通过各种印象管理策略来给他人留下好的印象，维护自己的"面子"。杨国枢（2004）认为，中国人重视的他人是"重要的他人"，也就是和自己有密切关系和利益关系的人，比如家人、朋友、邻居和同事等。而西方人重视的他人是"概括化的他人"，也就是一般的人都会对他们的人格形成和行为方式产生影响。因此中国人非常注意维护在重要的他人面前的形象，而对与自己关系不大的人，则不太在乎他们的看法和感受。

黄光国（2010）认为中国人是把面子和尊严联系在一起的。面子是从他人那里获得的尊严，面子一方面代表了自己的社会形象，另一方面也反映了个体的社会地位。因此，面子是越高越好。人们通过人情和各种社会交换手段来获取、维护和提高自己的面子，也通过权力来确认和巩固自己的面子。人情和面子是中国人核心的人际关系准则。

 案例简析

中国人好面子，从表面来说，好面子是中国人的核心价值，但从本质上来讲，中国人好面子是其根深蒂固的文化积淀和民族心理的典型表现。

面子是个体社会化的产物，是人区别于动物的一个重要方面。无论东方人还是西方人，给别人留下好的印象，在别人面前"有面子"，是一种普遍的、自然的心理需要。问题是不可太"好面子"。"好面子"会使自己的行为太依从别人，缺少自己的内在标准，最终不利于个体的成长。

思考题

1. 什么是民族，什么是民族心理？
2. 什么是民族性格，如何理解民族刻板印象？
3. 如何看待中国人的心理个性特点？

第九章 社会变迁与公共管理心理

【本章学习导读】

1. 社会文化变迁的理论有哪些?
2. 文化融合给公共管理领域带来什么新的挑战?
3. 人们对文化融合的适应通常会采取哪些方式?
4. 中国现代化进程中的公共管理心理有哪些变化?

【课前案例】世界变小了

2000 年悉尼奥运会之前,古巴的运动员没有一点互联网经验,但在悉尼的奥林匹克运动员村,他们在仅仅一周的时间里就访问了 160 多个主页。到了 2008 年北京奥运会,有关开幕式的几乎所有的新闻图片和稿件,都是通过网络传递到全世界的,中国国内有超过 3200 万网民在网上收看了开幕式。如今,我们可以随时随地用无线网络浏览网页,通过微博知晓世界任何一个角落正在发生的事情,而且我们已经习惯了网络购物,甚至用手机支付货款。

事实证明,技术的力量——网络——使世界变小了。

作为一个 21 世纪的公民,你是这个逐渐变小的世界的一名参与者。你能预见公共管理领域会出现哪些变化,心理学家们研究什么样的问题呢?(本章作者撰写)

在这一章里,我们将在了解社会文化变迁的本质、形式和影响因素的基础上,说明社会文化变迁对公共管理领域的影响,及其与人们社会心理和行为变化的关系,并着重探讨社会文化变迁的一种重要形式,即文化融合的有关问题,以及现代化与中国人心理的演变等问题。

第一节 社会变迁与社会心理

一、社会文化变迁及其内容

社会变迁指一切社会现象发生变化的动态过程及其结果,是社会关系与社会结构基本形态的变化。社会变迁通常来自两股力量:一是自上而下的力量,如执政党和政府实施某项制度或推行某些措施;二是在某些外在的力量和周围环境的影响下,大众结合自己的认识体验,自发产生的内驱力,是一种自下而上的变革。

社会变迁主要包括以下七方面的内容:①自然环境引起的社会变迁;②人口的变迁;③经济的变迁;④社会结构的变迁;⑤社会价值观念和生活方式的变迁;⑥科学技术的变迁;⑦文化的变迁。

二、社会文化变迁理论

社会文化变迁理论主要有进化论、循环论、功能论、冲突论与传播理论等。

（一）进化论

进化论认为人类社会是一个不断发展的渐进的过程，表现为由低级到高级、由简单到复杂、由此及彼地向前发展。英国社会学家斯宾塞（H. Spencer）提出了"社会有机论"，认为社会发展同生物有机体的进化相似，是一个内部"细胞"不断分化和结构复杂化的自我发展过程。早期的进化论都认同单线式的进化，即认为世界上每个文化或社会都依照固定的发展阶段来进化。而现代进化论者认为，社会变迁是多向性的。首先，社会进步不是必然的，也有可能出现倒退；其次，进化是沿着许多方向发散进行的，没有固定的阶段、路线和方式；再次，进化的模式是多样的，不同水平、不同形态的社会，具有不同的进化或发展形式。

（二）循环论

与进化论相反，循环论不同意人类社会文化是朝着一个方向前进的观点，认为社会文化变迁是周期性的重复。这个观点的思想渊源可以追溯到中国战国末期思想家邹衍提出的"五德始终说"，该思想认为社会变动与朝代的更替是金、木、水、火、土五德相继更替、周而复始的循环过程。在现代社会学中，最早运用循环论思想来说明社会文化变迁的是意大利社会学家帕累托（Vilfredo Pareto），他认为社会系统中有一种恒定的因素，因而历史的变迁是不断重复的。美国社会学家索罗金（P. A. Sorokin）认为，社会变迁是遵循一种"历史循环模式"进行的，社会文化发展的灵性、感性和理性三个阶段循环出现。英国历史学家汤因比（A. J. Toynbee）也认为社会是循环发展的，每一个循环都起始于"挑战"，即由自然或社会环境给予的挑战，然后人类给予"响应"。如果响应成功，便过渡到下一个挑战；如果响应不成功，社会便走向崩溃。

（三）功能论

功能论把社会看成与人体一样的生物有机体。社会系统的各个部分之间像人体器官一样有机地联系在一起，并起到维护社会稳定的作用。英国社会人类学家马林诺夫斯基（B. K. Malinowski）等功能论学者均强调人类学家要研究各种社会文化要素的功能作用，并找出它们之间的整合作用。美国社会学家帕森斯（T. Parsons）将社会设想为一个各部分相互依赖的系统，其中每一个部分都为该系统的平衡作出贡献。文化是一个社会中的共同信仰、规范与价值观，是连接社会的关键因素。它们最不易变化，具有一定的保守性，从而起到为社会各部分之间平衡的作用。社会文化变迁往往是社会有机体中某种或某些部分或要素由于来自社会内外的干扰不能正常发挥其功能，从而导致社会的紊乱，进而引发社会变革，使得社会机体得以重新整合，达到新的平衡。

（四）冲突论

与功能论强调社会系统的平衡不同，冲突论强调社会系统内部或外部的冲突。冲突理论吸取了马克思主义的阶级斗争的学说，并把阶级斗争的观点扩大到种族、国家、政党与宗教团体之间。冲突论的代表人物达伦多夫（R. G. Dahrendorf）认为每个社会都会有种种冲突与不一致，因为每个社会都是以一些人对另一些人的压迫和强制为基础的。因此，社会中每一个要素都对社会的分解和变革发挥一定的作用，随时随地都可能发生某种社会变化。

（五）传播理论

传播理论认为人类全部文化开始于一个或多个特殊区域，然后向全世界传播，也就是说所有文化都有一个共同的起源。因此，传播是文化发展变化的主要因素。传播学派的先驱德国民族学家拉策尔（F. Ratzel）认为人类总是尽力向不受自然约束的一切地方迁移和扩散。伴随着民族迁移，文化要素也发生扩散与迁移。所以，如果在相隔很远的两个地区中，有一致或相似的文化要素，那么两地文化必定存在着历史上的同根关系。弗罗贝纽斯（L. Frobenius）把拉策尔的同根关系扩大为"文化圈"，认为传播不仅限于个别文化要素，而且能运用到整个文化上，即包括物质的、社会的以及神话的各部分，也就是说整个"文化圈"都可以迁移和传播。

总体而言，上述有关社会文化变迁的理论各有各的合理因素，但是也同时存在各自的不足和局限性。例如，功能论强调了社会系统的平衡，而忽视了冲突；冲突论则强调社会系统的冲突，但忽视了平衡和稳定；传播理论肯定了传播的作用，但忽视了人类的发明与发现对社会文化变迁的意义。因此，我们在探讨社会文化变迁时，有必要批判地吸收各种理论的合理因素，进行创造性的综合，形成更为全面和合理的理论。

三、社会变迁时期的社会心态

社会心态是一定社会发展时期内，弥散在整个社会或社会群体中的社会心境状态，是整个社会的感受、社会情绪基调、社会共识和社会价值观的总和。在社会主义市场经济转型过程中，社会心态随着社会的变化而变化，了解社会心态对于了解社情民意、社会热点以及公众情绪非常重要，同时对公共管理政策的制定和实施也具有指导意义。

我们以中国社科院王俊秀等（2008）所作的一项全国社会状况综合调查中的社会心态部分为例，从公众对社会状况的感受、主要的社会关系、社会矛盾和冲突三个主要方面来了解我国当代民众的社会心态变化。此次调查从 2006 年 4 月起至 6 月止，在全国 28 个省市随机抽取 7063 个家庭（户），结果如下（表 9-1、表 9-2）。

（一）社会感受

1. 生活压力感——遇到最多、感觉最大的生活压力来自经济方面

表 9-1　生活压力感调查结果

排序	选项	比重/%
1	家庭收入低，日常生活困难	51.3
2	医疗支出大，难以承受	45.5
3	住房条件差，建/买不起房	45.0
4	人情支出大，难以承受	34.8
5	子女教育费用高，难以承受	34.0
6	家人下岗失业或无稳定收入	30.1
7	社会治安不好，常常担惊受怕	24.5
8	社会风气不好，担心被欺骗和家人学坏	23.3

排序	选项	比重/%
9	赡养老人负担过重	22.3
10	家庭成员有矛盾，烦心得很	9.8
11	家人与邻居有矛盾，担心发生纠纷	5.0

城乡居民感到生活压力大，其中首先是经济压力，其次是社会压力，人际压力较小。

2. 社会安全感——食品安全感最低

表 9-2　社会安全感调查结果

类别	选项	比重/%
食品	很安全	12.6
	比较安全	46.4
	不大安全、很不安全	36.7
医疗	很安全	9.5
	比较安全	52.9
	不大安全、很不安全	26.7
交通	很安全	11.7
	比较安全	52.8
	不大安全、很不安全	32.3
财产	很安全	18.4
	比较安全	58.8
	不大安全、很不安全	20.2
劳动	很安全	17.2
	比较安全	60.0
	不大安全、很不安全	16.9
人身	很安全	20.3
	比较安全	60.1
	不大安全、很不安全	17.2
个人信息、隐私	很安全	21.0
	比较安全	56.9
	不大安全、很不安全	11.3

调查发现，居民安全感最高的是个人信息、隐私安全，最低的是食品安全，其他各项由高到低分别是人身安全、劳动安全、财产安全、交通安全、医疗安全。

3. 社会支持感——家庭、亲友是最主要的社会支持来源

社会支持系统是指人们遇到困难和自己无力解决的问题时可以从中获得建议、指导、鼓励、帮助的社会性资源。社会支持系统可以帮助人们减轻社会压力、改善情绪

和行为反应。

调查问卷中民众感受到的社会支持来源主要来自三个方面，分别是"家庭"、"家族、宗族"和"私人关系网（朋友、同乡、战友、生意伙伴等）"，其中"家庭"介于"帮助较大"和"帮助很大"之间的水平，"家族、宗族"和"私人关系网"介于"帮助较少"和"帮助较多"之间，属于有帮助水平。而其他机构和组织中"社区组织"、"工作单位"、"地方组织"和"党组织"得分稍高，但得分水平介于"没有帮助"和"帮助较少"之间。

这一调查结果说明，城乡居民的社会支持系统较弱，城市单位较强的社会支持功能和农村集体所有制下的社会支持功能弱化，而民间团体和组织还没有发育，使得家庭、亲友这些传统的社会资源仍为社会支持的主要力量。

4. 社会信任感——对中央政府信任程度高

信任是人们对他人或者组织未来表现的推测，与个人的信心和预期有关。这里的社会信任感是指人们对于所调查的社会组织、社会角色、信息来源是否可以信任的主观感受。

调查结果显示，民众对中央政府的信任程度最高，接近很信任，而对法官和警察、地方政府、信访机构的信任程度接近比较信任水平，消费者协会等维权组织、社区组织、环保等公益组织的信任程度与之接近；信任程度更低的是行业协会、宗教组织。在信息获取上民众对政府新闻媒体、政府公布的统计数字的信任程度高于互联网信息和小道消息。

5. 社会公平感——制度公平高于机会公平

社会公平感在一定程度上反映出社会的公正性。

调查结果显示，城乡居民对总体上的社会公平状况的评价接近比较公平。公平程度最高的是高考制度，其次是义务教育和实际享有的政治权利；最不公平的是城乡之间的待遇，其次不公平的是提拔干部，不同地区、行业之间的待遇、社会保障和财富分配。综合起来看，民众对制度公平感评价较高，而对机会公平感评价较低。

6. 政府工作满意度——对社会保障最不满意

调查中为了了解民众对地方政府工作的满意程度，问卷设计了包括如下方面的问题：医疗卫生服务、社会保障和救助、义务教育、环境保护、科技发展与推广、树立良好社会风气、维护社会治安、依法办事、发展经济、实现社会公正十个方面。调查结果显示，居民对政府"义务教育工作"最满意，对"社会保障和救助"最不满意。

（二）群际关系

1. 干部与群众——干群关系被认为最容易出现矛盾和冲突

调查问卷把社会分为不同的群体类型，即"穷人与富人"、"干部与群众"、"城里人与乡下人"、"雇主与雇员"、"管理者与被管理者"、"高学历者与低学历者"和"体力劳动者与脑力劳动者"，了解城乡居民对不同群体之间发生矛盾和冲突可能性的判断，推断不同群体矛盾和冲突的存在程度。统计结果（表9-3）显示，民众认为最容易产生矛盾、冲突的是干部和群众之间，其次是穷人与富人之间，排在第三和第四位的是管理者和被管理者、雇主和雇员，其余的群体被选择的比例都很小。

表 9-3　公众眼里不同群体间的差距

排序	选项	比重/%
1	认为"穷人和富人之间差距最大"	50.7
2	认为"干部和群众之间差距最大"	17.5
3	认为"城里人和乡下人之间差距最大"	9.5

虽然被调查者中认为穷人与富人差距最大的人最多，但认为干部和群众之间最容易出现矛盾和冲突的人却最多。调查显示，有 71.4% 的人认为近 10 年来国家干部是获利最多的群体；有 49% 的人选择了国有、集体企业经营管理者。按照民众一般的理解习惯，国有企业和集体企业的经营者也被视为"干部"，这一结果可以在一定程度上解释为什么公众认为干群之间最容易产生矛盾和冲突。公众认为干部更多地享受到了改革的成果，拉大了与群众之间的距离，再考虑到公众对于部分干部腐败行为的痛恨，公众认为干群之间最容易出现矛盾和冲突就不难理解了。

被调查者对不同层级的干部和群众之间的关系评价不同，最基层的村（居委会）干部和群众之间的关系总的表现比较融洽。"很融洽"与"比较融洽"两项合计的比例为 72.5%，乡（镇、街道）干部和群众关系两项合计为 53.8%；县（市、旗、区）干部与群众两项合计为 40.4%。

2. 穷人与富人——致富归因影响贫富阶层关系

在一个三选题中有 10.87% 的公众把"收入差距过大、贫富分化问题"列为最重要的社会问题，排第三位。综合三个选项，有 33.05% 的人认为这是一个重要的社会问题。在调查中发现，虽然更多的被调查者认为穷人和富人之间的差距最大，但穷人和富人之间出现矛盾和冲突可能的被选比例却排在干群关系之后。通过进一步的分析会发现这与人们如何看待富人致富的原因有关，与如何理解富人致富的合理性与合法性有关。

总的说来，人们对于富人致富的归因中包含了积极的因素，如承认富人致富的努力和能力，以及教育程度，但也有相当多的人把富人致富的原因作负向归因，作外在归因，这就使得人们在与他们进行社会比较时更容易产生不公平感、不公正感，怀疑富人致富的合法性和合理性，成为贫富阶层冲突和矛盾的隐患。

（三）社会问题、社会矛盾和冲突

1. 公众视野中的社会问题

公众视野中的重大社会问题如表 9-4 所示。

表 9-4　公众视野中的重大社会问题（前 10 位）

排序	选项	比重/%
1	看病难、看病贵	57.32
2	就业、失业	33.13
3	收入差距过大、贫富分化	33.05

排序	选项	比重/%
4	贪污腐败	28.04
5	养老保障	26.39
6	教育收费	19.71
7	住房价格过高	13.34
8	社会治安	13.16
9	城乡、地区差距	10.44
10	社会风气	10.08

而对进城农民工受到不公平待遇问题、干群关系问题、司法不公问题、征地拆迁补偿不公问题、卖淫嫖娼问题和劳资矛盾等问题，只有10%以下的人认为是重大社会问题。

2. 矛盾、冲突化解策略

1）社会矛盾和冲突

调查中调查了公众对于不同社会矛盾和问题的应对方式，问卷中把社会矛盾和冲突分为四种类型。

（1）与政府公共权力相关的矛盾和冲突。调查发现，被调查者对政府公共权力行使中的矛盾和冲突了解比较多的是"贪污腐败、侵占国家集体资产"，不了解的比例仅为27.1%，但主要是间接了解，有亲身经历的只有3.2%；另一个了解比较多的是"政府有关部门乱收费"，但直接了解的比例较高；被调查者对"社会保障纠纷"的了解最少，亲身经历也最少，而有5.3%的人回答亲身经历过"司法不公、执法粗暴"，但是，考虑到我国现阶段亲自参与司法过程人数的比例并不高，所以，5.3%的比例还是偏高的。对"贪污腐败、侵占国家集体资产"和"司法不公、执法粗暴"这些问题的了解渠道主要是新闻媒体。

（2）与政府或经济组织相关的矛盾和冲突。由于"征地、拆迁、移民及补偿不合理"，"下岗失业没得到妥善安置"和"环境污染影响居民生活"这三项矛盾冲突既可能是政府行为也可能是经济组织甚至个人引发的，所以在分析时与经济组织中的典型矛盾和冲突放在一起讨论。在这些问题中，"环境污染影响居民生活"的影响最大，只有32.3%的人回答不了解，而回答有亲身经历的人数最多，占18.4%。

另一个了解比较多的是"拖欠/克扣工资/超时工作"；此外，对"下岗失业没得到妥善安置"了解的人数比较多，考虑到样本中大量农村样本的存在，这一问题在城市社会中应该是一个非常突出的问题；而"征地、拆迁、移民及补偿不合理"一项，虽然亲身经历的比例为7.8%，低于前述几项，但考虑到这一问题本身涉及的社会面较为狭窄，而所产生的影响却大于其他问题，因此，这样的比例也应该得到充分重视。

（3）教育、医疗行业中的矛盾和冲突。调查中发现，教育和医疗行业中的问题存在不同的特点。被调查者对于"学校乱收费"的了解程度较高，只有31.4%的人回答不了解，但有19%的人有过亲身经历，是所调查各项社会矛盾和冲突中亲身经历人数最多的；而有"医患纠纷"经历的比例较低，为3.4%，这一比例较低的原因可能是医疗问题并非是以一种纠纷的形式表现的，而教育的问题在教育费用上表现得较为突出。

（4）消费矛盾和冲突。消费的问题与前几类问题相比，无论是对其直接还是间接的了解程度都很低。这可能有几个原因。一是在包含大量农村样本的条件下，购房等城市生活中容易引起纠纷的大型消费并不普遍；二是消费矛盾在商品市场化已经比较完善的情况下已经不突出，或者已经有了市场化的解决方法。

2）化解策略

（1）无行动是最普遍的行动策略。各种类型的行动方式中被采取最多的是"无可奈何，只好忍了"，其次是"没有采用任何办法"。在各种类型的矛盾和冲突中，采取这种消极忍耐方式最多的是遇到"学校乱收费"，其次是"政府有关部门乱收费"，再次是"工作环境恶劣，老板/经理管理粗暴"，然后是"贪污腐败、侵占国家集体资产"，"征地、拆迁、移民及补偿不合理"，采用最少的是"购房等大额消费中的纠纷"。

（2）诉求策略（表9-5）是面对与政府公共权力有关的矛盾和冲突的主要策略，其次是沟通策略。

表9-5　选择诉求策略的比重

排序	矛盾冲突内容	选择"上访/向政府有关部门反映"比重/%
1	社会保障纠纷	21.69
2	贪污腐败、侵占国家集体财产	15.74
3	司法不公、执法粗暴	11.58
4	政府有关部门乱收费	8.14

此外，对"社会保障纠纷"有16.67%的人选择"与对方当事人/单位协商"，其他几项都有5%以上的人选择了这种沟通策略。对"司法不公、执法粗暴"的另外的主要的行动还有"打官司"，有15.71%的人作了选择，另外的行动方式还包括"找关系疏通"。

（3）沟通策略和诉求策略（表9-6）是解决政府或经济组织相关的矛盾和冲突的主要策略。

表9-6　选择沟通策略和诉求策略的比重

矛盾冲突内容	"与对方当事人/单位协商"比重/%	"上访/向政府有关部门反映"比重/%
征地、拆迁、移民及补偿不合理	11.09	18.99
下岗失业没得到妥善安置	10.45	12.13
拖欠/克扣工资/超时工作	18.47	8.38
工作环境恶劣，老板/经理管理粗暴	12.62	4.55
环境污染影响居民生活	10.03	16.93

此外，在面对"征地、拆迁、移民及补偿不合理"时有6.08%的人选择了打官司，

有 2.59％的人选择了暴力反抗。

（4）沟通是处理医患纠纷的主要策略，而面对教育乱收费无奈采取无行动策略。在遇到"医患纠纷"时，22.13％的人采取了"与对方当事人/单位协商"的行动方式，有 5.45％的人选择了"上访/向政府有关部门反映"；而遇到"学校乱收费"，无论是沟通策略还是诉求策略，虽然依然是选择最多的策略，都明显低于遇到其他问题时的选择比例。显然，这样的策略对于问题的解决可能有作用，但采取这种行动方式后的不利影响或者对不利影响的顾忌使得人们在面对这一问题时显得束手无策。可见，沟通策略是消费纠纷的主要解决策略。大额消费纠纷的策略选择如表 9-7 所示。

表 9-7　大额消费纠纷的策略选择

排序	策略选项	选择比重/%
1	与对方当事人/单位协商	22.13
2	打官司	7.51
3	上访/向政府有关部门反映	5.45

（5）法律策略没有成为解决矛盾和冲突的主要策略。除了在面对较为严重的"司法不公、执法粗暴"时有 15.71％的人选择了"打官司"外，另两个选择较多的问题分别是"医患纠纷"和"征地、拆迁、移民及补偿不合理"，所占比例分别为 7.51％和 6.08％，其他问题中选择"打官司"的比例均在 5％以下。这一方面可能是由于大众的法律观念不是很强，另一方面可能是由于法律策略的成本较高。

（6）疏通策略很少被采用。被研究者认为中国人的行为具有关系取向，但在遇到矛盾和冲突时，找关系疏通极少被采用，除了在遇到"司法不公、执法粗暴"时有 5.59％的人选择了疏通策略外，其他情况下极少被采用。

（7）对抗策略虽然很少使用，但在个人利益受到侵害且侵害主题明确的情况下也有使用。

第二节　文化融合与公共管理心理

我们越来越像居住在一个地球村中。"美国"牛仔裤其实是一个德国移民施特劳斯（L. Strauss）将热那亚水手的裤型和法国一个小镇的粗纹棉布相结合的产物。一位不知名的学者指出，黛安娜王妃之死似乎凸显了文化融合与全球化进程。

阅读资料：

英国的王妃和她的埃及男友，在一个法国隧道里发生了车祸。他们的德国汽车有着荷兰的发动机，由一名喝多了苏格兰威士忌的比利时人驾驶着。后面紧跟着骑着日本摩托车的意大利狗仔队。最后是一名美国医生用来自巴西的药对他们进行了救治。

图 9-1（左）："老外"也喜欢上了中式婚纱照，全球化正在把那些曾经相距遥远的文化带到一起。

图 9-1（右）：拥有众多中国元素的好莱坞大片《功夫熊猫》在中国赚得过亿元的

图 9-1　文化融合

票房，可以看出西方国家对中国文化的好奇和中西文化的交融。

　　近年来，文化在心理学研究中的地位和作用得到了越来越多的关注。伴随着世界经济全球化的发展，作为社会文化变迁的重要形式之一，文化融合成为公共管理学者视野中不可回避的变量。

一、文化融合的概念

　　文化融合（acculturation）这一概念最早由人类学家李德费尔德（Redfield，1953）提出。它是指文化上有区别的群体之间持续和广泛的直接接触所导致的文化变迁。文化融合是文化变迁的一种形式。

　　到了 20 世纪 60 年代，心理学家格雷伍斯提出了心理融合的概念（psychological acculturation）（Graves，1967）。这一概念是指不同文化的个体之间的直接接触所导致的个体心理和行为的变化。例如，美籍华裔的后代被称为外黄里白的"香蕉人"：从外表上看他们是东方人，但心理和行为已经完全西化。

　　文化融合和心理融合是同一个过程的两个方面，它们既相互区别，又相互联系。文化融合的着重点在群体水平上的文化间的相互作用过程，而心理融合则强调个体水平上的文化间相互作用的过程。

二、文化融合过程及其制约因素

　　19 世纪的英国作家吉普林（Rudyard Kipling）曾写道："东方是东方，西方是西方，这二者永不相连。"但是在今天，东方和西方，南方和北方几乎完全联系起来了。意大利有很多阿拉伯人，德国有很多土耳其人，英国有很多巴基斯坦人，每 6 个加拿大人中就有 1 个是移民。

　　文化融合是一个过程。在这一过程中，文化融合群体与主流群体发生接触，随着接触的增多，代表着他们各自文化的思想、感情和行为方式不断地相互交流和相互作用。他们之间在语言、价值观念、道德、宗教和哲学等文化上和政治经济上的差异导致交流上的障碍和误解甚至矛盾冲突。矛盾冲突的增多无疑对双方都不利，因而要求双方各自作出适当的调整，改变自身以适应对方。又双方实力对比不同，通常是文化融合群体作出较大的调整，导致自身的心理和文化发生变化，即心理变迁和文化融合。

文化融合群体所作出的调整逐渐发挥作用，双方之间的矛盾和冲突也就慢慢减少，以至相互适应、和谐相处，文化融合过程完结。

文化融合的过程还必将导致一系列的变化，对于这些变化，我们可以从群体和个体两个水平上去分析。在群体水平上，文化融合的结果体现为文化的变化；在个体水平上，文化融合亦即心理融合的结果体现为心理的变化。图 9-2 就描述了文化和心理的变化及其制约因素。

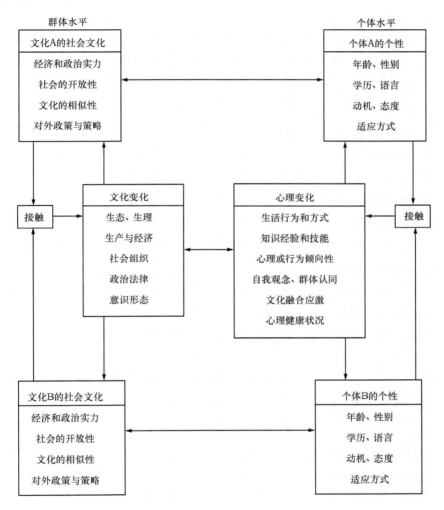

图 9-2　文化融合过程中文化和心理的变化及其制约因素

不同文化群体之间的文化融合过程所产生的文化变化包含以下六个方面：①生态的变化，如人口密度的增加或减少，资源的减少和环境污染的增加等；②生理方面的变化，如不同民族通婚产生混血人口等；③生产和经济方面的变化，包括群体生产方式的改变，职业结构、分配形式和收入水平的变化等；④政治方面的变化，文化融合群体受到某种新的政治控制，丧失或得到某些自治权利，领导和组织形式发生某种变动等；⑤社会组织及其结构的变化，包括家庭、社区、学校和工作单位等各种社会组织及其内部关系发生某种变动等；⑥狭义的民族文化或意识形态发生变化，如民族的语言、文学艺术、教育、科技、宗教和思想意识形态等发生某些改变。

群体的社会文化的整体特征制约着群体间的接触和文化融合过程，使群体文化发生不同改变。群体文化的变化是文化融合的结果，但不是纯粹的结果，它本身又可以反馈于群体的社会文化，使其整体特征发生某种改变。

在个体水平上，群体间的文化融合亦即心理变迁过程的结果体现为群体成员心理和行为的改变，简称为心理的变化。心理的变化包括五个方面：①生活行为和生活方式的变化；②知识经验和技能的变化；③心理或行为倾向性的变化，包括兴趣、爱好、动机、态度、价值观、人生观和世界观等的变化；④自我观念和群体认同的改变，例如进城务工人员的子女在城市长大，其自我观念和群体认同都被城市化；⑤文化融合应激（acculturative stress），亦称文化震荡（culture shock）的产生和心理健康状况的变化。

制约心理变化的因素主要包括群体社会文化的某些整体特征和群体成员的某些个体特征两个方面。群体社会文化的整体特征不仅制约群体文化的变化，而且制约着群体成员个体心理的变化。而影响群体成员心理变化的个体特征包括年龄、学历、语言、心理倾向以及个体适应文化融合的方式等。

三、对文化融合的适应

（一）对文化融合的适应方式与模式

适应（adaptation）不仅指人对环境变化的适应程度，还指人应付环境变化的过程。在这一过程中，个体对环境的变化或应激事件作出认知评价，并根据这种评价为平衡自己身心状态采取相应的措施和策略。这些措施或策略被称为应付方式（ways of coping）。心理学家贝瑞（Berry et al.，2006）针对文化融合提出了三种应付方式，即顺应、抵制和退避。顺应是指人力求与环境中其他群体或个体及其文化协调，以便减少冲突。一般说来，这种方式应付文化融合较为有效。抵制是指人通过对抗、攻击和报复来应付文化融合。在多民族国家中，这种策略常被少数民族独立或分裂主义者所使用。在国家统一、政治稳定时期，抵制的策略往往是无效的。退避是指人通过避免与其他民族及其文化接触的方式来避免文化融合。例如，某些非洲土著人逃进原始丛林以躲避西方殖民者及其文化的侵扰，生活在北美唐人街的某些老华侨也采用这种方式，力图避免与当地主流民族及其文化接触，以保持本民族文化的认同性。

（二）文化融合应激

文化融合应激是急速的社会文化变迁引起的一种特定的社会心理反应，它充分体现了变迁对人的社会心理和社会行为的影响。文化融合应激是一种特殊的应激，它的应激源产生于文化融合过程。其表现是有较差的心理健康状况，较多的焦虑、压抑和边缘感或认同混乱，以及明显的身心疾病症状等。文化融合应激的程度和适应程度是反比的关系，一个人的文化融合应激程度高，说明他的适应水平低，反之，则适应水平高。

其实，在最短的时间里以压缩的方式体验现代社会的这种急速变迁的是中国，具体说是1978年以后的中国。对于自1978年以来由改革开放所带来的中国社会的巨大变迁与前所未有的进步，以及这种变迁对中国人民的精神生活的冲击与挑战，周晓虹（1988）曾这样描述："整整 10 亿人经过长期的封闭、停滞乃至倒退后，又突然面临改革开放，面临如此现代化的一个外部世界，这种强烈的反差以及由此形成的心理体验是任何民族都不曾经历的。因此，从动乱走向开放，对中华民族来说是一场名副其实的'时间迁徙'，是一场 10 亿人从传统走向现代化的大迁徙。" 30 年的改革与发展的成就，说明了中国人在心理上的强大的适应能力与学习能力。

第三节　现代化进程与公共管理心理

在社会文化变迁和现代化的进程中，一代又一代人心理的嬗变和社会行为的更新一直是人类进化过程中的主旋律。社会现代化的成功常常基于塑造一代新型人格，并表现为公共管理心理的深刻变化，而一个国家现代化的落后往往源于人的落后，同时亦表现为公共管理心理水平的落后。

一、社会的现代化与人的现代化

现代化不仅包括社会文化的现代化，而且也包括人的现代化。人的现代化的核心是观念和思想、心理与行为的转变。

（一）社会的现代化演进

现代化是一种人类追求理想社会与幸福生活的全球运动。这一运动最早源于西欧的英国，早在 17 世纪就已开始。此后渐及其他西欧国家（如法国）及北美，然后是欧洲其他国家，最后是亚洲国家。更系统地说，现代化运动的传播主要分为三波：第一波浪潮发生在西欧与北美的基督教文化圈；第二波浪潮发生在 19 世纪下半叶到 20 世纪初，也是以基督教文化圈为主（日本例外）；第三波浪潮发生在 20 世纪下半叶，主要是在东亚儒家文化圈（土耳其及拉丁美洲例外）。在第三波浪潮中，台湾地区、香港地区、澳门地区终于跻身现代化社会之林，我国内地在改革开放之后也在向现代化的方向前进。在世界现代化历程中，只有英国、法国及美国是原发内生型的现代化，欧洲其他国家（如德国、俄罗斯）、日本及其他亚非国家，其现代化都属于后发外生型。前一类现代化起步较早，其变迁来源是社会内部自身的政治、经济、社会及文化特征及其自然变迁，其推动力量主要来自市民与资产阶级；后一类现代化起步较迟，其变迁来源是原发内生型现代化国家的示范、刺激、压力、挑战或侵略，其推动力量主要是知识分子、政府及国家。

（二）人的现代化特征

社会文化的现代化离不开人的现代化，因为人是社会文化的主体和创造者，是现代化进程中最能动的因素。下面就国内外关于人的现代性的研究各举一例，并作一比较。

1. 英克尔斯的现代人 12 个特征

美国哈佛大学心理学家、社会学家英克尔斯发现，尽管生活在不同的国家中，现代性强的人在生活态度、价值观念和社会行为方式等方面都具有十分相似的特征，这些特征主要表现在以下 12 个方面。

（1）乐于接受新的生活经验、新的思想观念和行为方式。

（2）准备迎接社会的变革。

（3）思路广阔、头脑开放，尊重并愿意考虑不同的意见和看法。

（4）注重现在与未来，守时惜时。

（5）有强烈的个人效能感，对个人和社会的能力充满信心，办事讲效率。

（6）重视生活和工作的有计划性。

（7）尊重事实和知识。

（8）对人及社会具有可信赖性。

（9）重视专门技术，有愿意根据技术水平高低来领取不同报酬的心理基础。

（10）对教育的内容和传统智慧敢于挑战，乐于让自己和其后代选择离开传统所尊敬的职业。

（11）相互了解、尊重和自尊，主张非权势和平等相处，追求自由和民主。

（12）了解生产及过程。

英克尔斯提出的这些特征，常常被用来评定人是否具有现代化的标准。

2. 杨国枢的中国人传统性与现代性五因素

我国台湾心理学家杨国枢从 1965 年起，就开始关注国民性研究。他和同伴通过编制心理量表进行因素分析，得出中国人的个人传统性的五个因素。

（1）遵从权威：强调在各种角色关系与社会情境中应遵守、顺从和信赖权威，包括各种传统规范和道德要求。

（2）孝亲敬祖：强调对父母的尊重、孝顺、增光、赡养、继承志业、侍奉在侧等。

（3）安分守成：强调自守本分、与人无争、逆来顺受、不求进取、依赖亲友。

（4）宿命自保：强调明哲保身、凡事利己而又靠运气。

（5）男性优越：强调男女有别，女不如男。

个人现代性的因素分析结果也包括五个因素。

（1）平权开放：强调平权思想，主张民可以批评官，学生可以与老师辩论等。

（2）独立自顾：强调独立自主，也有只顾自己便可、不必多管他人的含义。

（3）积极进取：强调乐观看待人类的进步，个人应积极努力获得更大的成功。

（4）尊重情感：强调以真实的感情作为交往的依据，而不再看重外在的身份、年龄等。

（5）男女平等：强调两性在教育机会、社会地位等方面应平等，夫妻双方在人格上独立等。

3. 英克尔斯与杨国枢的研究比较

将英克尔斯于 20 世纪 60～70 年代的研究与杨国枢于 20 世纪 70～80 年代的研究进行比较，可以发现三个比较鲜明的差异。

1）研究所依托的学科领域不同

英克尔斯的研究属于社会学或社会学的社会心理的角度，关注的是现代社会的一些社会因素，例如，教育水平、职业、社会流动、大众传播、工厂就业经历等对个人现代性所产生的影响。在他关注的社会因素背后，可以看到他的一个理论假设，即工业化将导致个人现代性的形成，进而，不同程度的工业化可以导致不同程度的个人现代性。他还认为，个人现代性将影响不同社会文化中的人对异文化的开放态度，从而影响社会现代化的进程。英克尔斯更倾向于把个人现代性看做一组由工业化带来的、与现代化相匹配的价值选择、生活方式和行为类型。

而杨国枢等人的研究属于人格心理学或心理学的社会心理的角度，关注的是现代人的人格特质、价值观念等心理因素。他更倾向于把个人现代性看做一组影响个体朝向个人现代性发展和演变的人格潜质，而不是当前的行为特征和生活方式。进一步说，杨国枢更加具有从个体出发，应对社会变迁的思考角度，而不是研究个体的改变对社会的改变会形成怎样的影响。从这个基点看，杨国枢的研究尽管是与社会文化紧密相关，但仍然承袭了心理学的社会心理研究的思路。

2）理论取向不同

英克尔斯采用的理论立场是跨文化心理学的立场，着重比较不同文化社会中个人现代化的程度，因此，这一立场背后的理论预设必然是将个人现代性视为泛文化的、可以进行比较的。其结论是，不同社会类型中的个人，其现代性是有强有弱的。除了对六个发展中国家个人现代性的研究，英克尔斯还详细分析了俄罗斯、德国和美国在态度、价值体系、心理状态和民族性格方面的差异，同时探讨了不同国家的"幸福感"体验，试图发现一个不同地域复杂的价值观系统。

杨国枢的研究采取了本土心理学的取向，重点在于从文化生态互动论的立场出发，建立中国本土的"个人传统性"和"个人现代性"的概念、编制测量工具以及探讨其心理机制，并提供进行预测的理论框架。他的研究背后的理论预设是，不同文化社会中的人的变迁可能有不同的方向，传统性和现代性的各主要成分之间可能出现取代、并列、渐近等不同类别的关系。杨国枢希望回答的是，什么是现代的人格特质，什么是传统的人格特质，在现代化过程中前者是否可以替代后者，人格特质在社会变迁中依赖什么心理机制发生改变或不发生改变。

3）选择的研究方法与测量技术不同

英克尔斯比较偏向社会态度与社会行为的调查，他编制的量表更多地带有态度问卷的意味。此外，英克尔斯关于发展中国家的研究样本是在六个国家抽取的，并用作不同国家之间的群际比较。因此，不同的工业化水平是影响个人现代性改变的自变量。

杨国枢的研究侧重对个人传统性和现代性包含的心理成分的探查，他不仅将传统性与现代性作为两个独立的变量群，而且是用因素分析的方法获得重要的传统性与现代性因素，编制的量表更多地带有人格量表的意味。

二、我国现代化进程中的公共管理心理变迁

中国尤其是内地的现代化以改革开放以来最为明显也最为深刻。其间三个具有划时代意义的事件构成中国内地现代化进程加速的三次强劲推动力：一是20世纪70年代末改革开放国策的实施，成为中国现代化全面展开的启动器；二是20世纪90年代社会主义市场经济体制目标的确立，使中国进一步踏上了"深度改革与追求崛起"的发展道路；三是世纪之交加入世界贸易组织，中国顺应全球化进程，进一步迈入了"深度开放与全球同步"的发展道路。

（一）价值观方面

"人的价值观、行为规范和信仰在决定社会类型（传统社会和现代社会）方面起重要作用，价值观的转变是社会变革最重要的前提条件。"（安德鲁·韦伯斯特，1987）改革开放以来，随着中国现代化进程的加速，在不断涌现的新事态、新信息的冲击下，社会心理中不仅出现了一些新质，如风险意识、环保意识、公共服务意识、与自然和谐相处的意识等，而且表现出了更符合时代理性和更能表达价值关怀的人本化价值趋向，如责任心培养、诚信教育、同情心与爱心激发，以及重视健康观念和珍爱生命意识的塑造等。社会心理变迁在价值观取向上的总体趋势和主要特征是：从注重理想向强调实际趋近，从注重义务向强调权利演变，从注重集体向强调个体转化。总之，这些变化呈现出的是一种价值观的人本化。

在人生价值观上，开始了从重点追求生存层面，逐渐向重点追求发展层面的迁移。一些实证调查结果表明，在青年群体中，高层次心理需求成为择业的重要动因。"有兴趣"、"能够发挥自己的才能"常常成为排序首位的标准，其位次往往高于"收入高"、"工作稳定"等标准。

消费价值观是另一个重要表现方面。随着收入水平的提高，人们的生活质量意识逐渐增强，从而引起了消费观念的变化，消费方式由节俭型转向享受型。

价值观的人本化趋向，在青年一代身上尤为明显。例如，从纵向角度比较，20世纪80年代出生的人，是最具有改革开放特征的一代。这一代人在价值观念、行为准则、生活方式、社会参与等方面都与此前数代人具有明显的区别。在他们身上，呈现出比较开放、透明的心态，具有较强的接受新事物的能力；强调个性、平等意识和权利观念；具有普遍主义精神，尊重事实，注重规则；热心公益事业，具有更自觉的环保意识；表现出积极的休闲态度和广泛的兴趣爱好；喜欢直率的情感表露，不愿扭曲个性，厌恶形式主义，等等。

（二）人格方面

随着中国现代化的发展，传统中国人的人格中的某些特征逐渐减弱，而另一些特征逐渐增强。虽然这种人格变化的模式和内容还并不完全肯定，但是，我们可以较有把握地指出中国人人格变化发展的总体趋势，即向理性和个性化演进。

1. 气质特征的演变：更趋理性和外向性

（1）焦虑降低，情绪稳定性增高。过去大多数研究表明中国人比西方人更多焦虑和神经过敏。一项研究发现在437名中国大学生中，个人的现代化水平与其对生活压力的忍耐性有正相关。这预示了中国人气质特征变化的一个方向，即随着文化融合与现代化的发展，中国人的焦虑度会有所降低、情绪的稳定性会有所提高。

（2）自我克制和谨慎性减弱，冲动性和自发性增强。几乎所有的研究都一致显示，与美国人相比，中国人一般较为克制、谨慎，具有较少的冲动性和自发性。这些气质特征可能有遗传基础，但其社会文化的根源更为明显，因为它们符合中国传统文化和社会生活中的和谐性原则，使中国人能更有效地适应中国传统的群体生活，但在现代化进程中，这种过于克制、谨慎的状态会发生变化。

（3）内向性减弱、外向性或社交性增强。过去的研究总的来说显示出传统中国人的外向性或社交性较弱，而内向性较强。这种气质特征适合于传统中国人的社会生活，因为传统的中国社会和文化要求人们在人际关系中保持一定的距离，以实现与他人的平衡和协调。当今中国社会的变化加快，人员流动加速，这就要求人们有较强的社交性，以便在新的地方和新的工作单位建立起良好的社会关系，适应新的生活。

2. 自我心理空间扩大：个体化的样态

个体化是现代化的一种极其重要的文化动力，在一定意义上凸显了对于个体存在与需要的承认，对个体潜能与价值的尊重，对个体努力与成就的肯定。其突出的表现是人们对于个体心理空间需求的增强——隐私观念的出现。它是社会进步及社会心理对个人空间需求的一种独特而敏锐的反映。

社会成员个体心理空间的扩大，在人际交往领域表现亦十分明显。改革开放以来，人际互动的交往方式更加"间接化"，由过去更多的面对面互动，如登门拜访，变为现今更多的间接化交往或"媒介交往"，如电子邮件、手机短信、微博等。社会交往中对他人隐私的关注度降低，家庭等生活环境更加私人化。

3. 成就动机的高涨：发展机会的表征

当中国进入向现代化转型的阶段，社会成员的成就动机必然呈现出高涨之势。一方面，源于社会结构的变迁，向现代化转型实质上意味着从一个发展机会匮乏的时代进入到一个发展机会激增的时代，从而激发起人们有所作为或成为有用之才的愿望；另一方面，则源于价值观的嬗变，从传统社会到现代社会的转型促使人们的价值观更趋向于个体、权利和现实方面，自我意识的觉醒促进了人们对于实现自身潜能和价值的普遍关注。

据一项对北京青年的调查，就目前最想做的三件事而言，选择比例最高的是"追求事业成功"（51.7%）。可见，青年身上呈现出强烈的成就动机或成功需要。与成就动机增强相关联的是，人们的信心、独立意识和个性的增强，确保了成才自信度的提高。

现代社会区别于传统社会的重要一点就在于，个人社会地位的获得方式由世袭（即父辈传承）变成自致（即自我成就），这种状况也从人们的成才观上反映出来。同一项调查表明，对于什么是"改变自己社会地位的有效途径"这一问题，北京青年中有73.5%的人选择了"才干"，比例远远高于"有靠山"（11.5%）和"请客送礼"（1.9%）。这种社会心理在实质上是以对作为成才条件的社会现实状况的判断为基础的。对于"与改革开放以前相比，当前社会给人提供的成功机会如何"这一问题，北京青年中比例最高（53.3%）认为"更公正、平等"。在现实中，通过接受越来越高层次的教育，社会成员能够获得更多向上层社会流动的机会，因此，一个充分强调个人成就的现代社会的来临，是当前人们形成能力本位观念的最深刻根源。

 课后案例

农民工——中国现代化进程中最需要关注的群体

如果将 20 世纪 80 年代初次外出的农村流动人口算做第一代，那么我们目前主要接触的 90 年代后初次外出打工的农村流动人口则应该被视为"新生代"：他们年龄更小（外出时平均年龄只有 23 岁）、教育程度相对较高（大部分具有初中以上学历）、没有务农经验、外出动机从经济型转向生活型或者两者并重。新一代流动民工群体作为一群依然处于社会底层而且前途渺茫的人，循规蹈矩的行为方式已经无法使他们在社会夹缝中获取流动机会，而勤奋努力的表现也无法消除他们所体验到的不公平与相对剥夺感。

农民工频繁地辞工或者换工行为背后不再是简单直接的经济利益因素，而很可能具有发泄愤懑的非理性色彩。台湾地区某大学科班出身的徐某为了使得企业的管理更趋于现代化，要求每位工人在辞工时都要填写一份问卷，其中有一个问题就是"为什么要辞工"。出人意料的是，一位工人只用了两个字来回答这个问题："不爽。"正是这两个字，使得徐某试图了解工人内心想法的努力化为泡影，却也正是流动民工周遭生存状况与焦躁不安的心态的真实写照，是他们为那个带来各种限制与制度壁垒的主流社会的"深度失望与不满"。雇主之所以能够约束员工，是因为手中掌握了工人希望能通过遵循主流社会规则而获得的资源与机会，但当新一代流动民工意识到自己能获得的雇主青睐、社会认可与资源机会极为有限时，他们便不再忌惮对主流社会规则的破坏所带来的惩戒，因为主流社会已经无法从他们那里再夺得更多的资源了。

更为可怕的是，他们的生活似乎陷入了一种"恶性循环"：因为在社会结构中的无望，所以在地域上频繁地流动；但流动又带来更深层次的限制与绝望。新一代民工似乎永远找不到出路与希望，他们是城市文化与农业社区的双向的边缘人，是相对工厂区当地居民来说没有过去的异乡人，是就社会流动机会而言没有未来的陌生人。

资料来源：米格《把握转型中国的脉搏》，载《南方都市报》，2008 年 9 月 14 日，B17 版，有删减。

 案例简析

农民工与市民虽然共同生存在同一空间，但在社会心理上，农民工却存在着高度疏离感。农民工进入城市后，面对的不仅是一个完全陌生的环境，而且由于劳动时间长、工作条件差、工资低等诸多实际困难，心理困扰也随之而来。不少农民工不同程度地存在着自卑、失落、压抑和缺乏归属感等负面心理问题，由此也引发了一些社会问题。

造成农民工产生心理问题的根本原因其实是他们的生存问题。老一代的农民工，背负的最大压力就是养家糊口。繁重而艰苦的劳作、缺少精神文化生活及迥然不同的生活方式，使农民工在心理上有受歧视感和地位低劣感，各种焦虑症也就随之而来。与老一代农民工相比，新生代农民工更容易理解和接受城市的行为规范及价值观念，文化生活也更加丰富，但他们也有自己的焦虑：靠自己的打拼进入城市后，如何留下来成为一个城市新市民。

农民工进城不仅仅是简单的农村人口在空间上移居城市，更是一个现代化意义上的农民工城市化的转变过程。而这个过程必然涉及农民生活方式、价值观念和社会心理等方面，因此研究农民工的社会心理层面，不仅是农民工研究的一个核心问题，也是我国现代化进程中在公共管理领域的一个重要问题。

思考题

1. 从 2010 年 1 月 23 日深圳富士康员工孙丹勇自杀身亡起，在不到半年的时间里，连续发生了

11 起（截至 5 月 25 日）跳楼自杀事件，一时震惊全国。有心理专家分析认为，年轻的富士康员工是我国农民工二代的代表，在家庭、同伴、社会支持、信仰、理想及价值观等方面表现出严重的缺失。请从心理学角度提出相应的公共管理对策。

2.2011 年 1 月 25 日，中国社会科学院于建嵘教授在微博上开设的"随手拍照解救乞讨儿童"微博引起全国网友、各地公安部门的关注。微博开通才 5 天就已有 1 万余人关注，300 多条乞讨儿童信息发布其上。网友纷纷将乞讨儿童照片上传至微博，希望家中有孩子失踪的父母能借此信息找到自己被拐的孩子。试从公共管理角度解读这个事件，并提出几条有建设性的解决办法。

3."苏丹红"、"三聚氰胺"、"地沟油"、"瘦肉精"、"塑化剂"……近年来，食品安全问题成为社会热点，人们甚至觉得"吃什么都不安全"。请用本章里介绍的理论对这一现象进行分析。

第十章 公共管理心理学：公共行政领域

【本章学习导读】

1. 掌握公共行政应用心理学的理论基础。
2. 理解心理学在公共行政中的具体应用。

【课前案例】

基本医疗一般是指对改善全体社会公民健康，提高国民素质，推动社会发展贡献最大，最应该为全体公民所享受的医疗服务或医疗措施。

为能有效地比较武汉市城乡公共卫生和基本医疗的差距，我们特选取表 10-1 所示指标加以说明。

表 10-1　武汉市城乡公共卫生和基本医疗比较表

地区	三级甲等医院总数/家	疾病控制中心卫生技术人员总数/人	妇幼保健医院卫生技术人员总数/人	采供血中心技术人员总数/人	专科医院总数/家	私立医院总数/家
城区	33	524	629	109	12	11
郊区	0	348	337	8	2	0

资料来源：以上数据根据湖北省卫生厅数据查询省内医疗机构查询相关数据整理而成，详见网址 http://www.hbws.gov.cn/sjcx.jsp。

从表 10-1 中我们不难看出，武汉城乡公共卫生和基本医疗水平至少在四个方面存在较大的差距。一是城乡医疗水平存在差距。可以从三级甲等医院的数量对比，卫生技术人员的数量、医生在城乡的分布比较中得出，在这些指标中，城区的技术水平指标都明显高于郊区，特别是三级甲等医院的分布指标，城区明显占据绝对优势。二是在提供公共卫生和基本医疗的方式上，城区更善于利用社会资本。城区很早就开始引进社会资本参与基本医疗和公共卫生，而且批准的数量不少，现已高达 11 所，郊区则为 0，完全依赖财政力量，使本不充裕的地方财政增加了压力，抑制了公共卫生和基本医疗的充分发展（谢标，2009）。

从上述案例中，我们不难发现，武汉市城乡之间公共卫生之间有着较大的差距，同时，这也是我国其他地区城乡之间基本公共服务的典型写照。尽管我国不断加大公共产品的投入力度，但是与中等收入国家相比尚有不小的差距，这种差距决定了现阶段我国政府管理的任务就是解决公共产品短缺的问题，为经济增长与市场经济建设提供充足的公共产品。而公共管理就是公共组织提供公共产品和服务的活动。对公共组织而言，其主要社会角色之一就是公共产品的提供者。公共管理心理学的研究对象是公共事务中各群体的心理，它主要从社会组织、社会规范、文化、人与人之间的联系等方面研究公共管理。将公共管理心理学的理论应用在公共管理中，则有利于公共组织角色的扮演和职责的履行。

第一节　公共行政心理学的理论基础

对于公共管理者而言，如何更好地服务于社会，如何为公民创造和维持和谐、稳定的社会环境，并且真正对其行为结果负责是需要关注和解决的问题。正是为了解决这个问题，心理学被引入公共管理领域，并且为公共管理发展提供了一定的理论基础。

一、动机与激励理论

动机激励理论能够帮助公共管理者及时、准确地把握社会成员在不同时期的需要动向和行为表现，明确社会成员的优势需要是什么，当前的需要是什么，并且根据社会成员的不同需求，结合社会经济发展的实际，不断加强、引导、调整和改变社会成员的需要方向与层次，使社会成员的需要与社会经济发展水平相一致。

动机与激励理论，分为传统理论和现代理论。

（一）传统理论

1. 马斯洛的需要层次理论

美国心理学家马斯洛的需要层次理论对管理有很大影响。他把人的需要分为生理需要、安全需要、社交需要、尊重的需要和自我实现的需要五个层次。这五个层次的需要有一个由低级向高级发展的过程，每一时期都只有一种需要占主导地位，而其他需要则处于从属地位。

2. 赫茨柏格的双因素理论

20世纪50年代后期，美国心理学家弗雷德里克·赫茨伯格提出了双因素理论。双因素包括保健因素和激励因素。保健因素指的是公司政策、行政管理、监督系统、薪金制度和工作环境等。他认为这些因素对满足员工需要所起的作用只能保持人的积极性，还没有起到激励作用，只能预防人们对工作环境产生不满情绪，如同保健因素能预防疾病一样。激励因素包括工作富有成就感、职务上的责任感、工作本身的挑战性、对未来发展的展望等。激励因素的改变能提高员工工作积极性，提高劳动生产率。

3. 弗罗姆的期望理论

美国心理学家维克托·弗罗姆于20世纪60年代提出了期望理论，这是一种通过考察人们的努力行为与其所获得的最终奖酬之间的因果关系来说明激励过程，并通过选择合适的行为达到最终的奖酬目标的理论，这个理论可以用下列公式表示：

$$激励力量＝期望值×目标效价$$

激励力量指的是调动个人的积极性，激发人内部潜力的强度。期望值是根据个人经验判断达到目标的可能性的大小，目标效价是达到目标满足个人需要的价值。这个公式说明人的积极性被调动的大小取决于期望值和目标效价的乘积，即一个人对目标的把握越大，预计达到目标的概率越高，激发起的动机越强烈，积极性也越大。价值高而期望值太小，或者期望值大而价值太低，都不能激发起较高的积极性，只有二者都维持在一个较高的程度上，积极性才能充分被激发出来。管理者在目标设置时应注意这一点。目标应适当高于个人的能力，使之成为职工既渴望达到，但又不是可望又不可及的，使职工能充满信心地工作。

（二）当代理论

1. 亚当斯的公平理论

约翰·斯塔希·亚当斯认为，职工的工作动机不仅受到他所得到的绝对报酬，即工作的实际收入的绝对值的影响，而且还要受到相对报酬，也就是他人收入与自己收入相对比例关系的影响（闫戈，2005）。公平理论侧重于研究工作报酬分配的合理性和公平性，以及对职工工作积极性的影响。

2. 工作承诺和工作投入的研究

所谓工作承诺是指组织成员对自己所从事工作的一种热衷态度，它与工作满意感和工作投入有密切关系。有关工作承诺的研究大体围绕五个不同的方面展开：工作价值观、职业发展、工作责任心、组织认同和对社会的态度。与工作承诺和工作满意感有关的一个概念是工作投入，它是指职工对其工作的积极主动的态度和热爱迷恋的程度。它有三个关键因素：主动参与精神；工作是生活的核心兴趣；工作绩效在人的自我概念中居核心地位（黄希庭，2008）。

3. 组织承诺的研究

组织承诺的研究是对工作承诺研究的深入和发展。心理学界有人称之为"心理合同"。所谓组织承诺是随着职工对组织的投入的增加而使其不得不继续留在该组织的一种心理现象。至少存在三种形式的组织承诺，分别是感情承诺、继续承诺和规范承诺。感情承诺指职工对企业所表现的忠诚和努力工作主要是由于对企业有深厚的感情，而非物质利益；继续承诺指职工为了不失去已有的位置和多年投入所换来的福利而不得不继续留在该组织内；规范承诺指受长期形成的社会责任感和社会规范的约束，职工为了尽自己的责任而留在该组织内（黄希庭，2008）。

4. 员工培训

传统的培训问题涉及诸如培训需求评估，确定最好的培训方案，如何让由培训所习得的知识和行为迁移到工作中去，如何改善学习等。最近培训中的一个热点是多样化培训。传统的培训专注于教授员工一项具体的技能或行为以提高工作绩效。多样化培训则是重塑员工的态度、偏见、原型（即相伴的行为）（黄希庭，2008）。

5. 组织公民行为

组织公民行为的概念于1983年被正式提出。提出者认为，组织公民行为是一种有利于组织的角色行为和姿态，既非正式角色所强调的，也不是劳动报酬合同所引出的，而是由一系列非正式的合作行为所构成的。它是组织员工与工作有关的自主行为，既与正式奖励制度无任何联系，又非角色内所要求的行为，但能从整体上有效地提高组织技能。对于组织公民行为的特征维度，有二维结构、三维结构、四维结构、五维结构和七维结构的提法，而采用最多的是五维结构：①利他行为，帮助处理或阻止工作中发生或即将发生的问题，鼓励在工作或个人职业发展方面失去信心的同事；②文明礼貌，对别人表示尊重的礼貌举动；③运动员精神，员工在非理想化的环境中毫无抱怨坚守岗位的一种意愿行为；④责任意识，严肃认真尽心尽责对待工作的行为；⑤公民道德，积极参加和自觉关心组织各项活动的行为（黄希庭，2008）。

二、领导理论

领导是指通过自身努力引导和影响其他人或组织，在一定条件下，共同致力于实现组织目标的人。在公共管理中，公共领导是指国家行政系统中依法担任负责职务和行使领导职权的集体和个人，以及非政府组织的领导者，通过决策、组织、协调、监督和控制等方式，引导和影响所属组织成员，以共同努力实现公共组织管理目标。他在国家管理的政治、经济、文化和社会生活等各领域、各层次中，处于核心的、主导的地位，决定着国家职能的实现程度和依法实施社会管理的水平。

关于领导的理论可分为传统领导理论和现代领导理论。

（一）传统领导理论

1. 领导特质理论

领导特质理论着重探索领导者与一般人在品质上的差异，把领导者个人特征作为描述领导成效的因素。其基本假设是：领导者是天生的，一个人之所以成为领导者因其有不可比拟的天赋和个人品质；领导者与一般人之间，有效的领导者与无效的领导者之间，存在着品质上的差异。

现实中，研究者也找到了一些依据。例如，一般领导者在社交、坚韧性、创造性、协调性、处理问题的能力等方面都超过了普通人。在性格特征上，领导者也有别于普通人，比如性格较外向、智力较高、热爱和关心集体、责任心强、积极参与社会活动、在工作中有坚韧性，能细致周到地考虑问题，等等。

然而在实际中，有些领导者并无上述个性特质，有些人具有上述特质但并未成为领导者，具有不同品质的领导者同样可能取得成功或不成功。领导学家曾经列出了近80项领导特质，但没有找到哪些特质对领导者的有效或无效的影响是特定的。更为典型的是，领导学者弗雷德·费德勒在对领导者和被领导者做过一个试验后得出结论说，领导者没有比别人更高明的品质，与被领导者没有显著的差异。

美国著名学者彼得·杜拉克认为，有效的管理者与无效的管理者之间，在智力、性格及才智方面，是很难区分的。有效性是后天形成的，是可以通过学习学会和掌握的。他认为，一个优秀的管理者必须符合下列五条要求：①善于处理和利用自己的时间；②注重贡献，确定自己努力的方向；③善于发现和利用自己的长处，同时也善于发现和利用上级及下级的长处；④能分清工作主次，集中精力干主要工作；⑤能作有效的决策。一项有效的决策是在"议论纷纷"而不是在"众口一词"的基础上作出的。

实践表明，具有某些特质确实能提高领导者成功的可能性，但没有一种特质是成功的保证。大量的经验研究也没有证实什么特质是领导者固有的。由于领导特质理论并未很好地解释领导者的行为，人们开始关注领导行为本身，希望通过对领导行为的研究，找到领导行为与领导效果之间的关系（孙多勇，2005）。

2. 领导行为理论

领导行为理论主要研究领导的工作作风对领导有效性的影响，即领导者的哪些行为有助于他们实施有效的领导。该理论认为，真正决定一个人成为领导者的因素是他的行为，只有那些行为上表现出既关心工作（生产）又关心个人（下属）的领导者才是最有效的，领导行为是可以通过后天的培养和锻炼得到的。因此，领导行为理论提供了一种通过训练使人们成为领导者的机会。

领导方式是领导者在领导活动中表现出来的比较固定的和经常使用的行为方式和方法的总和，它反映了领导者的个性，影响着领导者的工作效率。勒温（Lewin K）等认为，领导者的领导风格可以分为专制型、民主型和放任型三种，这三种领导风格会形成不同的团体氛围和工作效率。专制型领导者只注重工作的目标，仅仅关心工作任务和工作效率，他们对团队的成员不够关心，使被领导者与领导者之间的心理距离比较大。领导者对被领导者缺乏敏感性，被领导者对领导者存有戒心和敌意，容易使团体成员产生挫折感和机械化的行为倾向。民主型领导者注重对团体成员的工作加以鼓励和协助，关心并满足团体成员的需要，营造一种民主与平等的氛围，领导者与被领导者之间的心理距离比较近。在民主型的领导风格下，团体成员有较强的工作动机，责任心也较强，工作效率比较高。放任型领导者采取的是无政府主义的领导方式，对工作和团体成员的需要不重视。无规章、无要求、无评估，工作效率低，人际关系淡薄（孙多勇，2005）。

3. 领导权变理论

在现实中，人们越来越认识到，要找到一种适合于任何组织、任何性质和任何对象的领导特质和领导行为方式是不可能的。事实上，没有一成不变的、普遍适用的"最好的"领导方式。领导行为效果的好坏，不仅取决于领导者个人的素质和能力，而且取决于诸多的客观因素，如被领导者的特征、领导的环境等。用一个通式表示就是

领导＝f（领导者、被领导者、领导环境）

上述公式说明，领导方式是领导者、被领导者和领导环境的一个变数（函数）。

因此，有效的领导行为是因时间、地点、条件的变化而变化的，这就是领导权变理论的实质。自从领导权变理论产生之后，领导方式就不再用"好"或"坏"来区分，而是用有效和无效来说明（孙多勇，2005）。

（二）现代领导理论

现代领导理论（乐国安，2004a）包括认知资源理论、社会信息加工理论、转化型领导理论、管理决策理论、领导胜任力理论等。

1. 认知资源理论

所谓认知资源是指领导者的智力、专业知识和各种技能。认知资源理论认为，决定领导成效的关键因素，与其说是领导个人的智力与才能，还不如说是能够使认知资源得以利用的条件。可以认为，认知资源利用理论是在权变理论的基础上把情景变量与个体特征结合起来，这对于领导者的选拔颇具意义。

2. 社会信息加工理论

社会信息加工理论是以认知信息加工的思路来分析领导行为，主要涉及领导行为的知觉、因果归因和评价。他们提出了一个"社会信息加工模型"，包括选择性注意，信息的理解、编码、贮存和保持，提取判断等五个阶段。社会信息加工理论主要用于减少管理信息加工的认知偏差，提高领导者的有效认知能力。

3. 转化型领导理论

转化型领导理论认为以往的领导行为研究都把部下的绩效和满意度作为评价领导效能的结果变量，而转化型领导理论则把部下对工作任务的情绪反应、自尊、价值观以及对领导者的信任和信心等作为因变量。所谓"转化型领导"，是指那些能使部下看到美好的前景而激发出积极性和创造性的领导。与其相对照的是"交换型领导"，这种领导的行为是建立在上下级之间某种交换基础上的。比如，以某种奖励或利益作为下级好好工作的交换条件。这种领导行为存在着许多局限性，因此，主张用转化型领导来代替之。

4. 管理决策理论

（1）认知心理学决策研究。该研究主要研究决策与判断的认知加工过程，注重于决策与判断中所采取的认知策略、认知加工的特点与出现的偏差等。

（2）组织水平决策研究。该研究集中于分析不同背景下的决策模式、权力结构和参与体制，特别重视决策技能的开放与利用。

5. 领导胜任力理论

生产和管理环境的变化已经使得传统的职位分析很难满足高新技术带来的新要求，在此背景下，一些学者提出了胜任特征的概念。胜任特征是指"能将某一工作（或组织、文化）中表现优异者与表现平平者区分开来的个人的潜在的、深层次特征，它可以是动机、特质、自我形象、态度或价值观、某领域的知识、认知或行为技能——任何可以被可靠测量或计数的，并且能显著区分优秀绩效和一般绩效的个体特征"。

三、组织理论

组织理论是在 20 世纪 80 年代之后，随着经济全球化潮流和经济结构的调整，研究整个组织层面开始成为热点。对于组织问题的研究，学者着重从两个方面进行。

（一）组织文化

威廉·大内于 1981 年出版的《Z 理论》揭开了组织文化研究的序幕。几乎与此同时，汤姆·彼得斯和罗伯特·沃特曼的《追求卓越》和泰伦斯·狄尔和爱伦·甘乃迪的《公司文化》掀起了组织文化研究的热潮。

1. 组织文化的理论研究思路

组织文化的研究已经形成了若干理论思路，包括组织文化理论框架、最佳实践模式、组织文化思路和组织文化模型等。组织文化是指为特定群体所发明、发现和发展的，用于学习和应付外部环境及内部整合问题的基本假设形式，以及教育员工用以认知、思考和感受组织问题的实际方式。组织文化分为三种水平：①表面层，系指组织的明显品质和物理特征（如建筑、文件、标语等肉眼可见的特质）；②应然层，位于表层之下，主要指价值观；③突然层，位于最内部，是组织用以应付环境的实际方式。这是组织文化的核心和本质（闫戈，2005）。

2. 组织文化的变革

早期对组织文化的研究以横向对比研究为主，大多数研究采用文化分类的方法，也有的研究者以优秀企业的发展特征为对象，对组织文化作出分类。近期的组织文化研究则越来越多地采用动态的研究思路，重视组织文化的构建和发展过程。

尽管组织文化对于一个组织来说是根深蒂固的，但也是能够变革的。有的研究者指出，组织文化可以通过以下六个方面进行修正：员工和团队注意的东西、如何处理危机、招聘新成员的标准、组织内提升的标准、配合奖励的标准、组织仪式和典礼（乐国安，2004a）。

3. 管理的跨文化研究

随着国际市场的拓展和跨国公司的发展，管理的跨文化研究逐渐成为组织心理学研究的一个新趋势。20 世纪 90 年代以来，跨文化的比较管理研究日益增多。其中，最引人注目的是关于个体主义与集体主义国民特性对组织管理的影响研究（乐国安，2004）。

（二）组织变革与发展

组织变革与发展是以行为科学研究和理论为基础，有计划、有系统地组织变革的过程，其目标是创造有适应能力的组织，这些组织为了保持效率能够重复地变换和创新。组织的变革与发展一般涉及三个方面的内容：组织方面、技术方面和员工方面。组织方面是指组织结构的变革，如虚拟组织、无缝隙组织等。技术方面主要强调组织任务的多样性、完整性和意义，加强工作的责任性和及时反馈工作结果的信息，从而利用工作本身的激励因素来提高组织的发展。采取的措施如工作生活质量管理、弹性工作日制等。员工方面主要强调以人为中心的理念，在研究中，重视对员工的个人训练和团队建设（乐国安，2004b）。

第二节　公共管理心理学理论在公共行政中的应用

目前公共部门服务质量还远远没有达到社会大众所期望的水平，主要问题就是公共部门要么没有做正确的事，要么没有正确做事。因此，如何促使公共部门做正确的事或正确做事已经成为提高公共部门服务质量的关键。本节将利用心理学理论解决这个问题。

一、心理学对公共管理的影响

（一）有利于公共管理理论的发展完善

人们对社会问题的认知是通过心理表现出来的，积极的心理要求既能运用各种理论解决或回答某些新问题，也要求能反思公共管理过程中的不当行为，从反面提示公共管理理论的发展和完善。正确运用心理学理论将会了解正面问题和反面问题产生的深层次动机，便于选择合适的策略行动，丰富行政管理理论。

（二）有利于提升公共管理实践

公共组织的运作效率受到工作人员的责任心、荣誉感、工作态度、组织意识、合作观念及服务精神等一系列心理因素的影响和制约。有调查显示，公务员群体的心理亚健康状态不断加剧。公共管理心理学有助于帮助了解特定公务员群体的心理状态，有助于指导公务员用正确方式处理人际关系，通过教育、引导、鼓舞、尊重、理解和关心的相互结合，实现公务员行政行为的调整，增强公务员处理公共行政事务的能力，达到提升公共管理实践的目的。

二、心理学在公共管理方面的应用

（一）确定社会公共需要，架构适合我国国情的公共产品供给模式

公共管理是以公民为核心的管理。实施有效的管理，就必须从公民的需要出发，心理学研究表明，人的意志行动开始于需要以及需要引起的动机，因此，合理把握社会公共需要，架构适合我国国情的公共产品供给模式，是制定公共管理目标的第一步。

所谓社会公共需要是人类社会共同体解决所面临的社会公共问题的共同需要，它是指社会成员在社会生产、生活中的共同需要，它是除政府以外的其他社会团体和市场所不能满足的、不能提供的需要，具有社会成员享用的互不排斥性与平等享用性。现代社会公共需要包括以下几个方面：维护社会公共秩序与安全秩序的公共需要；维护经济秩序和市场交易秩序的公共需要；为全体社会成员提供公共设施与公共事业的公共需要；建立社会保障与救济体系、扶助社会弱势群体的公共需要；公共资源与公共财产管理的公共需要；人们对人权、自由等公民权利的公共需要等，而这些措施的有效实施都是马斯洛需要层次理论在公共管理中的具体运用。

由于社会公共需要受到多种因素的影响，所以公共部门理解的社会公共需要与公民需求不平衡的情况经常出现。此时，公共部门必须对其确定的社会公共需要做出修订，方法有二。一是寻找优势需要。社会公共需要随着人民生活水平的不断提高而不断变化。在人均国民收入水平极低，处于极不发达状态时，人们的公共需求极少，人们的需要主要集中于个人的衣食住行等基本的生理与生存需要；当人均国民生产总值处于中等收入水平时，人们的基本与生存需要已经满足，开始追求享受的需要与发展的需要，要求政府提供能够满足人民享受的公共需要，突出表现在如城市自来水的供应、环境保护与绿化、城市交通快速道的建设、公共娱乐与教育场所的建设等；当人均国民收入处于发达水平时，人们就会追求自尊和自主的需要，要求政府放松各种经济性和社会性的管制，并要求政府提供发展高科技、提高国家核心竞争力等核心公共产品。二是公共管理部门应该采取种种措施吸引公民亲自参与讨论与论证，充分利用公民的价值观，并根据公民意见做出实事求是的修改，使目标趋于合理、科学、增强可操作性。

（二）配备合适的公共领导，满足公共管理需要

根据领导理论，有效领导工作的实施涉及多方面因素，下面就将围绕此问题展开讨论。

1. 现代公共领导者应有的素质

一般而言，公共领导者应该具备以下三个方面的素质。

（1）知识技能：以往学习的知识、经验的积累和对新知识的学习和掌握。

（2）管理技能：公共领导者必须能负起上级交给的职责，并对部属实行有效领导；善于协调各部门之间的关系，较多地运用人格魅力去影响或指导部属，根据外部环境变化调整自己的管理方式。

（3）人文理念：公共领导者必须具有"用人之长，容人之短"的宽容胸怀，了解

部属的需要与感情以尽力提供帮助，并激发员工的士气和对组织的责任感。

2. 公共行政领导者的形象与修养

公共领导者取得成功并不完全取决于智力、知识这样的特质要素，个人形象与修养能够强化自己的权威地位。

1）公共领导者的形象

公共领导者的形象可以分为个人形象和组织形象。公共领导者的个人形象往往是领导者获取民主支持的一种重要力量。由于公共领导者必须拥有支持者和追随者，所以良好的公共领导形象就是公共领导者能够获得民众支持的坚强基础。公共领导者的组织形象是公共领导者组织风格的体现，如国家领导人代表的是一个国家的形象，在这个公共角色上，组织形象比个人形象更重要。

公共领导者如何塑造良好的领导形象？主要有两条渠道，一是言语，二是行动。所谓言语，就是公共领导者要善于表达自己的思想、立场和观点。公共领导者的语言要符合两个标准，一是情感丰富，二是富有激励和鼓舞作用。首先，公共领导者的语言要富有情感，这是公共领导者获得形象感染力的重要途径。美国心理学家在比较情感和理智在对选民的态度影响后得出结论，情感的号召力比理智的号召力要大。其次，公共领导者通过言语来鼓舞和激励下属，也是公共领导展示其领导形象的一种手段。所谓行动，是通过态势语言或身体语言表现出来的。即通过仪表、姿态、神情、动作把信息输送到信息接受者的视觉器官。身体语言或态势语言主要有以下几种：服饰语、面部语、目光语、身体语、手势语等。在现代传媒时代，新闻媒体成为塑造领导形象的重要载体（孙多勇，2005）。

2）公共领导者的修养

修养是一个公共领导者能够释放一种独特气质的基础。要成为一个优秀的领导者，必须在个人修养方面付出心血，公共领导者要加强自己的修养，就要做到如下几个方面。

（1）加强学习。古人说："天地万物之理，修己方治人之术，皆所当学。"领导者只有广泛地学习，才能了解各种知识，掌握修身和管理的各种方法。

（2）善于思考。一个领导干部要勤于思考，善于分析、理解、推理、联想，透过现象抓住事物的本质，不被表面的现象迷惑。孔子说："君子有九思：视思明，听思聪，色思温，貌思恭，言思忠，事思敬，疑思问，忿思难，见得思义。"这对领导者的修养具有启发意义。

（3）注重修养。《周易》强调"崇德广业"，《大学》讲"修身、齐家、治国、平天下"，其中以修身作为根本。司马光说："德才兼备是圣人，德胜于才是君子，才胜于德是小人，无德无才是愚人。"作为领导者要特别注重道德的修养，只有德才兼备，才能成就大业。

（4）廉洁奉公。古人说："吏不畏吾严而畏吾廉，民不畏吾能而畏吾公。公则民不敢慢，廉则吏不敢欺。公生明，廉生威。"也就是说，只有办事公正，为人清廉，领导者才能树立起自己的威信。

3. 未来的公共领导者

随着信息社会和知识经济的来临，组织的形态发生了变革，同时，公共管理环境正在发生着前所未有的变革，而公共领导也正面临着日益增多的挑战，公共领导者如何领导推陈出新的组织形态、如何应对 21 世纪的挑战成为公共领导者谋变思进和应对发展的重要责任。

与那种集权式体制中"跟我走"的公共领导方式相反，新型组织中的分散式公共领导使领导存在于团队之中，在分散性组织中，依赖家长式领导方式展示自我意志的传统领导者逐渐被新型的团队领导所取代。在这种组织中，等级观念过时了，角色观念消失了，法定权力的重要性降低了，领导英雄主义的观念淡漠了。

随之，有关公共领导本质的看法也会发生改变。由于知识的应用导致了对组织的本质和目标的重新定义，公共领导的责任开始加在处于第一线的员工身上，比如，公民正在寻找新的途径来更直接地行使自己的权力。另外，由于从基层提拔起来的领导越来越普遍，领先的公共组织开始意识到公共领导不依赖于职位等级和身份。在新型的知识型公共组织中，使人们获得权力方法还有专门技术、特殊的知识或技巧。在新的公共组织形态中，旧的等级假定将被抛弃，由于公共组织要适应一种新的环境，新的公共领导方式将以难以想象的方式发展壮大。

美国学者坎特加·波特提出了"三维领导"的概念。"三维领导"的发展框架认为，领导者需要有与以前大不相同的思维形式、知识和技巧。它要求领导者应该在业务能力、领导艺术和个人特质三个维度上保持应有的平衡。未来的领导艺术不是单一的技巧性的东西，而是领导能力和品质的混合物。

美国学者埃德加·斯克因提出，未来领导者必须具备的品质如下。①非凡的理解与洞察世界和他们自身的能力。②超强的动力。这种动力使他们能够经得住学习和改革所带来的不可避免的痛苦。③情绪上的积极力量。这种情绪上的力量可以消除自己和其他人的焦虑。④影响并引发他人参与的意愿和能力。⑤允许和鼓励领导在整个组织内的各个地方成长。

对未来领导者的探讨，使得未来公共领导者的大体轮廓可概括为以下几个方面。

（1）未来公共领导者作为公共行为的引导者，他们也是需要不断成长的，而这要建立在集体智慧的基础之上。

（2）未来公共领导者必须形成自己的世界观并不断加以修正。

（3）未来公共领导者更要使人产生归属感。

（4）未来公共领导者的核心能力是交流与沟通能力。

（5）未来公共领导者是一种学习型的领导者，他们不拒绝任何变化，而且欢迎变化的到来。

（6）未来公共领导者是出色支持者和鼓励者，而不是评判员、批评家。

（7）未来公共领导者是世界主义者，他们鼓励思想的开放，注重跨组织的合作，他们能跨越边界思考问题（孙多勇，2005）。

4. 公共领导者的领导方式

领导行为理论认为，领导者应该着重于抓组织和关心人，"抓组织"即科学设置组织机构，明确职责，确立工作目标，设立意见交流渠道和工作程序等。"关心人"即注重建立相互信任的气氛，尊重部属的意见，关心他们的需求等。对于公共领导者而言，为了能够适应新的公共管理环境,公共组织必将发生变革,新的公共组织形态必将建立,在新的组织形态面前,那些令传统领导者沾沾自喜的金字塔式的组织形态将可能完全被颠覆;令传统领导者引以为自豪的特质可能被注入新的内容;令传统领导者梦寐以求的职位可能失去它原来的魅力;令许多人确信无疑的"领导者-被领导者"二元结构可能会被打破。随之,一种崭新的领导形态将会出现。这就要求公共领导者应该着重于关心人,要改变传统工业管理忽视对人的关注的弊端,要实现"以人为本"和人文关怀相渗透的领导方式转型,要关注公共组织中人的发展,让每个成员都有参与管理的机会,要做到既追求公共组织的外在目标,又不忽视公共组织系统中存在的"内在"目标即个人价值实现的需求。"抓组织"的最终目标也是为了更好地关心人。

(三)建构学习型公共组织,实现公共组织创新

公共组织主要是以管理社会公共事务、协调社会公共利益关系为目的的组织,它既包括政府组织,也包括非政府组织。通过心理效能的发挥,维持着公众动态的心理结构,汇集着公众的心理优势,实现组织中的效率循环是公共组织的存在基础。

但是,面对当前动荡不已的组织环境,公共组织存在着生存和发展问题。为了能够实现自我发展,公共组织都在经历一个创新的过程。一般认为,学习是实现创新的关键手段,没有学习就不可能有创新,学习是创新的源泉和保障。因此,公共组织创新实际就是公共组织学习能力塑造的过程。

组织学习是一个充满曲折与困难,必须经过精心设计的激励机制或相应的制度安排及组织文化的不断构建才能逐步克服各种干扰良好学习的障碍,最终趋近于组织目标的过程。对于公共组织而言,其组织学习的障碍可能来自于组织系统层面中的任何一个层面:组织中的个体层面、群体或部门以及组织层次上,或者更有可能是这些不同层面上的问题交织纠缠在一起而形成的错综复杂的组织障碍丛,有公共官僚组织体制中结构层级权力关系导致的体制障碍,有生活于复杂权力网络与政治关系背景中的人们的情绪情感及信任空间变形而形成的群体心理障碍,有组织精神、价值取向、行动理念、行为定位等中存在的组织文化障碍(刘霞,2005)。

在组织体制障碍层面,过度集权与过度分权两种状况如下:组织体制都可能通过对组织精神模式、组织信息处理过程、知识创新能力、组织决策机制、组织结构、组织控制整合与沟通机制、组织责任机制、人力资源管理系统与绩效管理系统等许多方面形成的不利影响,成为公共组织学习的障碍(刘霞,2005)。

在群体心理层面,公共组织学习的心理障碍如下:对学习后果的不确定感;权力地位影响力匮乏感;对上级压力与报复的恐惧感;害怕学习特别是创新带来的、被所在群体规范约制或疏离的从众缺失感;不思进取的安逸感;对长时间学习的紧张与疲劳的畏惧感;层级的权力保护意识;部门利益的风险规避;公共官僚集体的文过饰非等(刘霞,2005)。

在组织文化层面,公共组织学习的组织文化障碍如下:组织的习惯性自我防御,组织对个人生活空间的收缩,组织领导专制作风所加重的下属机器情结,组织角色期待冲突中的价值取向错位,组织经验学习错觉和学习中的思维定势等(刘霞,2005)。

公共组织面临的众多学习障碍极大地影响了公共组织的创新过程,破除公共组织

学习障碍成为了公共组织创新的关键。利用美国学者彼得·圣吉（Senge P M）提出的五项修炼构建学习型公共组织将是一条很好的解决之道。所谓学习型公共组织是指通过公共组织学习过程，能够积极主动地探知动荡环境中的压力形成的挑战、解析存在的问题与障碍，并寻求克服问题与障碍的对策，不断调整其组织文化、组织体制与组织战略所逐步趋近的那种理想的组织目标状态。学习型公共组织构建成功以后，它将具有以下几个方面的特征。

（1）学习型公共组织文化得以确立。其主要内容包括组织精神（公共行政乐善好施的精神）、价值取向（公共利益高于一切的共同信念）、行动理念（公共服务顾客至上）、权威观念（平等但适度敬畏权力）、风险意识（敢冒风险、不刻意规避不确定性、崇尚创新）、行为定位（利他的、集体—个人取向结合的定位）、公务规范（以问题为中心）、人际氛围（合作的、双赢的、积极配合的、主动沟通的、公平竞争的）、批评立场（坦荡达观、自我检视、维护公正）、冲突态度（直面争议、坦诚对话、承认错误）。

（2）确立中心化的组织权力体制。扁平化、网络化、多中心化、分权化，学习型公共组织是高度灵活、极富弹性、多元形式的组织。

（3）丰富多种决策机制和决策方式。其主要包括授权决策和分权决策，权变决策等，营建网状信息通路，扩展多环路学习机制，倡导相互学习、平等对话，能够综合权衡组织决策的长期后效与多方影响。学习型公共组织是民主政治环境的组织。

（4）重塑新型领导风格与领导模式。新型领导风格与领导模式应是民主的、参与的、风险承诺的、试验性的、责任集中的、下级自我管理的。学习型公共组织是张扬人性与尊重人的发展的组织。

（5）强化软管理模式。借软性的组织远景规划的共识、共同价值观与信念体系、开放的心灵、自发的动机、团队精神来生成并维系学习系统。运用制导行动框架，重在价值引导。学习型公共组织是以公共价值观为基础，以共同愿景带动的组织。

（6）探索多元化的组织治理结构。倡导多元治理模式，强调政府、市场、社会的合作共赢。学习型公共组织是以多元政治关系为背景的、包容多元创新模式的组织。

（7）落实以人为本的公共人力资源管理战略。突出强调组织变革、组织成长、组织发展与以人为本。组织的一切管理，重在充分信任下属，放手下属，提供下属成长与发展机会；强调整体事功，扩大良莠差距，加大奖惩力度、金钱奖励，跨部门的较广范围内人事升迁及精神奖励并重。学习型公共组织是以人力资源为管理核心的组织。

（8）突出创新知识管理。崇尚知识创新并设计相应的激励制度，组织内部制度性的信息分享，跨部门的功能性合作或项目小组，充分的日常工作经验学习的机会，技术性地、制度性地跟踪记载组织成员学习能力的变化。学习型公共组织是知识创新为先导的知识型组织。

具体到我国而言，学习型公共组织既与当今社会环境相适应，也与我国的传统文化相吻合。中国传统文化与学习型组织都强调以人为本，注重主体意识；中国传统文化与学习型组织都强调自我修炼、自我管理；中国传统文化与学习型组织都注重团队精神；中国传统文化与学习型组织都注重整体观念与系统思考；中国传统文化与学习型组织都强调"无为而治"。也正如圣吉在《第五项修炼》中文版中写道："你们的传统文化中，仍然保留了那些以生命一体的观点来了解的，万事万物运行的法则，以及对于奥妙的宇宙万有本源所体悟出极高明，精微而深广的古老智慧结晶。在西方文化中，我们倾向于看见的则是一件件事物所组成的世界：我们深信简单的因果关系，不停地寻找能够解释一切的答案。"（刘霞，2005）

三、公共行政管理中心理学理论的应用

（一）不可忽视公平性原则，要重视社会公平机制的建立

我国目前正处在社会转型的关键时期，社会利益关系的整合、新旧观念的冲突、社会结构的重组、改革和发展的不平衡引发的各种社会矛盾十分尖锐。在众多的社会矛盾中，最为影响我国公民社会心理的是社会分配的不公。我国很多公民认为造成社会分配不公的主要原因是竞争机会不均等和竞争起点不同。具体来讲，主要表现在两个方面：第一，现有的结构使得某些人垄断了并不充裕的国有资源并无偿使用，从而在致富竞争中捷足先登；第二，掌握某种稀有社会资源和从事重要职位、职业的人，利用手中的权力，通过不正当手段获得各种利益。这种社会分配不公极大地影响着公民心理，造成了极其强烈的社会不公平感。

从以上分析中可以发现，我国公民的不公平感主要是通过社会比较而产生的。不公平包括两种情况，一是有利于自己的不公平，二是不利于自己的不公平。对有利于自己的不公平，人们可以采取补偿办法，即增加投入或主动减少结果以消除内疚。但研究表明，被更多采用的途径是采取文饰作用，如自我排解，认为自己的投入实际上更多，或者改变参考体，从而获得一种虚假的公平感。这就是说，即使是有利于自己的不公平，一般也不能使个体获得相应激励；而不利于自己的不公平，则会使人明显获得相反激励。少数个体为了改变不公平感所带来的困扰，采取文饰途径如甜柠檬和酸葡萄机制以稳定情绪与认知判断，或采取升华的方法以从更高层次认识自我的价值以及社会责任等，但更为直接的和普遍的作法则是要求增加结果或减少投入（包括投入的数量及降低投入的质量），还有发牢骚、煽动不满情绪、有意损坏公物情绪表达等；或迁移，如要求改换工作或调动单位；或代偿，从其他方面如第二职业取得报酬；或仿效，如模仿比较对象的行为，包括采取一些不正当手段以增加结果。可见，公平感状况会导致个体的心理和行为发生变化。在社会系统中，个体行为总是相互刺激、循环反馈的，而当不公平现象成为人们的一种普遍认知对象时，必然会加剧社会心理环境的动荡，并导致社会行为的重心偏移。因此，建立整个社会的公平机制将是十分必要的。当然这种社会公平机制的建立必须能够符合社会发展规律，符合社会发展需要。

既然构建系统的社会公平机制已经成为必然，如何构建就成为摆在我国公共组织面前的一个重要课题。根据有关经验和我国国情，公共组织可通过制定必要的政策、法规等建立明确科学的社会价值对照系统，以有利于竞争的公平性与比较的科学性，还必须严格绩效考评，并在绩效考评中，注意分析客观条件的影响参数等。以下几个问题必须特别注意。

（1）要坚持社会的公平与正义，对社会资源进行有效的整合，正确处理好效率与公平的关系，在坚持效率优先的前提下，注重维护社会公平，协调好人民内部不同利益之间的关系。

（2）要关注弱势群体，高度重视社会救助、帮困扶贫等工作，构建切实有效的社会安全保障体系，以满足人们的安全心理需要。

（3）要加大惩治腐败的力度，从制度上保证公职人员不滥用公共权力，消除政府信用危机，净化社会风气，降低社会风险，避免或减少社会动荡，实现政通人和，社会稳定，经济发展，文化繁荣，为公民社会公平感的形成创设优质的社会环境，使社会的发展和人的发展相互促进。

只有采取以上措施，人们才可能确立实事求是的公平感并根据效价自觉地调节心理和行为，使之与社会发展的趋势相一致。

（二）心理学运用的本土适宜性

心理学从其诞生之日起，在全球的发展一直处于严重的不平衡状态。时至今日，西方特别是美国心理学依然占据着当代心理学的主流地位。由于现代心理学主要是在西方文化特别是美国文化背景下建立和发展起来的，它的很多理论、概念、研究方法只具有美国文化的适应性，当它凭借其主流地位而获得超文化的解释权时，必然带来文化价值上的偏差。因为任何一个时代、一个民族、一个阶级的人们都有自己共有的观念性的东西。实践经验表明，如果引进的国外思想与理论与民族、国家的共有观念不相吻合，思想与理论的运用必将遭遇阻力，因此，在把西方心理学理论应用于我国公共管理领域时必须注意其本土适宜性。当然，在追求本土化的过程中，全球化的问题也是不容忽视的，因为不同文化背景下人们的社会心理既具有差异性又具有全人类的共同性。所以，建设与发展我国自己的公共管理心理学理论及体系就成为一个紧急迫切且重大的问题。

 课后案例

知识经济时代的行政领导如何实现自我突破

一、弹性行政领导方能生存

一个老练而成功的行政领导者，面对信息时代，必须具备弹性的适应力。面对各种变化，以伺机而动的心理，随时作弹性的变化，然后达到领先的目的。那么，所谓的弹性，应包括哪些方面呢？第一，摒弃陈旧的思想与观念。第二，组织的弹性化与动态化。

因此，缺乏弹性的行政领导者，无法适应此种激变的时代，是很快就会被淘汰的。

在时代变迁中，一切事情以各种新的模式出现，但对行政领导者而言，最重要且最关心的，莫过于部属质量方面的变化了，其中最显著的变化，就是部属的高学历化。

部属的学历越高，自尊心越强，同时，分辨是非的能力与批评精神越旺盛，从而知识水平也就越来越高；相比之下，行政领导者学历就会显得较低，为了适应亦会似年轻人般地求知求新。

自"劳动密集型"，进至"技术密集型"，现在再进展到"知识密集型"的阶段，虽然"劳力"的工作并非不重要，但是，信息时代知识爆炸，如何使人脑得到最大限度的利用，乃是现在最重要的话题与目的。所以，一个成功的行政领导，应能说服部属，引发部下的自主性，使之主动向工作挑战，尽量让其发挥潜能。

作为行政领导者，最艰苦的工作之一，就是如何使全体员工能在工作之余，获得行政领导者的经验与角色。同时，行政领导者必备的能力之一是将组织成员向外发展的精力，转移至工作上，所以，在高学历化时代，在知识密集化的组织中，如何使组织成员不仅动用肢体，而且能运用头脑于行政领导技术上，是一个重要的问题。

二、保持实力的优越性

现在是一个知识爆炸的信息时代，各种传播媒介，如新闻、报纸、杂志、电视、收音机、卫星转播……越来越多，越来越发达，不管地球的哪个角落发生何事，均可在短时间内传至全球各地。

因此，在此知识爆炸的信息时代里，能正确掌握知识的重点，并且纳为己有、善加利用乃是行政领导者不可或缺的能力之一。

职权上的优越性，对行政领导者而言非常重要，但是实际上，如何以卓越的知识才能获得部属的鼎力支持，才是最重要的。

现在，我们再分析研讨一下，行政领导者必须具备那些知识实力上的优越性。

（1）经验上的优越性——知识、技术、技能、经历等的优越性。

（2）经济上的优越性——常理而言，由于行政领导者所得之薪金、福利，较部属优越，所以有经济上的优越性。但是，实际上，此种经济上的优越性，已非常微弱了。

（3）人格上的优越性——一切为人的基本道德，诸如人品、人格、道德等。

（4）精力上的优越性——精力充沛，具有活力、生机、持续力，甚至于毅力、不屈不挠的精神、恒心、领导者的气势魄力等。

（5）信息之优越性——与知识的优越性类似，但此优越性包括的层面更广泛。尤指能够掌握时机，捷足先登，收集各种知识信息，过滤各种知识的虚伪性，掌握其中的要点，独立地加以运用。

将上述五种优越性综合而成，就是行政领导人物的实力。只要行政领导者具此种"实力"，必能掌握人心，使部属主动鼎力相助，发挥潜能，服从行政领导者的各式领导。尤其在这个瞬间变化，知识社会化的时代里，更应该重视行政领导者的第五种优越性（信息之优越性）。

三、多元化、多角色的行政领导人

随着社会的千变万化，组织也必须赋予弹性，使组织动态化。

在信息时代，传统的那种一人一职定终身的组织形式，是难以进行与维持的，终将会被一种多元化、多角化、多能化的组织方式所取代。

信息时代的行政领导者必须具备广泛的见识与丰富的阅历和经验，能以各种角色审视事情，看透事物层面的人物，方是今日此种多元化、多角色化社会最适应的领导人物。

为了适应信息时代这种多元化、多角色的组织方式，应该超越、打破学问的区域性与空间性，变成一种综合性的学问，也就是寻求广泛性、多元性的学问。

有的人，凡事均存浓厚的兴趣与好奇心，本着一个"百闻不如一见"的原则，喜欢到处访问、分析、观摩、察看与综合，此种人物，在未来时代中，会有被看重的趋向，此种人物，是多元化、多角色性的人物。

四、全体人员行政领导者制度

传统的组织与职务，采取"金字塔"型。现在所采取的小组形式，每个小组的行政领导者并非固定的，而是依照时势的需要，情况的变化，工作的性质，选出种种行政领导者；同时，全体部属人员，亦能全权负责各自的工作，使自己成为岗位上的行政领导人物，此种情况，就是所谓的"全体人员行政领导制度"。每个人都有成为行政领导的机会，为了能够领导成功，每个行政领导者务必用心汲取知识，获取更深刻的经验。

在现代这种非固定化、自由发挥、具有弹性、效率的组织形态下，传统守旧的行政领导技术已不适应潮流。在小组化的组织之下，每一个人在小组活动中，都是行政领导人物，扮演着重要的角色，全权而自立地进行各种工作。在小组化之下，每一位组织成员，都是工作岗位上的领导者，能自由发挥才能。

小组化组织下的行政领导者，则供给一个能使部属自由活动的场合与发挥才能的条件与气氛；充分施予常识与经验的事前教育，然后再委任之，自己亦需承担全部责任，使部属能够无后顾之忧，尽力发挥潜能。如此作法下的行政领导者，才是小组化组织下，具有高层次的行政领导技术的人。

同时，行政领导者务必随时留心各种事物，在各种危机萌生之始，敏感机灵地加以察觉，运用各种说服、提示、劝导的方式，使部下自动解决危机。因此，此种组织下的领导者，比直接领导下行政的领导者，更费心力，更需运用脑筋。

在此种全体人员行政领导者制度及组织网络中，各人担任主角的角色，自由而全权处理工作，从某一层次上而言，其是领导者；但事实上，以另一种更高层次的眼光看来，上司（最高职务领导者）才是真正的行政领导者。

资料来源：顾爱华.2002.公共管理.沈阳：东北大学出版社：143-146.

 案例简析

本案例分析了未来知识经济时代公共领导者的特点、类型和素质，指出了未来知识经济时代公共组织领导者的发展方向，研究公共管理心理学在领导者素质培养中发挥的作用。

思考题

1. 社会心理学中哪些理论可以应用于公共管理领域？
2. 在我国当前形势下，社会公共需要有哪些？
3. 公共领导者应该具备哪些素质？
4. 学习型公共组织的特点有哪些？
5. 在公共管理领域应用心理学理论应该注意哪些方面？

第十一章 公共管理心理学：司法实践领域

【本章学习导读】
1. 了解中外社会心理学者关于心理学在司法实践领域中应用的多项研究。
2. 了解司法领域中存在着的各种社会心理现象如何影响司法公正。

在心理学家们满怀热情地研究分析各种各样复杂的社会热点问题的同时，他们也将目光投向了一个特殊领域，即司法领域。司法公正是司法领域理所当然应该遵循的原则，司法过程应该提供一个准确的和公平的秩序来保证对违背法律的行为做出客观的、无偏见的、一致的判决。然而，事实并非如人们所期望的那样。随着错判刑或误判刑案件的不断浮出水面，人们不由地开始重新审视这个曾经被认为是威严的、公正的司法领域中的法律与秩序问题。法庭可被看做是一个微型社会，它由司法人员、被审人员、证人、陪审团成员以及听众等众人构成，存在于日常生活中的心理现象也无可避免地同样存在于司法领域，直接影响着包括拘留、审问、起诉、判决和假释在内的一系列决定。心理学家们在司法领域内的一系列研究极大拓展了心理学的应用范围。

第一节 有关目击者证词的研究

目击者在法庭审判时是一个非常重要的人物，在没有更多证据存在的情况下，目击者的证词对案件的审理起着举足轻重的作用。一般而言，当事人生动的叙述和目击者的证词往往比强有力的、抽象的信息更具有说服力，它影响着人们的社会判断。然而事实上，证词是否真实可靠呢？心理学对此进行的一系列相关研究的显示结果令人担忧。

案例：目击者证词

1984 年，我是一个学业优秀、有着光明前途的 22 岁的大学生。在一个漆黑的夜晚，有人破门而入，把刀架在我的脖子上，强奸了我。

在那段痛苦的时间里，我下定决心，必须活下去。借上帝的慈悲，我相信强奸犯一定会被抓往，并受到惩罚。我的思想迅速摆脱肉体的不适，开始牢记攻击者的每一个细节。我仔细审视他的脸庞，注意他的头发、额头、下颌，我仔细听他的嗓音、话语。我寻找他身上的伤痕、刺青和任何有助于辨认他的东西。在时间看来无穷无尽之际，强奸犯短暂地放松了警惕，我飞快地披了一条毯子，在清晨逃出了寓所，我逃脱了。

自此，我开始了努力把攻击者绳之以法的痛苦过程。一连几个小时，我和警察画师坐在一起，竭力查看画满无数鼻子、眼睛、眉毛、发际、鼻孔和嘴唇的相册。一次一次地重温那次攻击，一个一个细节地拼成他的面部轮廓。次日，强奸犯的形象出现在报纸的头版。苍天有眼，案件很快有了第一个嫌疑犯。几天后，我坐在一系列照片面前，指认那个攻击者。我找到他了！我知道就是这个人。我很肯定。我确信。

6 个月以后，案子进入了审判。我作为证人出场，把手放在《圣经》上，发出誓言，"我说的都是事实，除了真相别无其他"。根据我的目击证词，罗纳德·科顿被判终身监禁。罗纳德·科顿不能重见天日了。罗纳德·科顿再也不能伤害其他妇女了。

1987 年的再审中，被告方提到另一个同狱犯人，博比·普尔。他曾吹牛说强奸了我，在法庭上他又矢口否认。当问我是否以前见过他时，我断然回答说，以前从来没有见过他。另一个受害者也是这样。罗纳德·科顿被判两次终身监禁，不得假释。

1995 年，在我第一次指认罗纳德·科顿是强奸我的罪犯后 11 年，我被询问，是否可留个血液样本，这样 DNA 检测就可作为强奸的证据。我同意了，因为我知道罗纳德·科顿强奸了我，DNA 检测只会确认这一点。检测将会把任何将来对罗纳德·科顿的上诉确认下来。

我决不会忘记 DNA 检测结果的那一天。我站在厨房里，侦探和地方检察官告诉我："罗纳德·科顿没有强奸你，真正强奸你的是博比·普尔。"他们的话像晴天霹雳。那个我坚信一生中从来没有见过的男人，就是那个拿刀架在我脖子上，打我，强奸我，粉碎我的精神世界，撕碎我的灵魂的男人。而那个我认为对所做的事都是正义的，他的脸常常在深夜浮现在我眼前的男人，竟然是无辜的。

服刑 11 年后，罗纳德·科顿从狱中释放，这是北卡罗来纳州通过 DNA 检测第一个无罪释放的重案犯。博比·普尔被判终身监禁，死于癌症，他承认了强奸，无一丝悔改之意。由于这一使我们彼此对立数年的残忍的罪行，我和罗纳德·科顿现在还共同承担着重荷——我们都是受害者。对于他的判刑，我深感有罪和悔恨。我们年龄相同，所以我知道，在监狱的 11 年里他失去了什么。我有机会搬家，开始治愈伤口，大学毕业，找到了信任和婚姻爱情，也在工作中找回了自信。在我漂亮的孩子身上，我看到了光明灿烂的未来。相反，罗纳德·科顿在铁窗下度日如年，保卫自己免受暴力，而暴力是监狱生活的标记。

罗纳德科·顿释放后，我通过我们的律师要求会见他，这样我可以说，我很对不起，请求他的宽恕。结果，罗纳德和我通过宽恕，终于找回了彻底的自由。现在我会永远记得这几乎不大可能建立起来的友谊，庆幸在错误指认罗纳德·科顿的案子中，我没有一直错到底。

一、目击者证词的说服力研究

伊丽莎白·洛夫特斯（Loftus，1979）发现，人们非常相信那些信誓旦旦地进行承诺的人，即便他们的证词对审判并没有多大的意义。为了验证这一点，她精心设计了相关实验。实验中，她先让学生们观看一段有关抢劫-谋杀案件的录像，然后让学生给出是否定罪判决。在第一组学生中，当他们仅有情境证据而没有目击者证词时，只有 18% 的人认为应该定罪；若同时还有一个目击者作证指认嫌疑犯，则第二组中有 72% 的学生认为应该定罪；第三组学生则听到法官对目击者的证词进行了驳斥，因为这个人高度近视，现场又没有戴眼镜。尽管如此，依然有 68% 的学生认为应该定罪。

由此可见，人们对于目击者证词的依赖性很高。那么，是否有办法降低这种依赖性呢？

其他人的实验发现，如果对目击者证词的可靠性提出质疑，也许能够在一定程度上减少同意给犯罪嫌疑人定罪的人数（Whitley and Greenberg，1986；Whitley，1987），但前提是该目击者的证词与另一个目击者的证词是彼此矛盾的（Leippe，1985）。

二、目击者证词的准确性研究

目击者是在第一时间准确地说出了他所看到的一切吗？早在 1901 年，德国就进行了对目击者证词准确性的实证研究（Munsterberg，1908）。其中一个研究是在柏林法律学校的一个班级中进行的（Gawande，2001）。课堂中，一个学生打断教授的讲演，对正在谈论的话题提出异议。另一个学生对这个学生的行为非常气愤，然后他们互相攻击，互相威胁着对方，其中一个人掏出一支枪。教授急忙跑到学生中间。在两个学生搏斗的过程中突然一声枪响。接下来一切恢复平静，班上惊呆了的同学看着那两个学生回到他们的座位上。教授也回到讲台，告诉学生们这一切是事先安排好的。接下来，所有的学生被要求准确地描述刚刚发生的一幕。对一部分学生立即进行笔录，而另一部分学生的笔录则被推迟到一天或一周后，最后一部分学生则接受他们对目击事件的交互讯问。

研究发现，即使最准确的目击者在描述主要细节上也有 26％ 的错误；其他人则高达 80％。有人更是无中生有，将根本没有发生过的事情也写了出来，但那些确实发生的事情却被遗忘了。

三、目击者证词错误的影响因素

在很多无辜被告的冤假错案中，能够呈现在法庭上的唯一重要的因素就是不准确的目击者的证词。如果目击者不是故意地歪曲事实，那么这些不准确的证词又是如何出现的呢？

（一）引导性提问对目击者证词的影响

所谓引导性提问就是指无论提问的形式和内容如何，提问者倾向于通过问题对目击者进行某种暗示，以便他或她选择可行的或符合要求的答案。伊丽莎白·洛夫特斯曾以交通事故为例设计了两项研究（Loftus，1979），试图探讨引导性提问对目击者的影响。

在第一项研究中，洛夫斯特采用随机取样的方式抽取了 45 名大学生作为被试，将他们分成 5 组，每组 9 人。实验期间这些学生共观看了 7 部涉及交通事故的电影，每部电影的片长从 5 秒到 30 秒不等。每看完一部电影，被试要填写一份问卷，描述他所看到的交通事故的情况，并且就事故的一些具体问题做出回答。实验的关键问题是有关交通事故发生时的车速。对第一组的提问是："当两车碰擦时，它们各自的速度如何？"，对第二组的提问是："当两车冲撞时，它们各自的速度如何？"其余的三组则分别使用了"撞击""碰撞""接触"来替代"碰擦"。整个实验持续了 1.5 小时。研究发现，问题措辞的不同可以导致被试对速度的估计出现很大差异。出现这种现象的原因可能有两个。①不同的速度估计可能来自于被试反应的偏见。人们对具体的车速是很难把握的，但对于不同动词的理解，则会引发被试对车速的高估或低估，如"冲撞"

一词的出现，可以引导他们的回答倾向于高估。②问题的形式在被试的记忆中产生了变化。"冲撞"一词可能会改变被试对交通事故的实际记忆，促使他们把事故看得比实际发生的更为严重。

洛夫斯特在随后的第二个实验中抽取了 150 名大学生作为被试，将他们分成三个小组。这些被试先观看一部描绘多辆汽车相撞的影片，然后被要求用自己的语言描述事故发生的整个过程，并且回答一些有关事故的问题。关键问题仍是涉及现场的车速。对第一组被试的提问是："当这些车辆彼此相撞时，它们各自的速度大概是多少？"对第二组被试说："当这些车辆彼此碰擦时，它们各自的速度大概是多少"，第三组被试作为控制组，不要求做出对车速的估计，而是要求他们对交通事故的严重程度做出判断。

一个星期之后，被试再次被要求回答 10 个与上次看过的影片有关的问题。例如，"你有没有见到碎玻璃"？被试需在"是"或"否"上打钩以示回答。事实上，影片中根本没有碎玻璃。由于玻璃片经常与交通事故联系在一起，因此可以预期第一组被试对此问题更可能在"是"上打钩。

结果发现，被问过"冲撞"问题的被试，他们的平均速度估计为每小时 10.46 公里，而被问过"碰擦"的被试，他们的平均速度估计为每小时 8 公里。

对于"你有没有见到过碎玻璃"的问题，"冲撞组"有 16 名被试做出"是"的回答，而"碰撞组"只有 7 名被试做出"是"的回答。

实验表明，在交通事故中，对目击者证词产生重要影响的是取证者的措辞而不是实际的车速。

（二）暗示效应对目击者证词的影响

暗示效应是指他人向目击者暗示他没有注意到的细节，促使目击者"想起"了这些细节，并能具体地加以描述的现象。对此现象的代表性研究当属斯蒂芬·林德赛（Lindsay，1993）。他认为，暗示效应对目击者的影响大大超出了引导性提问。

在林德赛的研究中，被试先看一部有关车祸的影片，内容涉及两辆汽车在交叉路口相撞。在事后提问时给有些被试误导性暗示。例如，被试在影片中明明看到交叉路口设立的交通标志是一个"停车标志"，但提问时却故意暗示有些被试说那是"通行标志"。这样，被试在接受记忆测验时便面临一种强迫性的"二择一"情境：究竟是选择自己看到的影片中的交通标志，还是选择被提问时问到的交通标志。交通标示的不同会导致当事人承担不同的责任后果，由于这种记忆测验是事件细节加上暗示细节组成的，所以那些接受误导性事后信息的被试就会比那些没有接受此类信息的被试更易出现证词失真现象。

（三）目击信息的重述对目击者证词的影响

记忆心理学的研究表明，信息在个体头脑中进行存储时会发生质的变化。这种变化可简单描述为：比原来的内容更加简略、概括；比原来的内容更加详细；比原来的内容更加完整。随着时间间隔的延续，当目击者不断努力提取关于现场的信息时，这些存在于头脑中的记忆表象已不知不觉的改头换面了。而且，无论正确与否，重述事件使人们更容易相信回忆起来的东西。一个准确的重述会使得人们此后能更好地抵制误导的信息（Bregman and McAllister，1982）。而在其他情况下，重述的次数越多，人们越容易相信谬误是真实的。

韦尔斯等（G. L. Wells and S. Lindsay）证实了这一点。他们让一个模拟偷窃案的目击者在出庭作证前重述他们对问题的回答。这样做，增强了他们对自己错误证词的自信心，而恰恰是这种自信的目击者才使得陪审员们觉得他所提供的证词真实可靠，更可能给那个无辜的人判罪。

（四）反馈信息对目击者证词的影响

加里·韦尔斯和埃米布·拉德菲尔德（Wells and Bradfield，1998）的研究结果表明，如果一个目击者知道另一个目击者和他一样同时指认了同一个嫌疑犯，那么，当再次被提问到相同的问题时，这个目击者的信心就增加了。在列队指认时，讯问者的反馈不仅影响了目击者的信心，而且也影响了他们对最初信心的回忆。

为什么会是这样？韦尔斯和布拉德菲尔做了两个实验。352个爱荷华州立大学的学生们参与了实验，他们通过微型摄像头看一个男人走入商店的录像。过后，在摄像范围之外，这个男人谋杀了一个保安。主试给学生们看一张从实际的犯罪照片里剪出来的罪犯照片，然后让学生去确认罪犯。352人学生都做出了错误的指认。指认过程中，主试给予学生肯定的反馈、否定的反馈或者没有反馈。最后，主试询问所有的被试："当你指认照片上的那个人时，你有多大把握肯定他就是那个你在录像里看到的人？"（7点量表，1表示一点也不确定，7表示完全肯定）

实验结果非常令人震惊。主试给予反馈的效应是巨大的。在肯定反馈条件下，58％的目击者评价他们作最初的判断时确定程度为6或7，是那些在没有反馈条件下确定程度相同人数（5％）的11倍。这反映出目击者的信心是被肯定的反馈所加强的。

有趣的是，当被试被问及他们的回答是否受主试反馈的影响时，58％的被试都否认了。事实上，那些自认为没有受到影响的人，其所受到的影响并不比那些承认自己受影响的人少。

随着我国公共管理心理学的发展，目前也已经有了由专业的社会心理学者和实际的法律工作者相结合的研究和应用队伍，取得了可喜的成果。

在《证人心理学》一书中，乐国安等（1987）较系统地论述了证人证词、证人的知觉、证人的记忆、动机等问题。乐国安采用问卷调查法调查不同职业被试对与证人证词可靠性有关的问题的看法。研究发现，在心理学者组中，80％以上的被调查者认为，证人在目睹犯罪时会因情绪紧张而降低其证词的准确性，证人记忆内容的丧失符合遗忘曲线规律，讯问证人时的提问用词会影响证词内容，证人的态度和期望会影响其对事件的观察和记忆；本组还有70％以上的被试认为，证人从嫌疑犯中辨认罪犯时会因其特征相近的人数增多而使精确度降低，证人倾向于高估犯罪事件持续的时间。在警察组中，对上述问题持与心理学者组中大多数人同样的看法的被调查者比例分别是44％、46％、60％、40％、52％和34％。工人组、机关干部及中小学教师组中的比例则更低。心理学者与其他职业者之间存在显著的差异。

第二节　有关警察讯问程序的研究

一、警察讯问方式的研究

一个犯罪嫌疑人被抓获并不意味着他就是罪犯，但审讯时试图证明犯罪嫌疑人有罪是警察通常的审讯方式。它对审讯结果的正确性会造成什么样的影响呢？

一项名为苏格兰场的研究被用来测定英国警察在现实中是如何进行审讯的（Williamson，1993），以及警察和犯罪嫌疑人之间又是如何互动影响的。结果发现，尽管在训练中强调要依靠事实发现搜集证据，但还是有许多警察存有让犯罪嫌疑人认罪的倾向。警察在审讯目标和风格上存在着很大差异。在寻找证据和寻求认罪方面，警察各占 50％，但有 70％的警察采用了合作而不是对抗的方式。然而，一些观察者认为大多数警察实际上想让犯罪嫌疑人认罪，但他们已经学会了如何限制这类提问的次数，以致他们的行为不被发现或记录下来（Moston and Stephenson，1993）。

除了审讯风格，大多数审讯是在一种恐吓的气氛下进行的。人们发现，当自己在警察局被讯问时，很明显是警察控制了整个审讯过程。这实际上就是一种利用社会影响获取顺从甚至服从的情境。

特定因素的影响会导致人们易产生顺从和服从的反应，因此，犯罪嫌疑人和目击者通常出现以下状况：①对"正确"回答不太肯定；②对警察的审讯问题产生一定程度的信任；③出现觉得他或她应该知道答案的预期。所有这些倾向都使得他们很难说出"我不知道"或"我记不起来了"。所以，大多数人倾向于提供出一些答案，即使这样的答案带有"也许"或"我认为"这样的性质，或仅仅只是给予回答。被讯问者也相信自己所说的肯定是正确的，特别是当审讯人用点头、微笑或说"好的"来给予强化的时候。这样，当讲一个有条理的故事的自然倾向与社会影响方式结合在一起时，犯罪嫌疑人就会出现错误的认罪回忆。

Kassin 和 Kiechel（1996）在实验背景下，证实了这种错误的认罪现象。在实验中，将一个男性被试与一个女大学生编为一组，这个女学生实际上是实验助手。要求他们相互配合，输入规定的字母表中的字母。助手读字母表中的字母，被试则敲击键盘。主试警告他们不要敲击 ALT 键，否则会引起程序运行出错，导致数据丢失。整个实验中被试在敲击键盘时并没有敲击 ALT 键，但计算机突然停止运行。主试假装很生气地指责被试。每一个被试都被问及"你按了 ALT 键吗？"那位无辜的学生会作出以下几种反应。第一，顺从，即举手示意错误的招供；第二，内化错误的招供，私下里告诉另一个学生，他按了 ALT 键；第三，谈论，即后来"回忆"起他"犯罪"的错误细节。在实验中，通过控制两种条件的变化来测定对于错误认罪的影响。第一种条件是读速，实验助手要么快速，要么慢速阅读。可以假定，被试在快速阅读的条件下，对他所做的行为更加不能准确记忆。第二种条件是助手的陈述。实验助手要么说她没有注意发生了什么事情，要么说她看到那个被试敲击了 Alt 键——这样就提供了不利于他的错误证据。

总之，虽然所有的被试都是无辜的，但仍有 69％的学生错误招供，28％的学生内化了他们的罪行，9％的学生谈论和"记住"了错误的细节。在阅读速度快且助手说她看见被试敲击 Alt 键的条件下，更有可能导致被试的错误招供。在最易受攻击的条件——快速阅读和错误目击下，每个被试都会认错，大多数被试都会内化他们的罪行，多于 1/3 的被试记起了从未犯过的"罪"的细节。

错误的认罪现象也与时间的流逝有关。通常，随着时间的推移记忆的准确性会不断下降。那么，在案发之后的若干天，犯罪嫌疑人和目击者还能记住多少信息呢？一个研究描述了大学生对某凶杀审判新闻细节的记忆变化。研究中把该事件后三天内他们收集到的信息，与 15 个月和 32 个月后他们所记忆的内容进行比较。15 个月后，有一半的信息还是记得很准确，虽然也有 11% 的信息出现较大错误或歪曲。32 个月后，只有 29% 的信息还记得很准确，有 40% 的信息有较大的歪曲。虚假的记忆也会构建出各种经验，如看照片，听到其他人的说话，甚至做白日梦。这样的经验在人的头脑里组合成相关联的故事，结果就会错误地认为没有发生的事情实际上发生了。

二、如何减少讯问错误

在对经过 DNA 分析证明为错判的多起案件的经验总结和几十年心理学相关研究的基础上，美国司法部集合了一群研究者、律师和法律执行部门的官员，最终制定了一本法律执行指导手册，其中包括训练警察讯问者和管理嫌疑犯列队指认的方法。

（一）训练警察讯问者

罗纳德·费希尔和他的合作者（Fisher et al.，1987）调查了有经验的佛罗里达警察对目击者的讯问录音记录。他们发现了一种典型的讯问模式，即警察通常会以一个开放性的问题，如"告诉我你记得什么？"作为讯问的开头，之后警察会不时地以提问方式打断对方的叙述，包括一些答案很简单的问题如"他有多高？"等。费希尔等人认为，讯问一开始不应作太多的提问，而应该允许目击者进行未经提示的回忆。

如果讯问者一开始引导目击者慢慢回忆并重建当时的情景，那么回忆将是最完整的。请他们回想当时看到了什么，在想什么，感觉怎样，甚至可以显现出当时的情景等都可以提高回忆的准确率。在给目击者者充足的、不受打断的时间呈现出脑子里出现的一切后，询问者再用启发性问题引导目击者回忆（如"声音没有什么特别之处吗？那个人的长相或服饰有什么不寻常的吗？"）会提高讯问的准确性。费希尔和他的同事训练警察以这种方式问话，这时他们从目击者那里得到的信息增加了 50%，而回忆错误率却没有增加。后来对 42 个研究的统计结果证实，这种讯问程序增加了回忆的细节数量，并且无损于正确率。值得注意的是，讯问者必须小心地使他们的问题不包含事先假定。

（二）减少错误的列队指认

威尔斯认为，能够减少错误辨认的方法就是提醒目击者，他们看到的那个犯罪嫌疑人可能在，也可能不在这个队列里。当警察使用无靶排列控制时，准确性就会得到提高。所谓无靶排列控制是一种安排证人在一个不含犯罪嫌疑人的队伍里进行观察的程序（Wells，1984）。如果一个目击者没有确认出一个嫌疑人，这将有助于他或她证词的可靠性；如果证人确认出一个无辜者，他或她将被告之这个错误，且被警告要更加谨慎。无论哪种情况，证词的准确性都能得到提高。

提高准确性的其他一些做法还包括在指认前给目击者看犯罪现场的照片（Cutler and Penrod，1988）、目击者每次只能看见队列中的一个人，而不是一群人（Leary，1988）、鼓励目击者说出第一印象（Dunning and Stern，1994）等。这类设计不应该给目击者反馈信息，因为这样的强化会增强目击者对他或她判断的自信心，即使这种判断实际上是错误的。

欧洲、北美、澳大利亚和南非的数十个研究显示，当要求目击者对一组人逐个地做出简单的"是"或"否"的判断时，错误率下降了。但若是一组人同时出现在目击者面前，则会诱使目击者在这些人中选出更像罪犯的那个人。

（三）双盲法

双盲法指设置一个控制组，即由非犯罪嫌疑人组成的队列，或者模拟目击者仅仅根据一般的描述试着猜测哪个是犯人的队列。主试是一个不知道谁是犯罪嫌疑人的官员，他对实验假设一无所知。讯问问题是预先安排的，不偏不倚，不会引起特定的反应偏差，同时讯问程序也不会暗示目击者罪犯在哪个队列中。在目击者列队指认之后不给予信息反馈，这样就避免了目击者的信心膨胀。以上的做法大大降低了证实偏见，即有一个观点之后，寻求能够证实该观点的证据。

Lindsay 与 Wells 等在实验中请学生辨认曾访问过教室的一个人。这种辨认是根据多种队列进行的，即分开呈现的面孔、身体和声音样本的队列。他们发现，能一致辨认一个嫌疑犯——通过面孔、身体——的目击者，几乎都是十分精确的目击者（Lindsay et al.，1981）。

第三节　关于陪审团的研究

国外法庭审判中，审判的结果不仅仅根据证据和逻辑推理而获得，同时也和其他人物存在着关联，其中陪审团成员就是对审判结果的重要影响的人。

一、陪审团成员的个性特征效应

陪审员是谁，他或她信仰什么，对于法庭审判也有影响。例如，在强奸案中，与男性相比，女陪审员不大可能推论受害者从事的是两厢情愿的性行为。在强奸和儿童虐待案件中，与男性相比，女性更有可能赞成判刑。

每个陪审员信息加工的方式是不同的，这些差异会导致法律上无效的判决。例如，挑选出来作为陪审员的人中有 1/3 的人在公开辩论之前，对审判就有决定了。随着审判的进行，75%～85%开始支持一方，反对另一方，这一倾向会影响对后继证据的加工。一旦陪审员的倾向形成，有罪或无罪的图式也就形成了，接下来的所有证据和证明，要么得到解释以适合图式，要么被忽视，如果完全不适合图式的话。

二、陪审团对错误证词的觉察力研究

威尔斯及其同事导演了艾伯塔大学计算器商店的数百个有目击者的偷窃事件。他们让每一个目击者从一系列的照片中辨认出嫌疑人，然后让模拟陪审团观察正在被讯问的目击者并作出评价。与相信不正确的目击者相比，人们更容易相信那些正确的目击者吗？研究发现，被试相信正确的和不正确的目击者的比例都是 80%。由此，研究者认为，"观察者完全没有能力分辨出那些将无辜的人错认为罪犯的目击者"。

威尔斯发现，陪审员对那些细节记忆能力很差的目击者更为怀疑——尽管这些人往往是最准确的目击者。陪审员认为，一个能够记住屋内悬挂着三张画的目击者"确实在注意"。而事实上，那些注意细节的人更不容易注意到嫌疑人的面部（Wells and Olson，2003）。

陪审团能够理性地评价目击者的证词吗？他们了解列队指认的环境影响证词的可靠性吗？是否知道目击者如何被早先的误导性问题、事件发生时的紧张、事件发生和提问之间的时间间隔、与嫌疑人是否属于相同种族以及其他细节的回忆是否模糊等所影响呢？加拿大、英国和美国的研究显示，陪审员不能完全理解与把握，而所有这些因素都会影响目击者的证词（Cutler and Penrod，1988）。

为了提高陪审团的辨别能力，专家们不断地对陪审团进行培训，帮助他们评价原告和被告目击者双方的证词，教给他们在何种条件下目击者的叙述是可以相信的，使他们变得更具有辨别力。

三、被告的特征对陪审团的影响

陪审员在第一次接触被告时就会自动地对被告进行评价。心理学家发现的许多因素都会影响到陪审员的评价，特别重要的因素是非言语沟通、归因、印象形成与印象管理、偏见和人际吸引等。固然，第一印象、刻板印象、吸引这样的问题本该与法庭无关，但事实上它们的确影响了现实的和模拟的审判结果。

在著名的审判律师克拉伦·达罗眼中，陪审团很少会给他们有好感的人判刑，或者宣告他们不喜欢的人无罪。他认为，审判律师的主要任务是组成一个对被告有好感的陪审团。这样说对吗？

这当然有些言过其实了。有研究调查了 3500 多个刑事案件和 4000 多个民事案件，发现五分之四的案件里法官同意了陪审团的决定（Kalven and Zeisel，1966）。尽管可能两者都犯了错误，但是有足够的证据表明：陪审团能够撇开他们的偏见，以事实为根据，达成一致的判决。

但是偏见的确存在。如果犯罪嫌疑人外表吸引人，是女性和有很高的经济地位，就不大可能被认为有罪。吸引具有惊人的影响力。在真实和模拟审判中，与没有吸引力的被试相比，有吸引的被试在以下几个方面具有优势：宣告无罪、受到轻的处罚和博得陪审团的同情。有研究发现，微笑的被告比不微笑的被告更可能被认为是仁爱的。

第四节　关于审判人员心理的研究

审判人员应当坚持"以事实为根据，以法律为准绳"的原则。虽然事实和法律都是客观存在的，但对证据的判断和对犯罪事实的认定以及如何运用法律作出判决，却属于审判人员的主观心理活动。在司法实践中，往往出现由不同审判人员审理同一案件而做出不同的判断给以不同刑罚的情况，因此，又有量刑宽严是审判员个人的人格判断的说法。国外许多学者认为，审判是审判官的气质、人格、性格倾向、受教育程度、受环境影响程度等特点的反映。合议庭的评议活动，是合议庭成员共同知觉、共同思考并产生心理相互作用借以寻求共同见解的过程。

一、证据判断的心理因素

影响证据判断的心理因素有以下四个方面。①性格。优柔寡断的性格往往迟疑不决，当断不断。过于自信的性格则易于草率从事，凭直觉判断。②经验。经验丰富的审判员，基于过去的实践经验和熟知的案例，常形成一种证据判断的习惯定势。缺少经验的审判员，虽常感到难于判断，但不易受某种习惯和判例的影响。③偏见。对案件已有固定看法的审判员，常采用符合己见的证据，舍弃不合己见的证据。④轻信。缺乏主见的审判员常轻信检察员或鉴定人的判断，对于疑点不愿多加思考。

二、犯罪事实的认定

对犯罪事实的认定始于假定，继而依证据进行推理，终于确信。虽然犯罪事实必须依证据认定，但证据是否真实，证据判断是否恰当，还将对事实认定产生影响。造成事实误认的主要原因包括以下几点。①采证失当。例如，对于重要证据不予采用而采用缺失证据力的证据；证据量不足，以不充分的证据认定被告人犯罪；对反证据不重视，等等。②推理不当。不采用直接证据而采用间接证据，或对有矛盾的证据不予舍弃，反用来推定主要犯罪事实。③假定欠妥。被告人本未犯罪，但因其素来品行不良，因而假定他犯罪，并据此假定，大量搜集情况证据而认定被告人犯罪。④偏见。在进行证据调查前，就按起诉书的指控形成固定见解，或者依被告人给审判人员的印象好坏，无意中影响对事实的认定。

三、量刑和判决

虽然量刑和判决同刑法对各种犯罪所规定的刑罚有关，但各个罪名的刑罚均有一定幅度，全在审判人员掌握运用。因此，实际上产生影响的还有法律以外的各种社会因素与审判员个人的心理因素。社会因素包括：①各种法律学说和见解，虽然没有直接的约束力，但一经提出，必然对审判人员产生影响；②各有关方面的意见；③公众情绪、社会舆论对案件的反应等。个人心理因素包括三种：①性格，严厉或宽容；②情绪，对所审案件是否动感情；③成见，某些成见同审判员的个人经历有关，如在工作中受过排挤的审判员，对于因受迫害产生报复行为的案件处刑较宽，而对利用职权迫害他人的案件处刑较重，对于凌辱妇女的案件，女审判员常处以重刑等。成见往往在无意识中产生作用。

第五节　关于传媒影响民众对法制环境判断的研究

根据盖洛普民意测验报告，美国人认为他们最关心的就是犯罪问题。犯罪是每一个人都不想经历的事情，但一般认为犯罪到处都有，而且具有威胁性。调查显示，美国公民相信犯罪活动已经到了流行的几率，并越来越糟。实际上，美国联邦调查局的统计显示，自 1992 年以来，犯罪的数量在稳步下降。但为什么人们的信念与事实有如此的差距呢？

一种似乎合理的解释就是可利用性启发。媒体报道的新闻都是人们非常感兴趣的事情——谋杀、强暴、强奸、抢劫、纵火等。这主要是因为公众对这类故事比对好人好事更感兴趣，结果导致人们高估了犯罪频率，而低估了亲社会行为的频率。另一种解释则是负面信息比正面信息有更大的影响力。媒体对犯罪的报导很明显影响了人们的总的感知，但更严重的问题是媒体全程报道犯罪嫌疑人的方式。在这样的报道中，只要有嫌疑人被逮捕，我们就会知道有关这个人的很多信息，看到他戴手铐和被执法人员围着的照片和录像。如果嫌疑人被逮捕，社会大众就认为一定有可靠的证据证明他有罪。因为公众没有得到反证显示嫌疑人是无辜的，所以存在一种基于首因效应形成消极印象的倾向。

媒体中还有另外的一些因素。人们倾向于相信媒体的说法——"不是真的，他们不会在电视上说的"。另外，被新闻报道的犯罪案件通常是恐怖犯罪，大众急切想找出罪犯并绳之以法。总之，在法庭出示有罪或无罪的证据之前，人们倾向于假定有罪。

这样的危害是，来自公众的陪审团的观点已经受传媒影响了，正如 B. L. Cutler 已经证明的。因为充当陪审团的人在庭审前已经形成了看法，并对陪审团最后的裁决产生潜在影响。实际上，案件越公开，陪审团越倾向于判决犯罪嫌疑人有罪。

 **课后案例**

1. 云南高院：不能以公众狂欢方式判李昌奎死刑

云南男子李昌奎强奸杀人，一审获死刑，二审改判获死缓。昨日，云南高院副院长田成有称社会需要更理智一些，绝不能以一种公众狂欢式的方法来判处一个人死刑，这是对法律的玷污。他表示，这个案子在 10 年后会是一个标杆。

2. 云南"李昌奎"案死者家属未放弃上诉

云南男子李昌奎强奸同村少女，并将受害人及其 3 岁弟弟杀死。该案一审李昌奎获死刑，二审因自首情节改判为死缓。云南高院称不能以公众狂欢的方式杀人，该案将成一个标杆等言论更是引起广泛议论。记者获悉，受害者的家人表示仍没放弃上诉，要让凶手改判死刑立即执行。

 案例简析

李昌奎案牵动民心，李昌奎犯强奸罪与杀害两名受害人的两项重罪，犯罪事实清楚，本人供认不讳，受害者家属与多数民众认为应对其处以死刑以惩罚罪犯，并警示社会。但一审法院判其死刑，高院再审改判死缓，引发社会热议。对于三审是否改判，云南高院则是有顾虑的，主要是顾虑改判是否会影响司法审判的公信力。但多家媒体在群众走访中得到的多数意见是"司法审判必须公正才有公信力"。审判心理、民众心理都会对三审的结果产生重大影响。

最终三审结果为：撤销二审死缓判决，改判死刑，是比较符合当前民众对此类恶性犯罪的心理评定。

思考题

1. 目击者证词是否真实可靠？其真实性和准确性受哪些因素的影响？
2. 思考警察讯问程序对目击者证词会产生什么影响？如何减少讯问错误？
3. 影响陪审团判断的因素是什么？

4. 举例说明被告有哪些特点可能影响司法审判的结果。

5. 如果选中你作为法庭中的陪审员，你是否认为自己会更客观理性地判断？你如何让自己可以做到？

6. 我国行政诉讼中证人出庭作证时要求：出庭作证的证人不得旁听案件的审理；法庭询问证人时，其他证人不得在场，但组织证人对质的除外。请结合本篇内容对以上要求进行解释。

第十二章　公共管理心理学：公共卫生与医疗领域

【本章学习导读】

1. 了解不同组织对公共卫生概念的不同定义。

2. 掌握心理健康是公共卫生问题的观点，且熟悉温斯洛判断标准、心理疾病等心理学基本概念。

3. 了解社区、家庭、学校、政府在心理治疗和心理健康教育应该承担的责任及开展的工作内容。

【课前案例】

　　2009 年 9 月初，杭州师范大学钱江学院出现甲型 H1N1 流感聚集性疫情。由于甲型 H1N1 流感具有极强的传播性，而军训期间 1800 个学生具有密切接触，根据卫生行政部门要求将学生按不同接触类别进行隔离观察。一时，隔离和非隔离学生中出现了明显的恐慌情绪，主要表现在生理、情绪、认知和行为上。其中情绪异常最为突出，如恐惧、焦虑、疑虑、不信任、沮丧、忧郁、紧张、不安等，有的甚至无法放松、持续担忧、害怕死去等；认知方面出现注意力不集中、缺乏自信、无法做决定等；行为方面表现为反复洗手、社交退缩、逃避与疏离、不敢出门、暴饮暴食、不易信任他人等。随即，该校心理辅导基地进驻并参与全面系统的心理诊断及治疗干预。具体措施是以学校心理辅导基地的专业人员为骨干，联合学校心理学教授、各学院心理辅导老师和学生党团干部组成的小分队。通过全面启动心理健康教育、对辅导员老师进行培训、开通 24 小时心理援助热线、对发病学生和隔离学生进行面对面的心理抚慰、对未被隔离的在校学生进行团体心理辅导等有效行动，该校心理危机干预工作有条不紊地开展。另外，该校心理辅导基地定时向学校领导汇报工作状况，必要时，及时向杭州市心理危机干预专家咨询。最终，该校各项工作，尤其是心理健康工作在这次突发公共卫生事件中经受了考验，获取了一次宝贵经验。（黄丽等，2009）

第一节　公共卫生与医疗

　　随着社会经济的发展，公共卫生正逐步成为世界各国共同关注的热点问题。特别是近年来，发生了一系列重大突发公共卫生事件，如英国的疯牛病、美国"9.11"恐怖袭击后的炭疽生物恐怖事件、传染性非典型肺炎（SARS）爆发以及禽流感疫情等，人们越来越意识到公共卫生事件对经济社会乃至国家或地区安全都具有极其重要的影响。然而，在这些突发性公共卫生事件爆发后，比身体伤害更难以平复的是心灵的创伤。例如，2011 年"阴性艾滋病"的报道，使得数千人患上"艾滋病恐惧症"。

一、公共卫生的定义

（一）国际上对公共卫生的定义

1. 温斯洛的定义

耶鲁大学温斯洛（Winslow）教授在 1920 年将公共卫生定义为："公共卫生是防治疾病、延长寿命、改善身体健康和机能的科学和实践。公共卫生通过有组织的社会努力改善环境卫生、控制地区性的疾病、教育人们关于个人卫生的知识、组织医护力量对疾病做出早期诊断和预防治疗，并建立一套社会体制，保障社会中的每一个成员都能够享有能够维持身体健康的生活水准。"

2. 世界卫生组织的定义

世界卫生组织（WHO）将公共卫生定义为一门通过有组织的社会活动来预防疾病、延长寿命和促进心理和躯体健康，并能发挥更大潜能的科学和艺术，其范围包括环境卫生、控制传染病、进行个体健康教育，组织医护人员对疾病进行早期诊断和治疗，发展社会体制，保证每个人都享有足以维持健康的生活水平。

3. 1995 年美国医学会对"公共卫生"的定义

公共卫生是履行社会责任，以确保提供给居民维护健康的条件。这些条件包括生产、生活环境、生活行为方式和医疗卫生服务。

（二）国内对公共卫生的定义

1. 1998 年《现代预防医学辞典》

公共卫生是以社会为对象，以行政管理、法规监督、宣传教育为手段，通过宏观调控协调社会力量，改善社会卫生状况，提高全民健康水平的一种社会管理职能。它是在现代社会发展、人民的健康日益成为社会问题的情况下，在预防医学领域中最能体现医学与社会经济发展和社会稳定密切管理的一种社会管理职能。

2. 2009 年中华医学会首届全国公共卫生学术会议提出的公共卫生定义

公共卫生是以保障和促进公众健康为宗旨的公共事业，通过国家与社会共同努力，防控疾病与伤残，改善与健康相关的自然和社会环境，提供基本医疗卫生服务，培养公众健康素养，实现全社会的健康促进，创建人人享有健康的社会。在 2009 年中华医学会首届全国公共卫生学术会议上，中华医学界提出了"中国版本"的公共卫生定义，突出政府责任、强调公民权利。

我们认为，公共卫生就是以生物心理社会医学模式为指导，面向社会与群体，综合运用法律、行政、预防医学技术、宣传教育等手段，调动社会共同参与消除和控制威胁人类生存环境质量和生命质量的危害因素，改善卫生状况，提高全民健康水平的社会卫生活动。它具有社会性、系统性、政策法制性、多学科性和随机性等特征。其核心是公众的健康。同时，公共卫生也是社会问题，它不仅超越了医学科学范畴，而且具有极为重要的社会学意义，是社会发展的一个重要方面。

二、医疗机构的公共卫生职能

医疗机构具多样性，其公共卫生职能的界定也不尽统一。我国医疗机构主要包括从事疾病诊断、治疗活动的综合性医院、卫生院、门诊部、诊所、卫生所、专科医院、急救中心（站）、个体医院、中外合资合作医院等。医疗机构的公共卫生职能主要包括以下几方面。

（一）保障基本医疗服务

我国是一个发展中的人口大国，社会的主要矛盾是人民日益增长的物质文化需要同落后的社会生产之间的矛盾，具体体现在医疗卫生领域里就表现为人民群众日益增长的医疗卫生服务需求与医疗卫生资源有限性之间的矛盾。医疗机构的基本职能就是满足社会每个个体的基本医疗服务。对防止和减缓疾病医疗机构要做到"三早预防"（早发现、早诊断、早治疗）和"三级预防治疗"（即临床预防、对症治疗、康复治疗），提高全体社会成员的生存质量。因此，医疗机构提供基本的医疗服务必须是医疗机构公共卫生职能的重要组成部分，且是其最具特色的部分。

（二）突发公共卫生事件救治

突发性公共卫生事件常具有群体性、突发性，不仅对患者身心健康造成损害，也对社会政治稳定和经济发展构成威胁。《突发公共卫生事件应急条例》第 39 条规定，医疗卫生机构应当对因突发事件致病的人员提供医疗救护和现场救援，对就诊患者必须接诊治疗。

（三）传染病防治

根据《传染病防治法》、《消毒管理办法》、《医疗机构管理条例》、《医疗废物管理条例》、《突发公共卫生事件应急条例》、《传染性非典型肺炎防治管理办法》等法律法规对医疗机构传染病防治职能的明确规定，医疗机构传染病防治应做好疫情报告、院内感染的控制、严格医院消毒隔离制度、医疗废弃物处理、传染病治疗等方面的工作。

（四）疾病筛查

目前我国医疗机构中的各类体检即属于疾病筛查，如职工健康体检、女工体检、学生入学或就业体检、食品等行业从业人员体检、驾驶员体检、出国人员体检、孕产妇及婴幼儿健康体检等。筛查可以及早地将人群中临床前期无症状的患者识别出来，并给予确诊和治疗，属早期预防范畴。

（五）健康教育

健康教育是预防疾病、促进健康、使大众自觉提高健康保护意识的重要手段。随着社会经济发展及公众多样化需求，医疗机构的健康教育拓展为两大类别八大形式的教育机制，即包含门诊教育（候诊教育、随诊教育、门诊咨询、门诊讲座及培训等）和住院教育（入院教育、病房教育、出院教育、随访教育等），未来可能还将渗透到家庭教育、网络教育等范畴。

作为准公共产品的公共卫生，政府承担公共卫生工作的管理职能，而医疗机构也将在当前乃至今后很长一段时间内履行自身职能，从而使政府与医疗机构在公共卫生职能方面做到相互配合，实现公平和效率兼顾。

三、心理健康是公共卫生问题

(一) 转型期社会的心理健康水平显著下降

健康是指一个人在身体、精神和社会等方面都处于良好的状态。传统的健康观是"无病即健康"，现代人的健康观是整体健康，其内容包括躯体健康、心理健康、道德健康与环境适应良好等。健康是人的基本权利，也是人生最宝贵的财富之一。

现代社会竞争激烈，压力增加，生活事件与心理应激常有发生。因未能高度重视心理健康保健，心理障碍人群正在增加。2009 年初，根据世界卫生组织的估计，全球约有 4.5 亿人患有神经精神疾病，每年有 100 万人死于自杀，自杀未遂的达 1000 万人以上。其中中国各类精神疾病患者人数在 1 亿人以上，但公众对精神疾病的知晓率不足 5 成，就诊率更低。另有研究数据显示，我国重性精神病患人数已超过 1600 万人。近年来精神病患者恶性肇事频频发生，逐步引起社会关注，成为我国公共卫生领域不可忽视的社会问题。此外，职业人群心理健康问题也不容忽视，2009 年中国健康教育中心对我国 6 省市 13 177 名职业人群心理健康状况的调查结果显示，我国职业人群的焦虑和抑郁状况较为严重，分别有 25.60%、23.52% 和 1.58% 的人处于轻度、中度和重度抑郁状态。种种迹象表明，现代人正被各种各样的心理疾病和心理亚健康状态所困扰，精神健康问题已成为我国一个严重的公共卫生和社会问题。

(二) 重大突发公共卫生事件引发群体性心理危机

1. 公共卫生事件下的心理过程分析

1) 认识过程

认识过程又称认知过程，指的是个体认识客观事物的过程。例如，公众对甲型H1N1 流感相关信息的加工处理过程。良好的认知过程应该是对信息正确的、客观的、理性的认识，进而表现为心态的平稳与理智。不良的认知过程对个体心理或社会心理的影响也非常大。贝克（A. T. Beck）把认知过程中常见的认知歪曲归纳为五种形式：①任意推断，即在证据不充分或缺乏时草率下结论；②过渡引申，从一个具体事件中引申出一般规律性的结论；③选择性概括，即只根据个别细节而忽略其他因素对整个事件作出结论；④绝对化思维，即看待任何事物都绝对化，或是全对，或是全错，不能一分为二地辩证分析；⑤夸大或缩小，对客观事件不能作出正确评价。由于这些认知方面的偏差，导致不良行为和情绪的发生，引发心身疾病像偏头痛，抑郁症等。

2) 情绪情感过程

情绪情感过程是人的心理生活的一个重要方面，它是伴随着认识过程而产生的。人在加工外界输入的信息时，不仅能认识事物的属性、特性及其关系，还会产生对事物的态度，引起满意、不满意、喜爱、厌恶、憎恨等主观体验，这就是情绪或情感。这些情绪情感，有积极的，也有消极的，良好的情绪情感过程是虽有起伏但能调整至平稳，是趋向于理性的。而不良的情绪情感则表现为大起大落和持续的起伏状态。公共卫生事件爆发后，公众常见的不良情绪反应主要有以下几种。

(1) 疑病：过分关注自身身体状况，主动地、不断地与某症状进行类比。

(2) 焦虑：表现为内心的不安，神情的紧张，对公共卫生事件可能发展的趋向显露过分担忧。

（3）惊恐：正常人面临危险处境也会出现恐惧这一情绪反应，并伴有自主神经功能紊乱的症状，这是可以理解的。但某些人对特定的事物或场景表现出过分的紧张，行为上出现回避和退让，离开场景则会恢复，那么这就属于疾病性的恐惧了。例如，看到人多的地方就害怕，进而不敢去食堂、操场等场所。

（4）抑郁：表现为情感低落，愉悦感缺失，对周围一切失去兴趣，感觉做任何事都没有意义。他们认为生命脆弱，无力抵抗某公共卫生事件的冲击，于是放弃学习，放弃参加活动，话语和行为明显减少，但却沉溺于胡思乱想中。

3）意志行为过程

意志过程一般是指为了达到预定的目标而调节、支配行为的心理过程。换言之，意志过程通过行为来体现，行为表现反映出意志过程。公众在公共卫生事件爆发背景下的行为问题可能表现在以下几个方面。

（1）强迫行为：由于受不良认知的影响，个体重复做同样的事情，如反复地洗手，明知道这样的行为不可取，但却不能控制自己。

（2）回避行为：个体可能不愿意去人多的地方，一旦进入人多的场所，会不自觉地出现焦虑、紧张，并伴有自主神经紊乱的症状，如胸闷，出汗等。

（3）攻击行为：有理论认为，个体在受挫或者内心压抑的情形下更容易产生暴力行为。处于突发公共卫生事件背景下的个体或群体，因压力、紧张的作用更容易采取极端的暴力行为，并以此作为宣泄的方式。

（4）造谣行为：有学者认为，突发事件发生之后，环境的变动一旦具有危机性，就会引起社会成员的危机感。受认知的局限与误差的影响，对突发事态模糊前景的主观臆断、揣测、对事件梦幻般的联想及捏造一旦符合人们的臆测，谣言便会产生。谣言传播具有心理原因：一方面是为了缓解压力，作为心理宣泄的方式；另一方面是为了实现自我价值，把谣言传播作为提高被关注度和认同度的途径。

这三个过程既互相区别又互相联系。在实际生活中的同一心理活动，通常既是认识的，又是情感的，也是意志的，它们构成统一的心理过程。所以在突发公共卫生事件发生后，公众的心理活动也随之产生，常常会引发出新的群体心理危机，甚至会因心理问题引发生理问题，如群体性心因反应。

2. 群体性心因反应事件

所谓群体性心因反应是一种与刺激、功能丧失或改变有关的精神性反应，没有相应的器官结构或功能的变化，疾病症状和体征可在聚集的人群中迅速扩散。一种"危险因素"（如某化工厂的有害气体、有毒食品等）的出现激发起群体的极度焦虑，并引起对化学毒物或致病微生物的恐惧，从而出现一系列临床症状，也可称为"流行性癔症"、"群体精神性疾病"（MPI）、"群体性癔症"或"群体社会性疾病"（MSI）。这种反应事件，因表现为群体发生、聚集倾向、爆发流行，已成为严重影响公众健康的公告卫生事件之一，其主要症状是头晕，头疼严重的甚至会出现四肢麻木抽搐、口吐白沫乃至昏迷，多发生在 6～15 岁的少年儿童和女性当中。学生饮用牛奶、豆浆、纯净水或者是进餐后引起的食物中毒后群体心因反应事件最为多见，疫苗接种、药物服用后的群体心因反应事件也较常见，成人在聚餐后出现的食物中毒后群体性心因反应事件也时有报道。例如，2005年安徽泗县300学童疫苗中毒事件就是群体性心因反应事件。而心理治疗是群体性心因反应治疗的主要方法。

四、预防工作与心理卫生服务

（一）预防和治疗

精神疾病的防治分为三级。一级预防的目的是减少精神疾病的发生；二级防治的目的是降低精神疾病的危害，三级防治的目的是减少精神疾病所致的残疾和社会功能损害。

一级预防主要是增强精神疾病的保护因素，减少危险因素。可采取的措施包括改善营养状况、改善住房条件、增加受教育的机会、减少经济上的不安全感、培养稳定良好的家庭氛围、加强社区支持网络、减少成瘾物质的危害、防止暴力、进行灾难后心理干预、开展健康教育、发展个人技能等。

二级防治是通过早发现、早诊断、早治疗来控制疾病，降低危害。为此，需要建立以精神卫生专业机构（精神专科医院、综合医院精神科或心理科）为骨干、综合医院为辅助、基层医疗卫生机构（社区卫生服务中心、社区卫生服务站和乡镇卫生院、村卫生室）和精神疾病社区康复机构为依托的精神卫生防治服务网络。

三级防治是对精神疾病患者进行生活自理能力、社会适应能力和职业技能等方面的训练，以减少残疾和社会功能损害、促进康复、防止疾病复发。为此，需要开展"社会化、综合性、开放式"的精神疾病康复工作。

（二）心理卫生服务

心理卫生又称精神卫生，是用以维护和促进心理健康、预防心理障碍和精神疾病，更好地适应社会的知识系统与实践活动。心理卫生不仅有助于个体主动、积极地调节自己的心理状态，改进自己适应客观环境的能力；还有助于社会群体乃至整个社会努力消除某些社会弊端，净化社会风气，为改善个体的生存环境创造最佳的社会条件，从而共同达到预防各种心理障碍和精神疾病、提高人类的心理素质，促进社会精神文明的目的。

当前，国家和政府越来越重视心理卫生服务问题，主要着眼于健康人群的心理保健，追求的是全社会人口的心理健康，以广义精神卫生为主，使我国精神卫生事业蓬勃发展。因此，在全社会共同合作与参与心理健康教育、心理咨询服务、心理健康热线电话的同时，心理卫生服务应加强以下工作。

首先是体系建设。要按照精神卫生机构为主体，综合医院精神科为辅助，基层医疗卫生机构和精神疾病社区康复机构为依托的原则，建立健全精神卫生服务体系和网络。

其次是立法工作。立法工作可以让群众知道怎样保护自己的心理健康，可以纠正社会对精神疾病患者存在的偏见，可以保证精神疾病患者得到治疗与看护，使得因精神障碍而导致的劳动力丧失和残疾的人们的基本生活得到保障，减轻社会和家庭、精神和经济负担，最终使精神卫生工作法制化。

最后是教育与宣传工作。健康教育作为公共卫生服务项目之一，在提高居民健康素养、倡导健康的生活方式、预防和控制传染病和慢性病等方面起着重要的作用。政府应建立健全社会健康教育服务网络，提高健康教育人员专业技术服务水平，普及居民健康素养基本知识和技能，大力开展城市、农民等不同社区和重点人群的健康教育活动，多渠道、多形式、多内容、广泛地开展健康教育，以提高全体居民健康水平。

第二节　心理治疗与身心疾病

一、心理治疗的概念

我们知道，广义的心理治疗包括对各类患者所处环境的改善，生活方式的改变，周围人（包括医生）语言、行为的影响（如安慰、鼓励、暗示、示范等），特殊的环境布置等一切有助于疾患治愈的方法；狭义的指由心理医师专门实施的用临床心理学理论和方法对人格障碍、心理疾患的治疗。

随着公共管理理论的不断发展，心理健康及心理治疗，已不仅关乎个人的幸福感，也不仅局限在医疗卫生范畴。如何从社会发展的角度看待心理健康问题，如何从公共政策的层面协助专业的心理治疗，成为我们构建和谐社会必须理性思考的内容。

二、心理治疗对各种身心疾病的辅助治疗方法与作用

（一）心理与身心疾病

（1）身心疾病的范畴。身心疾病是指社会心理因素在发病、发展、预防中起重要作用的躯体疾病和躯体功能障碍。临床上把久治不愈、长期影响人们身心健康的疾病都归于身心疾病的范畴，诸如高血压、冠心病、心肌梗死、糖尿病、甲亢、哮喘、癌症，等等。许多专家与学者近 50 年来的临床观察与研究发现，身心疾病已成为严重危害人类健康和导致人类死亡的重要因素。据卫生部统计，我国慢性病（即身心疾病）死亡占全部死亡的 70% 以上，全国每天死于身心疾病的约 1.3 万人。

（2）心理与身心疾病发生的关系。"悲哀忧愁则心动，心动则五脏六腑皆摇。"心理因素尤其是情绪与人的健康和疾病关系密切，现就几种常见的身心疾病介绍如下。

①癌症。目前认为心理紧张产生的不良情绪对机体免疫机能具有抑制作用，从而影响免疫系统识别，消灭癌细胞的"免疫监视"作用，导致癌细胞的增生扩散。通过动物实验证明，心理紧张也可促使肿瘤的发展。

②原发性高血压。由于社会生活事件等对心理造成的不良刺激，引起长时间强烈和反复的精神紧张、焦虑，大脑皮层兴奋和抑制过程发生紊乱，不能对皮层下中枢进行正常的控制。当皮层下缩血管中枢形成优势灶时，就会引起全身小动脉痉挛。

③溃疡病。溃疡的病因较为复杂，一般认为它是多种因素相互作用的结果，而情绪与该病发生发展有密切的关系。当人有愤怒、仇恨等激动情绪时，胃黏膜充血，胃酸分泌量增多，若胃酸持续增高则会发生消化性溃疡。

（二）心理咨询对各种身心疾病的作用及方法

除了药物治疗以外，积极的心理治疗对身心疾病的康复也是非常重要的。下面介

绍几种对身心疾病进行心理咨询的方法。

1. 现实疗法

"现实疗法"，由格拉泽（W. Glasser）创立于 20 世纪 60 年代。其要点如下。

（1）人都有爱与被爱两种基本需求。如果它们不能得到满足，人就会产生焦虑、怨恨、自暴自弃等消极情绪反应，并可能产生逃避现实、不负责任的欲望。因此心理咨询的作用在于，使来询者在生活中区分"成功的认同"与"失败的认同"，增加对前者的体验，减少对后者的体验，这样才能充分满足个人爱与被爱的需求，感受到个人的价值。

（2）重视现在超过重视过去。它强调过去的事实无可改变，因而应将眼光放在现在与将来的发展之上。它主张咨询者在协助来询者面对个人的痛苦、失败经历时，要帮助他看到个人的潜能及以往的成功经历，从而认识到生活中还有许多美好的东西存在，可供自己选择和享用。

（3）重视承担责任对于个人成长的重要性，并将其作为心理咨询的核心。在操作方法上，"现实疗法"十分强调直面问题，制订具体康复计划，不接纳借口，不用惩罚等技巧。

2. 格式塔疗法

"格式塔疗法"，由佩尔斯（F. S. Perls）心理咨询室创立于 20 世纪 60 年代，其要点如下。

（1）人都有能力处理好自己的事情，心理咨询的中心任务是帮助来询者充分认识到自我在现实中的存在和感受，鼓励来询者主动承担责任，主持自我的治疗与改善。

（2）人应该将精神集中在现在的生活与感受当中，而不要对过去的事情念念不忘。人的许多焦虑都产生于不能正确对待以往生活向当前生活的过渡，以逃避现实的做法来处理个人生活中的种种挑战和压力。

（3）积极面对现实，帮助来询者完成内心中的那些"未完成情结"（unfinished business），这通常指个人因以往生活中的某些心灵创伤和刺激经历所留下的不良情绪体验（如懊恼、悔恨、内疚、愤怒等），而要使人全心全意地投入现实生活，就必须排除这些"心结"的干扰。

（4）在咨询手法上，强调帮助来访者由"环境支持"转向"自我支持"，以便来访者从一开始就不依赖他人，尽量挖掘个人的潜能。

3. 艺术治疗

艺术治疗的内容涵括了绘画、舞蹈、音乐、文学等方面，均可当做治疗之媒介。艺术治疗可以单独进行，也可以是团体形式。其中音乐作为艺术形式的一种，除了鼓舞和教育人们外，还有其特殊的作用——"音乐疗法"。

以音乐作为防治疾病的手段，国外已十分普遍。英国剑桥大学口腔科，现已利用音乐疗法代替麻醉施行拔牙术。日本也把录制有催眠曲的音乐放入枕套中治疗失眠，并在东京成立了音乐疗法研究会，专门探讨音乐疗法的规律与经验。我国在利用音乐治病方面也取得了较明显的成果。例如，有一种音乐电疗法，在治疗时，患者一边用耳机欣赏音乐，一边接受经过滤波放大的音乐电信号的治疗，在消炎镇痛、改变局部血液循环、增进内分泌和调整神经等方面都具有良好的功效，还可运用于治疗精神抑郁、神经衰弱、高血压、腰腿痛、四肢关节挫伤等病症。如对失眠的患者可选用《二泉映月》、《平湖秋月》、《军港之夜》等；欲解除忧郁症，可选用《喜洋洋》、《啊，莫愁》等；能起镇静作用的乐曲有《塞上曲》、《小桃红》等；消除疲劳的乐曲，可选用《锦上花》、《水上音乐》等；舒畅心情、增进食欲的音乐，有《江南好》、《花好月圆》、《欢乐舞曲》等。

第三节　民众的生活质量与心理治疗体系构建

一、提升民众的生活质量

WHO 生存质量-100 量表将"生活质量"定义为：不同文化和价值体系中的个体对于他们的目标、期望、标准以及所关心的事情和有关的生存状况的体验。其内容包括身体机能、心理状况、独立能力、社会关系、生活环境、宗教信仰与精神寄托。

通常来说，病患者的生活质量比正常人偏低。以神经症患者为例，除物质生活维度外，与正常人比较，神经症患者的生活质量明显低于正常人，其中主要的影响因素为经济收入和社会支持、睡眠质量等。

二、社区医疗中的心理救助系统建设

（一）社区防治康复原则和内容

在心理疾病患者的防治和康复过程中，社区心理治疗中心是重要力量，在治疗中应坚持平等性原则、接纳性原则和支持性原则，即通过心理疏导、文体娱乐治疗、日常生活能力训练、社会适应能力训练、工疗、农疗、职业技能训练、社会服务等，为患者回归社会生活创造有利的条件，保证他们做人的尊严。无论心理疾病者的病情轻重、年龄大小、地位高低，社区心理治疗中心都应该对他们一视同仁，诚心接待。当然，社区应对各种精神疾病患者施行分期管理，定期访视，发现疾病加重波动的患者要及时转诊或积极给予治疗，避免出现对其个人或对社会造成伤害使他们在尽可能不脱离社区家庭环境的情况下，得到有效的康复治疗。

社区防治工作的主要内容如下。

（1）在辖区开展心理疾病筛查，开展心理卫生咨询，为已确诊的心理疾病患者建立档案，对建档患者施行分期管理（稳定期、波动期、疾病期、慢性衰退期）。

（2）家庭访视：按要求对建档患者定期访视，作好随访记录，有条件的可开设家庭病床。

（3）开展健康教育：定期举办讲座或其他形式的心理健康训练，为社区的每个人形成良好公共心理卫生，并增长预防和控制心理疾病方面的知识。

（4）参与监护小组的工作：主要加强对有肇事、肇祸倾向患者的管理。

（二）家庭心理治疗

家庭是社会成员的基本活动单位。良好的家庭环境对心理疾病患者的康复是非常有利的。因此必须做到以下几方面工作。掌握患者的基本情况，了解患者的病史、病前个性特征、目前的精神状况、基本心理需求等。从患者的日常言行中，捕捉精神症状的蛛丝马迹。坚持药物维持治疗，督促患者坚持服用医生所开的药物和药量，观察有无严重的不良反应。培养患者的就医意识。鼓励患者定期户外活动，特别对孤僻、懒散者，应鼓励他们坚持户外活动，如散步、逛商场、游园、听讲座等，增加与外界的实际接触。

（三）政府介入心理治疗及健康教育中的措施

1. 明确分工，落实配套资金

各级政府在公共卫生工作中集中指导，分级管理。中央政府主要承担制定公共卫生任务和健康目标的职责；省级政府负责协调中央政府与地方政府关系，发现省内的主要卫生问题，为中央制定政策提供依据，同时指导地方政府的具体工作；地方政府负责具体实施公共卫生任务，提供卫生保健服务，以满足区域内居民的卫生保健需要。

公共卫生资金也应实行分级筹措。其中，中央政府承担对全国居民健康危害较大的公共卫生问题的防治经费，以及对一些特定卫生问题、特定地区和特定人群的公共卫生费用；省级政府依据经济发展水平的具体状况承担不同比例的公共卫生费用；地方政府则负担部分农村公共卫生人员的工资和维持经费等。

2. 直接提供心理卫生服务

直接提供心理卫生服务是指由政府机构直接管理和经营的，主要是针对具有公共产品性质的服务，如开展知识性宣传展览、利用社会传媒播放真善美节目、发布信息等，其目的是提高公众意识和减少由信息不对称带来的效率损失。像这类纯公共产品由于其具有非排他性或非竞争性，必须由政府部门通过预算程序直接管理和经营，而且为提高心理健康的水准，政府还应该拨款建立精神病医院和心理诊所。

3. 间接提供心理卫生服务

间接提供心理卫生服务是指对具有正外部效应的服务，可以由私人部门来提供，政府给予一定的资助。资助的方式包括补贴、贴息贷款、减免税收等。私立精神病院、心理学研究机构、心理咨询电话等组织机构，虽然其私人产品属性明显，但由于其具有较强的正外部效应，政府应该根据其正外部效应的程度来资助，如通过税收、补贴等优惠政策资助私立精神病院，对心理咨询电话话费减免等。

4. 规范心理卫生市场

心理卫生市场只有在政府法律法规的调控下才能确保其稳定有序地发展。目前世界上已经有50多个国家和地区制定了有关精神卫生方面的法律。在这些国家中，从精神科医生，到专职的心理治疗师，再到社区工作者，从社区到学校，从政府心理危机干预机构到民间心理咨询热线，整个社会建立了一个庞大而完善的社会心理支持系统。

5. 调节收入分配，缩小贫富差距

为了有效预防心理问题，政府还必须理顺收入关系，消除不满情绪，疏导社会心理。市场经济要健康有序地发展，必须给予人们均等的公平竞争机会。但前提是，人们必须有能力进行竞争，心理问题所造成的劳动力之间的差别是难以克服的。因此，政府必须正确地引入再分配机制，补偿人们由疾病造成的差别，除了给予一切人道主义帮助外，还应安排社会医疗保险支出、社会救济支出和社会福利支出等，提高他们的收入水平。

 课后案例

在 2010 中国十大健康事件中，食品事件或食品相关事件就占了半数。而且，"难觅放心奶粉"高居排名表的第一位。每天坐在餐桌前，看着满桌色香味美的"毒物"，人们在犹豫是不吃等着饿死，还是吃等着毒死？药品要么价格很贵，要么质量很差，人们不禁问"我们还能相信什么？"。可见，消极的公共卫生事件令民众的生活质量急剧下降，使得民众心理受到很大影响，如何实施补救值得我们深思。

详细分析这几个食品事件就会发现，这些问题存在不同的情况，不能"眉毛胡子一把抓"。一种情况是真正有问题，如三鹿奶粉事件中的三聚氰胺问题，确实给婴幼儿的健康带来了很大的伤害。另一种情况是，本来没有问题，由于传播的信息不科学、不准确而成了问题。例如，圣元"激素奶粉"、强化食品和转基因食品等，这些食品原本没有任何安全问题，却被某些媒体误导为有害食品。还有就是食品药品的制造商、批发商、零售商，为了利益结成链条，长期坑蒙消费者，例如"珍惜补品血燕窝"竟是白燕窝染色成的亚硝酸盐超标毒品等。在民众医疗保健意识日益增强的当下，食品、药品的质量却日益下降，即使是药监局、质监局审验的合格品，民众也持怀疑态度。

 案例简析

公共卫生与医疗服务是公共管理的重要领域，与民众生活、健康、幸福密切相关，是生活质量的重要方面。一是政府要履行市场监管的责任，以法约束企业与商家，为民众提供放心的食品药品；二是要针对目前"做什么的不吃什么，卖什么的不买什么"的行业现象，引导各行各业自觉维护公共卫生与健康，对己负责，也对他人负责；三是注重对民众的公共卫生与医疗心理的引导，形成正确科学的卫生习惯与保健方法，开发有关机构提供正规优质低价的服务，才能逐渐改变国内目前的现状。

思考题

1. 怎样理解公共卫生的含义，你认为政府在公共卫生管理中起着什么作用？
2. 心理治疗对身心疾病的作用有哪些？其具体的心理辅助治疗方法有哪些？

第十三章 公共管理心理学：城市管理领域

【本章学习导读】

1. 了解城市管理的概念、特征和原则。
2. 了解西方和我国城市管理中存在的突出难点问题。
3. 掌握城市规划与设计中心理学的运用。
4. 掌握心理学在资源和环境保护方面的应用。

【课前案例】

随着我国经济的发展和人口的增多，许多城市面临巨量垃圾处理问题。如何做好垃圾回收与处理，成为使城市管理者比较头痛的一个事。《南方日报》2009年10月26日报道了"是否该在番禺大石建垃圾焚烧发电厂的争议愈演愈烈"。丽江花园、广州碧桂园、海龙湾等多个小区的数百名业主聚集在海龙湾休闲广场，发起又一轮签名反对建设垃圾焚烧发电厂的抗议活动。住户们纷纷表示，出于环境保护和周边居民身体健康的考虑，不应将发电厂建在居民区附近，希望有关方面慎重考虑民意。日前各大媒体报道称，规划在番禺大石街会江村附近、日处理2000吨垃圾的生活垃圾焚烧发电厂可能在国庆节后开工，明年亚运会前投入使用。由于垃圾焚烧发电厂可能产生剧毒物质"二噁英"及其他污染问题，消息一出番禺各大楼盘的业主立刻表达强烈不满，连续多次举办抗议活动，并纷纷在业主们起草的"强烈反对在大石会江村附近兴建垃圾焚烧厂，立即停止该项目的建设"的意见书上签名抗议。面对现场采访的媒体，来自几个大型社区的居民戴上口罩表达了对垃圾焚烧发电厂污染问题的担忧。一位在口罩上写有"拒绝毒气"字样的女士表示，在上百万居民聚集的区域建垃圾焚烧发电厂决非明智之举，有关部门在决策前要充分考虑到周边居民的感受。

第一节 公共管理心理学在城市管理与规划设计中的应用

联合国人类居住中心《关于健全的城市管理规范：建设"包容性城市"（inclusive city）的宣言草案》对城市管理的定义是："城市管理是个人和公私机构用以规划和管理城市公共事务的众多方法的总和。它是一个解决各种冲突或不同利益以及采取合作行动的持续过程，包括正式的制度，也包括非正式的安排和公民社会资本。"它与20世纪90年代以来国际社会倡导的公共治理模式相一致，是公共治理理念在城市管理领域的具体体现。

城市管理是以城市为对象，对城市的运转和发展的全部活动所进行的协调控制行为。城市管理有狭义和广义之分。狭义的城市管理是指对市政和社会活动进行管理，如城市的公共事务、公用服务设施的建设，以及环保、治安、公益事业管理等。广义的城市管理是指对城市一切活动，包括对社会、经济和市政等进行的管理，其实质是城市的综合系统管理。本章重点从狭义的城市管理角度谈心理学的应用。

一、城市中影响人们心理的因素

城市环境对人的心理与行为的影响作用，在20世纪中叶就已引起人们的关注。精神病医生已发现医院墙壁的色彩、家具摆设和患者的个体空间状况等都会明显地影响治疗效果。随着城市现代化和工业化在全球的展开，人类居住环境发生了剧烈的变化，对人类的心理产生了越来越深刻的影响。城市中影响人们心理的因素（朱宝荣等，2006）主要包括以下几方面。

1. 空气污染

空气污染使我们居住的城市变成了有害于身心健康的场所。目前，由于工厂和车辆排放的大量废气使空气质量急剧变坏，空气中含有大量粉尘、一氧化碳、二氧化碳、二氧化氮、二氧化硫、硫化氢和氨等，被污染的空气直接影响人的眼睛和呼吸系统，引发各种眼病和呼吸道疾病，严重的会发展为肺癌，尤其是老年人特别容易受到伤害，其发病率和死亡率与日俱增。此外，由于天空景色变得灰暗模糊，人们心情压抑或对空气质量感到忧虑，在某些空气被严重污染的国家或地区，已经常发布"空气污染警报"，要求老年人和患有呼吸系统疾病的患者在家里待着，不要外出运动和散步，更加使人心情变坏，或感到倦怠和精神不振。

2. 噪声污染

传统的噪声环境主要指工厂的车间，然而随着现代城市的发展，整个城市的中心区域已成了噪声的污染源。环境心理学作了不少研究，并取得许多研究成果。声音的强度对人的身心有明显影响，当周围的声音强度在30～40分贝时，人感到安静、舒服、思维敏捷；当声音强度超过90分贝时，人就会感到烦躁。音强达到130分贝时，人耳鼓膜因受剧烈振动而感到疼痛；音强达160分贝时，鼓膜将穿孔；音强如至170分贝，会出现"强音致死"现象。强烈的音量会引起有害的身心反应，而持久的嘈杂声源更容易引起有害的身心变化。据研究，长期处在强噪音中会大大减弱人的听觉辨别能力。游戏房的工作人员和整天在马达轰鸣的厂房里工作的工人，其听觉辨别力明显弱于一般人。强噪音也能影响人的意识状态，使注意力难以集中，这在一定程度上以情绪变化为中介。在嘈杂的环境中，人容易烦恼、急躁、不耐心，致使学生无法静心阅读，工人因注意力分散而降低工作效率、产品质量出差错或造成工伤事故。强噪声还能强烈地影响人的精神状态，造成各种精神病。

3. 拥挤

"拥挤"是指感觉上的心理状态，即没有充足的身心空间而感觉受到束缚所产生的消极情绪。以白鼠为实验对象的动物实验表明，在过分拥挤的环境中生长的白鼠死亡率很高，攻击行为加剧，性行为异常，生育率明显降低。人在短时拥挤实验条件下显示以下特征：①对陌生人会持敌视态度；②表现出更多的攻击性迹象（适用男性）；③模拟审讯中发出苛刻言辞（适用男性）；④几乎不与他人发生相互作用；⑤表现出焦虑增高的迹象。实验证明过度拥挤对人的身心会产生深刻影响，导致心理紧张、应激和青少年犯罪行为，也会产生高生育率和高死亡率。

对美国某些高密度人口城市的观察也表明，大城市有不少人相当粗野，缺乏体谅与教养；不少人比较孤僻与缄默寡言，缺乏乡村人那种乐意向陌生人微笑的姿态；在他人偶遇危难事件时，路人或邻居不会帮助遇害者；城市中的犯罪率高居不下，还经常发生故意破坏文化艺术的行为；城市中心的疾病发生率远比郊外高得多，诸如此类现象的存在尽管不能完全归因于拥挤所致，但也不能否认与拥挤有关。

4. 个人空间

美国心理学家罗伯特・索默认为，人都需要一个把自己圈住的心理上的空间，该空间就像一个无形的"气泡"，随着身体的移动而移动，为个人所占有。这种由个人占有的无形的心理上的"气泡"即为"个人空间"，也叫"身体缓冲区"。生活中，人需从环境中割据一定空间为己占有的现象是常见的。如果有人太靠近我们，我们便会感到不愉快，并避而远之。例如，一条长凳的一端已坐着一个陌生人在看书，你往往会选择长凳的另一端坐下，与陌生人保持一定距离。如果你靠近陌生人坐下，也许陌生人会主动挪动一下身子，与你保持一定的空间距离。如果陌生人是异性，二人相隔的空间距离会更大。人际间这种细微的行为反应说明，人确实有一种试图维护自己应有空间的需要。因此，在人际交往中，要依据交往双方的关系、地位差异、性格特征、情绪状态、所处环境等实际情况，有分寸地控制好彼此间的空间距离，才有助于双方交往。

二、心理学在城市环境规划设计中的应用

正因为环境对人的心理有重要影响，在环境设计中就要充分考虑种种因素，尽量满足人心理上的各种需要。现代社会所涉及的环境包括不同范围与层次，大到整个城市的规划，小到居室的合理布置。因此环境心理学在环境设计、规划方面的内容极为丰富（朱宝荣等，2006）。

1. 心理学在城市基础设施和社区建设中的应用

现代城市中，随着城市化进程的加快，城市高楼林立，其中有许多是高层公寓。高层公寓在改善人们居住条件的同时却引发了居民的孤独感。居民除了在走道相遇时彼此点头之外，几乎没有其他来往。心理学家马斯洛把人类的需求由低到高分为五级：生理、安全、社交、尊重和自我实现。当代市民的生理和安全上的需求基本得到了满足，但在迅速城市化过程中失去了传统社会亲密的人际关系，邻里之间"碰门之声相闻，老死不相往来"，如北京市丰台区嘉园小区一位 80 岁的老人猝死家中数月，竟无人知道，这在以往的农村家族社会和计划经济时期的单位家属院都是不可想象的。激烈残酷的市场竞争和冷漠的人际关系，给城市居民带来了巨大的心理压力和无助感，亚健康状态成为普遍现象。这就要求城市管理者加强城市社区的建设，发挥社区居民的自我管理能力，把社区建成具有地域性的利益共同体和最有活力的城市细胞，形成一个互相关心、互相帮助、人际关系亲密、老有所养、少有所教、拥有丰富业余活动的大家庭，以满足市民的各种身心健康的需要。

此外，现代社会有高技术与高情感相平衡发展的趋势。社会运用的高技术越多，人们越愿意往一块聚集，越希望与他人在一起，上电影院、参加摇滚音乐会、上街购物等都在一定程度上反映了情感沟通已成了现代人的一种需要。于是，文化娱乐和购物中心成了小区环境建设的重要方面。文化娱乐设施的建造在形式上是满足了人们的

文化需要，实质上是满足了人们的心理需要。人们在影剧院中，共同参加摇滚音乐会，一起唱、一起笑，满足的是相聚的需要，情感发泄的需要。

2. 心理学在生活环境设计中的应用

人有各种不同的心理需求，于是现代生活环境设计正朝着满足人的各种心理需求的方向发展，生活环境设计也就此成了现代心理学的重要应用领域。

"私密性"是人的一种心理需要，私密性的作用在于使人具有个人感。私密心理需要在生活住宅的设计上早就有所体现。城市里房子的布局一般都有相对较宽的间隔。郊外住宅的房子一般都远离街道，并通过灌木丛加以屏蔽，这样能提供较多的个人独处感。许多住宅的整体设计中，包括有一条"私密门槛线"，它是陌生人接近住宅时，引起居住者焦虑的位置与界限。依据文化背景或民族差异，"私密门槛线"的具体形式是多种多样的，可以是大门，也可以是"高墙"、"矮篱"等。私密性还体现在居室的分隔和安全设施方面，如居室独门独户、加锁房间、设有隔离室等就是为了使人能相互分开，较少或不进行交往，减少环境刺激，确保个人私密性的空间环境。

与秘密相反的是公开交往，"交往"也是人的一种基本需要。出于交往的需要，房子的相对位置很重要，因为它可能决定人际交往的次数与频度。根据人际交往的相近原则，人们通常与相近邻居的友谊要比住得较远的其他人更为亲密，而人的室内交往活动则完全受空间环境所制约。为了适应人的各种交往需要，现代居室的设计更为注重公用空间环境的构思。现代居室设计中都有较大的公共部位，体现了多功能的设计思想，客厅、休息室、健身房等能让人们聚集在一起，相互交谈，共同活动。以交往需要为目的设计理念已越来越主导着现代生活环境设计的发展方向，这正体现了心理学的应用价值。

"安全"更是人的基本需要。城市里有无数居民住宅，其中大多数存在诸多不安全因素。高层公寓的犯罪率远比花园公寓或私人住宅高得多，而且楼层越高，犯罪率也越高。这是因为：其一，高层公寓居住的人比花园公寓或多层住宅多得多，人数的增多意味着相互了解和认识的居民越来越少，要认出陌生人（不是本公寓的人）越来越困难，这就使罪犯有了可乘之机；其二，高层公寓设计上本身就存在许多容易遭受攻击而无法防御的地方，如电梯、洗衣间、楼梯、走廊等都可能给罪犯作案提供条件，而太平梯与后门则为犯罪作案后迅速逃窜提供了路径。为此，现在部分高层公寓在结构上已有所改变，将容易给罪犯提供作案便利的场所，改造得更为公开与明显，例如，通过公寓窗户对入口处的俯瞰，可以增强对入口与门厅的视觉监视，使陌生人在进入之前就被注意；又例如，公寓长廊过长，犯罪发生率较高，为此现在的公寓长廊已大大缩短，公寓结构上的此类改变在一定程度上满足了居民的安全需要。

3. 心理学在工作环境设计中的应用

工作场所是一个人一天中停留时间较长的环境，诸如办公室、学校、医院等都对人影响较大，它们会直接影响人的情绪状态和工作效率，因而如何设计工作环境，早就引起环境心理学家的注意。

（1）办公环境。环境心理学家从人的心理需要出发，对现代办公环境作了大量探索，从办公坐椅到办公室的大小、布置均作了细致考虑与精心设计。在办公座椅方面，研究人员在测量了成千上万个人的基础上，确定了一个平均的身体尺寸。然后，依据这个尺寸，提出椅子设计的各种指标，诸如椅子离地面的高度、座位的深度、靠背的高度以及扶手的尺寸和方位等，使办公座椅达到最佳设计。这样能够提高工作效率，纠正不良姿势，增进身体健康。

办公室的大小千差万别，容纳的人员数也相差悬殊。典型的办公范式有三大类，即单间式、牛栏式和风景式。传统的办公室是单间式，面积小、人员少，少则1人，多则几人。小的办公环境能使同室的办公人员之间有较高的亲密度与凝聚力，受干扰因素少，工作效率相对较高，但与本室之外的人员接触较少，不利于沟通和交往。"牛栏"式办公环境适于政府和大企业的办事人员所用，整个办公面积可容纳几十至上百人，最大的如同一个足球场这么大。在该类办公环境中，办公桌以队列形式排列，每行以狭小的走道隔开。这种办公环境的优点在于，能使办公人员进行充分沟通和交往，便于处理各种疑难问题。其缺点在于，环境较为复杂，不利于集中注意力，因而工作效率较低。风景式是现代较为流行的办公环境，尤其在欧美更为普遍。风景式办公环境一般是一个大型整间的办公厅，能容纳十几人、几十人直至上百人办公，每个办公人员占有一小块空间，彼此没有隔墙，完全敞开，但用书架、屏风、植物等低于四英尺的陈设将整个办公环境隔成一个一个小的办公单元，形式上使大小办公室浑然一体。风景式办公室除了具有造价便宜、维修方便、便于搬迁等特点外，其主要优点在于能强化人际沟通，有助于组成一个凝聚力较强的团体，消除了由于隔墙而造成的物理与心理上的障碍。当然，风景式办公环境也有不足之处，敞开式的办公环境几乎没有个人独处的空间，噪声大、干扰大、注意力不易集中，因而工作效率易受到影响。所以，作为现代办公环境的风景式办公室确实应辩证地加以评价。

（2）教学环境。教室是主要的教学环境，传统的教室是方形或长方形房间，其一端是讲台，供教师讲课之用，与讲台间隔一定距离，成行地排列学生的桌椅，这种设计模式有利于学生单向接受知识，但由于教师与学生间隔一定距离，客观上抑制了学生积极参与教学的积极性。此外，教室后排的学生可能很难看清教师板书，听觉不良的学生可能听不清教师的话语。为了克服传统教室的弊端，有两种形式的教室已越来越受到师生的青睐。一种是用大桌取代成排的个人用桌椅，六桌由小桌拼合而成，位于教室中央，学生围大桌四周而坐。这种教学环境有助于使学生积极参与研讨，在教学中发挥主动性。另一种是大型的电化教室。内设有几百个舒适的软座椅，每个座椅都配有翻板，便于学生作笔记。教室还有多媒体投影仪及其辅助设施和齐全的扩音系统、现代化的照明系统。这种教室的造价虽然昂贵，但学生在这种教室中听课感到十分舒服，听觉与视觉效果也十分理想，是一种良好的教学环境。

（3）医疗环境。医院以治疗疾病、恢复患者的健康为宗旨，因而医疗环境的设计应有利于医生对患者进行监诊和护理，以及满足患者的种种需要。目前，在环境心理学家的参与下，现代的医疗环境的设计提出了许多新思路，但主要体现在病房大小、布局和满足患者的需要方面。

病房既是患者的生活环境，也是对患者进行监护和治疗的环境。传统病房有大有小，五花八门。小的病房仅一个床位，大的病房能容纳下十几个床位。病房究竟以多大为好？对此有不同看法。心理学家认为，小的病房居住的患者少，有利于保持环境安静，便于患者静养、睡觉，与医生或家属进行亲切谈话，也有利于患者在生活上保持相对独处与对空间需要的满足。但过小的病房往往使患者表现出被动和孤独，甚至产生恐惧与焦虑，尤其是单人病房。反之，大的病房因居住的患者多，有利于患者交往。交往活动既有利于加强患者间的友谊，也有利于消除孤独，转移患者对自身病痛的关注，培育良好的情绪状态。但是，过大的病房因患者、家属频繁进出和谈话，使病房难以保持寂静，影响患者休息、睡眠和治疗。因此心理学家认为病房不宜过小或过大，适中的病房应居住 2～4 人为宜，这种思路已体现在病房设计之中。

　　病房布局的构思，也受到了环境心理学的启发。传统的病房是较长走廊结构设计，病房一间挨着一间，护士值班室位于走廊结构的中部或末端，护士监护患者需在走廊中来回走动。远离值班室的病房的患者如要招呼护士，就需等候较长时间，致使患者和家属感到担心，唯恐病情突变时，无法得到及时抢救。为此，许多医院的病房布局已有了新的构思，以环形结构替代矩形长廊结构。环形结构以医生值班室为中心，病房的分布呈辐射状，类似车轮的轮辐，使所有病房与护士值班室的距离相等，便于护士对患者进行监护。这样，既减少了护士对所有病房进行监护所消耗的时间，提高了工作效率，又消除了患者的担心，使他们觉得护士就在身边，有利于他们安心养病。

　　住院的患者在病状上是有区别的，有的严重，有的稍轻，有的已接近康复。这些病状不同的患者的活动能力相差很大，对交往与娱乐的需求也各不相同。因此，为了满足不同患者的需要，医疗环境的设计并不能仅包括病房、治疗室、值班室和卫生间，还应包括娱乐室等，在娱乐室，患者可以在一起聊天、读书、看报、看电视，促进同病患者交流康复经验，相互鼓励，调整心态，有利于患者的全面康复。

第二节　公共管理心理学在城市资源和环境保护方面的应用

　　面对我国城市环境污染和资源能源短缺的问题，作为城市管理者，找到解决它们的办法是十分重要的。目前我国城市政府主要采用行政、司法、经济制裁等硬性方法实施管理。这虽然有一定成效，但没有从根本上解决问题。环境和资源保护的根本问题是人们如何看待和使用环境和自然资源。这是个典型的公共管理心理学问题，因为其中牵涉到我们如何改变人们对待公共设施与公共资源的态度和行为的问题。

一、社会性两难问题

　　环境和资源问题是典型的社会性两难问题。所谓社会性两难问题，即当多数人为争取个人最大利益而采取了一些行为时，结果却使每个人都遭殃。一种和环境特别有关的社会性两难，叫做公共资源两难困境。一项公共资源如果使用有所节制，该资源就会自行补充；但如果使用过度，该资源就会消失殆尽。我们如何解决社会性两难问题，让人们放弃个人私利，而为大家的利益着想呢？

阅读资料：

　　当你到达实验地点进行实验时，发现与你一起参加实验的其他 6 个被试都是你从未见过的。研究者会给每个被试 6 美元，并且声明每个人都可以将钱保留；同时，还有另外一个选择，那就是每个人愿意将自己得到的钱平均分给其他 6 个人，研究者将会给双倍的钱。也就是说，如果你愿意将钱捐献出来，你将有 12 美元分给其他人，每人将会分到 2 美元；其他人如果也愿意将钱捐献出来，那钱也会翻倍，你也会得到分配。这时就会有两难情境：只要每个人（包括你自己）采取合作，将钱捐献出来，你将会得到 12 美元，即翻了一倍。然而，捐钱是有风险的，因为如果只有你一人捐出钱来，那你得到的将会是零，而使其他的每个人获利。很明显，最自私但是也是最安全的做法就是将钱留下来，并希望其他人将钱捐出来，那样的话，你将最终获得 18 美元，即你自己已有的 6 美元，再加上其他人捐出的钱。当然，如果其他人也拥有和你一样的想法，你就只能拥有 6 美元，因为没人愿意把钱捐出来，毕竟，保留开始得到的那 6 美元永远要比将钱捐出去安全得多。这种策略的唯一问题是，因为多数人都采取这种做法，大家的利益都会受损。所以，当遇到社会性两难问题时，如果大多数人还是先想到自己，结果是大家都倒霉。

如何说服人们去相信同组的伙伴，采取互惠的合作呢？这是解决社会性两难问题中最困难的部分，就像劝说人们自愿回收使用过的水以及循环利用废弃物的问题。

二、解决社会两难性问题的心理学方法

第一种方式就是在小群体里通过沟通交流，让大家采取合作的态度，从而有机会说服他人为共同利益采取活动。在上述实验中，让被试者互相交谈 10 分钟后，人们捐出钱的比例竟然戏剧性地从原来的 38% 增加到 79%。捐钱者的增加使得可用来平分的钱大幅度增加，由原来的 32 美元增加到 66 美元。由此可见，沟通是有效果的。第一种方式可能只对那些面对面沟通的小团体有效。当整个社会都陷入社会性两难时，会发生什么事情呢？我们不可能把整个城市的所有居民都聚集起来讨论环境管理方式的问题。所以在面对规模大的群体时，就必须采用变通的方式。

第二种方式是，让个人监督自己的行为变得更为简单：在一些环境中，社会性两难存在的一个问题是人们不容易了解他们使用了多少资源，如水或者电。要求人们节约用水，就要监督他们自己一个月用了多少立方米的水。美国的心理学研究者在 1995 年夏天发生严重旱灾时，对英格兰的汉普郡的两个社区进行了比较。在其中一个社区里装有水表，这可以使居民知道监督自己用了多少水；另一个社区却没有安装水表。就像预期的那样，当人们感到水资源缺乏问题十分严重时，那些装有水表的社区用水量要低于没有安装水表的社区。此外，还有证据表明人们这么做并不仅仅是考虑个人利益（用水量少可以省钱），也考虑到了集体利益。因此解决社会性两难的一种简单方法就是让人们更容易监督自己的消费量，这使得他们更为容易表现出顾全大局的意图。

第三种方式就是使人们的行为尽量公开化。假如人们采取自私行为，但没有被同伴发现，他就会经常去这么做。但是如果他们的行为公开化了，就会受到社会规范压力的影响。举例来说，一些企业如果认为别人不会发现他们排放污水，他们就会这么做，但如果他们认为自己的行为会被社会监督，他们很可能就会避免这么做。

采用这种防范措施时改变了人们对自己以及自己的社会行为的知觉方式，那么，类似的方法是否能够用来劝说人们采取更多有利于环境的行为方式呢？比如不仅节约

自家资源，而且节约公共资源。

阅读资料：

　　数年前，当加利福尼亚遭受严重的水源短缺时，加利福尼亚大学某一校区的行政主管发现，在运动设施里，学生浪费了大量的用水。因此，主管们在健身房的淋浴室贴上节约用水的标签。目的是想要唤起学生的良知，催促他们提高洗澡速度，缩短洗澡时间，并且在抹肥皂时关闭水龙头。然而，根据系统的统计显示，少于15%的学生会遵照张贴的标签中所倡导的节约用水去做。这使得管理者们十分困惑，是大多数学生并没有注意到标签内容吗？毕竟，贴在墙壁上的标签很容易被人忽视。因此，管理者们将每一个标签弄得更明显，然后贴在浴室入口处的三脚架上，学生进入浴室都必须经过三脚架的标签，这样就能看得到标签。虽然这样做使得顺从的比例稍稍增加（19%的学生在抹肥皂时关掉了水龙头），但这也同时激怒了大多数学生，因为这些标签牌经常被撞倒或被踢倒，而且有很多学生故意将洗澡时间延长，显然是一种反抗行为，这些标签带来了更坏的后果，让管理者们更加迷惑不解。

　　心理学家埃里奥特·阿伦森和他的学生们决定使用心理学技巧来对付这项新的状况。程序是先向那些从游泳池到浴室去洗澡的女学生做些宣传，然后让一位女研究助理不经意地跟随她们进入浴室，对她们的洗澡时间偷偷进行计时。实验宣传的技巧情境之一是要求参加实验的被试者写一份针对她们用水量的问卷，这是要让学生知道她们有时候洗澡会浪费水的设计。情境之二是要求参加实验的被试者会做一个公开承诺，促进其他同学也要节约用水。特别是，这些被试被要求在写有"请缩短洗澡时间，并在抹肥皂时关闭水龙头。如果我能做得到，那你一定也能做得到"的海报上签名。这种"伪善"的方式使得被试者不仅注意到自己会浪费水，并且使自己成为众人皆知正在推行节约用水的人，那些自觉伪善的人会改变自己的行为，从而能使自己的心理好过一些，因此她们会缩短自己的洗澡时间。这个方法十分有效，以至于使学生洗澡的平均时间减少到3.5分钟。

　　第四种方式就是用数据和事实说话，劝服人们改变传统的认识和行为方式，从而保护环境和资源。

阅读资料：

　　阿伦森和他的同事与加利福尼亚州的一些能源审计员一同工作，去民众家宣传怎样才能节省能源。为了提高人们的配合度，阿伦森的研究队伍对这些审计员进行了培训，让他们能向屋主更生动地阐述研究发现。以挡风雨条为例，多数人认为门底下的一些小洞并不会浪费多少能源，如果审计员直接宣传他们应该安装一些挡风雨条时，他们会说是小题大做。阿伦森和他的同事告诉审计员应该让他的陈述更为生动："假如你将所有你家门下的空隙都加起来的话，那就会有一个足球那么大，如果你的起居室有这么大的一个洞，那么你可以想象到会有多少热能流失，这正是我建议你要安装挡风雨条的原因。"类似的技巧也运用到其他问题上而使得问题引人注目，例如，没有装绝缘物的阁楼就被描述为"裸体的阁楼"，就像是在冬天时不只是没有外套而且是根本没有衣服可穿的人一样。研究结果十分惊人，采用他们建议的人提升到61%。

　　这项研究表明虽然人们自愿遵循符合自我经济利益与国家利益的原则，一旦牵涉到个人旧有习惯时，就必须加强沟通方式达到足以打破那些固有的习惯。

　　第五种方式就是让能源节约竞争化。这种方式通过人在竞争中渴望取得优胜的心理，来激励人们在工作和生活中有效节约能源。一些心理学研究者示范了一套简单但是有效鼓励员工在工作中节约能源的方法。

阅读资料：

　　荷兰某工厂某单位，在企业内刊中提醒员工冷天要关窗、离开房间时要关灯等，员工每周还会得到他们的行为反馈图，表明他们在节约能源行为上的进行情况，比如关灯的频率。这套介入措施取得了一些成效。举例来说，当研究结束时，员工忘记关灯的比例减少了 27%。该工厂的另一个单位也参与了同样的计划，但是有一点不同，除了得到本单位每周行为的反馈外，员工还会得知另一个单位的表现状况。这种比较方式会激励员工做得比另一个单位更好，研究结束后，员工忘记关灯的比例减少了 61%。

　　可见，激发人们的环保竞争精神可以对他们的行为产生很大的影响，且效果更加持久。

　　第六种方式就是运用强制性规范和描述性规范减少乱丢垃圾。虽然路旁有许多提示牌提醒我们要维护环境的美丽，但大多数人似乎都不把路旁的这些提示牌当一回事，随意乱丢废弃物。对我们每一个个体的人来讲，有时候，找一个垃圾桶是很痛苦的事情，丢一个纸杯在路上也没什么大不了的。就像所有的社会性两难困境一样，只要大家都这么想，那所有人都会受苦。当人们手中拿着空纸杯时，怎样才能使人们的行为比较不自私呢？答案是提醒人们想到社会规范而不去乱丢垃圾。心理学家罗伯特·恰尔迪尼、留蒙德·雷诺和卡尔·卡尔格伦指出其中有两种重要的社会规范能够对人们是否乱丢垃圾产生影响。第一个是强制性规范，也就是社会所认可的行为，即人们对什么样行为会被人所认可的认知。举例来说。假设我们生活在一个很多人会乱丢纸屑的社会，但是我们知道有强制性规范反对乱丢垃圾的行为，也就是说，大家都反对这样的行为。第二个描述性规范，即人们对于他人在特定环境中的实际行为的认知，不管这种行为是否被他人认可或反对。

阅读资料：

　　大街上，安排研究助理捡起一个丢弃在地上的速食包装袋，然后将其丢进垃圾桶，从而传达反对乱丢垃圾的社会规范。研究者们假设那些看见研究助理捡起废弃速食包装袋的人，会被提醒强制性规范，即乱丢垃圾的行为是不好的行为，是其他人所反对的行为，从而降低了人们乱丢垃圾的倾向。为了检测这个假设，研究者们同时将一大沓传单放在人们停在街边的汽车的前挡风玻璃的擦拭器处，然后观察人们是否会将这些传单丢弃在地上或者拿着它们（假设当他们回到家中再将其丢弃），就像预测的那样，看见研究助理捡起速食包装袋的人中仅有 7% 的人会将传单乱丢在地上，比较起来，没有看到研究助理捡起速食包装袋的车主，会有 37% 的人将传单丢弃在地上。

　　而什么是向大众宣传描述性规范以减少乱丢垃圾的最好方式呢？最直接且能清除环境中所有垃圾的方式，可能就是直接展示"此地无人丢垃圾"的现状，通常我们是会看到，环境中的垃圾越少，乱丢垃圾的人就会越少。但心理学家恰尔蒂尼和他的同事在1990年实验发现，一个只被一张废纸破坏的干净状态的环境，更能提醒人们注意到描述性规范：非常干净的环境，就只有一张废纸就像特异分子一样被丢在地上，它能引起人们的注意，会让人们想到，除了没大脑的人之外，不会有人在此乱丢垃圾。相比之下，在完全干净的环境里，乱丢垃圾的几率还会比较高。为了验证这一假设研究人员进行了一次实验。

阅读资料：

　　有研究人员在学生的邮箱里堆满宣传单，然后从隐秘的地方观察有多少学生会把它丢到地上去。在该实验中，第一种状况是事先将信箱所在的房间地面清除到完全干净。第二种状况是地面上只有一个显眼的垃圾，即一块西瓜皮。第三种状况是除了西瓜皮之外，还有一堆已经被丢弃的宣传单在地上。就如预料的一样，乱丢垃圾率最低的，是第二种状况的学生，也就是说只有一件违反描述性规范的事件存在时，会提高人们的注意，使学生在心态上不会去乱丢垃圾。而乱丢垃圾比率最高的，是第三种状况的学生，因为他们认为大家都在丢垃圾，所以他们也可以丢。

　　因此，提高人们对这两种规范的注意，就会降低乱丢垃圾的行为。在这两种规范当中，罗伯特·恰尔迪尼和其同事建议使用强制性规范，因为效果较好。描述性规范只有在大家都会合作去维护环境清洁时才有用，所以这样的方法并不完美，因为一旦垃圾一多，就会令人产生"反正已经有很多人都丢过了，多我一个没关系"的想法而使乱丢的垃圾增加，也就是心理学中的"破窗效应"。相对之下，雷蒙德·雷诺和他的同事在1993年发现，不论环境干净程度如何，提醒人们注意强制性规范均可以成功地运用在许多情景上。一旦人们被提醒"不应该乱丢垃圾"，在心态上就比较不会乱丢垃圾。

　　第七种方式就是运用改变人们的态度和去除障碍的方法鼓励大家进行废品分类和回收。假设我们成功地说服大家停止乱丢垃圾，那当然是一件好事，市容将会改观很多，也不需要花费巨额资金来处理垃圾。但是如何有效处理我们每日产生的正常的生活垃圾却是一个问题。为了减少垃圾掩埋量，有效回收一些可以再利用的材料，可以鼓励居民将废品按照可以回收和不可以回收以及其他分类方式进行分类，并积累堆放直到收废品的到来。但这是另一个社会性两难困境：对整个社会而言，废品回收虽然有利，但是对个人来说，却是吃力不讨好或者说收益很小的事情。

　　美国心理学家格雷格里、斯特恩和迪茨于1995年在弗吉尼亚州Fairfax县做的一项自然实验，当时该县正在推广废品回收，大约114人领到了可分类放回收物的垃圾桶，而其他人则需要找其他容器来放玻璃瓶和铝罐，结果发现领到垃圾回收桶的人更愿意实施垃圾回收利用。研究者还测量了居民对待废品回收的态度，以了解有正面态度的人是否比没有正面态度的人更愿意从事废物回收，发现只有那些没有废品回收桶的人，态度才能有效地预测行为，如果存在障碍（很难找到垃圾桶），只有那些具有正向态度的人才会努力克服障碍；如果没有障碍存在（有政府提供的垃圾桶），态度并不重要，一个没有强烈环保意识的人也会主动配合。

　　可见要想使人们按照环保的要求行动，有两个方法：①改变人们的态度，让他们更具有环保意识，这种做法可以鼓励人们从事有利环保的行为，即使存在障碍，他们也愿意去做（比如要自己去找箱子放垃圾，还要把箱子搬到指定的地点）；②如果能够去除障碍（如在路边设置或增设废品回收桶，或直接给居民提供回收箱及回收服务），使得环保行为执行起来更方便，就更容易取得效果。

 **课后案例**

心理学研究上有个现象叫做"破窗效应"，就是说，一个房子如果窗户破了，没有人去修补，隔不久，其他地窗户也会莫名其妙被人打破；一面墙如果出现一些涂鸦没有清洗掉，很快墙上就布满了乱七八糟、不堪入目的东西。一个很干净的地方，人会不好意思丢垃圾，但是一旦地上有垃圾出现之后，人就会毫不犹豫地乱抛，丝毫不觉羞愧。如果你是一个市政管理人员，面对城市广场市民随地乱丢垃圾的现象，将采取什么措施呢？

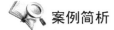 **案例简析**

"破窗"效应的道理是：一个小的错误如果得不到制止和纠正，就会被认为是理所当然的，别人可以做我也可以做，从而鼓励其他人犯同样的错误，甚至更多的人去犯更大的错误，以致不可收拾。所以作为市政管理者，首先一定要坚决纠正和制止第一个乱丢垃圾的行为并予以惩罚，从而使市民明白禁止在广场乱丢垃圾是强制性规则，违反者会受到惩罚；其次，要派人经常打扫广场的卫生，保持广场的干净，使市民懂得保持城市广场的干净是个基本描述性规范，从而自觉配合而不乱丢垃圾。

思考题

1. 假设你是一名大学后勤管理人员，你会怎样设计学生宿舍，来处理拥挤和噪音的压力影响呢？

2. 根据对社会两难问题的分析，你应该怎么做才能让社会成员节省能源呢？

3. 假设你担任我国一个中等城市的市长，城市垃圾几乎无地堆放，而建立垃圾焚烧厂又遭到市民的反对，你准备怎么做才能让市民制造较少的垃圾而且加强循环利用呢？

第十四章 公共管理心理学：应急管理领域

【本章学习导读】

1. 理解心理救援在应急管理中作用。
2. 了解突发事件中常见的心理行为。
3. 掌握心理危机干预的步骤和策略。
4. 掌握危机干预中的倾听技术。

【课前案例】

据国际华人医学家心理学家联合会理事长邓明昱的统计，整个汶川地震灾区患有创伤后应激障碍（PTSD）的人的比例为 3%～5%，人数为 36 万～60 万人。而在 PTSD 患者群中，具有自杀倾向的比例为近 10%。

中国红十字会"心灵阳光"项目在 5 月 20 日、21 日派出了由专家组成的两支救援队，邓亚萍、高敏、杨扬等六位世界冠军作为这个项目的志愿者随行，他们主要通过走访灾民和集中培训的方式，对灾民进行心理辅导工作。据不完全统计，两周之内，心理专家们为 720 名儿童、220 多名中小学老师、1000 多名普通受灾群众等人提供了心理援助服务，对 700 名心理援助工作者和志愿者进行了灾后心理危机干预培训。（本章作者根据新闻资料整理）

第一节 应急管理概述

一、什么是应急管理

2003 年 SARS 爆发以后，应急管理的理论和实践在我国开始受到重视，并成为现阶段我国政府管理与和谐社会建设的一个重大领域。在汉语中，与"突发公共事件"相近的概念有"紧急事件"、"紧急情况"、"危机事件"、"非常状态"等，因此，应急管理有时也被称为"危机管理"、"突发公共事件应急管理"等，英语术语普遍使用 emergency management。一般认为，应急管理是政府为了应对突发公共事件而进行的一系列有计划、有组织的管理过程。也有学者将应急管理定义为：为了降低突发灾难性事件的危害，基于对造成突发事件的原因、突发事件发生和发展过程以及所产生的负面影响的科学分析，有效集成社会各方面的资源，运用现代技术手段和现代管理方法，对突发事件进行有效地监测应对、控制和处理（陈安等，2009）。我国《国家突发公共事件总体应急预案》中，根据突发公共事件的发生过程、性质和机理，将突发公共事件分为以下四类。

（1）自然灾害，主要包括水旱灾害、气象灾害、地震灾害、地质灾害、海洋灾害、生物灾害和森林草原火灾等。

（2）事故灾难，主要包括工矿商贸等企业的各类安全事故，交通运输事故，公共设施和设备事故，环境污染和生态破坏事件等。

（3）公共卫生事件，主要包括传染病疫情，群体性不明原因疾病，食品安全和职业危害，动物疫情，以及其他严重影响公众健康和生命安全的事件。

（4）社会安全事件，主要包括恐怖袭击事件，经济安全事件和涉外突发事件等。由于突发事件具有突发性、紧迫性、不确定性、高危害性等特点，当突发公共事件发生时，需要打破常规的管理程序。

现代危机管理理论主张对突发事件实施综合性应急管理。在其阶段的划分上，比较著名的说法是用 4R 来表示应急管理的四个阶段，即减轻（reduction）→就绪（readiness）→响应（response）→恢复（recovery）（陈安等，2009）。①减轻阶段：在这一阶段，应当及时汇总分析本地区可能发生的突发事件隐患和预警信息，必要时组织相关部门、专业技术人员及专家学者进行会商，对突发事件的可能性及其可能造成的影响进行评估，并向相关机构通报。此外，还应建立健全突发事件监测与预警制度，包括完善监测网络，划分监测区域，确定监测点等，以尽量减轻灾害发生后的负面影响。②就绪阶段：事先做出计划、筹备，以确保在突发事件出现时有效地应对，包括建立健全应急管理信息系统、应急预案体系、应急管理机制、应急通讯系统、应急培训和演练、应急管理的资源准备和储备等。这一阶段准备得越充分，应对突发事件就会越有成效。③响应阶段：突发事件发生以后，针对事件的性质、特点和危害程度，政府和社会对之所作的反应，即所进行的各种应急处置和救援工作。其主要包括进行预警提示、启动应急预案、组织紧急救援、实施控制隔离、抢修损坏设施、紧急疏散居民、保障生活供给、评估灾难程度等。响应是应对突发事件的关键阶段，需要快速的反应能力。反应速度越快，意味着越能减少损害。④恢复阶段：在突发事件得到有效控制之后，政府为了恢复正常的生活状态和社会秩序所进行的各种善后工作，即事后恢复与重建。其主要包括善后处置、调查评估和恢复重建三个方面。

二、心理救援与应急管理

公共突发事件在给人们带来危害的同时也带来了巨大的恐慌。因此，突发事件对社会的影响是双重的，一方面表现为可以计算或估计的人员的伤亡、财产的损失、环境的破坏等显性问题；另一方面表现为当事人所遭受的心理冲击和心理失衡等隐性问题与损失，有时被称为心理危机。

美国心理学家卡普兰（Caplan，1964）认为，心理危机是指个体在面临突然或重大应激，无法用通常解决问题的方法来解决时所出现的心理失衡状态。确定是否引发心理危机须符合三项标准：一是存在重大心理影响事件，如地震、雪灾等自然灾害，交通事故、矿难、火灾等事故灾难；二是事件引起了当事人的急性情绪扰乱或认知、行为等方面的改变；三是个体在短时间内不能自行恢复。根据世界卫生组织的调查，自然灾害或重大突发事件之后，30%～50%的人会出现中至重度的心理失调，而及时的心理干预和事后支持会促使症状得到缓解。而在灾害一年之内，有20%的人可能出现严重心理疾病，他们则需要长期的心理干预。西方国家早在20世纪70年代，就将心理救助工作纳入危机救助体系，在日常心理教育、灾难心理干预、灾后心理辅导和治疗方面积累了一定的经验，并形成了一套完善的体系。我国在这方面起步较晚，由于当事人在心理治疗方面认知或经验的欠缺，即便在危机事件发生后心理失衡难以调整时，一般也不会积极寻求他人或政府的帮助。这时，心理危机对当事人的影响较大，是应急管理中不容忽视的问题。

《国家突发公共事件总体应急预案》指出，政府除了对伤亡人员、应急处置工作人员按照规定给予抚恤、补助及补偿之外，还要提供心理方面的援助。从应急管理的阶段来看，心理危机可能发生在各个阶段，但化解心理危机、进行心理恢复主要在恢复阶段，即善后处置和重建阶段。因此，在自然灾害、事故灾难等突发事件发生后实施恢复重建的工作中，除恢复生产、生活、工作和社会秩序之外，心理恢复或心理重建也应是突发事件恢复阶段的重要内容。如 2003 年的 SARS、2004 年的"云娜"台风、2008 年的汶川地震、2010 年的玉树地震等事件中，心理救助和心理干预在应对突发公共危机事件中的作用逐渐引起社会的共识并初见成效。

此外，我们必须清楚地认识到，应当接受心理救援的对象不仅是心理失衡者个人或群体、心理失衡者的亲属、危机事件的经历者，还有应急管理的参与者和心理救援者，原因是他们参与应急事件应对时，精神高度紧张，心理压力较大，也是心理危机高发的群体。

第二节　突发事件中常见的心理和行为

突发公共危机事件特别是自然灾害和事故灾难这类始料不及的事件对事发当地社会公众的心理造成不良影响，产生一系列反应。根据心理反应的不同阶段，可分为急性应激反应和慢性应激反应；从反应的程度上看，可分为轻微的心理反应、严重的心理反应和危机后心理创伤；从反应的对象上，可分为个体心理应激和群体心理应激。现根据反应对象的不同，对突发事件中常见的心理反应及行为特征做出讨论。

一、个体心理应激

从历次自然灾害和事故灾难对当事人个体的心理影响来看，主要表现为当事人不同程度的心理应激反应。心理应激是有机体在某种环境刺激作用下由于客观要求和应付能力不平衡所产生的一种适应环境的反应状态。由于突发事件的偶发性和紧急性，个体面对危险信息产生一系列心理与生理的变化，身心处于紧张失衡状态，产生心理应激。急性应激反应也称急性应激障碍，在突发事件后数分钟或数小时内出现，持续时间较短。慢性应激反应在突发事件两天后出现，持续时间较长。应激反应主要有两种类型：一是积极的心理反应，表现为注意力集中，思维异常清晰等；二是消极的心理反应，表现为焦虑、紧张、激动、恐惧、紧张、叫喊、抑郁、冲动、认知能力降低、自我概念不清，等等。据统计，"5·12"地震发生后，有惊恐、焦虑等心理问题的人约占 47%，患急性应激障碍的达 20%。消极的心理反应妨碍个体正确地评价现实情境、选择应对策略和正常应对能力的发挥，成为应急管理关注的焦点。

公共突发事件后的个体心理应激一般为消极的心理反应，主要包括以下几个方面。

（一）紧张恐惧心理

当个体预感到可能发生危险的情况但又无法应对时出现极度的紧张和恐惧心理，并会持续到危机事件发生后的一段时间。危机事件发生对个体带来的危害性使个体产生紧张恐惧的内心体验，表现出惊慌焦虑、急躁、高度警觉等情绪。

（二）无助失望心理

当危机事件发生后，在个体受到不同程度的伤害或其他损失但又对危机事件无能为力，而救援队伍还没有到来的情况下，无助和失望的心理随之而来。例如，地震等自然灾害发生后，受害个体会觉得脆弱无力，不知将来该怎么办，甚至会觉得前途渺茫，悲观失望，表现出情绪低落、对外界无兴趣和认知能力下降等现象。

（三）悲伤抑郁心理

突发危机事件特别是灾难性事故，当事人为亲人的严重受伤或死亡而难过、悲伤，由于个体的心理应激机制，往往出现抑郁心理，不愿与外界沟通，持续地表现出悲观、无助和绝望心理，行动迟缓、语言失序、注意力难以集中等。

（四）强迫性重复回忆

经历过灾难性事故的个体，强迫性重复回忆灾难的经历、逝去的亲人是较为常见的心理反应，睡梦中的重复思绪、视觉化的想象、反复的语言表达等情况，个体往往无法自我抑制。

（五）过度反应和灾难联想

当事人个体对与灾难性事件有关的声音、图像、信息、气味等反应过度，并引发对事件的回忆或联想，出现焦虑、失眠、易怒、易惊、噩梦等现象。

研究表明，大规模的自然灾害或灾难性事故几乎会使百分百的受难者产生不同程度的消极心理应激或心理问题，由于个体不同的心理状态和认知特征，他们在突发危机事件发生后表现出不同的心理反应和行为特征。在应急管理中，要有针对性地采取恰当的方法，进行心理救助，化解心理危机，使个体尽快恢复正常生活，从而减少由个体心理问题所带来的其他社会问题。

二、群体心理反应

突发公共危机事件除了对当事个体产生不同程度和不同类型的心理影响外，还会对社会公众产生心理或精神上的影响，此外，处置事件的程度和效果也直接影响群体心理和群体行为。研究表明，由于受感染、暗示、群体压力等各种因素的影响，在危机事件发生时或发生后，个体往往不能冷静地应对危机，在群体中容易丧失理性而表现出一系列的反常行为，丧失正常的判断能力和认知能力，影响他人乃至相互影响，进而形成区别于个体的群体心理和群体行为，甚至有可能衍生出其他群体性事件。主要的社会群体心理反应有以下几种：

（一）群体认知失调

认知失调又称为认知不和谐，指一个人的行为与自己先前一贯的自我认知产生分歧，从一个认知推断出另一个对立的认知时而产生的不舒适感、不愉快情绪。通常情况下，在同一时间有着两种相矛盾的想法或者态度与行为产生不一致时，会引起心理紧张。在公共危机事件中，个体所面对的事件与通常的情况不一致，如在矿难、火灾、群体事件等紧急情况中，容易产生内心的紧张，个体间相互干扰和影响，造成群体认知失调。正确地改变态度、增加认知、改变行为可以有效消除心理紧张状态，而错误的改变态度，行为则成为群体认知失调的原因。

（二）群体焦虑

群体焦虑常常由个体焦虑发展而来，是特殊群体内心过于担忧的情绪体验。从社会心理层面上，突发事件很容易引起社会群体焦虑，与恐慌、流言、谣言等相伴而生。而群体焦虑又是引发群体事件的源头，导致群体的非理性行为。例如，2011 年 3 月，日本发生海底地震引发海啸，受日本核危机和国内谣言的影响，广东、浙江、江苏、福建、上海等地居民发生抢盐风波，究其原因在于群体焦虑。

（三）从众心理

从众心理是指个人受到外界人群行为的影响，而在自己的知觉、判断、认识上表现出符合公众舆论或多数人的社会心理和行为方式，俗称"随大流"。从众是与独立相对立的意志品质，表现为没有主见、易受暗示、不加分析地接受别人的观点。在公共危机事件中，由于受群体压力、恐慌、信息掌握不全等因素的干扰，个体常常放弃自己的意见而倾向于与大多数人的态度和行为保持一致，以寻求安全感。群体规模大、凝聚力强、群体意见一致、信息的模糊、权威人士的影响以及个体的人格特征、性别差异和文化差等都易产生从众心理和行为。从众心理和从众行为最初表现为模仿、跟从、无目的和无组织等特性，其后期的发展则表现为有目的、有组织、有秩序的活动，进而可能衍生出群体性突发事件。

三、抢险救援人员的心理反应

历次突发公共事件中所有参与救灾、抢险的工作人员，包括警察、消防队员、医护人员、志愿者、救护车司机、心理辅导人员等，由于他们的工作突发性较强、强度大，要求高，再加上工作中各种悲惨的见闻经历、重复的场面和相似的体验，给这些专业救援人员带来巨大的精神压力，产生一系列情绪、认知、行为等应激反应，如恐惧、焦虑、无助、挫败感、麻木、自责、过分敏感等，严重影响了救援者的身心健康。这些心理影响有的短期存在，有的则长时间存在。如在应对 SARS 期间，由于治疗方法不明确、病情变化快等不确定因素，使得许多医务人员产生焦虑、悲观、挫败感等情绪。在汶川地震救援期间，诸多悲惨的场景致使救灾人员的心理受到冲击和伤害，从而诱发救援人员不同程度的异常心理应激反应，如情绪低落、神经紧张、悲观失望、抑郁、愤怒等。公共应急管理中，对实施抢险救援人员心理的关注，也是心理危机干预的重要方面。

四、影响突发事件心理反应的因素

影响突发事件心理反应的因素，主要有以下几种。

（一）事件本身对社会公众的心理影响

现代社会，突发公共事件种类繁多、爆发频繁，对社会公众的心理影响很大。突发事件后社会公众的心理反应取决于突发危机事件本身的特质，如危机事件的种类、灾难程度、影响程度、伤亡状况、事件发生的时间地点、持续时间的长短等，如地震、泥石流等自然灾害对社会公众的影响涉及受害者个人、受害者家属、救援者以及全国的每个人，但不同的个体对事件的心理反应程度和行为表现特征不同。突发公共事件越严重、对社会的影响越大，人们的心理反应就越强烈。

（二）个体特征对心理反应的影响

个体特征包括性别、年龄、知识、经历、所处环境等，突发公共危机事件时的心理反应受个体特征的影响。

（1）性别因素。一般来讲，面对突发公共危机事件，男性比较冷静，具有自制力，会尽快想办法化解危机，摆脱困境；女性则容易出现紧张、慌乱、恐惧、暴躁、头脑不清晰等情况，容易感情用事，不计后果。

（2）年龄因素。一般而言，年龄越大，人们应对公共事件的能力越强，因此受到的消极心理影响越小，反之则越大。

（3）知识经历因素。危机事件发生时和发生后，个体对事件有关的知识了解程度和社会经历会影响心理反应和应对危机事件的策略。例如，面对公共卫生事件，人们对疾病的传播和治疗等知识了解得越多，经历越丰富，应对事件的能力就相对较强，对心理的影响和压力就相对较弱。

（4）环境因素。个体所处的社会环境和生活环境是影响个体心理反应的重要因素。如地震后，建筑物遭到破坏，避险和疏散的困难，化工厂震后管道破裂和毒气溢出等都会加剧人们的恐惧心理；现场悲惨、救援缓慢、余震不确定等会导致人们的焦虑心理；丧亲、残疾、困难会导致人们的悲伤、无助、绝望等心理；信息不确切、他人的影响会导致群体性恐慌等。

（三）个性心理特征对心理反应的影响

个性心理特征，指个体在其心理活动中经常地、稳定地表现出来的特征，主要是人的能力、气质和性格。这些特征影响着个人的言行举止，在处理各种事物过程中表现出不同的个性，反映出不同的精神面貌。例如，在面临危险时，有的人坦然处之，有的人则惊慌失措。乐观的性格有助于在应急情景中减轻心理压力，积极寻找解决问题的方案；抑郁的性格加剧消极的心理反应，易于在地震、事故等灾难性事件中产生悲观情绪。

（四）个性心理倾向对心理反应的影响

个性心理倾向包括需要、动机、兴趣、理想、信念、世界观等，是人们行为的潜在动力，决定着一个人的态度、行为的积极性与选择性。正如不同的心理特征对事件的心理反应和行为选择不同一样，具有不同心理倾向的人面对相同的事件表现出的解决问题的态度和行为也有较大的差异。世界观在个性倾向中居于最高层次，决定着人们的总意识倾向。例如，面对已经发生的灾难性事件，具有不同的世界观或信仰的人，有的理性应对，积极避险；有的则认为是命中注定，表现出悲观失望的心理，对事件听天由命，不利于问题的解决。

（五）灾后的恢复和重建对心理的影响

突发公共危机事件对人们的生命财产造成严重损害，事后的恢复和重建情况能够减少或增加个体的心理反应，是影响民众心理是否健康的重要因素。例如，在危机事件中因受伤而导致残疾或失业的人，心理上会产生消极的慢性心理应激。基本生活条件如衣、食、住、行、卫生等方面的恢复或改善，工作的获得或支持，人际关系的恢复或建立等可以减缓灾后消极的心理反应，同时，也有助于化解心理危机，促进心理健康。

第三节　心理危机干预与心理重建

心理危机干预是指一个短期的心理帮助过程，是对处于困境或遭遇挫折的个体或群体，运用个人、社会和环境资源予以关怀、帮助和支持，使之恢复心理平衡。对于突发危机事件特别是灾难性事故，不论是直接受害者、间接受害者还是救援者，适当地进行心理危机干预可以减轻消极的心理应激程度，预防心理危机的进一步发展，促使心理平衡的恢复。

一、心理危机干预的模式和步骤

常见的心理危机干预模式是贝尔金（Belkin，1984）等提出的平衡模式、认知模式和心理转换模式。

平衡模式（equilibrium model），其实应称为平衡/失衡模式。危机中的人通常处于一种心理或情绪的失衡状态，在这种状态下，原有的应付机制和解决问题的方法不能满足他们的需要。平衡模式的目的在于帮助人们重新获得危机前的平衡状态。在应急管理中，突发公共危机事件发生后，当事人个体通常都处于心理失衡状态，原有的危机应对机制出现错乱。因此，平衡模式最适合进行危机的早期干预，其重点应集中于稳定当事人心理和情绪方面，以重新获得危机前的心理平衡状态。

认知模式（cognitive model）认为，危机植根于对事件和围绕事件的境遇的错误思维而不是事件本身或与事件和境遇有关的事实。该模式的基本原则是，通过改变思维方式，尤其是通过认识其认知中的非理性和自我否定部分，通过获得理性和强化思维中的理性和自强成分，人们能够获得对自己生活中危机的控制。这种模式最适合于危机稳定下来并回到了接近危机前心理平衡状态的受助者。

心理社会转换模式（psychosocial transition model）认为，人是遗传天赋和从特别的社会环境中学习的产物。社会环境和社会影响总是在不断地变化，人也在不断地变化、发展和成长，危机可能与内部和外物（心理的、社会的或环境的）环境有关。危机干预的目的在于与求助者合作，以测定与危机有关的内部或外部困难，把求助者内部资源与社会支持、环境资源充分调动和集合起来，帮助他们选择替代他们现有行为、态度和使用环境资源的方法。结合适当的内部应付方式、社会支持和环境资源以帮助他们获得对自己生活（非危机的）的自主控制。这种模式要求涉及个人以外的环境，考虑需要改变的系统成分。同伴、家庭、职业、宗教和社区是影响心理适应的几个外部维度。与认知模式相类似，这种模式最适合已经稳定下来的求助者。

这三种模式为心理危机干预策略和方法提供了基础，在应急管理中，心理重建的危机干预应综合以上理论和模式，根据危机事件发展的不同阶段和不同的个体选择不同的心理危机干预模式。

1997 年吉利兰德（B. E. Gilliland）和詹姆斯（R. K. James）提出了危机干预的六个步骤，具体内容如下。

第一步：确定问题，即从救助者的角度，确定和理解求助者本人所认识的问题。在整个危机干预过程中，工作人员应该围绕所确定的问题来把握倾听和应用有关的技术。为确定危机问题，干预者可以使用核心倾听技术（core listening skill），即同情、理解、真诚、接纳和尊重。

第二步：保证求助者安全，即对自我和对他人的生理和心理危险性降低到最小可能。在整个干预过程中应将这一点作为首要的考虑。在工作人员的检查评估、倾听和制定行动策略的过程中，安全问题都必须予以同等的、足够的关注。

第三步：给予支持，即强调与求助者沟通与交流，使求助者知道工作人员是能够给予自己关心帮助的人，让求助者相信"这里有一个人确实很关心你"。

第四步：提出并验证可变通的应对方式。多数情况下，求助者处于思维不灵活状态，不能恰当地判断什么是最佳的选择，干预者应帮助求助者认识到有许多可变通的应对方式可供选择。干预者应从不同途径思考变通方式。①环境支持，这是提供帮助的最佳资源，求助者知道有哪些人现在或过去能关心自己；②应对机制，即求助者可以用来战胜目前危机的行动、行为或环境资源；③积极的、建设性的思维方式，可以来改变自己对问题的看法并减轻应激与焦虑水平。

第五步：制订计划，即干预工作者与求助者共同制订行动步骤来矫正其情绪的失衡状态。计划应该包括以下两点。①确定有另外的个人、组织团体和有关机构能够提供及时的支持；②提供应对机制，增强求助者现在能够采用的、积极的应付能力，确定求助者能够理解和把握的行动步骤。根据求助者现有的应对能力，计划应注重切实可行和系统地帮助求助者解决问题。

第六步：得到承诺。干预者应从求助者那里得到诚实、直接和适当的承诺与保证去应对或根据计划实施行动。干预者在检查核实求助者的过程中要用理解、同情和支持的方式来进行询问。在这一步中，干预者要明确在实施计划时是否达成同意合作的协议。

二、应急管理中的心理危机评估

心理危机评估是心理工作者利用相关的理论和技术对心理危机的类型和严重程度进行鉴别、判断的过程。B. E. Gilliland 和 R. K. James 指出，危机干预工作者应将检查评估贯穿于整个六步法的干预过程中，主要包括以下工作。

（1）对危机的阶段、程度的评估。首先要从阶段上了解心理危机是急性的还是慢性的，从程度上是轻微的还是严重的。对于急性的、轻微的心理危机，可以通过直接干预，求助者一般能够较快恢复到危机前的平衡状态，应用正常的应对机制和现有资源；对于慢性的、严重的心理危机，则需要建立相应的干预对策，进行长期的干预或治疗。

（2）对当事人的功能水平进行评估。主要是从认知、情绪和行为三个方面进行评估。①认知评估：当事者个体的注意力是否过分集中于灾难或悲伤事件而致使记忆和识别能力下降，是否有自责、夸大、无用等自我否定成分、对危机的认识的真实性和一致性如何等；②情绪评估：当事人个体在危机状态中是否表现出过度紧张、焦虑、恐惧、愤怒、抑郁、敏感等情绪类型；③行为评估：当事人个体是否有言语表达障碍、悲观失望、拒绝他人关心、冷漠自闭和其他极端行为（如暴力、自杀等）。危机干预前对求助者现有功能水平的评估和掌握决定干预者干预策略、方法和干预程度的选择，干预过程中的评估有利于检验干预的效果，也可以作为决定是否再次干预和调整干预策略的依据。

（3）评估替代解决方法、应对机制与支持系统。危机干预者要搜集各种对求助者有益的资源，并评价这些资源的意义。在评估有关求助者可应用的替代解决方法时，工作人员必须考虑求助者本人的观点和能动性，以及应用这些方法的能力。

三、危机干预中的倾听技术

在应急管理中，由于时间的紧迫性和采取有效的策略的需要，危机干预工作者需要更加主动、积极和自信。B. E. Gilliland 和 R. K. James 认为，良好的倾听技术是危机干预所必需的，这也是 6 步法中的一个主要内容。有效的倾听技术是以人为中心的咨询（person-centered counseling），这里简要介绍几种。

（一）封闭式提问

封闭式提问用于向求助者了解特别的或具体的资料，用来对某些特别行为资料进行确认，以"是"或"否"来回答。封闭式提问的常用词有"是否"、"能否"、"有没有"、"会不会"、"曾经"等，常常在危机干预的初级阶段使用，以帮助危机干预者快速判断正在发生什么。否定式提问可用于封闭式提问，常用来作为听者与讲话者趋于认同的一种微妙方式。"不是"、"不可能"、"不会"等都是表明或暗示同意，如"你认为这不是真的吗？"实际上是一种暗示"我认为那是真的"。

（二）开放式提问

危机干预工作者常常对求助者缺乏反应和热情感到束手无策，为了得到更多的资料和有意义的反应，干预者需要改变封闭式的提问方式，进行开放式提问。开放式提问一般以"什么"或"如何"来进行，或者是要求深入和详细的表达。开放式提问鼓励求助者完整地叙述经过并深入地表达其内涵，并常用来引出有关求助者感情、思维、和行为方面的内容。例如，可以用"请告诉我……"、"请跟我谈谈……"、"在什么情况下……"等提问使求助者叙述，"你打算……"、"你将如何使它发生？"等使求助者实施计划。开放式提问一般不提倡问"为什么"这样的问题，它一般不利于收集到更多的资料。

（三）自己的感受

危机干预工作者在与求助者交谈过程中，谈一些自己的感受、想法和行为很重要，可用第一人称来表达。一些做法如下。

（1）表明自己不理解或糊涂。不懂装懂式的陈述，只能让听者双倍糊涂。承认自己糊涂并进行澄清，能使信任强化。

（2）表达自己的理解。处于危机的求助者会感到无人理解他们的处境，"我理解"的表达能够明确地告诉求助者你理解正在发生什么。

（3）价值判断。实话实说，判断并告诉求助者关于环境和其自身的有关行为。

（4）正强化。危机干预工作中，干预者要及时讲出自己的感受，当求助者做得好或某件事值得做，就要讲出来。

（5）个人的完善。当求助者出现咒骂、冲动或其他行为，干预者尽量不要流露出自己的愤怒、失望或感情的伤害。

（6）决定性说明。给予求助者一些直接的、明确的决定和指导，旨在明确地要求求助者做某件事。

（四）投情地交谈与沟通

营造投情的氛围是指危机干预工作者准确地感受求助者的内心体验与想法，并直接告诉对方理解这一切，就像求助者自身的感受一样。其中有四种重要技术。

（1）参与。倾听的第一步不需要说什么，更多地是看着对方、倾身、专心地听对方的叙述。干预者要注意对方的面部表情和身体姿势的变化，通过点头、保持眼神接触、微笑、给予适当的言语反馈、宽松、开放和与求助者保持较接近的距离，向对方传达出关心、参与和信任的态度。有效的参与是自愿、自然和没有做作的，这是有效倾听的必备条件。

（2）言语沟通性投情理解。如果能够准确地倾听并理解求助者内心的真实感受和情绪体验，并且能够准确地领会和关心求助者，那么就是在有效地倾听。倾听（理解）的水平越深，越能够有效地帮助求助者，在交谈中对求助者所讲的内容适当做出反馈对求助者是有帮助的。对于求助者而言，有效的投情理解性沟通意味着侧重其表达的情感和认知内容，干预者要针对求助者的话题，而不是转移话题，或谈一些无关的人和事。

（3）非言语沟通性。投情理解也包括准确地感受和反馈求助者未言明的有关暗示、内容和行为。非言语的内容可以有多种方式来表达，身体的姿势、语调、眼神变化、四肢的动作、面部的表情等，求助者可能会通过不同的身体动作来表达自己的情绪，如愤怒、恐惧、犹豫、怀疑、绝望等，危机干预者应注意这些非言语的内容是否与求助者的言语表达一致，要发现不一致的信息。求助者的非言语表达同样也适合与干预者，干预者的非言语表达必须与言语表达相协调。

（4）沉默。沉默是金。危机干预者连珠炮式的提问和夸夸其谈无助于解决危机，反而会对求助者产生不利的影响。因为要给求助者和干预者思考的时间，同样，干预工作者也需要有思考的时间。保持沉默但更关心求助者，可以加深理解和达到投情，它会使求助者得到这样的信息："我知道你现在很难用言语表达你的痛苦，我理解你的痛苦，不过我相信你会战胜它的。我随时可以帮助你，如果你需要的话。"

（五）真诚地沟通

危机干预工作者要保持自己的本来面目，诚实地与求助者相互交谈和建立关系。不能简单地老生常谈，而是要言行一致。危机干预工作者要意识到在危机干预期间，自己的情感和体验必须无条件地与求助者保持一致。真诚的基本特征是自然、没有防御、言行一致，分享自我。

（六）接纳性沟通

危机干预工作除了无条件地尊重求助者外，还要完全接纳求助者的个人品质、观念、问题、境遇。即使求助者所做的事、所讲的话及所遭受到境遇与危机干预工作者的就职观念相悖，危机干预工作者也要能够将自己的需要、价值观和愿望搁置一旁，同时不要求求助者对无条件的接纳做出特殊的回报。干预工作者要能够做到关心和表扬求助者，而不计较其地位和遭遇，求助者则会更容易接受和尊重自我。

（七）倾听

倾听是危机干预中必不可少的。为了做到很好地倾听，干预工作者必须全神贯注于求助者。首先，全部精力集中于求助者。其次，领会求助者言语和非言语的交流内容（有时求助者未讲的东西比讲出来的更重要）。再次，捕捉到求助者准备与别人、特别是工作者进行情感接触的状态。最后，通过言语和非言语的行为表现方式，建立信任关系，使得求助者相信危机干预的过程。

倾听的第一个重要方面是在开始时向对方真实地说明自己将要做什么。倾听的第二个重要方面是以某种方式回答。让求助者知道，危机干预工作者正在准确地领会其所描述的事实和情绪体验，干预者可以通过复述和反馈来澄清问题和理解情绪体验。倾听的第三个重要方面是回答的技巧性。帮助求助者进一步明确了解自己的情感、内心动机和选择。技巧性的回答能使得求助者感到有希望、信心和动力来解决问题，并力图脱离危机的中心，使求助者能够开始用更加现实和合理的观念来看待危机，并迅速地建立自信和自控能力。倾听的第四个重要方面是帮助求助者了解危机境遇的影响因素。这样做可使得求助者更加客观，以危机局外人和合理的方式来面对，而不是仍局限于自己内心的框框和感情用事。

四、危机干预工作者的行动策略

应用前面提到的危机干预六步法，再结合以下行动策略和建议可以帮助危机干预者更加有效地处理危机。

（一）认识个体差异

危机干预工作者要认识到每个求助者、每个危机境遇都是独特的，不能轻率地将问题归类并要求求助者更多地参与，干预的方法倘若采取刻板、先入为主和欲解决全部问题的方式是错误的。

（二）评价自己

任何时候危机干预工作者都必须全面、实际地认识到自己的价值观、不足、躯体与情绪状态，客观地面对和处理求助者及其危机。工作者需要不断地检查和弄清楚是否已超出自己的工作能力，如果发现自己难以胜任，则需考虑予以转诊。

（三）保证求助者的安全

干预者所采取的方式、作出的选择和应用的策略必须反映出时时都考虑到求助者和相关的其他人的身心安全，也包括干预者自己。

（四）给求助者提供帮助

在求助者危机阶段，干预者应该作为一个支持者直至危机的解决，对非常孤独和缺乏支持的危机者应采取关怀、体贴、同情和树立信心的策略，例如，可以提供自己的电话，让求助者在需要帮助时随时给自己打电话。

（五）明确问题

要从解决问题的角度出发，明确界定每一个问题。应向求助者指出其自身问题与事件环境的关系，并围绕危机者的核心问题，将各方面的问题澄清，明确迫切需要解决的首要问题是什么。

（六）考虑可替代的应付策略

可替代的应付方法是多样的，可采取开放式提问，启发求助者自己找到合适的多种选择。注意不要将自己认为合适的方法强加给求助者，而是向求助者解释在目前处境下什么方式最妥当。

（七）制定行动步骤

干预者协助求助者制订短期计划以帮助其克服目前的危机，再设计可以适用于长期的应付方法。计划应包括求助者自身的应付机制和周围环境能够提供帮助的资源，根据求助者目前的情绪状态和环境支持制定切实可行的计划。

（八）发挥求助者应付优势

危机干预中不要忽视求助者自身的长处和应对机制。危机事件常常使求助者暂时丧失通常的应对机制和能力，如果能够重新确定、解释和找出这些机制，可有助于恢复求助者的心理平衡并使其树立信心。

（九）关注求助者的迫切需要

应该让求助者知道，对他们的迫切需要，危机干预工作者能够理解和提供帮助。

（十）转诊

对于超出干预者工作能力或者其他情况的求助者，需要尽早转诊，以使求助者获得帮助，如经济方面、社会福利部门、法律的支持、较长期的个别心理治疗、家庭治疗等。

（十一）建立和使用工作关系网

与各种不同的机构建立个人联系，直接影响到能否有效地为求助者服务。律师、法官、政府机构人员、学校咨询人员、民政、地方有关的服务人员、商业部门的负责人、医务人员等都是工作关系网中的重要人选。

（十二）得到承诺和保证

得到求助者的承诺和保证去应对或根据计划实施行动，是危机干预的一个重要方面。这样做有助于危机干预工作者了解求助者对计划的认识和保证，并且可以澄清一些误解，为今后的随访作准备。

五、危机干预与心理重建的一些措施和注意事项

在公共危机事件特别是灾难性事件中，物质方面的恢复和灾区救援是第一时间必需的，而危机干预和心理救助则是事后社会重建的第一步。研究表明，灾害发生之后三个月为"灾后冲击早期"，如不及时采取合理的心理干预，可能出现一个幸存者自杀的高峰。物质方面的恢复可以帮助受害者当事人解决暂时的生活困难，而心理的救援和心理重建才能抚平心灵的创伤。历次突发公共危机事件特别是灾难性事件后的救援表明，心理重建在社会重建中具有重要的现实意义。

（一）对受害者或经历者心理干预的措施

1. 建立家庭和社会支持系统

面对突发公共危机事件，受害者如果得不到足够的社会支持，会增加消极心理应激产生的可能性。个体对社会支持如亲友的关心与支持、社会各界的援助、政府在生活、交通、医疗、教育等方面的重建措施的满意度越高，消极应激反应的发生率就越小。因此，建立完善的家庭和社会支持系统，解决及时的需要和忧虑，提供心理支持和安慰，可极大地缓解受害当事人的心理压力，有助于其心理的恢复。

2. 提供准确信息，避免或减少压力源

政府部门要尽快发布准确的权威信息，充分发挥媒体的信息传播功能，正确引导社会公众，缓解不良情绪，防止群体恐慌和骚乱。

3. 鼓励受伤者倾诉

受伤者（包括受伤者本人和受害者的亲属）在危机事件后初期往往处于麻木状态，对发生的突发事件存在否定倾向。为了使受害者或居丧者接受事实，要鼓励他们对事实进行回忆、表达内心的感受、哭泣、诉说，这有助于减轻他们内心的痛苦和缓解心理的压力，尽快摆脱事故灾难所造成的强烈恐惧和心理创伤，恢复心理平衡。学会倾诉是心理自我调适的最好办法，倾听者要与倾诉者分享感觉或分担悲伤。

4. 转诊——寻求心理治疗

危机事件中，一些受害当事人心理应激程度较高，心理反应、情绪混乱长时间不能恢复正常，并伴有严重的生理反应如失眠、噩梦、乏力、迟钝、没有食欲、身体不适和行为癖好如抽烟、喝酒等，这时候要鼓励并帮助受害者当事人寻求咨询辅导或临床心理、精神医疗等专业机构和专业人员的帮助。

（二）对救援人员的心理干预的措施

救援人员参与到公共危机事件的应对与救援中时，工作强度大，精神紧张，容易出现一系列心理应激，如恐惧、焦虑、无助、挫败感等。同时，灾难性事件对救援者的心理影响在事件结束后的很长一段事件内可能依然存在，因此，进行适时的心理危机干预是必要的。对救援人员的危机干预，一般分为应激期、亚应激期和中远期。

（1）应急期一般在危机事件发生后的 20 小时以内，这时应当对救援人员的初级认知评价方面给予干预，如使救援人员对危机事件的程度和危害的情况做出估计和评价，明确任务，制订计划，以减轻焦虑、激动等消极心理应激。

（2）亚应急期干预可以通过团队的力量，相互鼓励和协作，适当休息，行为引导，转移注意力，与家人和工作人员适时交流等，帮助救援者树立信心，调节情绪。

（3）中远期的心理干预可以鼓励救援人员进行自我情绪调整，树立坚强意志，适当掌握心理调适技巧。同时进行模拟训练，学会尽快适应环境，掌握一定的应对措施，尽量降低心理应急障碍的发生。在救援结束后，救援者尽量不要过多回忆悲惨的场面，放松心情，调整心态，预防创伤后应激障碍（PTSD）的发生。

（三）灾后心理援助中的常用话语（曹连元等，2008）

早期接触中最常用的十句话。

（1）您好，我是……（机构名称）心理救援医疗队的某某大夫，您怎么称呼？

（2）您是从哪里来的？

（3）您哪里受了伤？

（4）您是怎么受的伤？

（5）来医院后如何处理您的伤？

（6）您家里的情况怎么样？

（7）您与家人现在有联系吗？

（8）您心情怎么样？

（9）您睡眠怎么样？

（10）您将来有什么打算？

心理救援中最常用的十句话。

（1）你是最坚强、最棒的。

（2）困难只是暂时的。

（3）你现在非常安全。

（4）你的病痛肯定会得到解决。

（5）你的感受很正常，许多人都会这样。

（6）一切都会慢慢地好起来。

（7）政府正在积极地解决这些问题。

（8）想哭就哭，哭出来会好受些。

（9）灾难难以抗拒，我们要学会接受。

（10）对于你的经历，我们也很难过。

（四）违反心理救援原则的常见话语（上海科普事业中心，2008）

（1）我知道你的感觉是什么。

（2）你能活下来就是幸运的了。

（3）你能抢出些东西算是幸运的了。

（4）你是幸运的，你还有别的孩子、亲属，等等。

（5）你爱的人在死去的时候并没有受太多痛苦。

（6）他（她）现在去了一个更好的地方，更快乐了。

（7）在悲剧之外会有好事发生的。

（8）你会走出来的。

（9）不会有事的，所有的事都不会有问题的。

（10）你不应该有这种感觉。

（11）你的生活要继续过下去。

（12）时间会治疗一切的创伤。

（13）你应该要回到你的生活，继续过下去。

 **课后案例**

《铭记》之心理求助

郑毅：以前的救助我们都知道，包括唐山大地震，其实救助最多都是躯体的，都是疾病的、防疫的，这次能够把心理的问题提到日程上，能够派专业的队伍去上前线，去进行心理救助，我觉得这从我们国家医学发展也好，从管理学也好，从人文关怀也好，都是一个进步，都是一个突破。

郑毅：当时一报道，这样的一个严重的震级，再一报道这样的短时间内，甚至数万人的失踪、死亡，所以我觉得这个是非常大的一件事件，所以当时我的会没开完我就要求回来，因为我知道这方面我是受过培训的，我又是主管这个工作的，我肯定要义不容辞去把这件事情做好。

2008年5月17日上午，由北京市卫生局组建的第一支专业心理救助队伍，共50名来自专门针对老人、青少年、家庭、社会团体等不同领域的心理专家前往灾区。有媒体评论说，这是新中国成立以来，派出的最大规模成建制专业心理救助队伍。

郑毅：这一路上确实让我感触非常深，我们刚到机场，听说是救援的，听说是上灾区心理救援的，机场的安检也好，机场的柜台也好，托运也好，全部都是帮助你绿灯，而且组织了机场的那些服务人员帮我们推，因为我们带了好几吨药物，好几吨物品，组织我们推车。我们上了飞机以后，机场的机长还有乘务长都跟我说，跑道上十几架飞机在那儿等着起飞，都排好队的飞机，为我们让路，让我们这个飞机先走，所以我们真的是觉得大家真是众志成城，全民都在抗震。

5月17日中午，心理救助队到达成都。郑毅将50名心理干预治疗人员分成三组。一组人员在各个收治伤员的医院，负责肢体受到严重创伤的灾民的心理救助。第二组进入受灾群众安置点，帮助受到不同程度心理影响的群众，进行有效的情绪宣泄、心理安抚和沟通。郑毅则带领第三组队员前往都江堰、彭州、绵阳、北川等重灾区。

郑毅：我亲自到了都江堰跟汶川接壤的通道上，那就奔着映秀去的紫坪铺那个通道上，那个地方就有救助站，我们亲自见到很多人被背下来，包括有八十几岁的老人，身体非常虚弱，情绪非常激动，急需给予心理的安抚和支持，甚至心理的调节。

有研究表明，重大灾害发生后，心理障碍的发生率为10%到20%，而根据成都第四人民医院心理危机干预中心的统计发现，在地震后，心理出现异常的主要是孩子。

郑毅：其实我们最早的儿童救助，我强调这么几个字。第一，一定要有一个保护，有一个保护儿童的原则；第二个要进行合理的疏导；第三个要给他一个充分的支持，稳定的一个支持。

5月20日，郑毅来到成都第九人民医院。院方立即把他请到了一个目光呆滞、不吃不喝的13岁小男孩的病床边。

郑毅：他是来陪他奶奶的，他们家人有几个人被砸死了，奶奶被砸伤了。这个孩子哪儿也没有伤，但是不吃东西，不说话，当时我们问他的时候，他说"我没事儿，我不害怕"，我们说地震你不吃东西是不是有些害怕、担心，他说"我不害怕，我当时还救别人呢"……实际上地震的那种灾害的场面在他脑海里头是不断出现的，他只是没有发泄，没有表达出来。所以压抑以后出现了很多躯体化的不舒服，胃肠道的不舒服，还有其他如头疼、失眠这些情况都出来了，所以这时候我们给他合理地让他去宣泄，用放松的疗法，再用一些我们叫复境情绪打包技术和脱敏加工技术这些都是我们心理救助的一些方法。通过我们的治疗以后，大概十点半左右到十一点半左右给他做完以后正好赶上快吃中午饭了，这孩子第一次主动要吃的吃，他觉得做完以后，觉得好像从心理上，他跟我讲好像搬掉了一块大石头一样，我们在救助过程中发现他流泪，会发现他说出这些心理真实的感受，但是在这种放松发泄以后，他的心情就缓解了很多，就可以主动要吃的。

与此同时，一则关于某专家要求一儿童回忆创伤经历遭到拒绝的案例，正在网络上流传，引起了广泛的讨论。

郑毅：不是每个人都是按一个心理模式去调整自己的，你不能专家认为这一个模式我觉得成功了，我就把这个模式推广到所有人都应该按照这个模式去走，我是强调个体化的专业化、个体化的系统化、长期化的救助模式，所以说有些人他愿意疏导引导他，其实孩子最需要的是一个稳定，需要一个支持，有些孩子最后是主动跟我们说，当朋友一样说，而不是逼着他，你非要刺激，有些人就是这样，你说说，你看了谁被砸死了，你们家有几个人死了，这些话对孩子太大的一个创伤，你不能一下来就触动伤疤最痛苦的地方，你一定要还有一个心理的准备，帮他疏导，讲起来。

与以往重大灾难不同的是，"5·12"汶川地震发生后，心理救灾就受到了前所未有的关注。民政部、教育部、卫生部、团中央、妇联、演艺界以及各类民间组织都以各自的方式展开对灾区的心理救助行动。截至 5 月 24 日，短短的 12 天时间里，在灾区的各类心理工作者已达一千多名。

值得关注的是，心理危机干预工作者一般是由经过专门训练的心理学家、社会工作者和精神科医生等组成。而地震后聚集在灾区的心理救援队伍，有的是专业人员，有的是靠热情和激情参与心理救助行动的。

郑毅：很多人最后对心理救援有一定的看法，甚至有人说都把心理救援当成一种灾难，当成一种恐怖的事儿，很多人就在医院里说，我就怕见着什么心理救援人员，因为他不知道哪些是合适的心理救援人员，很多人到这儿来就是问了一句两句，刺激一下就走了，因为他不是专业人员，解决不了，所以甚至我们去了一些医院，有的个别的小孩小患者什么的，甚至可能已经被六拨人员来问了一遍，这个六拨人员都说是心理救援人员，结果谁也没解决问题。

针对灾区前期心理救助方法上出现的"撕伤口"后不做处理，郑毅要求心理干预一定要坚持专业化、系统化、长期化三个原则。

在郑毅和一些专家的倡议下，卫生部先后印发《心理自救互救宣传手册》、《心理危机干预方案》、《紧急心理危机干预指导原则》、《灾后不同人群心理卫生服务的技术指导原则》。

与此同时，在四川省科技厅的牵头下，四川抗震救灾"安置安心"心理救援行动专家组正式成立，旨在负责统管和协调从全国各地赶来四川的心理专家、志愿者、心理救援工作者，提供业务指导和技术支持。

郑毅：在救助过程中，我们一个最大的体会就是我们的工作专业人员太缺，虽然有大量的心理救援人员，但是专业的人员，系统规范的人员太缺了，后来我说，那我们抓紧写一本书，来通过科学的案例这样来指导、引导、帮助这些所谓不太专业的人员。5 月 22 日，郑毅带领的心理救助队完成了《灾难心理救助实用手册》的编写工作。

4 天后，高等教育出版社将此书出版发行。

5 月 28 日，也就是地震发生后的第 16 天，一万册《灾难心理救助实用手册》运抵灾区免费发放。

现在，郑毅正在编写一本《案例集》，这本书汇集了郑毅和他的同事们在此次地震中，亲自经历的心理救助案例。

资料来源：中央电视台《新闻会客厅》7 月 26 日播出的《铭记》之心理救助，节目实录，有删减。

 思考题

1. 心理危机干预在应急管理中有什么作用？
2. 根据课后案例所提供的信息，判断危机干预在我国的发展状况如何？
3. 在心理救援和危机干预的管理方面，有哪些改进措施？

第十五章　公共管理心理学：新闻传播领域

【本章学习导读】

1. 了解新闻心理学的研究对象。

2. 理解新闻敏感性对新闻传播者的重要性。

3. 理解和掌握受众的心理规律。

【课前案例】

2010 年，美国尼尔森发布了一份亚太各国网民的用户习惯报告，称在整个亚太地区，中国网民最喜欢发布负面评论，也只有中国网民发表负面评论的意愿超过正面评论。约有 62％的中国网民表示，他们更愿意分享负面评论。而全球网民的这一比例则为 41％。针对尼尔森的调查报告，中国青年报社会调查中心进行了相关调查，对于尼尔森的这一调查结果，41.3％的中国网民明确"认同"；41.9％的网友认为批评性言论更有价值；35.6％的网友认为负面评论多表明中国网民维权意识增强（肖舒楠，2010）。

报纸、新闻上的"坏消息"实例不胜枚举，我们不仅要思考为什么在新闻报纸上"坏消息"如此之多，还要思考在新闻传播极大发展的当今时代，怎样才能根据受众内心活动的规律对受众进行正确引导。这些问题仍然困扰着人们。在本章，让我们一起对新闻传播领域中的传者和受众的心理进行探索。

第一节　新闻心理

一、新闻心理

新闻心理是内隐的，人们难以直接观察到，它是新闻心理学的一个重要的研究对象。新闻心理与人的心理一样也具有三个层次，即意识（心理的高级形式）、一般心理和深层心理（潜意识）。新闻传者的采制编播活动属于心理的高级形式，在这些活动中会统分反映出他们的智慧、才华和创造性。新闻传者的一般心理主要表现在他们的感知、记忆、思维、言语等认识活动中，而潜意识与新闻传者的灵感、文风、情结等相关。[①]

---

① 刘培林认为在新闻心理学的研究内容上，新闻行为应当是新闻心理学的一个重要的研究对象，其理由是新闻心理学作为心理学的分支学科，研究对象理应以心理学研究对象的演变过程为依据，而心理学科学的研究对象，特别看重了解人的行为，因此提出将新闻行为也纳入新闻心理学的研究视野。新闻行为、新闻心理在现代公共管理中始终具有重要的影响力与价值性，成为一个重要的研究内容。

二、新闻主体的心理互动

(一) 新闻信息流和新闻主体的心理流

新闻传播的过程也是新闻主体心理互动的过程。有的研究者认为在网络新闻传播中"主要有两种类型的内容进行传播,一种是信息流,一种是意见流。在这里,信息流是指那些由各种组织或个人发布的纯新闻或信息;意见流则是指由信息所直接激发的主观认识与观点,类似美国社会学家罗杰斯所说的'影响流'……"(彭兰,2003)。从新闻心理学角度看,所谓意见流(或影响流),就是新闻主体的心理流。虽然传统媒体中的意见流不似网络新闻那么明显、那样频繁,但同样也大量存在。

新闻信息流与新闻主体的心理流虽然"有极大的相关性",但是它们分属两种传播结构。新闻信息流是刺激物,而心理流则是刺激的结果。新闻信息流和新闻主体心理流,有时是同步进行的,有时却不是"结伴而行"。前者,如观众的心理活动随着新闻播报的进行而进行;后者,则如某观众对某个新闻报道产生逆反心理时,可能会关机,拒绝继续收看。虽然这条新闻的信息流仍在"流动",但对于这位观众而言,他接受这条新闻信息的心理流被阻断了。

(二) 新闻主体心理互动模式

对新闻主体心理模式(图 15-1)作如下说明。

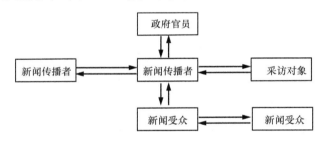

图 15-1　新闻主体心理互动模式

(1) 在新闻传播活动中,存在着多种多样的人与人之间的心理互动。例如,政府官员与记者之间(像开新闻发布会),记者与采访对象之间,新闻工作者与新闻受众之间(如打热线电话),受众与受众之间(如意见领袖与其他受众之间的二级传播),新闻工作者之间(如同一媒体中从事不同工作的人之间或不同媒体间新闻工作者的合作与竞争)等。

(2) 在新闻传播活动中,各类人的心理互动主要表现在不同的社会角色之间的互动。如记者的职业角色与受众或政府官员之间的非职业角色(相对于新闻工作者而言)进行互动。在某种情况下,职业与非职业角色之间可以出现暂时的角色互换,像受众去演播室暂时充当传播者的角色;又如记者招待会上,政府官员在回答记者提问时,又兼有采访对象的角色。

(3) 新闻主体之间的心理互动既有良性的又有非良性的。例如,知名记者对媒体组织中的其他成员会自觉或不自觉地因其自身的魅力,挑起刺激,促使新闻主体各方面自主行动起来,属于新闻主体间的良性互动。而近年来,频频发生的政府人员与媒体人员之间的冲突，则反映出"掌握新闻资源的政府部门"与"掌握话语权的新闻媒体"之间的恶性心理（行为）互动。

（三）新闻主体的心理机制

新闻主体的心理机制是探索其行为背后的心理依据，它起着让人知其然（行为）又知其所以然（心理原因）的作用。这里，就要关注"泛化统合"机制的作用。所谓的"泛化统合"，是指"对于相互间不存在必然关联和显著影响的不同事物，通过更改它们之间的关系而使之成为相互联系和影响制约的同类事物或同一事物的不同方面，进一步再将这些事物相提并论整合在一起。这种形式的类化通和机制通常是将事物之间的相关联性的相互影响泛化为事物之间的因果联系和充分条件性的相互影响，从而使不同事物似是而非地统合为同一事物或同类事物的不同方面。如人们对相对收入微薄和贪污腐败、开放繁荣与各种社会问题出现等现象的认知判断、分析解说和相应的行为，反映和体现了这一机制在人们心理调适和行为应变过程中所产生的影响"（李伟民，2002）。例如，有研究者认为，媒体有关严惩贪官的报道，令受众（民众）大快人心，特别是对那些因对党内少数腐败分子非常痛恨而泛化到对党、对政府有不满情绪者，会在一定程度上起到宣泄情绪的作用。其实，对绝大多数老百姓来说，他们个人的生活状况与某个党内腐败分子的作恶和倒台并无直接的因果联系。但由于"泛化统合"机制的作用，他们常常会在潜意识里将这二者统合在一起，形成一种似是而非的因果关系：好像严惩贪官会引起自己的生活水平的变化。受众的这种认知偏差，客观上可能会起到稳定社会的作用。

对新闻记者来说，其应变能力有很大的个体差异。应变能力是外显行为，有心理学家认为其内在心理机制的主要表现为创造性思维，即创造性思维优异者其应变能力也比较强。创造性思维有三个特征：思维的流畅性（如表现在对现场发生的变化能迅速、顺畅地作出反应）、思维的灵活性（如表现在能根据现场的变化机智、灵活地应对）、思维的独创性（如记者有较强的主体意识，对现场的变化能作出不同寻常的，既带有新异成分又合情合理的反应）。

第二节　传播者心理

"人的全部心理活动可以一分为二，有些归于智力因素，有些归于非智力因素，第三者是没有的"（燕国材，1998）。智力即智慧、智能，指人们一般的综合的认识能力。智力活动又称认识活动。关于新闻工作者的智力因素，主要包括观察力、记忆力、想象力、思维、文字与口头表达能力，等等。非智力因素是指人们进行各种活动时的智力因素以外的全部因素的总称。它是由动机、信念、兴趣、情感、意志、气质、性格等心理要素组成的。智力因素和非智力因素在人们的实践活动中是同生共长、相互作用、相互制约的。离开了智力活动人们就无法认识客观事物，但离开了非智力因素，智力活动就失去了方向、动力。新闻工作者的心理因素对其行为起着导向、调节和选择的作用，而这其中新闻敏感是传播者最主要的心理素质和专业能力。

新闻敏感，是指新闻工作者发现和判断有价值新闻的能力，是一种职业敏感（刘京林，2004）。新闻敏感是记者的政治敏感和业务水平的集中表现，其强弱直接影响记者采写新闻的数量和质量，甚至决定记者的职业命运。

一、新闻敏感与社会认知

（一）新闻敏感与社会知觉

从心理学方面看，与新闻敏感联系最密切的心理现象就是社会认知。记者采访属于社会活动。在采访中出现的心理现象自然也就属于社会心理。而社会心理的内在过程是从社会认知开始的。社会认知的最初阶段是社会知觉，在此基础上形成社会印象和社会判断。记者面对纷纭复杂的社会现实，迅速、准确地选择出具有新闻价值的事实，进而判断、预见自己所选择的新闻事实的社会反响。记者这一系列的心理过程，既是他的认知过程，也是其新闻敏感产生的过程。

新闻敏感的第一步就是记者须从无数事实中优先、准确、迅速地选择出具有新闻价值的事实来，这正是社会知觉选择性的一种表现。

不同的记者会把自己的新闻敏感点落在不同的事实上，或落在同一事实的不同角度上，造成这种差异的因素主要在于记者的内因，即心理背景。心理背景是由已有的知识经验、动机、需要等心理要素转化来的。这个心理背景决定了记者对哪些事实最敏感以及哪些事实最易被其社会知觉所选择。

（二）新闻敏感与社会印象

社会印象是在社会知觉的基础上形成的，是留在记忆中的认识客体的形象，即表象。当记者通过社会知觉选择了某一事实作为报道对象时，这仅仅是新闻敏感的开端，记者还须将该事物与自己头脑中积累的丰富的知识经验和各种印象进行比较、分析，进一步证实所选择的事实的准确性，预测其新闻价值的大小。

（三）新闻敏感与社会判断

一位记者的新闻敏感性是强还是弱，不仅要看他选择了什么，分析比较了什么，更重要的是看他对所选择的事实加以分析、比较后得出的社会判断是否正确。社会判断是在社会知觉和社会印象的基础上形成的对认知客体的评价和推论。社会判断是记者下决心将所选择的事实转化为新闻报道的前提。只有当新闻报道被受众承认并且产生较强烈的社会反响时，人们才会肯定该记者具有较高的新闻敏感。

二、新闻敏感与记者的人格

人格是一个带有全局性、根本性的问题，对于记者来讲，它不仅直接影响新闻敏感程度的强弱，而且对记者所有的新闻素质都有制约作用。

纵观中外记者，数以千万计，每个人都会有不同程度的新闻敏感，但往往只有名记者才具有高度的新闻敏感，或者说具有高度新闻敏感的记者才有可能成为名记者。他们所选择的新闻事实、所写出的报道常常产生振聋发聩的社会效果。原因何在？

美国心理学家凯利（H. H. Kelley）认为，"每个人头脑中都构成了一定的心理组织结构，如同一个有色镜头，人所看到的一切事物都要经过这个'有色镜头'的过滤"。名记者与一般记者的差异正是在于他们各自的"有色镜头"不同。组成这个"有色镜头"的因素非常复杂，它包括了个人的知识经验、生活方式、文化背景、情感意志、兴趣爱好、认识方式、个性特征等。正如美国心理学家吴伟士指出的，人格是个体行为的全部品质。记者的人格制约着他反映客观现实的那个"有色镜头"，而该"镜头"又制约着他的新闻敏感的强弱。

第三节 受 众 心 理

我国通常使用的"受众"一词是从英语 audience 翻译过来的。如果仅就广播、电视的接受对象而言，常译做听众、观众。如果就大众传播的接受对象而言，则译作受众，也译作受传者、传播对象、阅听人，或传媒大众。大众传播是信息的传递过程。大众传播以传播者搜集、制作、传递信息开始，而以受众接触、接受信息并对信息作出反馈结束。受众是大众传播的信宿，即"目的地"。因此，自从人类出现大众传播现象以后，也就有了受众的存在。大众传播的传播者总是把自己的传播意图直接或间接地指向受众，并有意无意地把受众接受传播的状况作为自己传播是否成功的一个参照。

一、受众的特点

（一）受众不是一个有组织的群体

由读者、观众、听众组成的受众群体是无组织的。受众缺乏参加群体的明确意识，受众之间只是通过媒体而具备了心理上的联系，相互之间并无直接的接触交流和协作。受众作为群体，它的结构是很松散的，这就不同于有组织的群体，如学校、商店、团体等。有组织的群体为了维系成员之间的关系，增强群体内部的团结和凝聚力，对于各成员往往就要有比较明确的角色期待，甚至制定出相应的角色规范。与之相比，受众是无组织群体，这方面就大大淡化了。

（二）受众与传播者并无直接的联系

在社会活动中，任何角色都存在着相对应的角色，相互组成角色伴侣。角色伴侣之间一般都有直接的联系或交往，如学生与教师、医生与患者、店员与顾客等都是如此。受众与传播者是对应的角色关系，但他们与一般的角色伴侣不同，他们之间很少直接联系，甚至从未谋面。而且受众是隐名的，人数众多，传播者可能根本不知他们的名姓，受众又是传播者服务的对象，因此，受众可以对传播者有很高的角色期待，而传播者对受众的角色期待就很宽松，甚至欠缺。

（三）受众的受传行为通常是个人行为

受众不是一种社会职务分工。受众作为社会角色，其角色表演主要是一种对大众传媒的视听活动。此种活动指向何种具体的传媒完全是个人的自由行为，因此他们对传媒、对传播者并不承担社会责任。

二、作为社会角色的受众心理特征

大众传播活动是现代化社会中一项十分重要的活动。很多人都在大众传播活动中占据一定的位置，承担着某种任务。作为社会角色而言，其中最重要的是两种角色：传播者角色和受众角色。在角色期待上，受众虽然在接触大众传媒、享用大众传播的内容时，通常也要付出一定经济上的代价，但除此之外，对于受众来说，几乎不存在什么角色期待，即使有，也是极其宽松的，没有很高的期待水平，更无相关的角色规范和相应的惩奖制度。角色期待的这种宽松性，就使受众的角色表现不可避免地带有很大的随意性。比如，对于大众传媒所传播的内容，看不看，听不听，可以完全自便，不受任何约束。看什么，听什么，也可以由自己选择。怎么看，怎么听，比如是认真看（听），还是随便看（听），是坐着看（听），还是躺着看（听），是去卧室看（听），还是去厕所看（听），也完全看自己的兴致，别人不能因此说三道四。至于看了听了之后，是否记住，是否理解，是否接受，也是自己的事，其他人很少能去过问。总之，受众几乎是完全不受约束的。

由于对受众的角色期待的宽松性，和由此而来的角色表现的随意性，受众在角色心理上就具有以下特征。

（一）受众是难以对付的

受众一方面可以对传播者、传播媒介提出许多要求，另一方面自己的受传行为却比较随意。从这一点看，传播者与受众是不平等的。传播者、传播媒介要想获得比较满意的传播效果，不可能对受众提出很多要求，而只能主要依靠自身的努力。在这里，任何对受众的抱怨、责难都是不切合实际和不明智的，因而也是无效的。在大众传播领域里，再也没有比对受众发指示、下命令更可笑的了，因此，习惯于长官意志的人到大众传播领域工作，不可能不经历一个心理调适过程。

（二）受众是轻松的

受众的受传行为是自由自在的，很少受约束的，因而作为一种角色，受众是很轻松的。他此时只是需要看，需要听，而可以暂时忘却自己要完成的任务，要负的责任。许多人在工作之余，都会把看报、看电视、听广播当做文化享受，当做一件消除疲劳的乐事。其实，他们会感到快乐，感到享受，不仅仅是报纸、电视、广播的内容使他们感到愉悦，更重要的是他们自己作为受众时的自由自在的心理状态使他们感到轻松。

三、受众的自主性

受众的自主性是指受众在视听传播的过程中，对自身的心理、行为的主动控制的心理特性，是受众自我意识的重要表现（郑兴东，2004）。传播媒介、传播者可能很强大，很权威，但是面对受众时都可能显得脆弱无力。因为他们都不可能使传播单方面地、直接地注入受众的心田。任何有效的传播都依赖于受众与传播媒介、传播者的互动。没有受众的参与、协同，传播媒介和传播者的传播行为都会因无所归宿而变得毫无意义。

受众自主性的增强已成为当代我国大众传播中的一个重要特点。受众受传过程中的自主性是通过多种心理活动来实现的。此种心理活动主要有选择、审辨、加工、投射、探究等。

（一）选择

受众在视听传播过程中，并不是一视同仁地对待所有传播的，而总是把一定的传播媒介、传播内容作为自己受传的对象，对其他传播媒介、传播内容则予以排除或淡出。正是这种选择心理的作用，使受众可以用较少的时间和精力去满足自身的受传需要，避免在受传中因无目的的视听而在精力和时间上付出不必要的代价，使受传行为更富有成效。

对于受众的选择心理，美国传播学者约瑟夫·克拉帕曾进行过研究。他指出，受众由于受原有的态度倾向、观点和兴趣的影响，使得视听传播成为一个选择过程。这种选择包括选择性接触（注意）、选择性理解、选择性记忆三个方面。这一研究成果具体提出了受众选择心理的内涵，使受众的自主性得到更清晰的说明。

所谓选择性接触是指受众接触传播并非是来者不拒的，而是只将一定的传播媒介、传播内容作为自己的注意对象。就受众的受传过程而言，受众注意的只是符合自己需要、自己感兴趣的传播媒介和传播内容。人们在日常生活中就不难看到此种情景：一个读者看的只是众多媒介中的几种或一种，所看的也只是一种媒介或几种媒介中的部分内容。

选择性理解是指受众在注意到部分传播内容之后还会根据自己的认识对内容进行解释。由于没有完全相同的经验，每一个人的领会也就不同，每个人按照自己的方式去理解它，并且掺入他自己的感情。

选择性记忆。现代社会一个人每天视听到的大众传播内容的量是很大的，但随着岁月的流逝，人们往往只能记住其中某些内容，而对其余的传播内容的记忆却模模糊糊，甚至完全忘却了。虽然使人不愉快的、痛苦的事由于刺激的强烈，也往往不容易忘却，但人们并不喜欢回忆它，记住它也往往是无意识的；而使人感到重要的，与个人的兴趣、需要相符合的，人们即使不一定有意要记住它，也会常常情不自禁地回忆它，因而就容易铭记在心，而不易忘却。

选择性接触、选择性理解、选择性记忆都受同一心理机制的制约，即要使大众传媒所传播的信息与自己原有的心理结构相一致、相协调。这实际上是一种心理防御机制：维护主体的独立性和自主性，避免外界不相关信息的干扰。

需要指出的是，克拉帕所说的选择性接触、选择性理解、选择性记忆，主要是就受众受传过程的认识活动来说的，而受众在受传过程中除了有认识活动的参与之外，还有情感活动和意志活动的参与，这些活动也是具有选择性的。比如，受众在受传过程中随着传播者的表述，会对传播中的人物、事件激起情感上的波澜，或喜或悲，或爱或恨，对于事件的传播过程和情境也常常会产生身临其境的参与感，这种种情感活动也会因人而异，受受众选择心理的制约。受众在受传过程中，有时遇到一些比较专门的、深奥的传播内容，还需要自己克服困难，努力去读它，看它，弄懂它，这就需要意志的参与，而意志的参与也是有选择性的。受众只会对他自己十分需要的内容才愿意付出意志上的努力。

从上述分析中可以看出，受众对大众传播的选择，总是受着双重因素的引导，一是客体的特性，如传播内容、传播方式的特性等；二是主体的需要和素养。受众的每一种选择，不仅意味着客体的被取或被舍，而且也意味着主体能动地为客体烙下了自身的印记。

（二）审辨

审辨是受众视听传播过程中的一种重要心理活动。通过审辨，受众对视听到的传播作出鉴别、评价。对自己肯定的传播予以接纳，而对否定的传播则予以排除或批评。审辨思维充分表现了受众在受传过程中的自主性。

受众对传播的审辨主要包括两方面：一是对传播本身的审辨；二是对传播所涉及的客体的审辨。前一种审辨，主要包括以下几个方面。

（1）对传播者的审辨——传播者是否权威、可信，传播动机是否正确，传播态度是否公正等。

（2）对信息来源的审辨——信息来源是否可靠。

（3）对传播内容的审辨——内容是否真实、准确、新鲜，观点是否正确等。

（4）对传播价值的审辨——传播的事实是否具有意义、是否有趣等。

对传播所涉及的客体的审辨，包括对传播所涉及的人物、事件、现象的是非、曲直、美丑、善恶等的判断和评价。此种判断和评价反映出受众对社会、对生存环境的关注。现代社会中传媒所传播的信息是受众分析了解社会和生存环境的重要渠道，人们对传媒所传播的人物、事件、现象等进行评价，是参与社会的重要心理形式，也是舆论形成的重要源头。

受众对传播的审辨可能以公认的社会标准作为尺度，也可能以个人所认定的标准或者个人的喜好作为审辨的依据。因此，受众的审辨与传播者、传播媒介对传播内容的审辨就可能一致，也可能不一致，甚至相悖。在我国，传播者、传播媒介通常是以公认的社会标准作为自己审辨事物的依据的。如果受众采取的是个人审辨标准的话，受众的审辨与传播者、传播媒介的审辨就可能很不相同，而受众之间的审辨的差异也会很大。

（三）加工

受众阅读报纸、收听广播、收看电视的过程，并非是简单地、机械地接受传播，而是一个主动的加工过程。这种加工，是以受众自身原有的知识经验为手段，以满足自身的需要为目的的，所以具有很强的自主性。受众对传播的加工是从知觉开始的。在受众视听传播过程中，思维并不是死板的、凝固的，而是活跃的。思维加工就是思维活跃的一个重要表现。

传播媒介所传播的内容，是传播者根据自身的经验和认识对客观世界所发生的事件经采集、加工而成的，带有个人认识的特点。这种特点并不一定符合受众需要并适应受众的认识结构，因而对于受众来说，大众传媒所传播的内容是"异己"的，需要通过自己的思维加工才能使之转化为自己所需要并适合自己的认识结构的东西。

受众对传播内容的思维加工表现于整个思维过程之中。主要思维加工形式有扩展与简化、具象与抽象、分解与合成等。

1. 扩展与简化

受众在视听传播过程中，往往会用自己的经验来对其进行补充和延伸。比如，他会根据自己看到或听到过的类似事情来对传播内容进行类比、解释、想象，可以在内心将一个简讯扩展为一个富有情节的故事。在日常生活中常见到此种现象：当一个人将所看到或听到的信息再转告别人时，就会添枝加叶，使信息大大扩展起来。其实，这种扩展在他视听到传播时已经在内心发生，只是此时在与别人交谈中有机会表现出来罢了。有时一个信息之所以会在传播过程中变形、失真，并非是人们有意要改变事实，而是受者在头脑中对信息加工时进行了扩展，又在传播中将原来的信息与自己的加工混杂在一起了。

扩展虽然是以传播内容为依据和出发点的，但此种扩展具有很大的自由空间。因为受众既可以用自己的经验来补充它，也可以用自己的想象来扩展它。浮想联翩是受众在接受传播过程中常有的心理现象。这不仅是受众受传的自主性的具体表现，也是受众受传的一种乐趣所在。当然，如果传播者对事物的表现过简，甚至缺少必要的成分，受众的扩展就会因失去依据而远离真实，从而影响传播效果。这也是应该避免的，对于新闻报道来说更应注意这一点。

与扩展相对应的是简化。简化是受众加工信息的另一种重要方式。面对比较丰富、复杂的传播内容，受众会自觉或不自觉地在头脑中将它简化。一则很长的通讯和评论，受众接受的，识记的，可能只是一两个事件、一两个观点，甚至一两句警句。简化是一种心理机制，它使繁杂的信息能用省力而有效的方式来处理和被接受。大众传媒的编辑往往以简短的标题、提要等方式将信息简化，其目的之一，也是使受众简化信息更为容易，且也更符合传媒的意图。

2. 具象和抽象

电视和报纸上的图片都是以图像来表现事物的，受众从中获得的形象通常与传播的图像不会相去甚远，只是在选择心理的作用下，对图像的知觉和理解的重点可能不同。而报纸的文字、广播的语言是抽象的符号，受众从语言文字中获取的形象是以自身的表象或想象演绎语言文字符号而形成的。而一个人的表象和想象是与经验、知识、个性相联系的。因此，同一语言文字符号对事物的描述，由不同的受众视听，在头脑中可以演绎出完全不同的形象。

与具象相对应的是抽象。受众在理解传播内容时，往往会伴随抽象的思维过程。受众在视听、理解传播内容时，会对其中丰富的感性材料进行由表及里、由此及彼的加工改造，从而获得一定的抽象认识。这种抽象的正确与否，深刻与否，完全决定于受众的需要和思维能力。大众传媒的新闻报道，主要是客观报道事实，新闻报道中的事实虽然为受众的抽象提供了依据，但是由于主观的需求以及条件的不同，受众的抽象过程和结果就不尽相同。比如有的是从全局的联系中来进行抽象，而有的是就某一局部事实进行抽象；有的是进行深层次的抽象，而有的则是进行浅层次的抽象，等等。正因为如此，大众传媒往往对重要的新闻报道配以评论，对新闻事实进行升华，抽象出最重要的认识，以期对受众的抽象进行引导。

3. 分解与合成

报纸、广播、电视都是集合传播。广播、电视具有时间的连续性，而报纸不仅具有时间的连续性，而且具有空间的广延性。

面对传媒的集合传播，受众不可能对它们笼统地进行视听，而是有一个组织过程。分解与合成就是受众心理的组织作用的具体表现。格式塔心理学证明，人的心理并非只是被动地接受外界的刺激，而是具有组织作用，即将感受到的刺激组织成"完形"，从而能感受到事物的整体性。格式塔心理学认为，心理的组织作用包含两种矛盾而又统一的作用，一种是结合作用，即把几个相关联的成分结合成一个整体；一个是分离作用，即把一个整体从与其相关联的环境中分离出来。我们在受众的视听过程中所看到的合成与分解正是它的一种具体表现。

　　一项传播内容可以采取连续的形式或广延的形式，这是由传播者根据内容和需要来确定的。但是，受众在接受传播的过程中，往往会在自己头脑中将其进行分解与合成。这种分解与合成可能与传播者采用的形式相一致，但也可能完全不同。受众完全可以根据自己的需要与兴趣，将传播者所规定的视听单元，如一篇报道、一个专栏、一个专版分解成若干部分，而只将其中某一部分作为自己视听和理解的对象。在分解的同时，受众还可以将这些已分解的部分重新合成，使其成为自己确定的视听单元，并在此基础上对它们重新加以理解。

　　（四）投射

　　投射指的是个体在接受外在刺激时，把自身的经验、情感投射到对象上的一种心理现象。

　　在视听新闻报道特别是现场的实况转播时，随着新闻人物的兴衰际遇、事态的跌宕起伏、景象的转换更迭，受众也会随之思绪飞扬，心情激荡，似乎自己不是在视听传播，而是身处新闻现场，与新闻人物经历着同一事件、同一命运，因此有时不禁会为之发出呼喊、惊叹，甚至做出相应的动作来。

　　投射虽是传播刺激所诱发的，但与受众的心理需求、心理状态有关，具有很强的自主性。同样是下雨的报道，在干旱地区的受众眼中，雨是欢快的、可爱的，而对原已受涝的地区的受众来看，则可能是哭泣的、讨厌的。

　　投射具有二重性。它既可以帮助受众去体会、理解传播内容，使受传成为一种再创造的过程；也可以使传播内容经过受众主观因素的折射而产生畸变，从而使传播者的传播意图无法实现。就传播效果而言，前者是积极的，后者是消极的。为防止产生后者的消极效果，需要受众在受传过程中淡化自己的主观投射，使自己能比较客观地来接受传播的内容，即在感受理解外界事物时保持一种平静、超然的心态，减少、淡化自己主观的心理影响和干扰。

　　（五）探究

　　人都有一种探究心理，亦即好奇心理。探究、好奇是人的先天本能，经过后天学习不断发展，而成为人的学习的重要驱力。

　　受众在接触传媒时，往往在探究心理的驱使下，对传播内容产生探究、好奇的心理与行为。传媒所传播的新闻都是新近发生的事件，本身具有新颖、新奇的特点，因此特别容易激发人的探究兴趣。探究需要具有一定的智力水平，因此，此种探究兴趣在主智类受众身上表现最为明显。如果说投射主要诉之于情感，探究则主要诉之于理智。受众通过探究而与传播者产生深层的心理互动，使传播内容获得新的诠释。

　　受众的探究通常是向两个方面展开：一是围绕事物本身进行，如探究传播所反映的人物、事件、现象的意义、特点、性质及其发生发展；二是围绕事物的关系来进行，如将传播所反映的人物、事件、现象与其他人物、事件、现象进行比较，探索其间的关联，分析相互间可能产生的影响等。

受众的探究有几个特点。一是选择性。传播内容新颖、重要而富有内涵的总是比老套、次要而浅薄的更易引起受众的探究。二是主动性。受众的探究并非是外界所规定的，而是出于自身的需要和兴趣，因而完全是一种主动行为。三是短暂性。受众每天接触传媒的各种信息，在通常情况下，即使对某一传播内容进行某种探究，也是即时的、短时的，不会作长时期的专门研究，因此也不可能很深入。但是即使如此，受众对传播内容的短暂探究，也加强了传播内容对受众的影响，深化、扩展了传播效果。

综上所述，受众在受传过程中所产生的选择、加工、审辨、投射、探究等心理活动，使其得以在受传过程中保持自主，摆脱盲从传播的"容器人"的被动状态。也正是依赖于种种心理活动，使受众能真正消化传播内容，使之从传播者所有的东西转化为受众所有的东西。同时选择、加工、审辨、投射和探究这几种心理活动并不是截然分开的，而是相互联系、交融的。比如，在选择心理活动中有审辨的过程，在加工心理活动中常伴随有投射和探究。但是由每一种心理活动的特点不同，所以才分别加以讨论。

四、传媒的可控性与受众的自主性关系

可控性与自主性既有联系又有区别。自主性指受众对自身受传心理和行为的自我把握，可控性是指传媒给予受众控制传媒的一种可能性。各种传媒对于受众来说都是具有某种可控性的。比如，报纸有多个版，这就赋予了读者选择的可能性；电视有多种频道，这也就使观众有了可选择的空间。随着时代的发展、社会的进步，传媒给予受众的可控性是越来越大的。比如，报纸版面和电视频道的增多，都使受众对传媒的可控性增强了。诸如电视遥控器的使用以及报纸"导读"的出现等业务和技术上的改进，都使受众从传媒那里获得了更多的可控性。一般来说，传媒给予受众的可控性越大，受众获得自主性的条件就越充分。

在当今的传媒中，可控性最大的无疑是网络。网络不仅具有海量信息，而且一改由传统传媒"推"出信息为由受众"拉"出信息。"拉"要比"推"具有更大的可控性。所以尼葛洛庞帝（Negroponte，1995）认为"推"送比特与允许大家（或他们的电脑）"拉"出想要的比特相比，是"一个剧烈的变化"。其实，任何传媒的传播都存在一个"推"与"拉"的过程。网络如果不"推"出各种信息，网民是无论如何也"拉"不出信息的。传统传媒的传播也有"拉"的过程，只是与网络的方式不同。不仅如此，更重要的是从传统传媒中"拉"出信息，要比从网络中"拉"出信息受到更多、更严的时间、程序等限制，因而可控性要小得多。这也必然缩小了自主性空间。但是，当网民进入网络传播的视听过程后，其心理活动的自主性与视听传统传媒的自主性相比，并无很大的差异。

 课后案例

"浙江乐清一村长遭撞死，传被 5 人按住碾死。"从 2010 年年底到 2011 年年初，这一村委会主任"因捍卫百姓权利被谋杀"的谣言一度在网上扩散。当地公安机关经过再三调查证明，浙江省温州市乐清市蒲岐镇寨桥村原村委会主任钱云会死于交通事故。而网站不断传出死者因被 5 人按住碾死。是

"交通事故"还是"蓄意谋杀"？各种质疑和"阴谋论"猜测持续不断。

2010 年 12 月 25 日，网民"ZF 公然 sha 人"在当地的"乐清上班族论坛"发出题为"浙江蒲岐——苦难的村长为民办事的好村长今早被杀"的首帖，称："死者是寨桥村的村长，当时有人打电话叫他出去，5 个特警把他抓住按在地上，给车压的，有照片后我将会发上来。明明是 ZF 官员在现场指挥杀人，到现在变成了交通事故了。"该贴随后又出现在天涯社区，1 小时后被转到温州当地网站"703804"，最终引起数百村民与警方发生冲突。

最后，"钱云会案"于 2011 年 2 月 1 日在温州乐清市开庭审理，经法庭调查并经合议，乐清市人民法院 1 日中午当庭宣判，以交通肇事罪判处肇事司机费良玉有期徒刑 3 年 6 个月。

资料来源：浙江在线 .2010. 乐清召开新闻发布会披露上访村长被碾死事件经过 . 中安在线：http://www.anhuinews.com/zhuyeguanli/system/2010/12/28/003610685.shtml.

 案例简析

报纸、新闻上的"坏消息"的迅速、广泛传播是传播者和受众心理共同推动的结果。从媒体的角度看，媒体喜欢报道和追捧危机事件、恐慌事件和暴力事件以迎合受众猎奇和不甘于平淡寻求刺激的心理需求，而坏消息更容易凸显"媒体在揭露社会丑恶"的正面形象，坏消息可以提升媒体的重要性，能使公众更依赖媒体。许多坏消息是先发生然后媒体去报道的，而也有不少坏消息则是媒体为了自身利益而夸大其辞和耸人听闻。

公共管理者面对互联网迅速发展、且报纸电视上的"坏消息"越来越多的局面应做好以下工作。

首先，加强舆情监测的力度。当前，有两块舆论场：一块是官方主流媒体舆论场，包括党报、国家电视台；第二块是民间舆论场，如口头舆论、网络社区等。在很多突发事件或政策讨论中，两块舆论场出现不吻合甚至矛盾对立的情况。加强舆情监测的本质，就是把握第二块舆论场的脉搏，与第二块舆论场中的"意见领袖"对话，成为体制内和体制外的桥梁。

其次，完善网络法制建设。网络是一把"双刃剑"，在一些网络推手的恶意推动下，形成"网络暴力"，造成较大社会危害，所以，完善相关的法制建设刻不容缓。

再次，媒体和专业人士要加强自律，实事求是地去报道、反映社会事实的基本职业道德。

最后，增加政府运作的透明度，建设法治政府、责任政府、回应性政府。

思考题

1. 为什么有的新闻能引起受众的注意？

2. 为什么对同一个新闻报道，不同的人会有不同的理解？

3. 富有人情味的报道往往容易被人接受，为什么？

第十六章 公共管理心理学：劳动安全管理领域

【本章学习导读】

1. 要求了解心理学在劳动安全领域的国内外研究现状。

2. 掌握心理学运用于劳动安全管理的具体途径和方法。

【课前案例】

2004 年 10 月 10 日，昆明奥珊宏工贸开发有限公司炼油厂突然起火，近 20 吨的油料被大火吞噬。50 多名消防战士，冒着危险与大火搏斗 1.5 个小时，在油料罐即将爆炸时，将大火扑灭。由于扑救及时，油罐未出现爆炸，大火没有造成人员伤亡，但直接经济损失达数万元。

经全面调查分析，认定此次事故原因如下。①工人违章操作。工人在清理炼油炉内的油渣时，由于操作不恰当，致使油渣飞溅遇明火而发生燃烧。②缺乏必要的消防安全意识和必备的灭火常识。本来初期火势较小，只要处理得当，火势是可以控制的，但在扑救过程中，由于工人缺乏应对事故发生的心理准备，慌慌张张，不知所措，同时缺乏必要的灭火技能，加之灭火器材严重不足，使得火势蔓延，造成重大损失。

第一节 心理学在劳动安全领域的研究与作用

一、劳动安全与从业人员心理因素的关系研究

（一）国外相关研究

1. 事故致因理论

事故致因理论认为安全工作应以预防为主。因为除了自然灾害以外，凡是由人类自身的活动造成的危害，总有其产生的原因。探索事故的原因，采取有效的对策，原则上就能预防事故的发生。

美国学者汉斯（Hans）等认为，造成人的不安全行为和物的不安全状态的主要因素可归结为四个方面：①技术原因，包括作业环境（温度、湿度、通风、噪声、振动等）不良，作业空间狭小，设备、工具有缺陷并缺乏保养等；②教育原因，包括缺乏安全生产的知识和经验、作业技术、技能不熟练等；③身体和心理原因。包括生理状态或健康状态不佳，如听力、视力不良等生理不适，怠慢、反抗、不满等情绪，消极或亢奋的工作态度等；④管理原因，包括领导不重视、人事不完善、安全规程缺乏或执行不力等。

1919 年，心理学家格林伍德（Greenwood）等提出了"事故倾向性格理论"，后纽伯尔德（M. Newboid）于 1926 年，法默（Farmer）于 1933 年分别对其进行了补充。该理论认为，从事同样的工作和在同样的工作环境下，某些人比其他人更易发生事故，这些人是事故倾向者，他们的存在会使生产中的事故增多，如果通过人的性格特点区

分出这部分人而不予雇佣，则可以减少工业生产事故（赵长城和何存道，1989）。

1936 年美国人海因里希（Heinrich）提出了事故因果连锁理论。威格里斯沃思（Wigglesworth）在 1972 年提出"人的失误是构成所有类型事故的基础"。瑟利（Thewlis）把事故的发生过程分为危险出现和危险释放两个阶段，这两个阶段各自包括一组类似的人的信息处理过程，即知觉、认识和行为响应过程。劳伦斯（Lawrence）在威格里斯沃思和瑟利等人的研究基础上，通过对南非金矿发生的事故的研究，于 1974 年提出了针对金矿企业以人失误为主因的事故模型。该模型对一般矿山企业和其他企业中比较复杂的事故情况也普遍适用。劳伦斯认为，在生产中发出了初期警告的情况下，行为人在接受、识别警告或对警告做出反应等方面的失误都可能导致事故。当行为人发生对危险估计不足的失误时，如果他还是采取了相应的行动，则仍然有可能避免事故；反之，如果他麻痹大意，既对危险估计不足，又不采取适当行动，则会导致事故的发生。

2. 动态变化理论

扰动起源事故理论的创立者本尼尔（Benil）认为，事故过程包含着一组相继发生的事件。在生产活动中，如果行为者的行为得当，则可维持事件过程的稳定进行，否则可能中断生产，甚至造成事故伤害。员工的生理或心理上的变化往往不易掌握，因素也较复杂，需要认真观察和分析。如在采用新工艺、新技术或开始新工程时发生的变化，人们可能由于不熟悉而发生事故。劳动组织出现混乱，工作不衔接或配合不默契等因素都会导致操作失误和不安全行为的发生。

约翰逊（Johnson）的变化-失误理论认为，事故的发生是由于管理者或操作者没有适应生产过程中人或物的因素的变化，产生了计划错误或人为失误，从而导致不安全行为或不安全状态，破坏了对能量的屏蔽或控制，从而引发了事故。约翰逊认为，事故的人为失误有企业领导的失误，计划人员的失误，监督者的失误及操作者的失误等。

（二）国内研究状况

1. 心理学在劳动领域的研究

20 世纪 50 年代，根据国家工业化的要求，我国的劳动心理学家先后进行了总结先进的生产经验，操作合理化，炼钢工火焰判断，纺织工培训和技术发明中的创造性思维活动规律等方面的研究。20 世纪 60 年代，劳动心理学家与其他心理学工作者就各种信息的接收规律进行了研究。

进入 20 世纪 80 年代后，为适应国家现代化的需要，不少学者先后进行了提高毛纺产品质量、降低心理负荷、操作能力测验、飞行员选拔的研究，还对自动化、半自动化系统生产线的操作员进行了技术培训的心理模拟教学研究，以探讨培养现代技工技术能力的新途径。

2. 心理学在工程领域的研究

新中国成立后，工业心理学研究有了较快的发展。20 世纪 50 年代，知名专家学者如陈立等进行了纺织工训练等研究；李家治、徐联仓等开展了事故防制、操作合理化、群众发明创造等研究。20 世纪 60 年代，曹日昌、荆其诚等进行了电站中央控制室设计的心理学研究；曹传辞、朱祖祥等进行了航空工程心理学研究。20 世纪 70 年代，在中国科学院心理研究所等单位建立了设备较先进的工业心理学实验室，开展了机舱照明及与颜色视觉有关的工程心理学研究，并结合标准化工作建立了多项人类工效学标准。20 世纪 80 年代以来，我国的心理学研究得到了稳定、迅速的发展，已形成了一支有一定规模的研究队伍和研究机构。除中科院心理所外，还有十几个研究机构和 40 多个心理学系，它们均附设在高等院校，其中大部分是师范院校。心理学在我国安全生产领域的研究获得了较大的发展，相关研究的内容涉及企业管理、人才测评、运动员培训、心因性疾病、工作倦怠及应激行为的研究等。例如，徐联仓、卢盛忠等结合工业企业管理开展了对领导行为评价、工作激励等方面的研究；朱祖祥、王重鸣等进行了有关屏幕显示与人机界面有关的工程心理学研究；已有的研究成果已经被广泛地应用在当今的工作、劳动生活设计之中。

二、心理学运用于劳动安全管理的必然性

（一）心理学的研究和运用是劳动安全管理的客观要求

近年来，虽然我国从法制、体制和投入等方面采取了一系列措施使劳动的安全工作不断加强，但是一些伤亡总量大、重特大事故依然频繁发生，大量事故隐患尚没有得到整改，劳动安全管理形势依然严峻，部分行业和领域、部分地区的事故总量、特大事故呈上升趋势。

人们在从事生产活动时，离不开心理调节。人不可能随时都能保持正常的心理状态，有时也会出现"侥幸麻痹"、"心不在焉"、"忘乎所以"、"昏头昏脑"等心理状态，造成不顾安危而后悔莫及的行为结果。一般地说，企业生产过程中发生事故的原因可归为内因与外因两大类。内因是指劳动者的技术、心理活动等方面出现了与企业要求不相协调的情况；外因是指设备状况、预防措施、防护用品以及劳动环境的条件不符合安全生产的要求。据 2004～2005 年发生的国有煤矿的河南大平矿难、陕西陈家山矿难、辽宁孙家湾矿难以及黑龙江七台河矿难等 8 起死亡 30 人以上的特别重大煤矿事故调查分析以及国内外重大的事故统计表明，在企业内所发生的事故中，70%～75% 是由劳动者的操作行为发生错误或违章作业所引起的。而心理学研究告诉我们，人的行为是由人的心理状态支配的。因此，安全管理人员在分析和研究事故发生的内因条件时，必须调查事故发生时人们的心理活动，即借助于心理学的理论和研究成果来指导安全管理工作。

（二）心理学的研究和运用是实现有效的劳动安全管理的前提保证

人是安全生产运行中的核心因素。劳动安全管理和保障就是要着重研究和控制在生产活动中自由度极大的人，这是实现安全生产的前提、基础和保证。

一个企业中的人员由于分工的不同，如有领导人员、管理人员、技术人员等，他们所从事的劳动对象、劳动环境、劳动条件等也不一样。加之个体心理的差异，所以他们在安全管理过程中的心理活动必然是复杂而不同的。通过对企业组织中的人和人之间的相互关系以及与此相联系的安全行为现象、个体安全行为、群体安全行为等方面的研究，可以为企业提供重要服务。因此，在分析人的个体差异和各种职务差异的基础上，了解和掌握人的个体安全心理活动，分析和研究个体安全心理规律，对于了

解安全行为、控制和调整管理安全行为是很重要的，这是安全管理最基础的工作之一。对于一个企业来说，群体构成了企业的基本单位。群体的主要特征首先是各成员相互依赖，在心理上彼此意识到对方；其次是各成员间在行为上相互作用，彼此影响；最后是成员都有"我们同属于一群"的感受，也就是彼此间有共同的目标，这一联合体的作用是将个体的力量组合成新的力量，以满足群体成员的心理需求，其中最重要的是使成员获得了安全感。他们的安全心理虽然具有不同的个性倾向，但也会有一定的共同点。分析、研究和掌握群体安全心理活动状况，是搞好安全管理的重要条件。

三、劳动安全事故人为因素的分析

从心理学的范畴来说，人的心理活动对其在生产工作中的影响是极大的，最容易发生事故的心理状态有以下几种。

（1）疲劳，包括体力疲劳、心理疲劳和病态疲劳。人在疲劳时，感觉机能弱化，听觉和视觉敏锐度变低，眼睛运动的正常状态被破坏。疲劳的进一步发展会引起心理活动上的变化，即人的"注意"变得不稳定，注意的范围变小，注意的转移和分配发生困难。在疲劳过程中，记忆力降低。创造性和思维能力也明显降低，人们思维和判断的错误增多，因而对潜在的事故的可能性和应付的方法就考虑不周，甚至出现错误，结果导致事故发生。

（2）下意识动作。长期的工作行为、工作动作的习惯，可能导致在特殊情况下发生危险动作。

（3）侥幸心理。虽然知道自己的行为可能造成危险，但出于对自己和环境的盲目自信，仍然做出违反安全规范的举动。侥幸心理是形成事故的重要心理因素之一，忽视危险，仅仅想依靠运气等规避危险的发生，往往导致严重事故。

（4）省能心理。花最少的力气、时间，做最多的事，获取最大的回报，这也是惰性心理的表现。它造成的直接结果是忽视必要的安全工作，不按照安全规程操作，不注重安全防护，因而也容易造成安全事故的发生。

（5）敷衍心理。这主要发生在需要配合的连续的工序或者工作环节中。不与其他人好好配合，以为随随便便就可以了；工作态度不端正，以为差不多就可以了。这样的结果可能是差之毫米，失之千里。

（6）逞能心理。有些人员自以为自己水平高，爱表现自己，喜欢用老办法、老方法处理问题，以为自己不会出错，结果反而造成事故。

（7）注意力问题。注意力不集中与当前工作或过分集中于当前工作而忽视其他环境变量都有可能导致不安全因素的产生。

（8）逆反心理。由于上级的批评、教育、处罚方式不当或粗暴，而在工作中产生对抗心理，是一种与正常行为相反的叛逆心理。

（9）无关心理。尽管组织强调要把安全落实到个人的责任上，个别人员不以为然，觉得安全与自己无关，在劳动时发现有人违章时也保持沉默，不及时对当事人指出，也不报告上级。

第二节　劳动安全管理的心理学影响因素分析

一、心理过程与劳动安全

一个人的行为与他的心理活动是分不开的。安全管理首先是对人的管理。要管理人，首先要了解人，要了解人的心理特点和心理活动规律。总之，要搞好人的管理，有效地调动人的安全生产积极性，必须从人的心理规律及其在各种因素影响下所形成的心理特点出发。

（一）认知心理与劳动安全

认知过程是人们的心理活动的初级阶段。通过这一活动，能使人们认识事物的个体和整体，掌握解决问题的方法，预测事物的发展趋势，以及需要采取的行动。

1. 感知觉与劳动安全

在对事故防范的情境中，人的有效活动的心理准备来自他的个性特征、训练水平、事故发现情报从眼耳到大脑再到手脚的传递速度、消除事故的基本处置时间和可能程度。在事故的情境分析中，导致错误行动造成事故的往往是反映于大脑的情报不充足。而弥补这种不足就要有事先的高质量的心理准备；有迅速根据以往经验从一种思维定势转向另一种思维的能力，予以防范处置；也可以运用条件反射，以"声、光、形、动"的各种安全信号，在关键部位或时刻唤起人们的有意注意，引起思维警觉；熟悉操作技能，对防患措施了如指掌，也能提高反应和处置能力，减少突发性事故的发生。

2. 记忆与劳动安全

记忆是人脑的一种机能，是过去的经验在人脑中的反映。具体地说，记忆是人脑对感知过的事物、思考过的问题或理论、体验过的情绪、做过的动作的反映。记忆一般包括识记、保持、再认或回忆三个基本环节。记忆既是人们积累经验的基础，能够帮助员工学习并熟记安全知识，接受以往生产的经验及教训又是思维的前提，能够帮助人们在复杂多变的生产活动中求得生存和发展，所以与每一个人、每一种工作都紧密相关。

3. 思维与劳动安全

用积累的经验来判断客观存在的危险事实，这是劳动者的本能。但生产环境异常特殊，和生活的自然环境不同，劳动者的经验有时用不上，这就会引起人的思维错误。要避免生产上的不安全行为，首先是要排除思维上的失误。

影响人们的正常思维，导致不安全行为乃至事故发生的一个重要心理因素就是习惯定向。所谓习惯定向是指在一个人的经验中，如果多次运用同样的方法去解决某类问题而奏效时，那么就会使人拘泥于以往的经验，不去寻求新的、安全的、更佳的方法，甚至形成机械、盲目的习惯反应的倾向。事实上，现场事故统计表明，"总这么干，习以为常，从没感到有什么危险，生产任务照样顺利完成"或"至今为止并没有出过事故，不要紧，我有经验"等习惯定向心理状态所造成的事故的比例占20%～25%。

（二）情绪和情感心理与劳动安全

情绪和情感对现场作业者的观察、分析、判断和操作有着极大的影响，与企业的安全生产有着密切的关系。尤其是它们表现出的两极性，对人的思维活动和分析判断能力有着不同的作用。当人在高兴、满意、愉快时，会感到舒适、畅快，这将会使人的观察敏锐，反应迅速，动作灵活，操作准确，事故也随之减少消除。这类对安全生产极为有利的情感称为增力情感。相反，若作业者带着悲哀、忧虑、愤怒、恐惧等情绪或情感进行作业，就会感到压抑和痛苦以及忐忑不安，使正常的心理活动受到干扰。这类情绪或情感使作业者的反应变慢，行动迟缓，操作错误增多，事故频率加大，心理学称之为减力情绪或情感。因此，在安全管理过程中，管理人员应积极引导操作人员产生增力的情绪或情感，并给予保护，以增加其活动能力，提高判断的准确性。同时，要极力避免操作人员带着减力情感进行作业，以减少事故的发生。

1. 心境与劳动安全

心境和激情是情感的两种形态。人的心境是一种微弱的、比较持久的情感状态，如精神舒畅或闷闷不乐。心境不是关于某一事物的特定的体验，它具有弥散性的特点。当人产生某种心境后，就会影响全部生活和工作，使人的言语、行动、思想和所接触的一切事物都染上了相同的情感。心境既可以激发人的积极性，也可以压抑人的积极性。前者起增力情感的作用，减少事故的发生率；后者起减力情感的作用，增加事故的发生率。因此，每一个工作者，都应当成为心境的主人，应当自觉地掌握和控制自己的心境。

2. 激情与劳动安全

激情是一种强烈、短暂、爆发式的情感状态。激情是由外界事物和人的需要之间所发生的突然而重大的变化引起的。狂欢、激昂、热情奔放或恐惧、愤怒等都属于激情。处在激情状态下的人，其认识活动的范围往往会缩小，理智分析能力受到抑制，对自己的控制能力减弱，不能约束自己的行为，不能正确评价自己的行为及其后果。作业现场常常会出现因操作人员有特别高兴或忧虑和生气的事情而发生的事故。例如，因作业人员与同事或家属发生争执，大吵大闹，或遇到特别高兴的事，感情冲动，思想不集中，忘记了按照操作规程进行作业，结果导致事故的发生。

3. 应激与劳动安全

应激是指当遇到出乎意料的紧张情况时所产生的情绪状态。每当系统偏离最佳状态而操作者又无法或不能轻易地校正这种偏离时，操作者的状态呈现为应激。在应激状态下，人可能有两种反应：一种是目瞪口呆，手足失措，丧失判断力和决策力；另一种是急中生智，头脑冷静，动作精确，行动有力，能及时摆脱困境。后者是一种增力性的应激状态，在这种状态下，可以发挥最大的潜能，做出平常情况下无法做出的事情。在应激状态下，究竟是产生增力效应还是减力效应，与个体差异和具体情景有着很大关系。总的来说，它和一个人原先的心理准备状态、平时的训练和经验有密切关系。如果平时注意提高警惕，注意增强意志锻炼，到了紧急时刻就能做到遇事不慌，处变不惊，减少或降低事故的发生率。

（三）意志与劳动安全

意志是人在实践中的意识能动作用的表现，是人们自觉地确定目标，并以目标作为方向，调节自己的行为，去克服各种困难，达到行为目的的心理过程。具有良好的意志品质是现场作业人员避免事故发生的一个有利因素。一种情感，究竟对人的安全生产起增力作用还是减力作用，不可绝对而言，还得看其意志品质如何。有的人即使遇到了忧愁的事，但能以大局为重，克制自己的情感，冲破心理故障，调节自己的行为，使减力情感起到增力的作用。因此，一个作业人员不仅要有精湛的操作技能，还必须有良好的意志品质，胜不骄，败不馁，在最顺心的时候，要乐而自持；在遇到不顺心的事时，要不为逆境所困。这样才能做到操作准确无误，保证安全生产。

二、个性心理与劳动安全

个性是影响作业者安全行为的重要因素。个性指个人稳定的心理特征和品质的总和，即在个体身上经常、稳定地表现出来的心理特点的总和。人的个性主要分为个性心理特征与个性心理倾向，前者主要包含能力、性格与气质等方面，后者主要包括需要、动机、兴趣、理想、信念等。人的个性心理特征是有差异的。因此，在安全管理过程中，必须重视这种差异，有的放矢，区别对待。

（一）能力与劳动安全

能力是保证人顺利完成某种活动所必需的心理特征，如企业领导的管理能力，工人的劳动能力等。劳动安全领域关注的是与不安全因素作斗争、及时地采取安全措施的能力。能力总是存在于人的具体活动之中，并直接影响着活动的效率。能力的个别差异表现在注意力、想象力、观察力、记忆力、思维力等方面，安全教育和训练及特殊工种培训就是要在工人已有能力的基础上，通过教育进一步提高这些能力，以实现安全生产的目的。

（二）性格与劳动安全

性格对于人的动机、行为的影响是很深刻的。这是因为人的性格和他的思想观点、理想、信念、世界观有着密切的关系。思想观点制约着人的性格，影响着一个人的行为举止，习惯和意向。因此，人的性格与人的安全生产行为有着极为密切的关系。安全管理与事故统计表明，无论技术怎样好的操作人员，如果性格不好，马马虎虎，也会常常发生事故。事实上，有的企业工人，进厂30余年，连皮都没擦伤过；而有的人进厂几年就多次发生工伤事故。这虽然与操作者的年龄、操作技术、工种等因素有关，但性格因素在其中也起了很大的作用。具有良好性格的操作人员，头脑清醒，善于思考，判断准确，动作敏捷，干起活来也精力充沛，操纵机器不莽撞，不蛮干。因此，他们很少发生事故。而那些具有鲁莽、高傲、懒惰等不良性格的作业者，往往发生不安全动作而导致伤亡事故。

（三）兴趣与劳动安全

俗话说"乐而不疲"，对工作发生了兴趣，便会把工作视为一种乐趣。防止工伤事故的第一个原则就是建立和维持人们对安全工作的兴趣。美国有人提出安全工作三项原则之一就是建立和维持兴趣。因此，在安全管理中，一方面必须有意识地培养操作人员对本职工作的兴趣，对注意安全的兴趣。在可能的条件下，应尽量根据劳动者的特长、兴趣去安排工作；另一方面要善于诱导，例如运用兴趣迁移规律，发挥"兴趣效能"，通过多种形式把劳动者的兴趣爱好引导到正确的轨道上来。

（四）需要与劳动安全

需要是人的一切行为的原动力之一，与人在生产生活中的安全问题密切相关。首先是安全的需要。在企业生产中建立严格的安全生产保障十分有必要。安全的生产条件，可以让人产生心理上的安全感和信赖感。反之，不安全的客观情况会影响人们的工作情绪，就有可能导致事故。其次是安全以外的其他需求，如生活的基本需求（如工资、福利、住房），以及高层次的需求（如名誉、地位、自尊、自我实现等）。这些愿望的满足程度因人而异，很难有一个标准，这就容易让人产生压力感、挫折感和心理不平衡。如果将这样的心理状态带入工作中，将会带来很大的安全隐患。

（五）动机与劳动安全

人的各种行为都是由动机直接引发的。为了克服生产中的不安全行为，人们应自觉地把安全问题放在首位，建立起安全生产、避免因事故发生而给个人和人们的生命财产带来损害的良好动机。但是在实际中，也有少数人出于个人私利或侥幸心理违章操作，这种错误的动机往往可能导致严重后果。建立安全生产的良好动机是十分必要的，但同时也要注意，如果动机过于强烈，反而会造成心理过分紧张甚至恐惧，操作时容易混乱，动作不协调，更容易发生事故。

（六）工作态度与劳动安全

态度是指个体对他人和事务所持的评价和行为倾向，是一种对待特定的人、团体、思想、问题或事务的相对持续时间较长的情感、信念和倾向。态度与行为有着密切关系。一般来说，积极、上进的工作态度，可以激发人的工作热情和兴趣，促使自己不断提高工作能力，注意力更加集中于工作。这是安全生产的重要防线。相反，如果态度不端正，工作马虎，敷衍了事，注意力必然难以集中，责任心必然难以落实，迟早会酿成安全事故。

（七）价值观与劳动安全

价值观是人们以自身的需要为尺度对事物重要性的认识的观念系统。价值观对人的思想和行为具有一定的导向和调节作用，使之指向一定的目标或带有一定的倾向性。价值观比需要和动机更能指导人的各个方面的行为并渗透于整个个性之中。价值观对人的行为的影响总体可以归纳为三个核心问题："人的行动为了什么?"、"怎样行动?"以及"选择怎样的行动手段?"。因此，当个人面临可能发生的安全问题时，它会直接影响个人所选择的决策和解决问题的方法。

第三节　心理学在劳动安全管理领域的应用

在安全生产管理中，应由传统的事后追查为主逐渐转变为事前预防为主，按照人的心理规律和客观规律制定安全预防措施，引入和运用心理科学，更好地为企业的劳动安全管理服务，在此基础上建立起一个全新的安全管理体系。具体地讲，企业的劳动安全生产运行过程就是指"人-环境-安全行为-安全状态-人"的反复循环。劳动安全就是要求以人为本的管理思想在安全管理实践中得到充分运用。这种事前控制型的安全管理要求各单位作好员工的岗前培训和心理训练，并建立一个安全工作模式，采用有效的激励手段，达到提高安全的目的。

一、建立促进劳动安全的心智模式

心智模式是指对周边世界如何运行的印象和认知，它决定了一个个体的行为模式。采取有针对性的有效措施改变一个人的心智模式，则可有效地改善行为模式，改变和提高员工对安全生产的认知，以一个良好的心智模式建立一个安全健康的心理，从而不断增强个人搞好安全生产的意识和自觉性。

建立稳定的安全健康心理模式，形成一个正确的稳定的心理活动，养成一个稳定的规范行为的好习惯和良好的心智模式，是提高个人作业效率并确保生产现场安全和企业整体安全的有效软性措施。因此，组织应不断加强人的安全心理的自我完善，建立人的安全心理档案，及时分析并建立提高个人健康的安全心理，从人的这个方面消除事故隐患，确保安全生产的持续稳定。

二、进行员工心理适应的选拔应用

只有合适的人才可以做好适合他的工作，因此要利用心理学理论与技术来甄选人员，尤其是负责安全管理的人员、特种危险工种的作业人员等，要建立员工基本心理素质档案，及时检查补充完善，以便根据安全需要，搞好人事选择，使其真正胜任安全管理工作。

根据人的个性心理合理选择人力资源的甄选方法目前在国外已得到了普遍的应用。在我国，应用相对较少，但已有尝试，如对专业司机进行心理咨询实践方面获得了成功。普遍的做法是，企业在选拔合适人才时，先要做好岗位任务分析，在岗位分析的基础上确定员工的资质要求，然后对应聘者做好身体、心理、气质、性格等各项测试，工种越特殊、工艺越复杂，对人的身心素质的要求越高，最后有选择地定岗。例如，心理素质差、容易走神或紧张的人不适合高压力岗位，患有恐高症的人不适于涉及登高的工作，责任心不强的人就不适于独自负责重要工作。

三、强化劳动安全教育的心理训练

在构建企业安全文化时，运用心理学理论对员工进行安全技术教育培养员工良好的心理素质非常重要。首先要重视上岗前的培训，把增强人的感知能力、思维方式、心理调适能力、注意力、耐受力等心理素质的培训作为培养员工安全心理的切入点。特别要通过情感教育，激发员工做好安全生产工作的心理欲望、积极性和安全"兴趣"，让员工在情感上接受安全生产，在思想上从"要我安全"转变成"我要安全"，把安全生产上升为员工的自觉行动。这是治标也是治本的措施。其次要因人而异地采取安全教育形式。对员工的安全心理培养，要与其生产岗位、工作性质、性格特点甚至家庭情况紧密结合起来，通过采用安全心理学讲座、观看安全教育录像片、事故后调查报告集中分析、安全板报等有效新颖的形式，提高员工的安全心理素质。训练情境应与实际工作条件有较高的一致性和真实性，并给员工设置安全目标、提供反馈建议加以总结分析，为后续培训提供资料。再次是重点对象要重点疏导。对一些经常出现不安全行为的员工，要从知觉、意志、感情、行为等方面，以适当的方式重点给予积极的心理疏导，根据他们的自身特点逐步引导、克服他们改变对安全不利的心理素质。

四、强化劳动安全知识的宣传教育

安全宣传就是采取各种大众传播的手段，以调节宣传对象的心理，让其形成对安全问题的正确认知和态度，从而预防事故进而形成社会群体的安全行为定势。安全宣传能否很好地被其对象接受，在很大程度上取决于宣传内容、形式与接受者个人意向的匹配程度。安全宣传工作的重点在于要善于利用人们趋利避害的本性，从实际出发，激活人们的安全需要和积极性，增强其安全动机和自觉性，进而帮助其树立正确的安全观，打造企业安全文化，要利用特殊心理，在宣传活动的最初阶段运用情感因素，用富于感情色彩打动人心的真实事故案例引发人们的情感共鸣以及进一步探究原因的兴趣，将新信息和结论灌输给宣传对象，达到情理的最佳结合，使宣传深入人心，取得最佳效果。

 课后案例

2001 年 6 月 5 日，江西广播电视发展中心艺术幼儿园因点蚊香引起火灾，过火面积 43.2 平方米，直接财产损失 13 463 元。造成 13 名儿童（7 名男孩，6 名女孩）死亡、1 名儿童受轻伤。

一、起火单位基本情况

江西广播电视发展中心艺术幼儿园隶属于江西省广播电视发展中心。该幼儿园位于南昌市洪都中大道 207 号省广播电视局生活区东北角，东面是围墙，南临生活区道路和室外幼儿活动场所，北临广电中心道路，西面为幼儿园主入口。幼儿园为单体多层"回"字形通廊式建筑，该建筑地上三层，框架结构，楼面现浇，耐火等级为二级。建筑高度 11.6 米，总建筑面积 6863.07 平方米，其中底层 3037.19 平方米，第二层 2303.99 平方米，第三层 1521.89 平方米。

该幼儿园于 1998 年 7 月动工兴建，1999 年 9 月竣工并投入使用，总投资 836 万元。幼儿园共 17 个班，其中大班（5～6 岁）4 个，中班（4～5 岁）5 个，小班（3～4 岁）6 个，托儿班（3 岁以下）2 个。全园教职员工 82 人，幼儿总数 540 人，其中在幼儿园寄宿的 362 人，火灾发生当晚住宿人数 319 人。

该幼儿园消防安全管理制度不健全，没有按照《中华人民共和国消防法》第 14 条的规定制订灭火应急预案，无教职员工培训制度，没有确定各部门的消防安全责任人。部分教师和保育员上岗前未经培训，缺乏相应的消防安全知识和灭火自救技能。

二、火灾经过及火灾原因

6 月 4 日 21 时许，小六班幼儿就寝。21 时 10 分许，小六班班主任杨慧珍（女，26 岁）点燃三盘蚊香，分别放置在床铺之间南北向的三条走道地板上。22 时 10 分许，杨慧珍回三层教师寝室睡觉。临走时，告诉当晚值班的保育员吴枝英（女，25 岁）"点了蚊香，注意一下"。23 时 10 分许，幼儿园保教主任倪惠琛（女，53 岁，当晚值班领导）和值班保健医生厥韵韵（女，56 岁）巡查到小六班时，发现该班点了蚊香。当时倪惠琛问厥韵韵"点蚊香对幼儿有何影响？"厥回答说："对幼儿呼吸道有影响。"倪便要吴枝英将寝室窗户打开，保持空气流通。吴枝英回答"窗户已经打开了"。随后倪、厥二人离去。23 时 30 分许，小六班保育员吴枝英离开小六班寝室到卫生间洗澡、洗衣服等，而后在学习活动室给幼儿的毛巾编号，约有 45 分钟未进寝室巡查。5 日零时 15 分左右，吴枝英在活动室听到寝室有"噼叭"响，随即进入幼儿寝室，发现 16 号床龚骏杰的棉被和 14 号罗文康床上枕头起火，吴枝英随即将龚骏杰抱出寝室，并到小六班外呼救，然后又从小六班寝室内救出 3 名学生。此时，寝室内烟火已经很大。

经调查，火灾原因是 16 号床边过道上点燃的蚊香引燃搭落在床架上的棉被所致。

三、火灾责任事故处理

江西广播电视发展中心艺术幼儿园，自开业以来，园领导消防安全意识淡薄，消防管理不严，未制定消防安全制度，未确定防火安全责任人，未针对本单位特点对职工进行有效的消防安全教育，安排未经培训的保育员上岗，违反了《中华人民共和国消防法》第 14 条、《幼儿园工作规程》第 38 条和《幼儿园管理条例》第 9 条的规定，对火灾负有直接责任。依据《江西省消防条例》有关规定，给予江西广播电视艺术幼儿园处以 5 万元罚款，同时责成教育部门对该幼儿园违反《幼儿园工作规程》和《幼儿园管理条例》的行为给予相应的处理。

资料来源：安全管理网，http：//www.safehoo.com/Case/Blaze/201103/175813 _ 2. shtml。

 **案例简析**

这起火灾暴露出该幼儿园及其主管部门在消防安全管理、消防宣传教育等方面存在的问题，是一起典型的责任事故，教训极为深刻。

（1）领导的消防安全意识淡薄。省广播电视发展中心及其幼儿园没有将消防工作摆到应有的位置，消防安全工作没有纳入日常教学、培训和行政管理中；发展中心主任兼幼儿园园长刘越南对涉及安全管理制度，岗位消防责任人和员工的消防安全教育、培训等没有履行法定代表人的职责，如对消防工作布置少、检查少，将未经培训的保育员吴枝英等人安排上岗。

（2）消防安全制度不健全。没有建立行之有效的消防安全管理制度，尤其是对用火、用电等没有作出明确的规定，致使班主任杨慧珍擅自在幼儿寝室点燃蚊香，保教主任倪惠琛在巡查过程中发现小六班寝室内有蚊香后，既未制止，又未采取任何防范措施。

（3）消防安全责任制不落实。没有按照《中华人民共和国消防法》的规定建立健全逐级消防安全责任制，从发展中心到幼儿园及每个岗位消防安全职责不清，消防安全管理不落实，岗位防火责任意识淡薄。保育员吴枝英明知幼儿寝室内有火源，却长达 45 分钟时间未履行巡查、监护职责。

（4）消防安全宣传教育培训不到位。教职员工作为消防安全的责任人，缺乏消防安全意识，缺少消防安全常识，缺乏处置突发事故的能力。

思考题

1. 研究劳动安全与从业人员心理因素的理论有哪些？重要观点是什么？
2. 劳动安全事故的人为因素有哪些？
3. 心理过程与劳动安全有关的方面是哪些？
4. 个性心理对劳动安全会产生怎样的影响？
5. 怎样运用心理学知识与技术促进劳动安全管理的质量与效率？

第十七章　公共管理心理学：社会工作领域

【本章学习导读】

1. 掌握公共管理心理学与社会工作两者间的关系，以及现代公共管理心理学如何看待社会工作的服务对象。

2. 了解心理学的发展对社会工作理念与方法的影响，以及现代公共管理心理学如何应用于社会工作实践。

【课前案例】

小明今年20岁，父母均为退休国家职工。小明读中学时学校离家很远，中午无法回家。高中的某一天，妈妈偶然发现小明在网吧打游戏，当即赶他出来。妈妈怀疑他初中时就已迷上电脑，家里在他高考后才买电脑。小明现已考上一所大专，一回家便径直进自己房间关起门来玩电脑，哪里也不去。妈妈干涉的话，他就大声顶撞，之后依旧我行我素；父亲则放手不管，理由是以前曾经干涉过，但孩子不听。小明以前还会和几个同学玩，而现在几乎不再和任何朋友交往。他更不愿随父母外出，父母不在时连快餐也懒得叫，宁愿饿肚子也要玩电脑。有一次好不容易说动他去外地亲戚家玩，他也只是一个人在角落里玩手机。现在，小明的母亲很着急，怕儿子脱离现实社会，甚至毕业时连工作也找不到，便找到社工求助。（本章作者撰写）

第一节　心理学与社会工作的关系

公共管理心理学是一门综合性很强的学科，其宽广的理论知识基础使之具有宽广的适用范围。

社会工作是利他主义价值观指导下运用科学方法来助人的专业化实践活动。它起源于19世纪的西方，近年来成为我国应用社会学中发展较快的一个领域，对我国社会主义和谐社会的建设具有重要意义。那么，心理学对社会工作又有何意义呢？

心理学是社会工作专业的必修课程。社会工作作为助人服务事业，要协助解决的是人的问题，这就离不开对人的生理、心理和社会三大因素及其相互作用的探索。生理问题或社会问题都会作用于人的心理，最终导致人们的心理问题。此外，心理因素又能激发人们的生理潜能并动员人们用社会资源去解决问题。事实上，心理学是社会工作者（简称"社工"）看待服务对象问题时所必须依赖的重要视角之一，社会工作的方法技术也随着心理学研究新成果的不断应用而日臻完善。再加上社会工作的主要任务是解决工业革命后的现代社会问题，社会工作者比较适用被称之为"工业社会心理学"的管理心理学。所以，社会工作者必须学习心理学尤其是管理心理学的知识。

其实，激励、领导、士气、满意等管理心理学概念也是社会工作实务中的常用词。更进一步来说，社会工作专业也同时面临两方面的问题。一是组织的管理。社会工作者需提高所处非政府组织或非盈利组织的工作效率，需修复所服务的社区、组织、团体的正面功能，还要协助政府部门有效地实施社会政策。二是心理素质的培养。社会工作成功与否有赖于能否正确评估服务对象的心理状态及活动规律，并根据其心理特点才能相应制定出有效的工作方案。社会工作者也需接受专业的培训，以增强自身的心理素质。而这两大问题都属于公共管理的范畴，因此需要公共管理心理学知识的指导。

第二节　公共管理心理学视野中的社会工作服务对象

心理学的诸多理论都对社会工作服务产生了重要影响，如精神分析理论、社会学习理论、需要层次理论、群体动力学等，它们的影响体现在多个方面。

1. 对服务对象的认识不断深入

早期社会工作者对其服务对象的认识相对比较简单，当时的服务工作较单纯地以社会学知识为理论依托。然而，忽视服务对象（即"案主"）内在积极性的调动和配合，工作效果必然大打折扣。解决许多受助者的问题之关键还在于其认知、心态的改变和健全人格的形成。例如，在第一次世界大战时期，欧美国家的一些战争受害者就不习惯或不愿意接受社会工作者的帮助。20世纪二三十年代，弗洛伊德的精神分析学说被引入了社会工作界，案主的人格结构、无意识、童年经历等进入了社工的视野，并成为评估和分析案主问题的利器。精神分析法在个案社会工作中得到了广泛运用，并带领社会工作进入了一个所谓的"心理学时期"。心理学时期到来的意义在于：服务对象自己对问题的感受和看法开始受到社会工作者的关注，社会工作者与服务对象之间的互动关系得到重视，尊重服务对象的期望和自决权的工作原则也得到了确立。弗洛伊德精神分析法的影响一直延续到20世纪60年代，随后埃里克森的心理社会发展八阶段论又使得社工对案主的认识更进一步，社工懂得了要特别关注案主所在年龄段的特殊社会任务、心理危机及相应人格品质，再次改进了个案社会工作的方法。而认知学派的引入又使社工开始关注案主的认知对其情绪和行为的影响，他们认为案主的偏差行为源自其错误的认知。自20世纪60年代末实验社会心理学出现危机以来，社会工作实务等现实条件下的心理学应用研究更加速推进。人本主义心理学的兴起让社工摆脱了本能决定论和环境决定论的片面视角，有心理行为障碍的案主不再和医院里的精神病患者或实验室里的动物联系起来，而是具有尊严、情感、勇气、责任、权利和自由的人，社工眼中的案主形象变得更积极、更健康了。20世纪80年代，借助于心理学"增能"新概念，社会工作又迈进了新的"增能时代"，社工更积极地认识到每一位服务对象都充满潜能，他们需要的是意识的觉醒和障碍的消除。

心理学的每一次新发展都带来了对服务对象的新认识，管理心理学对人性假设的演变不断在推动社会工作理念的创新。可以说，心理学发展的历程就是社会工作者对服务对象认识不断深入的过程，同时也是社会工作方法不断改进和模式不断丰富的过程。

2. 对服务对象的干预不断扩展

社会工作者深入认识服务对象是为了更好地实施引导和干预，帮助对象解决问题。

初期的社工对案主的认识很有限，手头只有一些欠个性化的社会学工作手段，难以触及案主的内心深处。在弗洛伊德的影响下，社工开始干预案主的精神世界，不过还局限在对无意识和童年期的关注。新弗洛伊德主义又将关注范围扩展至案主终身的心理社会成长；学习主义使得社工的介入范围转向案主周围的社会环境；人本主义思潮袭来时，社工干预的着力点已不拘泥于对象个人的某一动机、某一本能或某一环境因素了，渐显出整体介入的态势。现代社会心理学注重从社会与个体相互作用的角度来看待特定社会环境中的个体心理活动。与之相对应，当今社会工作者的三大干预途径分别是个体内在的心理因素、个体所处社会环境、个体与社会的相互关系。换句话说，案主的问题起因于个人与环境之间关系的失衡，社工干预的途径有三种。要么纠正个人认知和行为，要么革除社会环境中的障碍，要么改善个人与环境的互动模式，或者多管齐下综合调整，最终达到个人与环境间的适应性平衡。现代心理学对个人与环境之间的互动有着系统而细致的认识。例如，社会环境是分层的，从微观的家庭关系一直到宏观的国际社会，分别对应着人际过程、群体过程和群际过程等不同层次对个体的心理影响。相互关系又具体分作两方面，一是他人和团体等社会环境对个体心理活动的影响，一是个体心理活动对周边社会环境的反作用，其中环境对个人的影响比反方向的要大些。

可以说，管理心理学的发展和生态系统论的引入共同促进了社会工作者对服务对象干预范围的扩展，干预模式也从医患式逐步演变为当前占主流的伙伴式。

另外，社会工作的尊重本土、保护隐私等专业伦理守则都包含着以社会心理学和管理心理学为背景的人本关怀。

第三节　公共管理心理学在社会工作实践中的应用

第二节阐述了公共管理心理学分析社会工作的视角，接下来看看在社会工作实践中该如何具体运用它。社会工作专业的三大基本方法分别是个案社会工作、团体社会工作和社区社会工作，分别属于公共管理心理学在个体心理、群体心理和组织心理上的应用。以下就按照该分类框架进行逐一介绍，其中特别引用了我国本土的灾后社会工作案例。

1. 个案社会工作

个案社会工作是社会工作者通过专业工作，帮助困境中的个人或家庭发掘和利用自身及其周边的资源，用以改善个人与社会环境间的适应状况，实现人格的成长和对人的尊重。它以个人为着手点，主要考察的是个体内部的心理过程，兼顾人际心理过程。

公共管理心理学为个案社会工作提供了不少独到的理解和有效的方法。社工可以开发、利用案主的潜能，增强其适应能力；可以发挥案主的二积极心理—催生正面情绪—激发行动能量循环的作用，恢复和强化自我功能；也可以调整案主人格结构，促进其人格的成长。

阅读资料：

社会工作者在个案工作中经常使用强调案主力量的语句。例如，面向案主行为时社工会说——

"根据我们的要求，你做得非常好。让咱们来看一看你的具体成绩。"

"你总觉得自己的生活一团糟，却忽视了自己的努力和成绩。在你丈夫离开你之后，你通过自己的努力维持了家庭的基本生活；你保证了孩子的吃穿住用，还有上学的学费；而且你还参加了自学考试。我觉得您能做到这些已经非常了不起了。"

面向案主个性方面的语句则有——

"你活泼、开朗，容易打交道。"

"你是一个富有合作精神的人，跟你一起工作是挺开心的事。"

"你的个性很讨人喜欢，我相信你在小组里一定能发挥重要作用。"

"你今天看起来很不错。"等等。

个案工作中的案主通常受到巨大的压力困扰，以至于脑子里除了问题之外就想不到其他东西，思维因此陷入了又窄又黑的死胡同。社工可以通过以上话语对案主起到三个作用：引导对方跳出思维局限，看到解决问题的希望；确认自身价值，强化自尊心；去发现并依靠自己的力量，最终解决问题。以上语言技巧根植于后现代主义心理学中的"增能"概念和"优势"视角，尊重案主的主体地位，开发案主的潜能优势。下面再来看一个灾后个案辅导的例子。

阅读资料："5·12"汶川大地震中的个案社会工作案例

映秀镇渔子溪村马DK家是典型的丧亲家庭，因两个正在映秀小学读书的孩子不幸遇难，夫妇俩悲痛欲绝，尤其是年轻的男主人在震后一个多月仍陷在巨大的哀伤中不能自拔，不停地夸赞孩子和重复回忆，愤怒、伤痛、无助、怀疑、负罪、幻想等情绪交相出现，甚至萌发出反社会的想法。广州社工站有针对性地上门对该家庭进行了哀伤辅导。一开始，社工长时间静静地陪在男主人身边，耐心地倾听案主的诉说，用目光和表情表示同感和支持，并配合拍肩膀、拉手等动作，不干扰流泪等激动情绪。然后社工又多次重访，逐步开始用语言与案主交流并进行引导。经过几次的努力，案主与校方老师之间的紧张关系得到一定的缓和，反社会行为倾向也得到一定的缓解。社工们还发现，女主人之所以情绪平复较快是因为她主动地采取了一些解压措施，如和邻居聊天、串门走亲戚、去救助站帮忙等。

资料来源：整理自广州社工驻映秀工作站成员的日志。

在该案例中，社工考虑到了案主的特殊情境，自始至终怀着真诚和理解的心情，注重通过认真倾听、适当的目光接触和适时的肢体语言与案主交流，向案主传达了社工的同感，使案主能在社工营造的宽松、安全的氛围中尽情宣泄情感，也感受到了社工的接纳与关心。不过，如没有从政府政策到邻居关系等社会环境的改善，辅导工作的效果就不会太理想。女主人通过有意识地寻找社会网络支持，就较快地转移了自己的兴奋点。此外，本例还涉及满足社会性需求以克服恐惧心理、个人空间的心理机制等其他社会心理学和管理心理学问题。

每种个案工作模式都有各自的心理学理论范式为依据。如认知行为治疗模式以三种行为主义理论为指导，理性情绪治疗模式以埃利斯的 ABC 理论为指导，人本治疗模式以罗杰斯的人本主义心理学为指导等，可参看相关的专著。

2. 团体社会工作

团体社会工作常以小组社会工作的形式出现，是指社会工作者通过专业工作，有目的地组织小组（两人或多人组成），通过小组组员之间的互动来相互影响，以帮助组员来应付和解决个人问题，促进个人发生转变并获得成长。广义的团体社会工作还包括团康活动。这属于典型的人际心理过程，但最终促使的是个体自身心理过程的积极转变。

从手段上看，团体工作中的小组活动在影响每一位参与者，通过共享经验可以增强作为参与者的案主的自信和能力；从目标上看，又和参与者需要、兴趣、经验、能力、开放态度、相互信任等个人心理状态紧密相连。本质上，团体工作就是要借助团体中的人际间人格互动达致促进案主个人人格成长之目的。

现以灾区社会工作中的两个小组为例。

阅读资料："5·12"汶川大地震中的团体社会工作举例之一

七月的映秀，幸存的孩子们太缺乏快乐了。大人们还沉浸在丧亲的悲痛和失业的迷茫中，无暇顾及他们爱玩求乐的天性。孩子们也太需要坚强了，他们的人生之路才开了个头，以后还有很长的路要走，不能让地震的阴影完全占据了他们幼小的心灵。当看到张家坪的男孩子珍藏在帐篷里的"飞机"（用废墟上捡来的发泡胶做成），听到渔子溪的女孩子大方地唱出当地的民歌，同时又见到大多数小朋友还没能走出震后阴影且终日无所事事时，我们知道，为映秀小朋友们举办一个以"快乐·坚强"为主题的夏令营活动的时机已经到来。

这类小组社会工作是我们社会工作者的重要工作方法之一，为此，我们的领队李ML女士早有安排，她一早就邀请了团康活动的高手刘WN来川。有WN的出色主持和精心编排，有全体社工工作站成员的热情参与和密切合作，有深圳特警的大力支持，70多名灾区少年儿童在为期5天（7.8～7.12）的夏令营活动中过得很快乐、很充实。对于我们广州社工来说，这五天也是意义非凡、令人难忘的五天。为了这五天，我们登门拜访合作单位拉赞助；入户拜访受灾群众安置区作动员；夜深了还凑在板房里开会策划；天刚亮时就往营地抬送物资设备；我们和映秀小朋友们一起唱歌、跳舞、画画、游戏，找回他们的快乐，激发他们的坚强，宣泄他们的情感，重燃他们的希望。

是啊，孩子就是希望。看看始终守候在夏令营旁的家长们吧，他们的眼神里闪耀着欣慰的泪花；看看被吸引到营地旁的各路救援人员吧，他们的眼神里闪现着赞许的光芒；看看小营员们贴在教室墙壁上自己画的图画吧，他们在感恩有情的社会，在憧憬美好的未来；看看闭营礼上的小营员们吧，他们自发地、忘情地扑向了夏令营老师们的怀抱；再回头看看广州社工的战友们吧，大家的脸上露出了会心的微笑。

资料来源：节选自广州社工驻映秀工作站成员的日志。

"快乐·坚强"夏令营的直接目的是感染孩子们，其实间接目的是感染家长，让大人们看到希望。该活动不仅让每一名营员都受到积极影响，从中获得了有益的团体体验，让营员们之间进行人格互动，消除了压抑少年儿童人格成长的障碍，而且还为更大的社区重建提供了信心支持。所以，它不仅是一个成功的青少年团体社会工作案例，也是更大的社区社会工作的一部分。

阅读资料："5·12"汶川大地震中的团体社会工作举例之二

当我们走访映秀的各家各户时，看到了无数哀伤、绝望的眼神，尤其是在地震中失去孩子的母亲，那双眼睛让我们永远铭记、无法释怀。广州社工，我们该做点什么？带着专业使命感，我们努力寻找着她们身上的潜能，最终我们从她们身上找到了希望。我们发现她们中的很多人会刺绣，当她们刺绣时是那么美丽、专注，母亲和手中的绣片构成了一道美丽的风景线。7月9日我们组建了"映秀母亲刺绣小组"，在她们自觉自愿的原则下开展自助互助发展项目：在社工的引导下，充分发挥母亲的创造力，相互帮助，用自己的双手绘出对孩子的思念、对现实的感悟和对新生活的向往。

该小组现有成员 11 位，还在不断扩大，组员们已经表现出明显的自助互助精神与能力，她们会自觉地集合在一起刺绣，并相互学习，脸上露出了久违的笑容。母亲 A 对我们说："地震让我失去了一切，看不到未来的希望在哪里，吃不香、睡不着，好像天空都是黑的。自从参加了刺绣小组，我好像看到了生活的希望，也感受到了姐妹们的支持力量，吃得香睡得好了！"现在她们已经完成了十多张绣片。

该项目的发展计划：截至 9 月 15 日完成 1 张组员共同合作的大绣片、10 张儿童画小绣片（将已故或健在儿童的绘画作品让母亲用刺绣的方式绣出来）、100 张自由创作绣片，由成都基督教青年会（YMCA）用较高的价格收购；广州社工站再将这些作品制作成艺术品，于 11 月在广州开办公平贸易展销会，融教育、宣传、拍卖于一体，筹集映秀发展资金；广州社工站负责将这笔资金用于发展映秀慈善事业，支持更多的人，促进更多的人发展和受益。

资料来源：《广州社工支援四川抗震救灾工作站（映秀）情况通报》，第 2 期，2008 年 8 月 7 日。

"映秀母亲刺绣小组"以解决生计和排遣哀伤为动因，充分运用了优势视角和小组工作方法，是一个成功的妇女小组社会工作案例。

两段引文都已经道出了两个团体（小组）是在何种背景下如何组织起来的，又收到了何种工作效果。可见，团体工作是根据组员的需要，围绕特定的目标展开的团体活动，涉及心理学中的需要层次（从生物性需要到社会性需要）和目标层次（从治疗到发展），更要运用群体动力等公共管理心理学的知识。

3. 社区社会工作

社区社会工作是社会工作者从社区层面入手了解社会的问题或需要，通过动员社区内外资源，尤其是组织社区成员参与集体行动，以解决社区问题、满足社区需要、促进社区福利的过程。这主要牵涉到群体心理过程及群际心理过程，当然也离不开落实在每个社区居民上的个体心理过程。

社区工作的起点是社区居民诉求的表达和共同需要的形成，工作的关键是社区意识的觉醒和社区凝聚力的形成。否则，无法在计划社区发展和开展社区行动，也不可能获得扎根于本社区土壤的持续发展动力。

阅读资料：拯救社区：任务小组在行动

钟鼓楼区以其保存完好的大片古建筑而闻名，每年都吸引了成千上万的游客前来观光。可是，市场经济的发展正在侵蚀着这个美丽的社区：许多古建筑被改造成了商业场所；路旁的古树名木被无情地砍伐，为的是给日渐增多的汽车让路；五颜六色的招牌和广告把秦砖汉瓦遮了个严严实实。许多市民和游客对此大为不满。

在有关部门组织下，一批社区专家聚在一起讨论钟鼓楼区的发展建设问题。热情的社工运用头脑风暴、形式小组等专业方法，协助专家们从众多的意见中确定出了三大主要问题。随后，社工又把专家们分成三个小组，每个小组负责研究一个问题。第一个小组重点研究如何保护古建筑；第二个小组重点研究如何美化社区；第三个小组重点研究商业发展。社工分别帮助三个小组进行调查和研讨，并定期把三个小组的专家集中在一起核对工作的进展和制定下一步的工作计划。

最后，他们起草了一份《钟鼓楼区古建筑保护条例》，紧接着他们开始争取游说该市人民代表大会的代表与城市建设委员会的委员，有组织地与他们见面或给他们写信，希望他们接受条例，还通过广播、电视和报刊来宣传他们的主张。在他们的努力下，人大和建委排除了来自商界的压力，通过了该条例，并成立了一个专责的委员会来负责监督该条例的执行。

该例中，问题的产生起因于对社区居民心理感受的漠视。实际上，团体工作总是以社区居民的群体意识为中心，以心理层面的深入工作为基础。社工对有关各方保持热情的工作态度、利用头脑风暴法和媒体宣传也已蕴涵有公共管理心理学的应用。

阅读资料："5·12"汶川大地震中的社区社会工作举例

广州社工的一举一动感染着当地政府，政府对我们的态度变化是：排斥—接受—认可—感谢—委托。澳门红十字会经过考察有意愿提供资金为渔子溪村建设永久性住房，请当地政府提供一份可行性报告和建设方案，当地政府便委托广州社工完成这一重要任务。我们马上行动，采用村民参与式的方式进行渔子溪村永久性社区规划及房屋设计，我们的理念是：村民自己设计、规划和居住，尊重村民的权利。我们拿着几张白纸，深入到渔子溪村，在社工的发动下，组成男子组和女子组，每组都有十多人参加，在没有任何预先商量的情况下，我们发现了一个奇妙的分工：男子侧重于社区规划，女子侧重于房屋内部的结构设计。在他们的设计中，我们看到了他们的智慧、希望和快乐。在此基础上我们进行了补充、说明和完善，只用了不到两天的时间就完成了政府交给我们的任务，并得到了政府的充分肯定。副镇长说："你们完成得比我预期的还要好、还要快，广州社工太棒了！"

资料来源：《广州社工支援四川抗震救灾工作站（映秀）情况通报》，第2期，2008年8月7日。

社区社会工作的关键在于：社区意识是否觉醒及社区凝聚力是否形成。只有有了社区意识和凝聚力的建立和强化，才会有后续的社区发展计划和内发的社区发展动力。社区成员需求的充分表达、社区成员的广泛互动和有针对性的社区教育，都是为了形成立足本社区的发展计划，这种以社区居民为主体的计划才真正具有生命力。所以，该例的看点在于当今社会工作所崇尚的价值观——尊重本土和公众参与。显然，社区意识和凝聚力的形成是一个复杂的社会心理过程，关乎社区的公共事务和整体功能，属于公共管理心理学的研究范畴。

组织社会工作往往与社区社会工作并提，它们都是偏宏观的社会工作，都牵涉到士气激励、工作满意度、社团归属感等问题，所以都要运用公共管理心理学知识，尤其是其中的组织心理分析。

　　除了上述三大直接工作方法之外，间接的社会工作方法——社会行政工作同样要运用公共管理心理学的知识。社会行政工作通过制定、执行、实施社会政策来提高服务机构的工作效率及服务品质，是典型的公共事业管理问题。公共管理心理学有关领导心理和组织心理的知识社工行政的实践需要与高度契合，对顺利地协调社会工作宏观系统中的"人-人"关系很有助益。

 课后案例

　　某家刚从福利院主动领养了一名 9 岁的男童——小刚。负责收养事务的社工上门家访，想和小刚的养父母谈一谈，看看他们与小孩相处得怎样，是否需要什么帮助。养父母原本已有两个子女，且都在大学里读研究生。寒暄之后，单独在家的养母就说道："小刚明显不像我们家的人那样喜欢读书，教他学习的时间稍微长一点就开始不耐烦，东张西望地想要出去玩。我们不知道如何是好。"社工听后说道："这些天来您真是为小刚费心了。看来他比您想象的要难带一些，对吗？"对方答道："的确如此。"社工紧接着又笑着说："看来你们遇到的是未曾料到的新问题，让我们再谈谈这个问题，好吗？"……（本章作者根据个人工作日记改写）

案例简析

　　例中的社工具有较高的心理素养，能清晰地表达对小刚养母的理解，使自己与她的情感协调一致，有利于与案主建立起良好的专业关系。他一开始不用急于解决问题，让案主知道社工理解她的感受可能更要紧。社工的心理素质对于其本人高效开展工作非常重要。

思考题

　　1. 请你运用公共管理心理学知识评估章前小案例中小明的心理状态，可以尝试用多种不同的理论观点来分析。

　　2. 进一步分析小明的心理因素是如何与其生理、社会因素相互作用从而共同促发了他的行为障碍？

　　3. 小明的心理行为问题仅仅是他自己的问题吗？社工制定行为矫正措施时，还需考虑排除其周边环境中的哪些障碍？

主要参考文献

安德列耶娃 Γ M. 1987. 现代西方社会心理学. 北京：人民教育出版社.

安德鲁·韦伯斯特. 1987. 发展社会学. 北京：华夏出版社.

巴伦 R A，伯恩 D. 2004. 社会心理学. 黄敏儿，王飞雪译. 上海：华东师范大学出版社.

芭芭拉·鲁宾·韦恩瑞伯，艾琳·布罗契. 2009. 危机干预与创伤反应理论与实务. 黄惠美，李巧双译. 广州：广
    东世界图书出版公司.

北京青年研究会. 2001. 北京青年发展报告. 北京：北京师范大学出版社.

毕鹏程，席西民. 2002. 群体决策过程中的群体思维研究. 管理科学学报，(2)：25-33.

波林 E G. 1981. 实验心理学史. 高觉敷译. 上海：商务印书馆.

曹连元，杨甫德，王健，等. 2008. 地震灾害心理救援案例集. 北京：军事医学科学出版社.

陈安，陈宁，倪慧，等. 2009. 现代应急管理理论与方法. 北京：科学出版社.

陈振明. 2001. 什么是公共管理（学）——相关概念辨析. 中国行政管理，(2)：13-16.

程灶火. 2008. 心理治疗的发展趋势. 中国临床心理学杂志，(3)：192-194.

戴维·迈尔斯. 2006. 社会心理学. 北京：人民邮电出版社.

杜加克斯 K，赖茨曼 L S. 1988. 八十年代社会心理学. 乔佩民译. 北京：三联书店.

费孝通. 1948. 乡土中国. 北平：三联书店.

弗里德曼 J L，西尔斯 D O，卡尔史密斯 J M. 1984. 社会心理学. 高地，高佳译. 哈尔滨：黑龙江人民出版社.

傅建成. 2000. 中外名人论中国. 兰州：敦煌文艺出版社.

傅思明. 2009. 公务员突发事件应急管理读本. 北京：国家行政学院出版社.

顾爱华. 2002. 公共管理. 沈阳：东北大学出版社.

侯玉波. 2002. 社会心理学. 北京：北京大学出版社.

怀特 W. 1994. 街角社会：一个意大利人贫民区的社会结构. 黄育馥译. 北京：商务印书馆.

黄光国. 2010. 人情与面子：中国人的权利游戏. 北京：中国人民大学出版社.

黄丽，傅素芬，李梅，等. 2009. 甲型 H1N1 流感爆发后的心理危机干预. 健康研究，(5)：355-357.

黄希庭. 2008. 中国高校哲学社会科学发展报告 1978-2008——心理学卷. 南宁：广西师范大学出版社.

吉利兰德，詹姆斯. 2000. 危机干预策略. 肖水源译. 北京：中国轻工业出版社.

加布里埃尔·A. 阿尔蒙德，G. 宾厄姆·小鲍威尔. 1987. 比较政治学：体系、过程和政策. 曹沛霖，郑世平，公
    婷译. 上海：上海译文出版社.

加布里埃尔·A. 阿尔蒙德，G. 宾厄姆·小鲍威尔. 2007. 比较政治学：体系、过程和政策. 曹沛霖，郑世平，公
    婷译. 北京：东方出版社.

金盛华. 2005. 社会心理学. 北京：高等教育出版社.

库少雄. 2002. 社会工作实务. 北京：社会科学文献出版社.

乐国安. 2004a. 20 世纪 80 年代以来西方社会心理学新进展，广州：暨南大学出版社.

乐国安. 2004b. 中国社会心理学研究进展. 天津：天津人民出版社.

乐国安，任克勤，金昌平. 1987. 证人心理学. 北京：中国人民公安大学出版社.

李维. 2006. 社会心理学新发展. 上海：上海教育出版社.

李伟民. 2002. 转型期中国民众心理行为的应变. 社会心理研究，(3)：15-20.

林金本，黄俊才. 2009. 应用安全心理学原理控制人的不安全行为. 安全与健康，(9)：33-34.

刘京林. 2004. 刘京林自选集. 北京：北京广播学院出版社.

刘敬孝，杨晓莹，连锈雨.2006.国外群体凝聚力研究评介.外国经济与管理，（3）：49.

刘霞.2005.公共组织创新战略.北京：中国社会科学出版社.

刘新民，李建明.2003.变态心理学.合肥：安徽大学出版社.

刘永芳.2004.社会心理学.上海：上海社会科学院出版社.

迈尔斯.1993.心理学.第7版.黄希庭译.北京：人民邮电出版社.

米德.2005.心灵、自我与社会.赵月瑟译.上海：上海译文出版社.

彭兰.2003.网络新闻传播结构的构建与分析.国际新闻界，（1）：54.

钱铭怡.2006.变态心理学.北京：北京大学出版社.

钱穆.1971.中国文化精神.台北：三民书局.

乔斯·B.阿什福德，克雷格·温斯顿·雷克劳尔，凯西·L.洛蒂，等.2005.人类行为与社会环境——生物学、心理学与社会学视角.王宏亮，李艳红，林虹等译.北京：中国人民大学出版社.

沙莲香.2002.社会心理学.北京：中国人民大学出版社.

上海科普事业中心.2008.地震次生灾害防控指南.北京：中国三峡出版社.

邵辉，王凯全.2004.安全心理学.北京：化学工业出版社.

申荷永.1999.社会心理学：原理与应用.广州：暨南大学出版社.

沈杰.2006.中国现代化起飞阶段的社会心理.云南大学学报（社会科学版），（2）：54-62.

时勘.2010.灾难心理学.北京：科学出版社.

时勘，占嘉.2001.管理心理学的现状及发展趋势.应用心理学，7（2）：52-56.

时蓉华.1989.现代社会心理学.上海：华东师范大学出版社.

时蓉华.2002.社会心理学.上海：上海人民出版社.

时蓉华.2004.社会心理学.杭州：浙江教育出版社.

斯蒂芬·P.罗宾斯.1997a.组织行为学.李原，孙建敏译.北京：中国人民大学出版社.

斯蒂芬·P.罗宾斯.1997b.管理学.黄卫伟，孙建敏，王凤彬，等译.北京：中国人民大学出版社.

宋国平，汪默.2010.职业健康心理学.南京：东南大学出版社.

苏东水.2004.管理心理学.上海：复旦大学出版社.

孙多勇.2005.公共管理学.长沙：湖南人民出版社.

孙时进.2003.社会心理学.上海：复旦大学出版社.

孙亚忠.2010.市政学.北京：高等教育出版社.

特纳.1968.自我归类论.杨宜音，王兵，林含章译.北京：中国人民大学出版社.

田克俭.2005.心灵动力——民族精神竞争力论.哈尔滨：黑龙江人民出版社.

田克俭.2006.民族精神与民族竞争力.北京：新华出版社.

屠文淑.2002.社会心理学理论与应用.北京：人民出版社.

屠文淑.2009.社会心理学新编.北京：经济科学出版社.

王佃利.2005.现代市政学.北京：中国人民大学出版社.

王俊秀，杨宜音，陈午晴.2008.中国社会心态调查报告.中国社会科学院社会学研究所网站.http://219.141.235.75/shxs/xpxz/t20080930_18767.htm.

王陇德.2005.卫生应急工作手册.北京：人民卫生出版社.

王沛，林崇德.2002.社会知觉的理论模型综述.心理科学，（1）：73-75.

王思斌.1998.社会工作导论.北京：北京大学出版社.

王语哲.2007.公共服务.北京：中国人事出版社.

温立洲.2010.城市管理视角下的城市化问题及其解决途径.城市研究，（4）：32-34.

吴江霖，戴建林，陈卫旗.2004.社会心理学.广州：广东教育出版社.

吴均林.2007.心理健康教育学.北京：人民卫生出版社.

奚洁人.2007.中国领导学研究20年.上海:华东师范大学出版社.

肖舒楠.2010-08-03.批评有效40.4%中国网友承认偏好分享负面评论,中国青年报.

谢标.2009.武汉市城乡基本公共服务均等化研究——以公共卫生和基本医疗为例.长江论坛,(5):27-31.

熊锡元.1990.傣族共同心理素质探微——民族心理研究之五.思想战线,(4):54-60.

徐华春,黄希庭.2007.国外心理健康服务及其启示.心理科学,(4):1006-1009.

徐景安.2010.全社会关注民众的精神健康.广州百姓网.http://www.chinavalue.net/Blog/440142.aspx.

徐培汀.1998.新闻心理学漫谈.北京:新华出版社.

闫戈.2005.当代管理心理学研究的热点与重心.河南师范大学学报(哲学社会科学版),(2):179-181.

燕国材.1988.关于非智力因素的几个问题.上海师范大学学报(哲学社会科学版),(4):134-139.

杨国枢,余安邦.1994.中国人的心理与行为:理念及方法篇(一九九二).台北:桂冠图书股份有限公司.

杨国枢.2004.中国人的心理与行为:本土化研究.北京:中国人民大学出版社.

杨宜音.2001.社会变迁与人的变迁:杨国枢有关中国人"个性现代性"研究述评.社会心理研究,(3):36-48.

杨治良,刘素珍.1996.攻击性行为社会认知的实验研究.心理科学,(2):75-78.

叶孝理.1990.现代城市管理手册.北京:经济科学出版社.

俞文钊.2008.管理心理学.大连:东北财经大学出版社.

虞达文.2001.新闻心理学.北京:新华出版社.

张功.2003.社区心理卫生综述.前沿,(10):169,170.

张骏德,刘海贵.2000.新闻心理学.上海:复旦大学出版社.

张倩,郭念锋.1999.攻击行为儿童大脑半球某些认知特点的研究.心理学报,(1):104-110.

张世富.1996.民族心理学.济南:山东教育出版社.

张枢贤.1994.社区医学.北京:北京医科大学,中国协和医科大学联合出版社.

张志刚.2008.公共管理学.大连:大连理工大学出版社.

章志光.1996.社会心理学.北京:人民教育出版社.

赵长城,何存道.1989.事故中人格国事——内外向性格与事故关系的初步研究.心理科学通讯,(1):22-27.

郑全全,俞国良.2005.人际关系心理学.北京:人民教育出版社.

郑兴东.2004.受众心理与传媒引导.北京:新华出版社.

郑雪.2005.社会心理学.广州:暨南大学出版社.

周晓虹.1988.试论当代中国青年文化的反哺意义.青年界,(1):10.

周晓虹.1997.现代社会心理学.上海:上海人民出版社.

周晓虹.2008.社会心理学.北京:高等教育出版社.

朱宝荣,周楚,黄加锐.2006.现代心理学原理与应用.上海:上海人民出版社.

朱红青,张青松.2007.安全心理学在煤矿安全管理中的运用分析.矿业安全与环保,(3):78,79.

朱孔宝,焦方禄.2006.东西方民族性格比较地图.济南:山东画报出版社.

朱颖慧.2011.城市六大病——中国城市发展新挑战.今日国土,(2):14,15.

朱永新.2006.管理心理学.北京:高等教育出版社.

Allport G W. 1935. Attitudes.//Murchison C A. Handbook of Social Psychology. Worcester: Clark University Press.

Altman I, Taylor D A. 1973. Social Penetration: The Development of Interpersonal Relationships. Holt: Rinehart and Winston.

Anderson C A, Dill K E. 2000. Video games and aggressive thoughts, feelings, and behavior in the laboratory and in life. Journal of Personality and Social Psychology,(78):772-790.

Aronson E, Wilson T D, Akert R M. 2002. 社会心理学. 第五版. 侯玉波译. 北京:中国轻工业出版社:337.

Aronson E, Wilson T D, Akert R M. 2008. 社会心理学. 侯玉波译. 北京:中国轻工业出版社:237,238.

Gilliland B E，James R K. 2000. 危机干预策略．肖水源译．北京：中国轻工业出版社．

Taylor S E，Peplau L A，Sears D O. 2004. 社会心理学．第十版．北京：北京大学出版社：319．

Aronson E，Carlsmith J M. 1968. Experimentation in social psychology//Lindzey G，Aronson E. The Handbook of Social Psychology. Reading：Addison-Wesley，(2)：1-79．

Aronson E，Worchel P. 1966. Similarity versus liking as determinants of interpersonal attractiveness. Psychonomic Science，(5)：157-158．

Asch S E. 1951. Effects of Group Pressure Upon the Modification and Distortion of Judgments//Geutzkow H，Groups，Leadership，and Men. Pittsburgh：Carnegie Press．

Asch S E. 1955. Opinions and social pressure. Scientific American，(193)：31-35

Bandura A. 1973. Aggression：A Social Learning Analysis. Englewood Cliffs：Prentice Hall．

Bar-Tal D，Kruglanski A W. 1988. The Social Psychology of Knowledge. New York：Cambridge University Press．

Belkin G S. 1984. Introduction to Counseling. Dubuue：William C. Brown．

Berry D S，Hansen J S. 1996. Positive affect，negative affect，and social interaction. Journal of Personality and Social Psychology，(71)：796-809．

Berry J W，Phinney J S，Sam D L，et al. 2006. Immigrant Youth in Cultural Transition. Mahwah：Erlbaum．

Berscheid E，Reis H T. 1998. Attraction and close relationships//Gilbert D T，Fiske S T，Lindzey G. The handbook of Social Psychology (4th ed.). New York：McGraw-Hill：193-281．

Bochner S，Insko C A 1966. Communicator discrepancy，source credibility，and opinion change. Journal of Personality and Social Psychology，(4)：614-621．

Bond R，Smith P B. 1996. Culture and conformity：a meta-analysis of studies using asch's (1952b，1956) line judgment task. Psychological Bulletin，(119)：111-137．

Bregman N J，McAllister H A. 1987. Perceived innocence or guilt：role of eyewitness identification and fingerprints. Southern Psychologist，3 (2)：49-52．

Brudney L，O'toole Jr L J，Rainey H G. 2000. Advancing Public Management ：New Developments in Theory，Methods，and Practice. Washington：Georgetown University Press．

Buckhoud R. 1974. Eyewitness testimony. Scientific American，(231)：23-31．

Burnstein E，Crandall C S，Kitayama S. 1994. Some neo-darwinian decision rules for altruism：weighing cues for inclusive fitness as a function of the biological Importance of the decision. Journal of Personality and Psychology，(67)：773-789．

Burnstein E，Sentis K. 1981. Attitude polarization in groups//Petty R E，Ostrom T M，Brock T C. Cognitive Responses in Persuasion. Hillsdale，NJ：Erlbaum：197-216．

Buss D M，Kenrick D T. 1998. Evolutionary social psychology//Gilbert D T，Fiske S T，Lindzey G. The Handbook of Social Psychology. New York：McGraw-Hill，4th. (2)：982-1026．

Byrne D，Clore G L. 1970. A reinforcement model of evaluative process. Personality，(1)：103-128．

Cacioppo J T，Pretty R E，Feinstein J，et al. 1996. Dispositional differences in cognitive motivation：the life and times of individuals low versus high in need for cognition. Psychology Bulletin，(119)：197-253．

Caplan G. 1964. Principles of Preventive Psychiatry. New York：Basic Books．

Chaiken S. 1980. Heuristic versus systematic information processing and the use of source versus message cues in persuasion. Journal of Personality and Social Psychology，(39)：752-766．

Clark K，Clark M. 1947. Racial identification and racial preference in negro Children//Newcomb T M，Hartley E L. Reading in Social Psychology. New York：Holt. 169-178．

Cooley C H. 1902. Human Nature and the Social Order. New York：Scribner．

Cottrell N B, Rittle R H, Wack D L. 1967. The presence of an audience and list type (competitional or noncompetitional) as joint determinants of performance in paired-associates learning. Journal of Personality, 35, (3): 425-434.

Cutler B L, Penrod S D. 1988. Improving the reliability of eyewitness identification: lineup construction and presentation. Journal of Applied Psychology, 73 (2): 281-290.

Deaux K, La France M. 1998. Gender//Gilbert D T, Fiske S T, Lindzey G. The handbook of Social Psychology (4th ed.). New York: McGraw-Hill, (1): 788-828.

Deschamps, J C, Doise W. 1978. Crossed Category Membership in Intergroup Relations//Tajfel H. Differentiation Between Social Groups: Studies in the Social Psychology of Intergroup Relations. London: Academic Press.

Desjarlais R, Eisenberg L. 1996. World Mental Health: Problems and Priorities in Low-Income Countries. Oxford: Oxford University Press.

Deutsch M, Coleman P T, Marcus E C. 1977. The Handbook of Conflict Resolution (2nd Ed.). New Haven: New Haven University Press.

Dodge K A, Schwartz D. 1997. Social information processing mechanisms in aggression behavior//Stoff D M, Breilling J. Handbook of Antisocial Behavior. New York: Wiley: 171-180.

Dollard J, Doob L, Miller N, et al. 1939. Frustration and Aggression. New Haven, CT: Yale University Press.

Dunning D, Stern L B. 1994. Distinguishing accurate from inaccurate eyewitness identification via inquires about decision process. Journal of Personality and social Psychology, (67): 818-835.

Eagly A H, Chaiken S. 1993. The Psychology of Attitudes. Fort Worth, TX: Harcourt Brace.

Edwards A L. 1957. Techniques of Attitude Scale Construction. New York: Appleton- Centuty- Crofts.

Feingold A. 1992. Good-looking people are not what we think. Psychological Bulletin, (111): 304-341.

Festinger L. 1950. Informal social communication. Psychological Review, 57 (5): 271-282.

Festinger L. 1954. A theory of social comparison process. Human Relations, (7): 117-140.

Festinger L. 1957. A Theory of Cognitive Dissonance. Stanford: Stanford University Press.

Fishbein M, Ajzen I. 1975. Belief, Attitude, Intention, and Behavior: an Introduction to Theory and Research. Reading: Addison-Wesley.

Fisher R P, Geiselman R E, Raymond D S. 1987a. Analysis of police interview techniques. Journal of Science and Administration, (15): 177-185.

Fisher R P, Geiselman R E, Raymond D S, et al. 1987b. Enhancing enhanced eyewitness memory: refining the cognitive interview. Journal of Police Science and Administration, (15): 291-297.

Freedman J L, Sears D O, Peplau L A. 1985. Social Psychology. Englewood Cliffs: Prentice-Hall.

Gawande A. 2001. Under suspicion: the fugitive science of criminal justice. The New Yorker, (January 8): 50-53.

Goffman E. 1959. Presentation of Self in Everyday Life. Garden City: Anchor /Doubleday.

Graves T D. 1967. Psychological acculturation in a tri-ethnic community. Southwestern Journal of Anthropology, (23): 337-350.

Greenwald A G, McGhee D E, Schwartz J L K. 1998. Measuring individual differences in implicit cognition: the implicit association test. Journal of Personality and Social Psychology, (74): 1464-1480.

Hackman J R, Morris C G, 1975. Group tasks, group integration process and group performance effectiveness: a review and proposed integration//Berkowitz L. New York N Y: Academics Press. Advanced in Experimental Social Psychology, (8): 45-99.

Hatfield E, Walster G W. 1978. A New Look at Love. MA: Addison-Wesley.

Heider F. 1958. The Psychology of Interpersonal Relations. New York: Wiley.

Homans G C. 1961. Social Behavior: Its Elementary Forms. New York: Harcourt Brace.

Hovland C I, Weiss W. 1951. The influence of source credibility on communication effectiveness. Public Opinion Quarterly, (15): 635-650.

Inkeles A, Holsinger D B. 1974. Education and Individual Modernity in Developing Countries. Leiden: Brill.

Ito T A, Larsen J T, Smith N K, et al. 1998. Negative information weighs more heavily on the brain: the negative bias in evaluative categorizations. Journal of Personality and Social Psychology, (75): 887-900.

Jackson J W. 1993. Realistic group conflict theory: a review and evolution of the theoretical and empirical literature. Psychological Record, (43): 395-413.

Janis I L. 1971. Groupthink. Psychology today, (11): 4-46, 74-76.

Janis I L. 1972. Victims of Groupthink: a Psychological Study of Foreign-Policy Decision and Fiascoes. Boston: Houghton Mifflin.

Janis I L. 1982. Groupthink: Psychological Studies of Policy Decisions and Fiascoes. Boston: Houghton Mifflin.

Johnson M K, Sherman S J. 1990. Constructing and reconstructing the past and the future in the present//Higgins E T. Sorrentino R M. Handbook of Motivation and Social Cognition: Foundations of Social Behavior. New York: Guilford: 482-526.

Jones E E, Davis K E. 1965. From acts to dispositions: the attribution process in social psychology//Berkowitz L. Advances in Experimental Social Psychology. New York: Academic Press: 219-266.

Jones E E, Harris V A. 1967. The attribution of attitudes. Journal in Experimental Social Psychology, (3): 1-24.

Kalven H, Zeisel H. 1966. The American Jury. Boston: Little, Brown.

Kassin S M, Kiechel K L. 1996. The social psychology of false confessions: compliance, internalization, and confabulation. Psychological Science, (7): 125-128.

Katz D. 1960. The functional approach study of attitudes. Journal of Abnormal and Social Psychology, (70): 1037-1051.

Keenan J P, Gallup G G, Falk D. 2003. The Face in The Mirror: the Search for the Origins of Consciousness. New York: Ecco.

Kelley H H. 1950. The warm-cold variable in first impressions of persons. Journal of Personality, (18): 431-439.

Kelley H H. 1967. Attribution Theory in social psychology//Levin D. nebraska symposium on motivation. Lincoln: University of Nebraska Press, (15): 192-238.

Kelly G A. 1992. The Psychology of Personal Constructs: A Theory of Personality. New York: Routledge.

Kelman H C. 1967. Human use of human subjects: the problem of deception in social psychological experiments. Psychology Bulletin, (67): 1-11.

Langlois J H, Kalakanis L, Rubenstein A J, et al. 2000. Maxims or myths of beauty? a meta-analytic and theoretical review. Psychological Bulletin, (126): 390-423.

Lantané B, Darley J M. 1970. The Unresponsive Bystander: Why doesn't He Help? Englewood Cliffs: Prentice Hall.

Lapiere R T. 1934. Attitude and action. Social Forces, (13): 230-237.

Leary W E. 1988. Novel methods unlock witnesses' memories. New York Times, (November 19): C1, C15.

Leippe M R. 1985. The influence of eyewitness nonidentifications on mock-jurors' judgments of a court case. Journal of Applied Social Psychology, (15): 656-672.

Lindsay R C L, Wells G L, Rumpel C M. 1981. Can people detect eyewitness-identification accuracy within and across situation? Journal of Applied Psychology, (66): 79-89.

Linton R. 1936. The Study of Man: an Introduction. D&C: Appleton-Century Crofts.

Loftus E F. 1979. Eyewitness Testimony. Cambridge: Harvard University Press.

Lott A J, Lott B E. 1961. Group cohesiveness, communication level and conformity. Journal of Abnormal and

Social Psychology, 62, (2): 408-412.

Lott A J, Lott B E. 1965. Group cohesiveness as interpersonal attraction: a review of relationships with antecedent and consequent variables. Psychological Bulletin, (64): 259-309.

Markus H. 1977. Self-schemata and processing information about the self. Journal of Personality and Social Psychology, 35 (2): 63-78.

McGuire W J. 1964. Inducing resistance to persuasion//Berkowitz L. Advances in Experimental Social Psychology. New York: Academic Press: 192-229.

Milgram S. 1961. Nationality and conformity. Social American, (205): 45-51

Milgram S. 1963. Behavioral study of obedience. Journal of Abnormal and Social Psychology, (67): 371-378.

Moreland R L, Beach S R. 1992. Exposure effects in the classroom: the development of affinity among students. Journal of Experimental Social Psychology, (28): 255-276.

Moston S, Stephenson G M. 1993. Great Britain. Royal Commission on Criminal Justice. The Questioning and Interviewing of Suspects Outside the Police Station. 103 (3). London: HMSO.

Münsterberg H. 1908. On the Witness Stand: Essays on Psychology and Crime. New York: Doubleday.

Negroponte N. 1995. Being Digital. Philadelphia: Coronet Books.

Newcomb T M. 1960. Varieties of interpersonal attraction//Cartwight D, Zander A. Groupdynamics: Research and Theory. 2nd ed. Evanston IL: Row, Peterson: 104-119.

Nisbett R E, Caputo C, Legant P, et al. 1973. Behavior as seen by the actor and by the observer. Journal of Personality and Social Psychology, (27): 154-164.

Ohman A, Lundqvist D, Esterves F. 2001. The face in the crowd revisited: threat advantage with schematic stimuli. Journal of Personality and Social Psychology, (80): 381-396.

Pennebaker J W, Sanders D Y. 1976. American graffiti: effects of authority and reactance arousal. Personality and Social Psychology Bulletin, (2): 264-267.

Pretty R E, Cacioppo J T, Goldman R. 1981. Personal involvement as a determinant of argument-based persuasion. Journal of Personality and Social Psychology, (41): 847-855.

Petty R E, Cacioppo J T. 1986. Communication and Persuasion: Central and Peripheral Routes to Attitude Change. New York: Springer-Verlag.

Redfield R. 1953. The Primitive World and Its Transformations. Ithaca, NY: Cornell University Press.

Ringelmann M, Recherches S, Moteurs A, et al. 1913. Research on driving forces: human work. Annales de l'Institut National Agronomique, Series 2, (12): 1-40.

Rogelberg S, Barnesfarrell J, Lowe C. 1992. The stepladder technique—an alternative group-structure facilitating effective group decision making. Journal of Applied Psychology, 77 (5): 730-737.

Rokeach M. 1976. Beliefs Attitudes and Values: A Theory of Organization and Change. San Francisco: Jossey-Bass.

Rokeach M. 1982. Value Survey. Sunnyvale: Halgren Tests.

Rosebaum M E. 1986. The repulsion hypothesis: on the nondevelopment of relationship. Journal of Personality and Social Psychology, (51): 1156-1166.

Rosenberg M, Turner R. 1981. Social Psychology Social Perspective. New York: Basic Books.

Ross L, Nisbett R E. 1991. The Person and the Situation: Perspectives of Social Psychology. New York: McGraw-Hill.

Rushton J P. 1989. Genetic similarity, human altruism, and group selection. Behavioral and Brain Sciences, (12): 503-559.

Schachter S, Singer J. 1963. Cognitive, social and physiological determinants of emotional state. Psychological

Review，69（3）：79-99.

Schneider M E，Major B，Luhtanen R，et al. 1996. Social stigma and the potential costs of assumptive help. Personality and Social Psychology Bulletin，（22）：201-209.

Sedikides C，Skowronski J J. 1997. The symbolic self in evolutionary context. Personality and Social Psychology Review. 1，（1）：80-102.

Shepperd J A，Ouellette J A，Fernandez J K. 1996. Abandoning unrealistic optimistic performance estimates and the temporal proximity of self-relevant feedback. Journal of Personality and Social Psychology，（70）：844-855.

Sherif M，Harvey O J，White J，et al. 1961. Intergroup Conflict and Cooperation：the Robber's Cave Experiment. Oklahoma City：University of Oklahoma.

Sherif M. 1936. The Psychology of Social Norms. New York：Harper

Smith P B，Michael H B. 1993. Social Psychology Acrosscultures：Analysis and Perspectives. New York：Harvester Wheat Sheaf.

Snyder M，Tanke E D，Berscheid E. 1977. Social perception and interpersonal behavior：on the self-fufilling nature of social stereotypes. Journal of Personality and Social Psychology，（35）：656-666.

Staub E. 1974. Helping a distressed person：social，personality，and stimulus Determinants//Berkowitz L. Advances in Experimental Social Psychology. New York：Academic Press：293-341.

Sternberg R J. 1988. The Triangle of Love. New York：Basic Books.

Stoner J A F. 1961. A comparison of individual and group decision involving risk. Unpublished Master's Thesis. Cambridge：Massachusetts Institute of Technology.

Sun L K. 2002. The Chinese national character：from national to individuality. New York：M E Sharpe.

Tajfel H，Flament C，Billig M G，et al. 1971. Social categorization and intergroup behavior. European journal of social psychology，（1）：149-178.

Tajfel H. 1970. Experiments in intergroup discrimination. Scientific American，223，（5）：96-102.

Tajfel H. 1981. Human Groups and Social Categories. Cambridge：Cambridge University Press.

Tajfel H，Turner J C. 1979. An integrative theory of intergroup conflict//Austin W G，Worchel S. The Social Psychology of Intergroup Relations. Monterey：Brooks/Cole：162-173.

Tajfel H. Turner J. 1985. The Social Identity Theory of Intergroup Behavior//Worchel S，Austin W G. Psychology of Intergroup Relations. Chicago：Nelson-Hall.

Taylor S E，Fiske S T. 1975. Point of view and perceptions of causality. Journal of Personality and Social Psychology，（32）：439-445.

Trivers R L. 1985. Social Evolution. Menlo Park：Benjamin-Cumings.

Tziner A，Vardi Y. 1982. Effects of command style and group cohesiveness on the performance effectiveness of self-selected tank crews. Journal of Applied Psychology，67（6）：769-776.

Walster E，Waslter G，Berscheid E. 1978. Equity：Theory and Research. Needham Heights：Allyn & Bacon.

Wells G L. 1984. The psychology of lineup identifications. Journal of Applied Social Psychology，（14）：89-103.

Wells G L，Bradfield A L. 1998. Good，you identified the suspect：feedback to eyewitness reports distorts their reports of the witnessing experience. Journal of Applied Social Psychology，（83）：360-376.

Wells G L，Olson E A. 2003. Eyewitness testimony. Annual Review of Psychology，（54）：277-295.

Whitley B E. 1987. The effects of discredited eyewitness testimony：a meta analysis. Journal of Social Psychology，127（2），209-214.

Whitley B E，Jr Greenberg M S. 1986. The role of eyewitness confidence in juror perceptions of credibility. Journal of Applied Social Psychology，（16）：387-409.

Williamson T M. 1993. From interrogation to investigative interviewing：strategic trends in police questioning.

Journal of Community and Applied Social Psychology，(3)：89-99.

Wilson E O. 1975. Some Central Problems of Sociobiolog. Social Sciences Information. SAGE Publication，14/6/5

Zaccaro S J. 1991. Nonequivalent association between forms of cohesiveness and group-level outcomes：evidence for multidimensionality. Journal of Social Psychology，(131)：387-399.

Zaccaro S J，Lowe C A. 1988. Cohesiveness and performance on an additive task：evidence for multidimensionality. Journal of Social Psychology，128 (4)：547-558.

Zimbardo P G. 1970. The Human Choice：Individuation，Reason，and Order Versus Deindividuation，Impluse，and Chaos//Arnold M J，Levine D. Nebraska Symposium on Motivation，1969. Lincoln：University of Nebraska Press.

后　记

　　当今的中国是追求物质与精神生活双丰裕的社会，民众对幸福的深层含义有了更多的理解。而广大民众的幸福感提升要靠一个真正的公共社会来实现，即一个有完善的公共设施、公共服务和福利制度的社会，是一个私人权利和公共权利都能得到充分保障和展示的社会，是一个每个人都可以在法律与制度的保障下自由追求发展的社会，是一个公共事务管理程序和过程公开透明的社会，是一个机会均等、既注重效率又注重公平的社会，是一个各阶层、各民族、各类人和谐共处、包容团结的社会。这其中，最重要的任务是凝聚民众心意、顺应时代心理而作出科学、积极、正确的管理决策，所以，公共管理与社会心理的互动关系的意义是历史的和未来的，所有的公共管理活动参与者都必须重视公共管理心理学的学习与运用。

　　人口增长、经济发展、民主推进、文化互动，促使我们的社会变得更加多元化，公共事务数量呈级数增长，公共管理对象日益变化，公共管理环境急剧复杂，社会心理也在时时发生着质和量的、高度混沌的变化，各个国家都感觉到了当代公共管理的复杂性与艰巨性的增强，加快深化对公共管理的研究。公共管理以其自身特殊的地位，成为当代国家间竞争的核心软实力之一。

　　各国的已有经验证明，公共管理的实践与研究要特别注意将心理学的最新研究成果引入，分析公共管理领域有别于其他管理领域的独特心理问题，研究可以解决各种现实矛盾的心理对策，科学地指导公共管理实践。在国内，公共管理学科的发展还处在婴幼儿阶段，而公共管理心理学的研究更是刚刚起步。我们的教材编写工作将成为促进国内公共管理水平、公共管理质量提升的一次有益探索，也是将最新心理学研究成果与国内公共管理实践相结合、相联系的一次积极尝试。

　　追溯起始，本书的雏形乃是我们面对公共管理各专业学生的心理学课程的讲稿，因为在教学实践中笔者发现，各个高校公共管理学科采用的心理学教材基本是在现有的社会心理学或管理心理学的教材中选用一种，其主要不足是：国内现有的社会心理学教材偏重于心理学基本理论教学，更为适合心理学各细分专业的学生作为专业基础课教学用书使用；而国内现有的管理心理学则偏重于介绍心理学在企业管理中的应用，重点分析员工生产率与组织行为，更为适合企业管理、生产管理等专业的学生使用。所以，笔者与同事紧抓公共管理的视角，编写了整合近年来中西方心理学研究的新成果并将心理学的理论知识与公共管理学科中"公共行政管理、城市与社区管理、应急管理、社会工作、公共卫生与医疗、新闻传播、法律教育"等专业方向的学生的能力培养的具体需要相结合的教学讲义。

　　经过五年多的课堂教学与讲义编写的互动促进，我们完成这本稚嫩的《公共管理心理学》，它的特点是在介绍西方理论的同时，强化对中国本土研究成果的介绍，并主要选择中国的典型案例，案例分析密切联系中国社会的实际问题，在第十章至第十七章中，我们联系中国社会主义现代化建设的实际，重点讨论改革开放过程中出现的各种典型的公共管理问题与相应的社会心理现象，并结合中国文化传统的实际，分析探讨具有本国特点的政府、社会与公民的行为。当然，在章节设计上，我们感觉还有很多重要的领域应该写入，但因为写作时间与研究水平的制约，要留待后续修订中完成。

通过我们的努力，本书可以作为全国高校公共管理学院各个专业学生学习必备的及适合全校性选修课、研究生培养的一本理论系统、着重技能、强化实践的适用教材，公共行政管理、公共政策、公共事业管理、城市与社区管理、应急管理、社会学、劳动与社会保障、社会工作、公共政策、人类学、公共卫生与医疗、新闻传播、法律教育、教育管理、土地资源管理等专业的教学均可使用，还可以供从事公共管理工作的管理者学习参考，以及对公共管理心理学感兴趣的人士阅读。

本书第一章由华南农业大学贾海薇编写，第二章由华南师范大学胡中锋编写，第三章由西安交通大学王渭玲编写，第四章由中山大学牛瑞编写，第五章由河北科技大学蒋立杰编写，第六章由湛江师范学院程甫编写，第七章由华南农业大学雷丽珍编写，第八章由广州武警指挥学院晏海珍编写，第九章由广东金融学院杨洋编写，第十章由华南农业大学巩玉涛编写，第十一章由华南农业大学马林芳编写，第十二章由华南农业大学刘辉编写，第十三章由惠州学院宋作海编写，第十四章由华南农业大学高青莲编写，第十五章由五邑大学王小斌编写，第十六章由华南农业大学杨亚丽编写，第十七章由华南农业大学王宇丰编写。在本书的构想与编写中，我们参考了大量的国内外的有关资料，得到了科学出版社的大力支持，在此，我们一并致谢！

由于在有限的有知的边界之外，是无限的无知，本书难免存在不足之处，欢迎读者与同行批评指正。

贾海薇

2011 年秋